Watteau
et la fête
galante

Cet ouvrage est publié à l'occasion de l'exposition

Watteau et la fête galante

organisée par le musée des Beaux-Arts de Valenciennes,
la Communauté d'agglomération Valenciennes Métropole,
avec le concours de la Réunion des musées nationaux

Reconnue d'intérêt national par le ministère de la Culture
et de la Communication/Direction des musées de France,
cette exposition bénéficie à ce titre d'un soutien financier exceptionnel de l'État.
Elle bénéficie également d'un financement exceptionnel du Fonds européen
de développement régional (FEDER) et de « Lille 2004,
capitale européenne de la Culture ».

Ville de Valenciennes — VALENCIENNES MÉTROPOLE — Solidaires pour gagner l'Avenir — Liberté · Égalité · Fraternité RÉPUBLIQUE FRANÇAISE Culture Communication — Réunion des Musées Nationaux — lille2004 CAPITALE EUROPÉENNE DE LA CULTURE

ISBN : 2-7118-4677-6
EK 39 4677
© 2004, Éditions de la Réunion des musées nationaux
49, rue Étienne-Marcel – 75001 Paris

*W*atteau
et la fête
galante

Musée des Beaux-Arts de Valenciennes

5 mars – 14 juin 2004

Réunion
des Musées
Nationaux

DES BEAUX-ARTS DE VALENCIENNES

Cette exposition a bénéficié du soutien constant de la Ville de Valenciennes et de la Communauté d'agglomération Valenciennes Métropole, en particulier de Jean-Louis Borloo, ministre délégué à la Ville et à la Rénovation urbaine, président de Valenciennes Métropole ; Dominique Riquet, maire de Valenciennes ; Patrick Roussiès, vice-président Culture de Valenciennes Métropole, conseiller municipal délégué Culture, Patrimoine, Tourisme de Valenciennes ; Jean-Luc Humbert, directeur général des services de Valenciennes Métropole ; Jean Ouachée, directeur général des services de Valenciennes, Christophe Boussemart, directeur Culture, Patrimoine, Tourisme de Valenciennes.

Elle a également bénéficié du soutien du ministère de la Culture et de la Communication, direction des musées de France, Francine Mariani-Ducray, directrice des musées de France, Robert Fohr, chef de la mission de la communication ; de la direction régionale des Affaires culturelles, de Richard Martineau, directeur ; de Geneviève Becquart, ancien conseiller pour les musées, conservateur en chef du musée des Beaux-Arts et de la Dentelle de Calais ; du conseil régional Nord-Pas-de-Calais, de son président, du vice-président délégué à la culture ; de Gilles Pette, directeur des Affaires culturelles ; du Fonds européen de développement régional ; et de « Lille 2004, capitale européenne de la Culture », Martine Aubry présidente, Didier Fusiller directeur.

L'organisation de l'exposition a été rendue possible grâce au concours de la Réunion des musées nationaux, Marcel Pochard, président du conseil d'administration, Sophie Aurand, administratrice générale.

Musée des Beaux-Arts de Valenciennes
Patrick Ramade directeur
Luc Magnier secrétaire général
Virginie Frelin assistante qualifiée de conservation
Rosa Dell'Orso, Anne-Marie Fruet, Christine Lobry secrétaires
Marc Goutierre régisseur des œuvres
Véronique Beaussart et l'équipe des conférenciers et plasticiens
action éducative et culturelle
Séverine Hennard, Gaëlle Vasseur communication
Thaddée Oliver documentation
Christian Courivaud multimédia

Réunion des musées nationaux
Sophie Aurand administratrice générale
Luc Derepas directeur du Développement culturel
Pierre Vallaud directeur des Éditions
Bénédicte Boissonnas chef du département des Expositions
Marie-France Cocheteux chef de projet d'expositions
Geneviève Rudolf responsable d'édition
Hugues Charreyron adjoint du chef de fabrication
Anne Giani, Josseline Grimoin, Sophary Thouch-Crémazy secrétaires

Scénographie de l'exposition Didier Blin, archictecte DPLG
Graphisme et signalétique Nadia Anémiche
Montage et installation des œuvres Claude Dutrieux et l'équipe du musée,
ainsi que les services techniques de la Ville de Valenciennes, Jean-Marc Prévot,
directeur des moyens techniques communs et l'entreprise Stand'up.

Le musée des Beaux-Arts de Valenciennes remercie pour leur concours Lew Bogdan, directeur du Phénix, scène nationale de Valenciennes ; Bernard Carloséma, directeur de l'École nationale de musique et d'art dramatique de Valenciennes ; Marie-Pierre Dion, conservateur général de la médiathèque de Valenciennes ; Guislaine Ottogali, responsable du service Espaces verts et environnement ; Chris Rauseo et le département Lettres modernes de l'université de Valenciennes ; la Société des amis du musée de Valenciennes et son président, René Delcourt ; Art Mécénat Entreprise et son président, Philippe Mine ; ainsi que Gaz de France Hainaut-Cambrésis.

Commissariat de l'exposition

Patrick Ramade
Conservateur en chef,
directeur du musée des Beaux-Arts de Valenciennes

Martin Eidelberg
Historien de l'art,
professeur émérite de la Rutgers University, New Jersey (États-Unis)

Assistés de **Virginie Frelin**,
assistante qualifiée de conservation, musée des Beaux-Arts de Valenciennes
et d'**Ingrid Lemainque**,
attachée de conservation

Que toutes les personnes qui ont permis, par leur généreux prêt, la réalisation de cette exposition trouvent ici l'expression de notre gratitude, et tout particulièrement :

Sa Majesté la Reine Elizabeth II
Monsieur Andreas Weitbrecht

Ainsi que celles qui ont préféré garder l'anonymat.

Nos remerciements s'adressent également aux responsables des collections publiques suivantes :

Allemagne
• Francfort, Graphische Sammlung im Städelschen Kunstinstitut

Autriche
• Salzbourg, Residenzgalerie

Belgique
• Bruges, musées municipaux Groeningemuseum
• Bruxelles, Bibliothèque royale de Belgique, Cabinet des Estampes
• Bruxelles, musées royaux des Beaux-Arts de Belgique

Espagne
• Madrid, Museo Nacional del Prado

États-Unis d'Amérique
• Chicago, The Art Institute of Chicago
• Los Angeles, Los Angeles County Museum of Art
• New York, The Metropolitan Museum of Art
• Toledo, The Toledo Museum of Art

Finlande
• Helsinki, Sinebrychoff Art Museum

France
• Angers, musées d'Angers
• Besançon, musée des Beaux-Arts et d'Archéologie
• Dole, musée des Beaux-Arts
• Nancy, musée des Beaux-Arts
• Nantes, musée des Beaux-Arts
• Paris, Bibliothèque nationale de France, département des Estampes et de la Photographie
• Paris, musée de la Chasse et de la Nature

• Paris, musée de la Musique
• Paris, musée du Louvre, département des Arts graphiques
• Paris, musée du Louvre, département des Peintures
• Paris, Petit Palais, musée des Beaux-Arts de la Ville de Paris
• Quimper, musée des Beaux-Arts
• Rouen, musée des Beaux-Arts
• Tourcoing, musée des Beaux-Arts
• Tours, musée des Beaux-Arts
• Troyes, musée des Beaux-Arts
• Versailles, musée national des châteaux de Versailles et de Trianon

Grande-Bretagne
• Cambridge, Fitzwilliam Museum
• Londres, British Museum, Department of Prints and Drawings
• Londres, Victoria and Albert Museum

Irlande
• Dublin, The National Gallery of Ireland

Italie
• Bergame, Pinacoteca dell'Accademia Carrara

Pays-Bas
• Rijswijk/Amsterdam, Institute for Cultural Heritage
• Rotterdam, Museum Boijmans Van Beuningen

Russie
• Saint-Pétersbourg, musée de l'Ermitage

Suède
• Stockholm Nationalmuseum

Les commissaires de l'exposition tiennent à remercier Pierre Rosenberg, de l'Académie française, président-directeur honoraire du musée du Louvre, pour sa constante attention dans l'évolution du projet, et ses précieux conseils ; Henri Loyrette, président-directeur du musée du Louvre ; Jean-Pierre Cuzin, conservateur général, précédemment chargé du département des Peintures du musée du Louvre, et son successeur, Vincent Pomarède.

Ils remercient tout particulièrement Marie-Catherine Sahut, conservateur en chef au département des Peintures du musée du Louvre, pour son intérêt constant et la pertinence de ses conseils ; Marianne Roland Michel pour ses avis judicieux.

Que toutes celles et ceux qui ont contribué à l'élaboration du catalogue ou de l'exposition trouvent ici l'expression de notre gratitude : Didier Aaron, Daniel Alcouffe, Barbara Anderman, Juliette Armand, Colin Bailey, Joseph Baillio, Dominic Barrière, Roland Bossard, Stéphanie de Brabander, Emmanuelle Brugerolles, Nicolas Buchaniec, Héléna Bussers, Hugues Charreyron, Cyril Chazal, Christian Courivaud, Jean-Yves Cousseau, Philippe Couton, Pierre Couthier, Caroline David, Michael Deans, Philippe Detrez, Ekaterina Deriabina, Pascal Dubois, Lydie Echassériaud, Jacques Foucart, Béatrice Foulon, Guillaume Glorieux, Jonathan Green, Jean Habert, Frédérique Henry, Marie-Line Hillairet, Michel Hochmann, Jean-Noël Laurenti, François Leclerc, Christophe Leribault, Juan J. Luna, Jean-Patrice Marandel, Claire Marchandise, Jean-François Méjanès, Christian Michel, François Moureau, Jane Munro, Jean Naudin, Alexandre Pandazopoulos, Hubert Prouté, Agnès Reboul, Gwenaël Rimaud, Francesco Rossi, Catherine Regnault, Bénédicte Sauvage, Maurice Segoura, AIain K. Slessor, Anthony Speelman, Aimé Stroobants, Hélène Tronc, Giovanni Valagussa, Maria van Berge-Gerbaud, Françoise Viatte, Christoph Martin Vogtherr, Emily Vokt, Humphrey Wine.

Les commissaires remercient pour leurs précieuses ressources et leur généreuse assistance le Service d'étude et de documentation du département des Peintures du musée du Louvre, Paris ; la Witt Library, Londres ; ainsi que le Rijksbureau vor Kunsthistorische Documentatie, La Haye.

Martin Eidelberg remercie particulièrement le Dr. Eliot W. Rowlands pour sa révision subtile mais critique de ses textes originaux en anglais, ainsi que le Dr. Seth A. Gopin pour son assistance technique particulièrement appréciée ; ses remerciements vont également à l'équipe de la Frick Art Reference Library, New York.

Antoine Watteau et Valenciennes

Il y a bien longtemps que la ville de Valenciennes et le Valenciennois dans son ensemble voulaient rendre hommage à celui auquel le nom de sa ville natale est indéfectiblement attaché : Antoine Watteau.

Loin des exégètes et des querelles d'historiens de l'art s'affrontant sur la date de naissance réelle du peintre valenciennois le plus célèbre de l'histoire de l'art, « Lille 2004, capitale européenne de la Culture » nous donne l'occasion de formaliser ce souhait avec l'exposition *Watteau et la fête galante*. En effet plutôt qu'une exposition rétrospective de plus à l'image de la dernière il y a vingt ans à Paris, Washington et Berlin, le choix a été fait de présenter un genre nouveau pour le XVIIIe siècle. Watteau en étant le créateur influença les artistes majeurs du siècle des Lumières et renouvela en même temps la peinture française.

La trace indélébile de sa ville natale marqua Watteau tout au long de sa courte vie. Même s'il quitta Valenciennes à 20 ans après sa formation première (chez Jacques-Albert Gérin), il forma le vœu à la fin de sa vie d'y retourner pour revoir sa famille, ce que ses forces ne lui permirent pas.

C'est en 1860 que Valenciennes décida de faire à Watteau l'hommage réservé aux « grands hommes » en faisant appel à Jean-Baptiste Carpeaux pour réaliser la fontaine qui présente autour de leur créateur les acteurs des fêtes galantes issus de la Comédie italienne. Antoine Watteau est donc présent dans le quotidien des Valenciennois, dans la rue et au musée où l'on peut voir dans les collections permanentes un ensemble d'œuvres enrichi par l'acquisition en 1999 de deux panneaux décoratifs.

Réjouissons-nous de pouvoir (re)découvrir, grâce à l'exposition qui nous est proposée et au travers des toiles venues spécialement des grands musées du monde, le génie d'un artiste qui porta en lui toute sa vie la trace de la ville qui le vit naître.

Jean-Louis Borloo
Ministre délégué à la Ville et à la Rénovation urbaine
Président de Valenciennes Métropole

Dominique Riquet
Maire de Valenciennes

Patrick Roussiès
Conseiller municipal délégué Culture, Patrimoine, Tourisme
Vice-Président délégué à la Culture de Valenciennes Métropole

Valenciennes honore une nouvelle fois le plus célèbre de ses enfants. Après l'achat de deux tableaux clés de la jeunesse du peintre en 1999, il s'agit cette fois d'une exposition qui fait revivre l'enchantement et la poésie du monde imaginé par Watteau. Cette manifestation qui regroupe une vingtaine d'œuvres du peintre de Cythère n'a pas l'ambition d'une rétrospective monographique, elle se propose d'illustrer le thème de la fête galante et en particulier son émergence au temps de la Régence. Si Watteau est bien l'inventeur du genre, d'autres peintres avaient ouvert la voie. Avant lui, la tradition flamande, dont il fut l'héritier direct, aimait à représenter les fêtes champêtres et les foires villageoises. Dans son sillage, Nicolas Lancret, Jean-Baptiste Pater, ou encore Pierre Antoine Quillard prolongèrent l'évocation d'un monde où se mêlent sans cesse « vraie gaieté » et profonde mélancolie, légèreté et nostalgie. En reconstituant l'histoire visuelle de la fête champêtre depuis le XVIe siècle, l'exposition permet ainsi de mieux comprendre la place tout à fait magistrale de Watteau.

Reconnue d'intérêt national par la direction des musées de France du ministère de la Culture, cette exposition constitue assurément, avec celle consacrée à Rubens au palais des Beaux-Arts de Lille, un des événements les plus attendus du programme « Lille 2004, capitale européenne de la Culture ». Le musée des Beaux-Arts de Valenciennes et la Réunion des musées nationaux sont donc particulièrement fiers d'avoir uni leurs efforts pour mener à bien cette manifestation exceptionnelle.

Sophie Aurand
Administratrice générale de la Réunion des musées nationaux

Patrick Ramade
Conservateur en chef,
directeur du musée des Beaux-Arts de Valenciennes

Watteau

Il y a vingt ans – à l'occasion du tricentenaire de l'anniversaire (supposé) de la naissance de l'artiste à Valenciennes –, ouvrait à Washington avant d'être présentée au Grand Palais à Paris, puis à Berlin, une grande exposition Watteau, la plus complète qui lui avait été à ce jour consacrée. Elle regroupait les principaux chefs-d'œuvre du peintre, les deux *Pèlerinage à Cythère*, *L'Enseigne de Gersaint*, le *Pierrot* (*Gilles*)… – manquaient toutefois à l'appel les tableaux du musée Condé de Chantilly et de la Wallace Collection qui ne peuvent statutairement être prêtés – ainsi que ses plus beaux dessins.

Si, aujourd'hui, une telle exposition n'est plus envisageable – pour des raisons sur lesquelles il ne serait pas inintéressant de s'interroger –, il faut se demander si durant ces vingt ans, nos connaissances sur Watteau ont progressé. Quels sont les champs qui, depuis 1984, ont été labourés et ceux qui demeurent aujourd'hui encore en friche ? Le Watteau de 1984 est-il le même que celui de 2004 ?

Il n'est pas de notre propos de tenter un palmarès, ni même de dresser un inventaire des travaux nombreux et venus de tous les horizons, aussi bien géographiques que disciplinaires, qui nous ont appris quelque chose sur Watteau, sa vie, ses œuvres et leur signification, ses amitiés, ses collectionneurs, sa place en France comme en Europe à la fin du règne de Louis XIV, sinon pour constater avec plaisir que l'intérêt pour Watteau ne s'est pas relâché, bien au contraire.

Comment classer ces travaux si divers, quoi et qui citer ? Il y a les recherches philologiques et les essais esthétiques, il y a les amateurs et les marchands de Watteau que l'on étudie aujourd'hui avec une particulière prédilection, il y a ses imitateurs, ses « satellites » et il y a les interprétations en tout genre – le présent catalogue a ouvert ses colonnes à certains des chercheurs qui se sont interrogés sur ces questions et tout spécialement à Martin Eidelberg qui, récemment, vient, d'une manière on ne peut plus convaincante, de lever les doutes qui pouvaient subsister sur l'attribution à Watteau d'un des tableaux les plus fascinants du peintre, *Le Rêve de l'artiste*. Répétons-le, toute liste de noms ne pourrait être qu'incomplète : le signataire de ces lignes, à qui on accorde le titre peu envié de doyen des études watteauesques (le mot n'est guère heureux) – mes premières recherches sur Watteau remontent à 1968 – se réjouit cependant de la qualité et de la diversité des travaux menés à bien ces dernières années.

Watteau nous a-t-il pour autant abandonné tous ses secrets ? Loin s'en faut, même si l'exposition de Valenciennes consacrée à la fête galante, un genre dont il fut le plus grand poète, nous aide à lever quelque peu le coin d'un voile que Watteau lui-même, peintre par excellence de l'ambiguïté des sentiments, n'avait pas souhaité qu'on le découvrît.

La partie peinture de l'exposition de 1984 s'ouvrait sur deux œuvres de jeunesse de Watteau qui portaient dans le catalogue les numéros 2 et 3. *L'Enjoleur* et *Le Faune* étaient alors la propriété d'une collection particulière. Les deux tableaux font aujourd'hui partie – et comment ne pas féliciter ceux qui s'employèrent à mener à bien cet achat – des collections du musée de Valenciennes. La ville ne s'est jamais désintéressée du plus illustre de ses enfants. Il me paraît cependant qu'il serait utile que soit réunie à Valenciennes une documentation aussi complète que possible – ouvrages anciens et récents, articles, pièces d'archives, catalogues de ventes, photographies… – consacrée à l'artiste. Ce centre d'études – à l'image de ce qui se fait à Paris pour Rodin ou Picasso, à Possagno pour Canova – publierait un bulletin annuel qui ferait le point sur l'état d'avancement des travaux consacrés à Watteau. Il serait le lieu de rencontre de tous ceux, nombreux de par le monde, que lie l'amour pour Watteau. La richesse de l'œuvre de l'artiste est telle que seul ce centre – et nulle ville mieux que Valenciennes me paraît digne de le recevoir – permettrait la confrontation des images et des idées sans laquelle aucun progrès n'est possible.

Concluons par deux vœux : en 1996 paraissait le catalogue raisonné des dessins de Watteau. Qui entreprendra et mènera à bien la rédaction du catalogue raisonné de ses tableaux ? Il fait aujourd'hui cruellement défaut. En 2021, dans dix-sept ans, sera célébré l'anniversaire de la mort de Watteau. Je doute d'y assister. Mais je souhaiterais que ceux qui auront la tâche de le célébrer et d'organiser l'exposition qui, à cette occasion, à coup sûr, sera consacrée à Watteau ressentent les joies qui furent les miennes durant ces heureux mois de 1984. J'aimerais enfin que les visiteurs de 2021 connaissent comme ceux de 1984 ce bonheur que Watteau, dans ses œuvres, sut si souvent faire partager.

Pierre Rosenberg
de l'Académie française

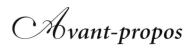

Avant-propos

Quelques femmes toujours badines,
Quelques amis toujours joyeux,
Peu de vêpres, point de matines,
Une fille, en attendant mieux,
Voilà comme l'on doit sans cesse
Faire tête au sort irrité,
Et la véritable sagesse
Est de savoir fuir la tristesse
Dans les bras de la volupté !

Voltaire
Épître à l'abbé de*** (1715)

Valenciennes a le privilège d'avoir vu naître deux immenses artistes, Watteau et Carpeaux. Ce dernier a fait l'objet de manifestations valenciennoises importantes comme la grande rétrospective du centenaire de la naissance du sculpteur, en 1927 ; ou, plus récemment l'exposition *Carpeaux peintre*. Watteau est loin d'être oublié mais aucune exposition ambitieuse ne lui a été consacrée par Valenciennes et son musée. Ses œuvres y sont, il est vrai, peu nombreuses. Le dernier catalogue raisonné des dessins du maître a retenu comme authentiques quatre feuilles de l'artiste, et ses tableaux y sont également au nombre de quatre, dont deux acquis en 1999, *L'Enjôleur* et *Le Faune*. La section du XVIIIᵉ siècle s'est constituée autour de son nom et ces dernières années, des peintures de Michel Barthélemy Ollivier et Norblain de la Gourdaine ont enrichi l'évocation du thème de la fête galante. Ainsi, presque naturellement, le projet d'une grande exposition sur Watteau s'est imposé. Programmé en 2005, il est apparu ensuite que la promotion de Lille comme capitale européenne de la Culture en 2004 constituait une opportunité exceptionnelle, permettant ainsi à la région, au même moment, d'honorer deux très grands peintres qui l'ont profondément marquée, Rubens au palais des Beaux-Arts de Lille et Watteau au musée des Beaux-Arts de Valenciennes. Dans un temps relativement court, il a fallu bâtir un projet qui rentre dans les contraintes budgétaires tout en laissant à Watteau une place centrale dans notre démonstration ; l'intervention de Martin Eidelberg devint décisive dans l'élaboration du concept, les premières listes d'œuvres se constituèrent, les voyages et contacts avec les prêteurs commencèrent.

Il convenait dès lors de mettre en valeur un certain nombre de faits historiques, de conceptions relevant de l'histoire de l'art que le choix des œuvres rendrait explicites. Chaque section de l'exposition, qui correspond également à un chapitre du catalogue, présente en ouverture une ou plusieurs œuvres de Watteau, emblématiques du thème évoqué. Autour de ce noyau, des tableaux, dessins ou gravures des siècles antérieurs illustrent l'antériorité du thème, tandis que des œuvres des suiveurs immédiats de Watteau le déclinent.

La date de 1717 demeure essentielle, même s'il ne nous a pas été possible d'intégrer dans l'exposition le mythique *Pèlerinage à Cythère* (la gravure du *Recueil Jullienne* le représentant néanmoins). Le 28 août de cette année-là, deux ans après la mort de Louis XIV, Watteau est définitivement reçu à l'Académie de peinture en présentant un tableau qualifié de « fête galante ». Il livrait là un chef-d'œuvre, en même temps qu'il inaugurait un genre nouveau. En plaçant dans la nature des couples élégants se faisant la cour, il venait d'imaginer une forme totalement originale de mise en scène du sentiment amoureux, sans recourir à l'histoire ou à la mythologie. Pour inédite qu'elle soit, cette idée, promise à un prodigieux succès, s'est nourrie d'une tradition pluriséculaire. Le propos de cette exposition est d'illustrer ce succès fulgurant, en se limitant aux suiveurs du premier cercle tout en démontrant de quelle manière Watteau est l'héritier d'une tradition essentiellement nordique. Le choix des œuvres tient entre ces deux pôles.

Les dessins, on le sait, demeurent un mode d'accès incomparable à la création de Watteau. Ils sont présents dans la première section, autour des fêtes galantes du maître dont ils constituent les études préparatoires. Nous permettons ainsi au visiteur, comme au lecteur, d'admirer la stupéfiante virtuosité du dessinateur qui n'a alors d'autres propos que d'accumuler des notations, « choses vues » qui deviendront plus tard des sources précieuses pour l'exécution de ses peintures. L'une des grandes leçons de ce créateur est qu'il travaille sans cesse d'après nature. Son paradoxe n'est-il pas que les images de rêves qu'il engendre sont issues d'une connaissance intime de la réalité, fidèle en cela à toute une tradition de la peinture occidentale ?

Le principe de confrontation, fondement de toute exposition, ne manquera pas ici de mettre en évidence cet aspect magique qui est la part décisive de Watteau dans l'émergence de la fête galante. Ces relations énigmatiques entre les personnages, cette intemporalité diffuse seront d'autant plus manifestes qu'elles seront confrontées à la tradition narrative du Nord. Watteau n'en apparaîtra que plus clairement prodigieux plasticien, authentique metteur en scène. La longue maturation intérieure de ses compositions, le savant calcul du jeu des formes et des effets de la disposition des volumes montrent chez lui des préoccupations partagées par Chardin peintre de natures mortes.

L'univers de Watteau dépasse largement la surface de ses toiles. L'exposition ne pourra le dire mais elle se donne pour ambition de le faire sentir, tant il est vrai que ses peintures sont comme le théâtre des aspirations de toute une époque, rêves de bonheur et de liberté. Watteau va vite devenir l'expression la plus parfaite de ce que les étrangers appellent le goût français. Certes il est un artiste européen, mondial, mais son succès il le doit à une forme d'esprit qui lui permet d'être à la fois sur le terrain de la poésie, du théâtre, de la musique.

Qu'ont vu les contemporains de Watteau dans ses tableaux ? Sans doute plus que nous mais pas moins que les générations de spectateurs qui contemplent émerveillés ces images intemporelles, confluence des mondes du rêve et de la réalité.

Avec Martin Eidelberg, notre fidèle complice dans ce pèlerinage, nous avons imaginé ce voyage.

Que la fête commence !

Patrick Ramade

Avertissement

• Les citations sont retranscrites dans leur orthographe originale.
• Les notes des notices des œuvres exposées sont placées de la page 268 à 272.
• Les références bibliographiques sont abrégées dans les notes
  quand elles renvoient à des ouvrages fréquemment cités, référencés en fin d'ouvrage.
• Dans les notices, nous renvoyons le lecteur pour la bibliographie antérieure à 1984
  au catalogue d'exposition *Watteau,* Washington-Paris-Berlin, 1984-1985,
  sous la direction de Margaret Morgan Grasselli et Pierre Rosenberg.

Sommaire

Essais

[**fig. 1 et pages précédentes**] Jean Antoine Watteau, *Le Pèlerinage à l'île de Cythère,* 1717, Paris, musée du Louvre

Watteau, peintre de fêtes galantes

Martin Eidelberg

Lorsque, dans la pièce de Shakespeare, Juliette demande « Qu'y a-t-il dans un nom ? », sa question n'est que rhétorique[1]. L'idée qu'une rose « embaumerait autant sous un autre nom » est certes poétique, mais n'a nul besoin de se vérifier. Les noms ont une grande importance. La manière dont ils définissent les objets ou les concepts peut être pertinente, et leur étymologie révèle souvent des schémas de pensée insoupçonnés. Dans cet essai, je m'intéresserai à l'épithète qui a été traditionnellement accolée au nom d'Antoine Watteau, à savoir « peintre de fêtes galantes ». L'idée que ce titre lui fut attribué par l'Académie royale de peinture et de sculpture est une idée fausse, comme je le montrerai, mais dans ce mythe se trouve la réponse à la question suivante : comment ses magnifiques tableaux représentant les loisirs de la haute société ont-ils fini par être nommés « fêtes galantes » ?

Les composantes typiques d'une fête galante font sans aucun doute l'unanimité. Elles se trouvent résumées d'une manière à ce jour inégalée dans les passages suivants qui, d'un style fleuri et charmant, sont empruntés à l'œuvre d'Edmond et Jules de Goncourt :

> Le peintre a tiré des visions enchantées de son imagination ; un monde idéal [...] une de ces patries amoureuses et lumineuses, un de ces paradis galants [...] pour la joie délicate des vivants poétiques [...]
>
> Toutes les séductions de la femme au repos : la langueur, la paresse, l'abandon, les adossements, les allongements, les nonchalances, la cadence des poses, le joli air des profils penchés sur les *gammes d'amour*, les retraites fuyantes des poitrines, les serpentements et les ondulations, les souplesses du corps féminin, et le jeu des doigts effilés sur le manche des éventails, et les indiscrétions des hauts talons dépassant les jupes, et les heureuses fortunes de maintien, et la coquetterie des gestes, et le manège des épaules, et tout ce savoir que les miroirs du siècle dernier ont appris à la femme, la mimique de la grâce[2] !

Des tableaux de Watteau, comme *L'Île enchantée* [cat. 7] ou *L'Assemblée dans un parc* [cat. 44], nous viennent immédiatement à l'esprit. Mais une fois que tout cela a été dit, la question qui subsiste, en dépit d'une littérature volumineuse sur l'artiste et ses disciples, concerne les circonstances dans lesquelles ces visions d'une vie utopique ont fini par être appelées « fêtes galantes ». Comme nous le découvrirons, cette évolution, qui emprunta des voies sinueuses, repose finalement sur une curieuse erreur.

La « fête galante » et son étymologie

Il est exact que la première œuvre d'art à avoir été qualifiée de « fête galante » fut le *Le Pélerinage à l'Île de Cythère* de Watteau, aujourd'hui au Louvre [fig. 1], et nulle autre. Le 28 août 1717, lorsque l'artiste fut officiellement reçu à l'Académie royale de peinture et de sculpture, son morceau de réception fut tout d'abord répertorié comme un tableau « représentant Le pelerinage a l'isle de Cithere ». Ce descriptif fut par la suite rayé et remplacé par la dénomination « une feste galante[3] ». Cette correction ou rectification constitue la première occurrence de cette formule, tout du moins en relation avec un tableau.

Il se trouve que l'expression « fête galante » était relativement nouvelle, les deux termes n'ayant été qu'épisodiquement réunis à la fin du XVIIe siècle. Elle fut utilisée, par exemple, en 1669 par Mlle de Scudéry dans sa *Promenade de Versailles* : « C'est assurément une belle et agréable chose [...] de voir le Roy en ce beau désert, lorsqu'il y fait des petites festes galantes ou de celles qui étonnent par leur magnificence[4]. » Une remarque postérieure de quelques décennies, que l'on doit à Jean-Baptiste de Boyer, marquis d'Argens, est très révélatrice : « [...] il suit sa Maitresse au bal, à la Comédie ; & les Parties de Campagne, les Fêtes galantes, sont des Occasions favorables pour un françois amoureux[5]. » Cet usage, en relation avec des événements mondains réels, se prolongea au moins jusqu'au milieu du siècle[6]. Autour de 1700, la locution était assez répandue pour pouvoir apparaître dans le titre d'une œuvre lyrique. En 1698, un opéra-ballet de Duché et Desmarets intitulé *Les Fêtes galantes* fut présenté à l'Académie royale de musique[7]. Et, la même année, *Vénus, Les fêtes galantes*, un opéra-ballet d'Antoine Danchet et André Campra, fut donné à Paris[8]. Il est même possible qu'un troisième, également intitulé *Les Fêtes galantes*, ait été monté à Lunéville en 1704[9].

La formule « fête galante » n'apparaît pas dans le célèbre dictionnaire d'Antoine Furetière, bien que les termes dont elle se compose y soient chacun définis[10]. Comme on pouvait s'y attendre, le premier sens de « fête » était « solennité ou rejouïssance qu'on fait dans l'Église, ou parmy le peuple, en l'honneur de quelqu'un ». Ce terme renvoyait essentiellement à un contexte ecclésiastique, même s'il pouvait aussi être employé pour désigner un événement lié à la royauté (« une rejouïssance que le peuple fait aux entrées, aux naissances des Rois, &c. ») et même des rites païens (« Les Payens avoient aussi leurs Festes, les Bacchanales, Saturnales, &c. »)[11].

« Galant » avait différents sens, dont « homme honneste » ou « homme qui a l'air de la Cour », mais aussi un sens, qui est peut-être celui le plus en rapport avec le contexte qui nous intéresse, à savoir : « Amant qui se donne tout entier au service d'une maitresse[12]. » Olivier Patru rendit ce dernier sens explicite dans une définition qu'il formula à la fin du XVIIe siècle : « Galant signifie amant […] en ma jeunesse on disoit amy […]. Depuis galant prit sa place, et maintenant ami est revenu à la mode, galant qui se dit pourtant encore, ayant paru dire les choses un peu trop ouvertement […][13]. » *L'Europe galante*, un opéra-ballet d'André Campra et Antoine Houdar de La Motte dont la première eut lieu en 1697, avait reçu ce titre parce que quatre contes amoureux se déroulant dans quatre pays d'Europe différents servaient d'entrées à ses quatre parties.

Même si l'expression « fête galante » était peu courante, elle avait probablement une coloration assez spécifique. Lorsque l'Académie l'utilisa pour la première fois en vue de décrire le tableau de Watteau, c'était probablement pour signifier qu'il s'agissait d'une *rejouïssance* à laquelle prenaient part en extérieur des hommes et des femmes de l'aristocratie, qui étaient peut-être aussi amants et maîtresses.

Après l'avoir employée une première fois pour le morceau de réception de Watteau, elle la réutilisa deux ans plus tard, le 24 mars 1719, lorsqu'elle admit Lancret dans ses rangs après acceptation des « tableaux qui luy avoient été ordonnez, représentant une feste galante[14] ». Jean-Baptiste Pater, qui avait été l'élève de Watteau, fut admis au sein de cette éminente institution le 31 décembre 1728, son nom s'accompagnant de cette lourde épithète « peintre dans le talent particulier des fêtes galantes[15] ». Bonaventure De Bar, qui eut droit à une appellation différente lors de son admission, fut néanmoins qualifié de « peintre dans le talent des fêtes galantes » à sa mort, le 3 septembre 1729[16]. Lorsque l'Académie apprit la mort de Pater, elle mentionna de nouveau son titre officiel : « il était peintre de fetes galantes […][17]. » Enfin, un artiste par ailleurs inconnu, M. Porlier, « peintre dans le genre des festes galantes », fut agréé à l'Académie le 30 septembre 1752[18]. En d'autres termes, la formule « fête galante » appliquée à l'art fut d'abord utilisée et officiellement sanctionnée par l'Académie royale. Comme nous allons le voir, cet usage semble, encore plus curieusement, ne jamais avoir franchi les portes de cette institution ; il n'apparaît en effet nulle part ailleurs.

Le titre de Watteau à l'Académie

« *Watteau, peintre des fêtes galantes* ». Qui refuserait ce titre à l'artiste ? Son nom et le genre qu'il créa sont à jamais liés. Sur la plaque du monument à Watteau, sculpté par Carpeaux et érigé à Valenciennes en 1884 [**fig. 2**], on peut lire entre autres : « à l'occasion du 2e Centenaire de la Naissance du Peintre des Fêtes galantes[19] ». Pourtant ce titre ne fut jamais officiellement attribué à Watteau, malgré l'insistance avec laquelle de nombreux historiens de l'art ont affirmé et affirment encore aujourd'hui qu'il fut officiellement admis à l'Académie en cette qualité en 1717. Comme je l'ai déjà indiqué, cette épithète fut accolée au nom de Pater, et associée à celui de Bonaventure De Bar et de M. Porlier. Le développement de la fête galante pouvant être inscrit au crédit de Watteau, plutôt qu'à celui de n'importe quel autre peintre, il est certain que ce titre lui aurait convenu. Lorsqu'il fut agréé le 30 juillet 1712, il fut inscrit sur les listes de l'Académie simplement sous son nom, « le sieur Antoine Watau », avec indication de son métier, « Peintre » (par opposition à sculpteur, graveur, etc.)[20]. Dans les procès-verbaux de l'Académie a été de même consignée à la date du 28 août 1717 la réception du « ledit sieur Vatteau Académicien[21] ». Christian Michel a découvert, parmi divers papiers de l'Académie, un autre compte rendu de la réception de l'artiste qui confirme que son morceau de réception fut décrit comme « un tableau représentant une fête galante », et qu'il fut reçu comme simple peintre sans titre particulier : « elle [l'Académie] a reçu et reçoit le Sieur Watteau en qualité d'académicien […][22]. Lorsque la mort de Watteau fut annoncée à ses collègues le 26 juillet 1721, ceux-ci enregistrèrent la mort de « Monsieur Vattau, peintre, Académicien[23] » Bref, Watteau fut admis au même titre qu'un peintre d'histoire c'est-à-dire comme un peintre ordinaire, sans qualité particulière. Si son *Pèlerinage* fut rebaptisé « une feste galante », cette formule fut réservée à ce tableau et nullement associée au nom de l'artiste.

Aucun biographe de l'entourage immédiat de Watteau n'a jamais affirmé qu'il fut reçu en qualité de « peintre des fêtes galantes », et ce, à juste titre. D'autres cependant ne tardèrent pas à l'affirmer. Dans la notice nécrologique rédigée par Sylvain Ballot de Sovot en 1743, à la mort de Lancret, on peut ainsi lire : « M. Lancret fut reçu à l'Académie en 1719, au même titre que Watteau, de Peintre de Fêtes galantes[24]. » Cette idée, qui allait souvent être reprise au cours des deux siècles et demi suivants, est fausse à double titre. Premièrement, Watteau fut simplement admis en tant que « peintre » comme nous venons de le voir. Deuxièmement, Lancret fut reçu sans aucun titre particulier selon les procès-verbaux de l'Académie[25]. Le manuscrit de Ballot de Sovot ne fut pas publié en son temps. Il n'eut donc aucun effet immédiat, mais il révèle avec quelle rapidité de prétendus historiens s'emparent d'un mythe. Juste avant la seconde moitié du XVIIIe siècle, la situation changea radicalement lorsque Dezallier d'Argenville publia un texte reprenant cette assertion. Il écrivit notamment à propos de Watteau : « On le reçut Académicien sous le titre de peintre de fêtes galantes[26]. » À peu près à la même époque, Jacques Lacombe, s'appuyant sur le texte de Dezallier d'Argenville, écrivit qu'« […] on le reçut Académicien, sous le titre de *Peintre de Fêtes galantes*[27] ». En 1757, Pernety commit la même erreur[28], comme Pahin-Champlain de La Blancherie en 1783[29]. Dans une petite note biographique destinée à une publication portant sur les tableaux de la collection du duc d'Orléans, Louis-Abel Bonafons, l'abbé de Fontenai, écrivit : « Watteau, qui fut reçu à l'Académie de peinture en qualité de peintre des fêtes galantes, mérita ce titre par le choix de ses sujets[30]. » Peut-être est-ce cette même idée erronée qui amena Diderot à définir Watteau comme « le peintre des fêtes galantes & champêtres ».

Au milieu du XIXe siècle, le mythe s'établit. Nagler, un auteur qui fait généralement autorité, affirma que Watteau reçut le titre fantaisiste de « peintre des fêtes galantes du Roi[31] ». Dussieux reprit cette affirmation, lorsqu'il publia la liste de tous les membres de l'Académie[32]. De même, on peut lire dans le catalogue du Louvre établi par Frédéric Villot en 1855 que Lancret et Watteau furent admis à l'Académie en tant que « peintres de fêtes galantes[33] ». Lorsque Montaiglon publia l'*Abecedario* de Mariette, il dénonça à juste titre l'erreur de Mariette, qui avait fait de Watteau un peintre professeur à l'Académie, mais Montaiglon commit lui-même une erreur, tout aussi grossière, puisqu'il reprit l'idée que Watteau avait été reçu « comme peintre de fêtes galantes[34] ».

Peu après, le malentendu devint un piège dans lequel tombèrent un nombre étonnamment élevé d'éminents historiens de l'art. Le titre même de l'importante étude consacrée par Charles Blanc à Watteau, Lancret, Pater et Boucher – *Les Peintres de fêtes galantes* – perpétua le mythe. Dans son texte, Blanc proclamait en outre que l'Académie avait donné à Watteau ce titre honorifique[35]. Alors que les frères Goncourt ne commirent jamais cette erreur, Houssaye reprit cette inexactitude, alors devenue courante, dans son essai sur Watteau publié en 1860[36]. Michiels prétendit, quant à lui, que Watteau et Pater avaient tous deux reçu le titre de « peintre de fêtes galantes[37] ». L'historien de l'art danois Hannover fit aussi l'erreur d'affirmer que tel était le titre officiel de Watteau[38].

Cette épithète devint si répandue que le nom de Watteau et ce prétendu titre devinrent interchangeables. Il n'est donc pas très étonnant que la publication éditée à l'occasion de l'érection du monument de Carpeaux en hommage à Watteau [fig. 2] se soit intitulée *Fête du bicentenaire du Peintre des fêtes galantes*.

La situation n'évolua guère au début du XXᵉ siècle. En 1907, Gabillot intitula son ouvrage sur Watteau, Pater et Lancret *Les Peintres de fêtes galantes*, ce qui est suffisamment explicite. Dans sa toute première phrase, il écrivit : « Trois artistes, Watteau, Pater et Lancret, reçurent ce titre de l'Académie de peinture. » En note, il reprochait à Blanc d'avoir ajouté le nom de Boucher à cette liste. Dans les mêmes années, Edgcumbe Staley gratifia aussi Watteau du soi-disant titre de l'Académie[39].

Au cours des quelques décennies suivantes, moins d'historiens de l'art se trompèrent sur les circonstances de la réception de l'artiste à l'Académie. Ce mythe continua néanmoins à circuler, et d'éminents chercheurs s'y laissèrent prendre. Mussia Eisenstadt affirma que l'Académie avait nommé l'artiste « maître de la fête galante[40] ». Dans un ouvrage fondamental sur Watteau, Hélène Adhémar écrivit : « Watteau est le premier artiste à qui on ait donné ce titre de *peintre de fêtes galantes*[41] […]. » Aujourd'hui encore, un grand nombre d'historiens de l'art commettent la même erreur. Grasselli, par exemple, a écrit : « Watteau fut reçu à l'Académie en tant que peintre de *fêtes galantes*, une catégorie spécialement créée pour lui[42]. » De même, Pierre Rosenberg, Anita Brookner, Marianne Roland Michel, Nicole Parmantier, Humphrey Wine, Colin Eisler, Mary Tavener Holmes, Renaud Temperini, et d'autres ont affirmé que Watteau et Lancret furent reçus à l'Académie en qualité de « peintre de fêtes galantes[43] ». Le mythe est coriace. Il devient difficile de mettre un terme à l'erreur, même la plus grossière, à partir du moment où elle a été énoncée publiquement et assez souvent répétée[44].

La terminologie du XVIIIᵉ siècle

Si l'octroi à Watteau du titre académique n'avait été qu'une erreur factuelle, le résultat d'une petite confusion appelant simplement une rectification, le résumé précédent aurait pu être beaucoup plus succinct. Cette erreur comporte cependant des implications plus profondes. Elle permet en effet d'expliquer pourquoi les tableaux du XVIIIᵉ siècle représentant les divertissements de la haute société finirent par être appelés « fêtes galantes ». Bien que la formule remonte au XVIIᵉ siècle et ait été utilisée par l'Académie pour désigner les morceaux de réception présentés par Watteau et Lancret, elle ne fut pas employée sinon au cours du XVIIIᵉ siècle pour désigner un genre spécifique d'œuvres d'art. À la place était utilisée toute une série de termes proches. Si le mythe de l'attribution à Watteau du titre de « peintre de fêtes galantes » n'avait perduré, l'expression « fête galante » aurait pu tomber dans l'oubli peu après avoir été inventée.

Comme en témoignent les quelques catalogues des ventes qui eurent lieu à Paris au cours de la première moitié du XVIIIᵉ siècle, ainsi que certains inventaires et autres documents juridiques, la formule « fête galante » n'était absolument pas couramment utilisée pour désigner des tableaux. Le catalogue préparé pour la vente, en 1737, de la fameuse collection de la comtesse de Verrue – une femme connue pour sa riche collection de tableaux de genre nordiques et pour son esprit libertin – offre une idée assez précise du vocabulaire alors en vigueur. Bien que cette femme ait avidement collectionné les fêtes galantes, cette appellation n'apparaît nullement dans le catalogue. Pour deux des tableaux de Watteau, par exemple, figure simplement l'indication « Deux petits tableaux » ; et pour deux autres de Pater, la mention « Deux tableaux pendants »[45]. Deux lots successifs de tableaux dus à Pater sont décrits comme constitués respectivement de « Deux tableaux » et de « Deux dans le même genre », mais le genre n'en est pas précisé[46]. Quelques œuvres de Bonaventure De Bar sont analysées au moyen de tournures plus originales : la première est présentée comme « Un tableau de moyenne grandeur, peint dans la manière de Pater ou Lancret », tandis qu'un autre lot était constitué, selon le catalogue, de « Deux petits tableaux dans le goût de Watteau[47] ». Ce type de formule descriptive, consistant à définir l'œuvre d'un artiste par référence à celui d'un artiste plus célèbre, coïncide avec celles employées par l'Académie. En 1737 par exemple, cette institution classa en effet Lancret parmi les « Peintres à talens », précisant qu'il exécutait des « petits sujets galants dans le goust de Vateau[48] ».

Mariette s'arrangea aussi pour ne pas nommer le type de sujet que Watteau peignait. Alors qu'il qualifia Claude Audran de « peintre d'ornements », il demeura très évasif à propos de Watteau[49]. Il étudia un certain nombre de gravures exécutées d'après des compositions de Watteau. Il désigna cependant ces dernières en employant uniquement un terme générique, « tableau[50] ». Parvenu aux œuvres de Lancret, il se montra retors en les qualifiant de « sujets dans le goût de Vateau », comme si cela pouvait être compris par tous[51]. En rédigeant la biographie de Watteau, de Pater et de Lancret pour son *Dictionnaire des artistes*, Louis Abel Bonafons, l'abbé de Fontenai n'utilisa jamais la formule « fêtes galantes » pour décrire leurs sujets ; en fait, c'est à la fin de la vie de Pater qu'il aborda le plus précisément la question : « Lencret & lui étoient les deux seuls peintres qui donnoient dans le goût des modes, dont Watteau étoit l'inventeur & le modele[52]. » On cherchera de même en vain l'expression « fête galante » dans les dictionnaires d'art publiés au XVIIIe siècle. Dans celui de Marsy de 1746, on trouve à « bambochade » la définition suivante : « […] certains petits tableaux qui représentent des sujets champêtres & grotesques[53] ». En réalité, ce que Marsy a défini ici sans le nommer n'est autre qu'une fête galante.

La formule fréquemment employée à cette époque était « sujet galant ». Dès 1721, année de la mort de Watteau, un de ses amis, l'éditeur du *Mercure de France*, Antoine de La Roque, décrivit la gamme des sujets peints par l'artiste en ces termes : « Le Génie de cet habile Artiste le portait à composer de petits sujets galants : Noces champêtres, Bals, Mascarades, Fêtes Marines, etc.[54]. » En 1727, Dubois de Saint-Gelais écrivit de même : « Ce peintre s'est fait un nom par sa gracieuse et exacte imitation du naturel dans les sujets galants et agréables. » Bien qu'il ait lui aussi énuméré les différents types de sujets peints par Watteau (« les concerts, les danses, et les autres amusements de la vie civile »), il n'utilisa pas davantage la dénomination « fête galante ». Répertoriant en 1737 les plus grands peintres de l'époque, l'Académie, nous le savons, classa Lancret parmi les « peintres à talens », tout en précisant qu'il était connu « Pour les petits sujets galants dans le goust de Vatteau[55] ».

L'expression « sujet galant » apparaissait aussi de temps en temps dans les catalogues de vente des années 1730 et 1740. Lorsque Edme Gersaint vendit quelques gravures d'après Watteau en 1737, il qualifia par exemple de « galant » le sujet de la gravure qui représentait « une femme assise sur son lit[56] ». Le marchand fut l'un des premiers à désigner par « sujet galant » le contenu d'un tableau, l'utilisant pour des œuvres tant néerlandaises que françaises. Dans le catalogue qu'il prépara pour la vente de la collection Quentin de Lorangère, en 1744, un tableau de Watteau est certes décrit comme « Un concert », et une copie d'un tableau de Lancret comme « Une danse », mais c'est plus fréquemment que revient l'expression « sujet galant[57] ». Celle-ci sert en effet à décrire un grand tableau de Lancret, deux œuvres anonymes hollandaises, deux gouaches dues au petit-fils de Laurent de La Hyre et deux œuvres relevant d'une école non identifiée (l'école française ou l'école hollandaise ?). Dans le catalogue établi par Gersaint pour la vente de la collection Antoine de La Roque, un Lancret est présenté comme « un Sujet galant[58] ». Bien que la formule ait déjà été employée, le fait que Gersaint y ait eu régulièrement recours montre qu'elle était alors devenue d'un usage courant.

Le nom à donner à cette nouvelle peinture de genre ne faisait certainement pas l'unanimité. « Galant » était l'un des qualificatifs appliqués de temps à autre aux tableaux de Lancret. Ce fut le cas, par exemple, lorsqu'il présenta ses œuvres à l'Exposition de la jeunesse, en juin 1723 ; à l'époque, le *Mercure de France* précisa que quelques-unes étaient « dans un goût tout à fait galant[59] ». Aux Salons de 1737 et 1738, ses tableaux portaient en majeure partie des titres détaillant les activités représentées (*Un festin de noces de village*, *Une danse*, *Un concert*, etc.), mais certains s'accompagnaient simplement de la mention « sujet champêtre »[60]. En 1737, dans le catalogue d'une vente portant sur un groupe de gravures d'après Watteau, Gersaint intitula un lot « Sujets modernes[61] ». À la vente de la collection Quentin de Lorangère, les tableaux de Lancret et Pater furent présentés comme des œuvres dans « le goût des Modes & des Sujets galands, dont Watteau étoit l'inventeur & le modèle[62] ». Le titre de la vie de Watteau que le comte de Caylus lut à l'Académie en 1748 proclamait Watteau « peintre de figures et de paysages, sujets galants et modernes ». Les auteurs avaient cependant d'autres termes à leur disposition. Ainsi le marquis d'Argens utilisa-t-il l'expression « fêtes champêtres » au milieu du siècle pour décrire la spécificité de Watteau : « son talent consistait à représenter des bals, des scènes de théâtre et des fêtes champêtres[63] ».

Toute une série d'autres descriptions furent utilisées pour décrire les sujets de Watteau dans les catalogues de vente du XVIIIe siècle. Citons, entre autres : « Un Concert dans un jardin […][64] », « La vue d'un Paysage champêtre, dans lequel divers personnages, hommes & femmes, se sont rassemblés pour se divertir […][65] », « Un sujet champêtre dans un paysage agréable […][66] », « L'Intérieur d'un Jardin […][67] », « Un Bal dans un jardin champêtre […][68] », « Conversation dans un jardin[69] », « Deux sujets galans[70] », « Paysages & figures représentans des amusemens champêtres […][71] », « une fête champêtre[72] ». L'un des tableaux de Bonaventure De Bar reçut pour titre « Une Journée champêtre », tandis qu'un autre fut encore plus curieusement intitulé « Une fête Francoise[73] ».

On trouve des termes et des énoncés tout aussi variés dans les inventaires parisiens. Dans celui de 1740 recensant les biens du fermier général Martin Havard de Jully, il est fait référence à « Deux pendants, représentant des *Conversations*, de Watteau[74] ». L'inventaire de 1743 de la collection du marchand distillateur François Rogeau signale la présence dans cette collection de « *Promenades et conversations champêtres* […] de Pater[75] ». Dans l'inventaire de 1747 des biens d'Élisabeth-Guillemette Chesnier, épouse d'un maître chirurgien-dentiste, ont été répertoriés des « Paysages et figures […] faits par Octavien […] » ainsi qu'un « Paysage avec figure, de Lancret […] »[76]. Malgré la grande diversité des termes employés dans ces inventaires, l'expression « fête galante » n'y apparaît jamais.

Il est donc très surprenant de découvrir dans l'ouvrage d'un auteur allemand, *Réflexions sur la peinture* de Hagedorn, un chapitre intitulé : « Des tableaux de Conversation, ou des Fêtes galantes ». Si Hagedorn réservait aux tableaux de Watteau et de ses disciples des termes et des formules d'un usage plus courant comme « conversation », « sujets galants » ou « plaisirs champêtres », il employa bel et bien l'expression « fêtes galantes » pour désigner les œuvres de Jean-George Platzer[77]. Il est tout aussi surprenant de constater que Papillon de la Ferté décrivit, à la fin du XVIIIe siècle, le *Pèlerinage à l'île de Cythère* aujourd'hui au Louvre comme une fête galante ; Gault de Saint-Germain fit de même peu après 1800[78]. Ce sont là, bien sûr, de rares exceptions à la règle. La terminologie que l'on découvre dans la *Vie de Watteau* rédigée par Taillasson et publiée en 1802 est plus caractéristique de l'époque. Cet auteur a en effet utilisé tous les termes et toutes les formules qui étaient apparus au siècle précédent – « sujets galants », « fêtes », « fêtes à la campagne », etc. –, mais l'expression « fête galante » est absente de son ouvrage[79].

Redécouverte de la fête galante par les romantiques

La situation évolua peu au début du XIXe siècle, lorsque le néoclassicisme était encore le courant dominant. Aucun changement linguistique ne s'amorça réellement avant les années 1830, époque à laquelle des auteurs romantiques, séduits par les charmes de l'Ancien Régime, commencèrent à qualifier de « fêtes galantes » les tableaux de Watteau et de son école[80]. Les premiers furent Théodore de Banville, Arsène Houssaye et d'autres auteurs du même cercle. À cette époque cependant, on ne recourait pas régulièrement à l'expression.

Dès 1833, Pétrus Borel s'enthousiasma, en véritable romantique, pour l'art du rococo, évoquant entre autres « les impostes de pastorales d'opéra, de fêtes galantes, de bergères-camargo de l'immortel et délicieux Watteau[81] ». L'esprit des fêtes galantes du XVIIIe siècle, peuplées de multiples personnages de la commedia dell'arte, déteignit sur Banville comme en témoigne un des poèmes qu'il écrivit pour *Les Cariatides* : « [...] fête galante, voilà Silvandre et Lycas[82] ». Hédouin fit incidemment référence à Watteau, « ce créateur des fêtes galantes[83] », tandis que Jules Sandeau mentionna « tous les dessus-de-porte représentant des fêtes galantes à la manière de Watteau, de Lancret, de Boucher [...]84 ». Il est remarquable que tous ces auteurs aient choisi d'utiliser cette expression. Comment pouvaient-ils la connaître ? Ils n'avaient vraisemblablement pas lu les procès-verbaux de l'Académie. L'omniprésence dans les livres d'art du titre apocryphe donné à Watteau permettrait d'expliquer de la manière la plus plausible la survivance (et le retour) de cette formule.

C'est surtout Houssaye qui contribua à remettre au goût du jour Watteau et le rococo. Les publications des frères Goncourt firent oublier par la suite le rôle de Houssaye, mais celles-ci doivent beaucoup au chapitre que ce dernier avait consacré à Watteau dans sa *Galerie de portraits du XVIIIe siècle*. Les tournures emphatiques employées par cet auteur pour décrire et vanter l'esprit de Watteau méritent l'attention :

> Watteau fut par excellence le peintre de l'esprit et de l'amour, le *peintre des fêtes galantes*. Il a bien saisi le secret de la nature, mais c'est un enchanteur qui la fait voir par un prisme. Il a été le plus coquet et le plus doux, le plus fin et le plus souriant, de tous les peintres du XVIIIe siècle. Son pinceau était pétillant, son dessin avait légèreté de l'oiseau. Il y a dans sa couleur le feu du diamant et la fraîcheur de la rosée. C'est une magie pour le regard, qui s'étonne, cherche et s'étonne encore. Il y a des horizons sans bornes qui cacheraient une main de femme, du soleil et de l'ombre à s'y tromper. Son œuvre est des plus variés ; outre ses mascarades champêtres et ses fêtes galantes, il a peint des haltes de soldats qui font tort à celles de Wouwermans, des chinoiseries ravissantes [...]85.

Rien que dans ce bref passage, Houssaye a non seulement désigné Watteau par une périphrase, « le peintre des fêtes galantes », mais a aussi qualifié ses sujets de « fêtes galantes ». Dans cette vie de l'artiste présentée sous un jour romantique et totalement faux, l'expression « fêtes galantes » apparaît à plusieurs reprises pour désigner les tableaux de Watteau et ceux de Lancret. Selon Houssaye, Lancret fut « un disciple qui ressemblait aux gentilshommes de ses *fêtes galantes* [celles de Watteau] ». Cet auteur alla même jusqu'à affirmer que les fêtes galantes mises en scène à la Cour de France s'inspiraient des tableaux de Watteau.

Théophile Gautier joua aussi un rôle important dans ce cercle littéraire, et eut aussi recours à l'expression « fête galante ». Dans son *Guide de l'amateur au musée du Louvre*, on peut lire ceci : « Quoiqu'il n'ait peint que des fêtes galantes et des sujets tirés de la comédie italienne, Antoine Watteau est un grand maître [...] Son œuvre est une fête perpétuelle [...]86. »

Adoption de la formule par les historiens de l'art

En dépit des références citées, l'expression « fête galante » n'était pas encore entrée par la grande porte dans la littérature artistique. Elle n'était pas d'un usage universel. Si Charles Blanc, nous l'avons vu, avait intitulé son ouvrage *Les Peintres de fêtes galantes*, faisant allusion sous ce titre à Watteau, Lancret, Pater et Boucher, il n'avait pas utilisé une seule fois la formule « fête galante » pour désigner leurs œuvres. Parmi les expressions employées par cet auteur pour décrire les tableaux de Pater figurent, par exemple, « amusements champêtres », « bambochades extra-muros », « conversations d'amour » ou « sujets galants[87] ». Pour Blanc, Pater était certes le « peintre par excellence des conversations et des fêtes galantes ». Il avait pourtant écrit à propos des œuvres d'art sur le marché : « aujourd'hui on voit des *Conversations* de ce peintre [...]88 ». L'usage restrictif de la formule

« fêtes galantes », employée en effet uniquement pour définir les artistes, est un trait caractéristique de la littérature du milieu du XIXe siècle.

La *Galerie de portraits* de Houssaye fut rééditée plusieurs fois, puis augmentée avant d'être intégrée à son *Histoire de l'art français au dix-huitième siècle*, qui fut publiée en 1860. Dans cet ouvrage, l'auteur a choisi de perpétuer encore le mythe du titre prétendument accordé à Watteau, celui de « peintre de fêtes galantes », mais n'a pas retenu cette formule pour désigner ses tableaux[89]. Le chapitre de Houssaye consacré à Lancret révèle cependant que la question du vocabulaire à employer n'avait pas encore été résolue à cette époque. L'auteur rapporte avoir vu « une des fêtes champêtres les plus renommées de Lancret », qui n'était cependant « pas encore si vivante qu'une fête galante de Watteau […][90].

Le plus remarquable est peut-être que l'expression « fête galante » n'apparaisse pas de manière retentissante là où on s'attendrait le plus à la trouver, c'est-à-dire dans les textes d'Edmond et de Jules de Goncourt. Dès le début, c'est-à-dire dès leur premier essai sur Watteau, en 1856, ces deux auteurs eurent recours à une multitude de termes et de tournures, mais, uniquement pour décrire ce qu'ils voyaient et non pour le nommer. Citons, entre autres, « une féerie », « les séductions de la femme au repos », « des bois galants », « des champs emplis de musique », etc. Dans cet essai sur Watteau, ils n'employèrent qu'une seule fois l'expression « fête galante » : « je ne sais quelle tristesse musicale et doucement contagieuse est répandue dans ces fêtes galantes[91] ». Bien que le texte regorge de séduisantes cascades de mots et de tournures poétiques, cette formule précise ne réapparaît pas. Elle ne figure pas non plus dans leur *Journal*, sauf en 1863 à propos d'une gravure exécutée d'après une composition de Lancret[92]. L'expression n'apparaît pas davantage n'est pas dans le catalogue raisonné de l'œuvre de Watteau établi par Edmond de Goncourt. Bien que les œuvres y soient classées par sujet, toutes celles que nous qualifierions aujourd'hui de « fêtes galantes » sont regroupées dans une même section intitulée « pastorales galantes[93] ». Dans son texte, Edmond de Goncourt a eu recours à des expressions équivalentes qui nous sont déjà familières comme, par exemple, « scènes galantes », « fêtes champêtres » et « peinture galante »[94].

On aurait pu s'attendre à autre chose. Le grand poète Paul Verlaine, par exemple, composa un poème évoquant les « masques et bergamasques » du XVIIIe siècle, éclairés par « le calme clair de lune de Watteau ». Il l'intitula en premier lieu « Fêtes galantes », puis réunit finalement sous ce titre l'ensemble des poèmes publiés dans le même recueil. Il avait en outre écrit ces poèmes après avoir rencontré les frères Goncourt, dont les textes lui avaient servi de sources d'inspiration. On serait donc en droit de penser que la formule avait alors véritablement pris un sens et avait une grande résonance. Comme nous l'avons vu cependant, ni les frères Goncourt ni aucun autre auteur de la seconde moitié du XIXe siècle ne la reprirent pour décrire les tableaux de Watteau. Dans une petite monographie sur Lancret, Jules Guiffrey lui préféra des expressions comme « fête champêtre » et « conversation galante », ne succombant qu'une seule fois, presque accidentellement, à la tentation d'employer « fête galante »[95]. Dans un ouvrage qui fait autorité, l'*Histoire de la peinture flamande* en dix volumes, Michiels consacra des chapitres à Watteau, Pater et aux Watteau de Lille, mais il n'utilisa pas davantage cette formule pour désigner leurs tableaux[96].

En 1884, à l'occasion du bicentenaire du peintre des fêtes galantes, les œuvres de Watteau furent une fois de plus qualifiées de « pastorales galantes[97] ». Dans tous les discours et hommages publiés, « fête galante » n'apparaît là encore qu'une seule fois[98]. Dans leurs monographies respectives, Dargenty et Adolf Rosenberg ne dénomment pas ainsi les tableaux de Watteau, si ce n'est une fois le second qui précise que le *Pèlerinage à Cythère* est « ein galantes Fest[99] ».

La publication en 1899 de *French Painters of the Eighteenth Century* de lady Dilke constitua un moment de transition. Bien que l'auteur ait évité d'aborder la question des titres utilisés à l'Académie, elle intitula son chapitre consacré à Watteau, Pater et Lancret « The Painters of Fêtes Galantes », ce qui n'est guère surprenant. Elle employa plusieurs fois cette expression pour désigner une catégorie précise de sujets, faisant par exemple la distinction entre les scènes paysannes des débuts de Watteau et ses fêtes galantes plus tardives, ou faisant remarquer que « la fête galante n'est pas [...] le genre de sujet dans lequel Lancret excellait[100] ». Mais là encore, en dépit de plusieurs autres références à cette catégorie de sujets, elle n'eut pas recours à cette formule pour décrire une œuvre d'art précise.

Une avancée modeste mais non moins significative eut lieu en 1895, lors de la publication de la monographie de Claude Phillips sur Watteau. L'auteur utilisait en effet non seulement « fête galante » pour désigner une catégorie de sujets (la « fête galante richement ornée » par opposition à la « bergerie » censée être antérieure, pour reprendre ses propres termes), mais il appliquait même cette formule à un tableau précis, puisqu'il écrivait que la *Fête d'amour* de Dresde était, à son avis, « l'une des plus fascinantes de toutes les fêtes galantes[101] [...] ».

Même après 1900, lorsque le rythme des publications sur Watteau s'accéléra, l'expression fut toujours utilisée avec réticence par les auteurs. Gabillot, par exemple, ne l'employa pas en relation avec telle ou telle œuvre particulière dans son ouvrage de 1907, bien qu'il ait intitulé celui-ci *Les Peintres des fêtes galantes* et ait repris, dans la toute première phrase, le mythe du titre académique soi-disant donné à Watteau et à ses disciples. L'expression apparaît une fois pour décrire le genre des tableaux de Watteau en général, et une autre fois pour désigner le type d'événement mondain qui, selon l'auteur, inspira le peintre[102]. Mais son emploi se limite à ces deux occurrences, et la terminologie n'est guère différente pour Pater et Lancret.

Peu après 1900, Staley accola de même l'épithète « maître peintre des fêtes galantes » au nom de Watteau dans le titre d'une petite étude consacrée à ce peintre. Il écrivit que l'un des trois principaux genres d'œuvres peintes par l'artiste était la fête galante, mais elle ne s'appliquait à aucune œuvre en particulier[103]. L'année suivante, dans une monographie plus importante, Staley intitula l'un de ses chapitres « Les fêtes galantes », analysa « le culte des fêtes galantes », se livra à une comparaison entre ces tableaux et les divertissements de même nom donnés à la Cour, appela les figures des « galants », et conclut que « Si Watteau peut prétendre au renom [...] c'est essentiellement en raison du caractère unique de ses fêtes galantes[104] » Il était peut-être plus facile à un Anglais de s'emparer d'une tournure étrangère pour donner à son texte un ton et un sens particuliers. Curieusement cependant, l'auteur n'y eut pas recours dans l'analyse des œuvres qu'il avait rassemblées sous cette expression générique.

Le même constat s'impose dans le cas de J. J. Forster, qui employa lui aussi l'appellation à différentes fins : pour décrire des activités mondaines, une catégorie particulière de sujets, et le groupe de peintres auteurs d'œuvres se rattachant à cette catégorie. Il créa cependant un précédent en intitulant « Fête galante » le tableau de *La Foire de Bezons* peint par Pater et aujourd'hui conservé au Metropolitan Museum of Art [cat. 27][105]. Dans la plupart des cas cependant, les tournures « fête champêtre » et « scène champêtre » semblent lui avoir aussi bien, voire mieux, convenu.

« Fête galante » s'imposa finalement de manière plus décisive comme définition des sujets de Watteau juste avant la Première Guerre mondiale dans des ouvrages comme la monographie de Zimmerman, dans la célèbre collection Klassiker der Kunst. Cet historien employa en effet plusieurs fois cette expression pour caractériser les tableaux de Watteau mettant en scène l'aristocratie et pour les distinguer de ses œuvres antérieures consacrées à des sujets militaires ou à la commedia dell'arte[106]. Cela n'était en soi pas nouveau. Nul n'a cependant remarqué que dans l'édition française, publiée dans la collection des Classiques de l'art, l'essai préliminaire est d'un autre auteur, probablement français, qui a donné à cette expression une importance et un éclat particuliers :

> Des scènes de la comédie italienne aux Fêtes galantes la transition est insensible [...] les Fêtes galantes prennent une envergure autrement vaste avec des toiles comme les *Jardins de Saint-Cloud* [...], l'*Assemblée dans un Parc* [...], la *Fête vénitienne* [...], les *Charmes de la Vie* [...], l'*Île enchantée* [...], les *Champs Élysées* [...], chefs-d'œuvre du génie si l'*Embarquement* [...] ne les éclipsait pas. Toutes ces œuvres exquises, d'autres encore,

constituent les vraies fêtes galantes dont le nom seul évoque l'Amour, la Langueur et la Rêverie, en robes de satin, en culotte et pourpoint, s'asseyant sur une pelouse à l'ombre des grands arbres, au bord d'une onde transparente et moirée, marchant à petits pas dans les allées profondes, sous l'œil complaisant d'un Cupidon de marbre ou d'une Cypris ; les couples qui s'éloignent cherchant le mystère ; la musique mêlée au murmure des fontaines ; la danse, les fleurs, les parfums, tout ce poème des passions légères [...][107].

Cette prose poétique et emphatique est manifestement calquée sur celle d'Edmond de Goncourt dans le texte cité au début de cet essai. À vrai dire, notre auteur anonyme a mentionné le nom de ce dernier dans la phrase suivante. Mais il existe entre les deux textes une différence éloquente. Au cours des quelque trente années qui les séparent, la tournure « fête galante » était progressivement devenue la formule universellement utilisée pour désigner les tableaux de Watteau, à tel point que l'auteur anonyme pouvait écrire : « les vraies Fêtes galantes dont le nom seul évoque l'Amour, la Langueur et la Rêverie. »

Dans la série d'articles publiés en 1921 à l'occasion du bicentenaire de la mort de Watteau, la formule « fête galante » n'apparaissait encore que peu de fois, bien que le tableau du Prado connu sous le titre *Les Jardins de Saint-Cloud* y ait été considéré comme un « excellent spécimen de cette "fête galante" dont Watteau fut l'inventeur[108] ». Quelques années plus tard cependant, cette formule était déjà assez répandue pour que Georges Wildenstein en fît un objet d'étude à part entière dans sa monographie monumentale sur Lancret[109]. Wildenstein se livra en effet à un examen de cette formule – « cette vague et un peu mystérieuse *Fête galante*, thème de tant de critiques [...] et de rêveries » –, mais aussi des expressions utilisées au XVIIIe siècle à la place de celle-ci. Curieusement, Wildenstein choisit de donner des titres comme « fête champêtre », et non « fête galante », aux tableaux connus uniquement au travers de descriptions vagues et anciennes[110]. En 1928 cependant, lorsque la monographie d'Ingersoll-Smouse sur Pater fut publiée dans la même collection, « fête galante » était devenue la formule en vigueur pour ce genre de tableaux. Wildenstein avait eu raison d'écrire que l'Académie créera le vocable promis à une si belle fortune. Il n'avait cependant peut-être pas pris conscience du long et pénible cheminement qu'avait été celui de cette formule avant qu'elle ne soit parvenue à s'imposer[111].

NOTES

1. W. Shakespeare, *Romeo et Juliette*, acte II, scène 2.

2. E. et J. de Goncourt 1873-1874, p. 3-5.

3. Montaiglon, 1875-1892, t. IV, p. 252.

4. Texte cité dans Eisenstadt, 1930, p. 3.

5. Argens, 1738, t. III, p. 184-185.

6. Voir, par exemple, Poissy, 1727, p. 26 ; Lesage 1732, p. 817, 998, 1001 ; Lesage, 1812 (1ʳᵉ éd. 1732), p. 87 ; Argens, 1738, t. I, p. 6, t. IV, p. 193 ; Varenne, 1740, p. 110.

7. Voir Francini, Gaureault et Thuret, 1703-1745, t. VI, p. 229-290.

8. Voir Danchet, 1751, t. II, p. 1-12 ; et *Mercure galant*, janvier 1698, p. 274.

9. Voir Dacier, Vuaflart et Hérold, 1921-1929, t. 1, p. 74-75.

10. Furetière, 1690, col. « FES » et « GAL ».

11. C'est peut-être en ce sens qu'il faut entendre le terme dans « fêtes galantes de Saturne & Junon », la formule utilisée pour décrire quatre dessins de La Rue dans le catalogue de la vente s'étant déroulée à Paris du 14 au 23 janvier 1771 (lot 48, 15 janvier).

12. Pour en savoir plus sur les différents sens du terme « galant » au cours de la seconde moitié du XVIIIᵉ siècle, voir Eisenstadt, 1930, p. 3-9.

13. Texte cité dans Eisenstadt, 1930, p. 8-9.

14. Montaiglon, 1875-1892, t. IV, p. 280.

15. *Ibid.*, t. V, p. 51-52.

16. *Ibid.*, t. V, p. 63.

17. *Ibid.*, t. V, p. 180.

18. *Ibid.*, t. V, p. 331, 333-335. Aucun peintre de ce nom ne figure dans les dictionnaires biographiques classiques. Peut-être ce peintre ne fait-il qu'un avec Charles Vincent Porlier, admis en qualité de maître peintre à l'Académie de Saint-Luc le 21 janvier 1747 ; voir Wildenstein, 1926, t. II, p. 217.

19. Au sujet de cette statue, voir Kocks, 1987, p. 321-328, en particulier note 3.

20. Montaiglon, 1875-1892, t. IV, p. 150.

21. *Ibid.*, t. IV, p. 252.

22. École nationale supérieure des beaux-arts, Paris, mss 40.

23. Montaiglon, 1875-1892, t. IV, p. 318.

24. Guiffrey, 1874, p. 20.

25. Montaiglon, 1875-1892, t. IV, p. 280.

26. Dezallier d'Argenville, 1745, dans Rosenberg, 1984, p. 48.

27. Lacombe, 1752, dans Rosenberg, 1984, p. 95.

28. Pernety, 1757, p. 281-282.

29. Pahin-Champlain de La Blancherie, 1783, p. 58.

30. Fontenai et Couché, 1786-1808, t. III, Watteau, nº 1.

31. Nagler, 1835-1852, t. XXIII, p. 550.

32. Dussieux, 1851-1852, p. 329.

33. Villot, 1855, t. III, p. 193. Villot n'utilisa bien sûr pas la formule « fête galante » à propos de tableaux de Watteau, Pater, Lancret ou Fragonard, bien qu'il ait qualifié un sujet militaire peint par Pater de « fête champêtre » (t. III, p. 255).

34. Montaiglon, 1875-1892, t. VI, p. 111, nº 1. L'idée que Watteau ait été professeur à l'Académie remonte au moins à la notice nécrologique de La Roque.

35. Blanc, 1854, p. 41.

36. Houssaye, 1860, p. 178.

37. Michiels, 1865-1876, t. IX, p. 427.

38. Hannover, 1888, p. 40.

39. Staley, 1901, p. 26, 48 ; et Staley, 1902, p. 32-33. Dans ce dernier ouvrage (p. 53), Staley utilisa une forme de ce titre supposée être en vieux français : « Maistre peintre de Fêtes Galantes ».

40. Eisenstadt, 1930, p. 9.

41. Adhémar, 1950, p. 105.

42. Grasselli, 1987, p. 271.

43. Rosenberg dans Toledo-Chicago-Ottawa, 1975, p. 12, 84 ; Brookner, 1967, p. 13 ; Roland Michel, 1996, t. XXIV, p. 256 ; Parmantier dans Washington-Paris-Berlin, 1984-1985, p. 42 ;

Wine, 1996, t. XXXII, p. 917 ; Eisler, 1977, p. 297 ; Holmes, 1996, t. XVIII, p. 692 ; Temperini, 2002, p. 18, 148.

44. Parmi les affirmations récentes les plus surprenantes figure celle de Cafritz, selon laquelle Watteau aurait été reçu à l'Académie « mais seulement dans la catégorie secondaire des peintres de genre » ; voir Washington, 1988-1989, p. 163.

45. Vente de la collection Verrue à Paris le 27 mars 1737 et jours suivants, première session, lots respectivement 83 et 94. Ce catalogue n'est connu que sous forme manuscrite, et des différences sont à noter entre les diverses versions existantes. Il est fait référence ici à la copie conservée à New York, à la Frick Art Reference Library.

46. Vente de la collection Verrue à Paris le 27 mars 1737 et jours suivants, première session, lots respectivement 16 et 17.

47. Vente de la collection Verrue à Paris le 27 mars 1737 et jours suivants, première session, lot 39 ; et deuxième session, lot 55.

48. Texte cité dans Fuhring, 1999, t. II, p. 422.

49. Montaiglon, 1875-1892, t. VI, p. 105.

50. *Ibid.*, t. VI, p. 106-110.

51. *Ibid.*, t. III, p. 55.

52. Fontenai, 1776, t. II, p. 270. Voir aussi t. II, p. 7 et p. 760-762.

53. Marsy, 1746, p. 53.

54. La Roque, 1721, dans Rosenberg, 1984, p. 6.

55. Fuhring, 1999, t. II, p. 422.

56. Vente de la collection du duc de Montemart à Paris, en 1739, lot 879.

57. Vente Quentin de Lorangère, Paris, 2 mars 1744 et jours suivants, lots 4 (« Une danse d'après Lancret »), 5 (« Un grand Tableau, sujet galand, d'après le même »), 10 (« Un sujet galant »), 34 (« Un Concert, par A. Watteau »), 36 (« Deux petits pendants, sujets galands, [...] par un Maître Hollandois »), 52 (« Un sujet de conversation champêtre, peint par Pater »), 121 (« Deux autres morceaux peints à la gouasse, par feu M. De La Hire le Médecin, [...] l'autre un sujet galand »), 122 (« Deux autres Sujets galands [...] »).

58. Vente de la collection La Roque à Paris en avril 1745, lot 156.

59. *Mercure de France*, juin 1723, p. 1175. On retrouve le même terme dans la description d'un des tableaux qu'il exposa l'année suivante : « une danse dans un paysage avec tout ce que l'habileté du peintre a pu produire de brillant, de neuf et de galant dans le genre pastoral. »

60. *Explication des peintures, sculptures et autres ouvrages de messieurs de l'Académie royale [...]*, 1737, p. 19, 21. *Ibid.*, 1738, nᵒˢ 67-68, 82-85, 176-179.

61. Vente du 2 décembre 1737 à Paris, lot 363.

62. Vente de la collection Quentin de Lorangère à Paris le 2 mars 1744 et jours suivants, p. 197.

63. Argens, 1752, dans Rosenberg, 1984, p. 93.

64. Vente du 10 au 16 décembre 1778 à Paris, lot 109.

65. Vente des collections du marquis de Chamgrand, de Proth, Saint-Maurice et Bouilhac du 20 au 24 mars 1787 à Paris, lot 200.

66. Vente des collections du marquis de Chamgrand, de Proth, Saint-Maurice et Bouilhac du 20 au 24 mars 1787 à Paris, lot 202.

67. Vente de la collection Collet du 14 au 23 mai 1787 à Paris, lot 94.

68. Vente de la collection Lebœuf du 8 au 12 avril 1783 à Paris, lot 76.

69. Vente du 20 novembre au 11 décembre 1777 à Paris, lot 38.

70. Vente des collections Saubert et Desmaret le 17 mars 1789 et jours suivants à Paris, lot 77.

71. Vente de la collection du duc de Choiseul du 10 au 15 décembre 1787 à Paris, lot 131.

72. Vente des collections Saurin, Lengeac, Veltan, Lebrun, etc. les 16 et 17 février 1798 à Paris, lot 50.

73. Vente de la collection du baron de Vanbaal du 9 au 12 avril 1781 à Paris, lot 95 ; et vente de la collection Poismenu et autres brocanteurs le 2 juin 1779 à Paris, lot 64.

74. Rambaud, 1964-1971, t. II, p. 904.

75. *Ibid.*, p. 910.

76. Rambaud, 1964-1971, t. II, p. 931.

77. Hagedorn, 1775, t. I, p. 382-385, 389.

78. Papillon de la Ferté, 1776, dans Rosenberg, 1984, p. 105 ; Pierre-Martin Gault de Saint-Germain, 1808, dans Rosenberg, 1984, p. 113.

79. Taillasson, 1802, dans Rosenberg, 1984, p. 109-110.

80. Au sujet de la redécouverte du rococo par les romantiques, voir Duncan, 1976.

81. Borel, 1922 (1ʳᵉ éd. 1833), t. III, p. 43.

82. Banville, 1891 (1ʳᵉ éd. 1842), p. 180.

83. Hédouin, 1845, p. 45.

84. Sandeau, 1855 (1ʳᵉ éd. 1851), p. 14.

85. Houssaye, 1848, p. 216-217. Cet essai sur Watteau fut tout d'abord publié dans l'ouvrage de Houssaye intitulé *Le XVIIIᵉ siècle : poètes, peintres, musiciens*, Paris, 1843 ; puis, dans « La peinture au dix-huitième siècle », *L'Artiste*, 4ᵉ série, t. 2, 1844, p. 130-134.

86. Gautier, 1882 (1ʳᵉ éd. vers 1865), p. 176-177.

87. Blanc, 1854, p. 52.

88. *Ibid.*, p. 62-63.

89. Houssaye, 1860, p. 178, 179, 184, 188.

90. *Ibid.*, 1860, p. 204.

91. E. et J. de Goncourt, 1856, p. 129. Ce chant élogieux figure aussi dans *L'Art du dix-huitième siècle* d'Edmond de Goncourt.

92. E. et J. de Goncourt, 1989 (1ʳᵉ éd. 1887-1896), t. I, p. 143.

93. E. de Goncourt, 1875, p. 95-184.

94. *Ibid.*, p. 167, 170, 174.

95. Guiffrey, 1874, p. 37, 44, 46.

96. Michiels, 1865-1876, t. IX, p. 364-448.

97. Guillaume, 1884, page de titre et p. 44, 86, 87, 130.

98. *Ibid.*, p. 129. Elle figure dans un toast porté par M. Sauttereau : « l'artiste enchanteur qui a éternisé le rêve des fêtes galantes ».

99. Rosenberg, 1892, p. 18.

100. Dilke, 1899, respectivement p. 80 et 107 ; voir aussi p. 81, 91, 111.

101. Phillips, 1895, p. 50, 82 ; voir aussi p. 34, 60.

102. Gabillot, 1907, p. 8, 10.

103. Staley, 1901, p. 23.

104. Staley, 1902, p. 53-61.

105. Foster, 1905-1907, t. I, p. 4, 23, 102, pl. IX.

106. Zimmerman, 1912, p. xvii, xx, xxv.

107. Zimmerman, 1912, coll. « Classiques de l'art », p. xxiv.

108. Nicolle, 1921, p. 147.

109. Wildenstein, 1924, p. 22-25.

110. Voir, par exemple, Wildenstein, 1924, p. 84, nᵒˢ 196, 197, 201, 203.

111. Wildenstein avait classé les œuvres de Lancret par type de sujet sans utiliser toutefois la « fête galante » comme subdivision, principalement parce qu'il avait mis en place des rubriques thématiques plus restreintes (comme les auteurs du présent catalogue). Ingersoll-Smouse (1928) fit de même dans sa monographie sur Pater. Les « fêtes galantes » constituaient en revanche une des sections du modeste catalogue des tableaux de Watteau établi par Réau ; voir Réau, dans Dimier 1928-1930, t. I, p. 38.

[**fig. 1**] David Teniers le Jeune, *Paysans dansant,* 1651, Bruxelles, musées royaux des Beaux-Arts

La notion de peinture de genre à l'époque de Watteau

Barbara Anderman

En 1717, lorsque Watteau présenta son morceau de réception, *Le Pelèrinage à l'île de Cythère* [**fig. 1, p. 16**] à l'Académie royale de peinture et de sculpture, il apporta sa contribution à la notion assez nuancée de peinture de genre dans la France de la fin du XVIIe siècle et du XVIIIe siècle. Aujourd'hui, nous employons l'expression « peinture de genre » pour décrire des tableaux représentant une grande variété d'activités humaines ordinaires, mais en 1717, pour un membre de l'Académie, l'association des deux mots, « genre » et « peinture », pouvait paraître pour le moins étrange[1]. En 1717, « une peinture de genre » en tant que telle n'existait pas, parce que « genre » signifiait « type », sans faire référence à un style de peinture particulier. Malgré cette lacune touchant au concept, à partir du milieu du XVIIe siècle et durant le XVIIIe siècle, des idées et des termes d'identification se rattachèrent aux compositions anecdotiques, nous donnant ainsi l'opportunité de constater certains changements de goût. En France, les tableaux de genre ne se trouvèrent jamais au cœur du discours critique car la théorie artistique française se fondait beaucoup sur le travail des théoriciens italiens de la Renaissance et du XVIe siècle qui se souciaient peu des tableaux de personnages dans des situations ordinaires et ne les identifiaient pas. Dans les commentaires de la fin du XVIIe siècle, les scènes anecdotiques étaient décrites comme des histoires, bien qu'à la différence de toute peinture d'histoire, elles fussent dédaignées pour leur « bassesse ». Les fêtes galantes de Watteau suscitaient une appréciation plus indulgente. De son vivant et juste après sa mort, ses tableaux ne furent pas jugés « bas » mais au contraire « élégants » et « modernes ». Comme par ironie, le public français « moderne », qui fréquentait de plus en plus les expositions du Salon et prenait part au commerce de tableaux, déclencha, par son goût pour la peinture, une réaction critique sévère envers les fêtes galantes de Watteau et toutes les autres peintures de genre. L'expression « peintre de genre » ne fit son entrée dans la langue française qu'au milieu des années 1760, quelques décennies après la mort de Watteau et dans un climat critique hostile aux compositions à plusieurs personnages dépourvues de grand goût.

En France, dès le milieu du XVIIe siècle, les peintures d'événements anecdotiques, même si elles ne possédaient pas de titre générique, offraient une gamme d'émotions et de compositions. Elles représentaient des figures de classes sociales et d'âges divers évoluant dans un large éventail de décors. Les frères Le Nain, par exemple, étaient connus pour leurs évocations de paysans dans un environnement modeste ; Watteau, Lancret et Pater pour leurs divertissements en plein air ; Jean-François de Troy se distinguait pour son observation de badinages amoureux dans des salons somptueusement décorés ; Chardin pour ses représentations de femmes et d'enfants modestement vêtus dans des intérieurs bien rangés et Greuze pour ses drames domestiques à connotation morale. La peinture de genre n'était pas exclusivement l'apanage des artistes français. Comme Bernard Dupuy du Grez le constata en 1699, il se tenait à Paris « un grand commerce des tableaux de Flandre », dont beaucoup étaient anecdotiques[2]. En effet, durant tout le XVIIIe siècle, les scènes peintes d'événements de la vie quotidienne, étaient considérées comme le domaine des Flamands.

Quel que fût son pays d'origine, en France, la peinture de genre mit longtemps à attirer l'attention de la critique et des institutions. La Fontaine n'avait pas de tableaux de scènes anecdotiques à l'esprit quand il écrivit sa fable sur le chêne et le roseau, mais à l'instar du roseau qui se courba sous l'effet du vent sans jamais se casser, la peinture de genre survécut à l'indifférence de la critique et aux jugements acerbes. En France, aux XVIIe et XVIIIe siècles, l'idée fixe consistant à tenir les scènes allégoriques, religieuses, mythologiques et historiques pour les sujets les plus achevés empêchait la reconnaissance critique et l'acceptation de ce genre pictural. L'exaltation de la figure humaine comme sujet le plus raffiné, et des histoires comme contexte idéal dans lequel le mettre en scène, a une ascendance lointaine comportant de multiples sources. L'idée remonte à Pline qui faisait grand éloge des scènes de bataille et des figures mythologiques et allégoriques alors qu'il qualifiait « les échoppes de barbiers et les ateliers de cordonniers… de sujets sordides[3] ». Depuis le XVIe siècle, l'*Histoire naturelle* de Pline était disponible en français. Les théoriciens d'art de la Renaissance italienne et de la fin du XVIe siècle, tels que Leon Battista Alberti, Giovanni Paolo Lomazzo et Giovanni

Battista Armenini, dont les œuvres étaient admirées des Français[4], exprimaient des idées analogues. À notre époque, la notion de suprématie des sujets regroupés sous le terme collectif de peinture d'histoire, a été assimilée par les historiens d'art avec l'idée que, à la fin du XVIIᵉ siècle et aux premières décennies du XVIIIᵉ siècle, il existait une hiérarchie détaillée des sujets acceptables dans le domaine de la peinture, censée avoir une immense influence sur la théorie artistique en France.

La première classification des différents types de peinture d'après ce que l'on croyait être leur valeur fut élaborée en 1668 par André Félibien, historiographe du roi. Celui-ci fut sollicité par Jean-Baptiste Colbert, surintendant des Bâtiments et ministre des Finances, pour rassembler et publier les sept conférences sur des peintures ou des sculptures spécifiques, données à l'Académie en 1667[5]. La compilation de Félibien comprenait une préface dans laquelle l'historiographe sériait différents types de sujets[6]. Selon la conception de la hiérarchie des genres de Félibien, la nature morte – « des fruits, des fleurs ou des coquilles » ou « des choses mortes et sans mouvement » – était la tentative la moins méritoire de l'artiste ; les « païsages » venaient juste après, suivis « des animaux vivans » puis « des portraits ». Étaient montrées, mieux qu'une seule figure, « plusieurs ensemble » qui évoquaient « de grandes actions comme les historiens, ou des sujets agréables comme les poëtes ». À la première place, la plus illustre, se trouvaient « les compositions allégoriques » évoquant « les vertus des grands hommes ». Il n'était fait aucune mention des scènes de genre.

Reste à savoir quelle fut l'influence de l'établissement d'une telle hiérarchie[7]. La formulation précise de Félibien, avec les tableaux allégoriques en tête d'une liste de sujets organisée de manière très spécifique, semble n'avoir presque jamais été employée dans un commentaire ultérieur, pas même par son auteur[8]. De plus, si cet énoncé avait tant d'importance, il est étonnant que Félibien n'en ait reçu aucune considération et que son nom n'y ait jamais été associé, même pas par Jean Pierre Mariette, son biographe, à la moitié du siècle, un homme particulièrement attentif à la carrière de Félibien et à ses réalisations[9]. Au XVIIIᵉ siècle, outre un parti pris de plus en plus affirmé pour la peinture historique, il semble qu'il y ait eu peu d'intérêt critique pour la valeur relative du portrait par rapport au paysage, ou de la nature morte par rapport aux peintures d'animaux. Néanmoins, la formulation de Félibien met en lumière un fait marquant : à Paris dans les années 1660, et manifestement pendant les décennies qui ont suivi, le genre était reconnu comme un type particulier de sujet ni par l'Académie ni par la critique[10].

Antoine Lavoisier, célèbre chimiste du XVIIIᵉ, observa qu'il était impossible d'évoquer un concept scientifique – ce qui s'applique aussi à un concept artistique – sans disposer d'un mot pour le décrire[11]. Il n'existait aucun terme pour définir collectivement les peintures de scènes anecdotiques ; pourtant, celles-ci figuraient un récit et des personnages et, en vertu de cela, furent intitulées « histoires » ou « peintures historiques » pendant de nombreuses décennies à la fin du XVIIᵉ et au début du XVIIIᵉ siècle. À cela, la théorie artistique italienne fournit un précédent : Léonard de Vinci avait, en son temps, fait la distinction entre ce qu'il appelait « compositions d'histoires » qui semblaient être des récits plus légers, et « compositions d'histoires graves » ou « affaires d'importance », qui incitaient à une réflexion plus soutenue[12]. En 1675, l'Allemand Joachim von Sandrart fit l'éloge des premières œuvres de genre du graveur Abraham Bosse, en parlant de « toutes sortes de délicieuses peintures historiques, d'événements de la vie quotidienne française, de divertissements, de paysages et nombreux autres sujets, tous dépeints cependant dans la même manière française, la plus harmonieuse qui fût[13] ». Il définit les petits intérieurs peints par Frans van Mieris l'Ancien, un *fijnschilder* de Leyde, comme de « charmantes histoires[14] ». Félibien, qui appréciait assez peu les peintures de genre, qu'elles fussent de facture française, hollandaise ou flamande, les rangea néanmoins dans une de ses catégories élevées, le type historique. Dans son recueil des vies et des œuvres d'artistes qu'il préparait à l'époque où il établit sa hiérarchie des sujets, Félibien rendit son verdict sur les frères Le Nain, connus pour leurs tableaux de gens ordinaires souvent installés dans un décor rural. Selon lui, les Le Nain peignaient « des portraits et des histoires », mais pas de manière noble[15]. Dans son évocation de l'artiste flamand Quentin Metsys, Félibien classa *Le Prêteur et sa femme* (musée du Louvre) et un tableau de joueurs de cartes, des scènes de genre, avec les « tableaux d'histoires » de Metsys[16]. Un tableau de Watteau, qui n'avait peut-être rien à voir avec le grand genre, fut même recensé comme « sujet d'histoire » dans l'inventaire de l'architecte Gilles Marie Oppenord en 1724[17]. Pendant des décennies, le mot « histoire » resta très général. En 1730, une notice nécrologique du portraitiste François de Troy mentionna « plusieurs tableaux d'histoire » que l'artiste avait peint à un âge avancé[18]. L'un d'eux représentait une institutrice vêtue de noir au milieu de ses élèves, nettement un sujet de genre[19].

Les scènes de genre étaient classées dans le genre historique, non seulement par la critique mais aussi par l'Académie. Les artistes qui peignaient des tableaux d'activités humaines courantes ne se voyaient pas plus interdire l'accès à cette institution incontournable en matière d'instruction artistique, que les peintres de portraits ou de paysages[20]. Cependant, avant 1717, l'année où Watteau fut admis à l'Académie avec une « feste galante, » aucun candidat ne faisait valoir ses aptitudes en peinture de genre. La plupart du temps, ils se présentaient – ou on les persuadait de le faire – comme des peintres d'histoire. Ainsi, en 1659, on attribua à l'artiste peintre et marchand d'art Jean Michelin, connu pour ses copies expertes des scènes paysannes des Le Nain qu'il vendait comme des originaux, un sujet spécifiquement historique pour son morceau de réception[21]. À l'époque, il était relativement rare de se voir assigner une œuvre spécifique. Comme la majorité des portraitistes, les peintres d'histoire étaient exemptés d'un tel traitement. Bon Boullongne, reçu à l'Académie en 1677 avec un tableau historique, le *Combat d'Hercule et Pholus contre les Centaures* (musée du Louvre), exposa au Salon de 1699, outre des peintures religieuses et mythologiques, quatre peintures anecdotiques[22]. Il est également connu pour avoir produit des pastiches des œuvres du Nord[23]. Et Joseph Christophe, reçu en mars 1702 avec le tableau *Persée coupant la tête de Méduse*, exposa au Salon de 1704 un *Retour de chasse*, une *Chasse aux canards par de jeunes garçons* et un « Jeu du gage truché, » ainsi que cinq tableaux mythologiques[24]. Ces artistes n'étaient ni exclusivement ni même principalement des peintres de genre ; leurs productions sur ce type de sujet étaient comprises dans la rubrique « peinture d'histoire ». En effet, dans le procès-verbal datant du jour de sa réception, le 28 août 1717, Watteau lui-même fut cité comme « peintre », qualificatif donné à cette époque plus fréquemment aux peintres d'histoire. Les catégories genre et histoire semblent avoir été relativement interchangeables.

En France, les peintres de tableaux anecdotiques étaient moins susceptibles de recevoir une critique favorable dans la mesure où leur travail était associé à la peinture hollandaise ou flamande. Pendant de nombreuses années et ce jusqu'au XVIIIe siècle, les peintres de genre français éprouvèrent de la difficulté à se démarquer de leurs collègues néerlandais[25]. Les frères Le Nain constituent un cas particulier mais non unique. Leurs tableaux d'humbles travailleurs furent souvent associés à l'art flamand[26]. On disait que Watteau lui-même travaillait « dans le goût flamand » même si, comme nous aurons l'occasion de le voir, cette assertion, valable en 1721, fut modifiée par la suite[27]. Être associé à l'art flamand était préjudiciable car les tableaux flamands (le terme « flamand » s'appliquait alors sans distinction à l'art flamand et hollandais) étaient peu considérés[28]. « L'on ne regardoit plus les peintures des Flandres », observait Félibien en 1647 avec une justesse prophétique, jetant collectivement l'opprobre sur l'œuvre collective des deux nations[29]. En fait, Félibien louait avec générosité le *fijnschilder* Gérard Dou, mais ce n'est pas l'éclairage de Dou qui aida l'historiographe à former son jugement sur « l'art flamand[30] ». Ce furent plutôt les peintres David Teniers le Jeune et Philips Wouwerman, respectivement flamand et hollandais qui se firent les ambassadeurs de cet art [fig. 1 et 2]. Il est courant de trouver, dans les commentaires du XVIIIe siècle, des références aux « sujets que Teniers, Wouwermans et les autres peintres de ce genre ont représentés », comme « l'action d'une fête de village » ou « les divertissements ordinaires d'un corps de garde » par exemple[31]. « Sujets dans le goût de Teniers » était l'intitulé donné par le journal *Le Mercure de France* aux scènes de genre présentées au public par Chardin en 1734, sans prêter une attention particulière au propos social de l'œuvre[32].

[**fig. 2**] Philips Wouwerman, *Halte de chasse*, Londres, 1660-1664, Dulwich Picture Gallery

À l'exposition en plein air du jour de la Fête-Dieu en 1734, un des tableaux de Chardin, la *Femme cachetant une lettre* [**fig. 3**], qui figurait une personne élégamment vêtue assise à son bureau, en compagnie d'un domestique, ressemblait plus au style de Godfried Schalcken qu'à celui de Teniers[33]. Ce type de référence apparaissait même dans les procès-verbaux de l'Académie : quand Bonaventure De Bar, un peintre dont le style se rapprochait de celui de Watteau, fut reçu à l'Académie en 1728 avec une « foire de campagne », il fut cité comme un « peintre dans le talent particulier de la figure comme Téniers et Wauwermans ». Cette appellation semble ne s'être appliquée que très vaguement aux tableaux représentant des citadins, la vie paysanne et les divertissements de plein air. Les Français avaient du mal à identifier de telles compositions en termes de sujet traditionnel car elles étaient souvent hybrides, appartenant à plusieurs styles : histoire, paysage et/ou nature morte. Teniers, comme Wouwerman, exécutèrent un nombre prodigieux de tableaux, beaucoup représentant des figures relativement petites à l'intérieur d'une taverne, dans la cour d'une taverne ou dans un paysage grandiose[34]. Malgré la variété de sujets qui contribuent aujourd'hui à nous donner une idée de la peinture flamande et hollandaise du XVIIᵉ siècle, pour de nombreux critiques français durant une grande partie du XVIIIᵉ siècle, « la peinture flamande » se réduisait à des scènes de genre représentant une vie très ordinaire, parfois de superbe facture mais manquant de véritable noblesse, de pondération ou de capacité d'enseignement. Les fêtes galantes de Watteau étaient des tableaux qui, pour la première fois, avaient incité la critique à différencier la peinture de genre française de celle de tradition flamande.

Le mot « bas » était fréquemment associé aux scènes de genre, françaises ou flamandes. La notion de bassesse appliquée aux arts datait de la Grèce ancienne où elle servait à identifier et distinguer le domaine mécanique de tout autre domaine d'activité plus élevé[35]. Une définition du qualificatif « bas », extraite d'un dictionnaire de français du XVIIᵉ siècle, fait référence à la « basse région de l'ame… où se forment les violentes passions et les desirs desreglez[36] ». Les peintures de genre véhiculaient des notions de limitation spirituelle et de comportement peu recommandable et ne possédaient pas, disait-on, le raffinement de l'école italienne. Selon Roger de Piles, auteur d'un abrégé de vies de peintres publié en 1699[37], l'« élévation » de la pensée de Michel-Ange, la « noblesse » de ses personnages et la « grandeur » de son goût étaient un remède contre « la bassesse du goût flamand ». Lourd était le fardeau dont les peintres de genre français devaient se débarrasser ! Selon l'opinion émise par de Piles sur

[**fig. 3**] Jean-Baptiste Siméon Chardin, *Femme cachetant une lettre*, 1733, Berlin, palais de Charlottenburg

[**fig. 4**] Adriaen Brouwer, *Paysans se disputant*, vers 1631-1635, Munich, Alte Pinakothek

l'art flamand et hollandais, les sujets choisis par Adriaen Brouwer – « les païsans de sa nation » – étaient, pour la plupart, « bas » ; en effet, il s'agissait d'un « naturel pesant [paysan]» qui n'était rehaussé ni par une étude de l'antique et du « beau naturel » [**fig. 4**][38].

Les Français reprochaient non seulement aux artistes flamands leurs sujets indécents – souvent identifiés à des tavernes et des bordels – mais ils exprimaient aussi leur aversion pour le mode de vie flamand qu'ils considéraient comme moralement discutable[39]. Roger de Piles en conclut qu'il y avait un lien entre le plaisir que prenait Brouwer à peindre la vie paysanne, le peu de soin qu'il accordait à sa personne ou à sa maison et le fait qu'il vivait dans une extrême pauvreté[40]. Bien entendu, l'Académie avait depuis longtemps conscience de tels problèmes. Dans son procès-verbal de 1663, une note spécifiait que tout étranger souhaitant intégrer la Compagnie devait fournir un certificat « de sa bonne vie ». Cette décision fut suscitée par la candidature de Jacob van Loo, un portraitiste et peintre de scènes domestiques d'origine flamande, qui fut reportée à cause de rumeurs « touchant ses meurs » et, selon toute probabilité, une possible inculpation de meurtre à Amsterdam[41]. On peut louer la Compagnie pour les précautions prises dans cette affaire, mais la demande de certificat qui en résulta, distinguant de fait tous les candidats étrangers (pour la plupart hollandais et flamands), était une mesure draconienne si elle était respectée[42]. Pour apprécier à quel point le mot « bas » servait à opérer un jugement normatif des œuvres de genre, il convient de prendre connaissance des louanges reçues par Chardin au milieu du siècle : on dit qu'il sait traiter les sujets domestiques « sans être bas » et qu'il « annoblit son genre[43] ».

Outre le mot « bas », on appliquait souvent le mot « petit » aux peintures de genre. Il dévaluait leur format ainsi que leur sujet et sous-entendait une différence entre les sujets de genre et les sujets d'histoire. Les peintures d'histoire devaient être grandes, et les grands formats, du moins au XVIIᵉ siècle, étaient plus chers que les petits[44]. Présentés comme « petits », les sujets de genre étaient considérés de moindre valeur, du point de vue esthétique et commercial. Dès 1644, le second des frères Le Nain se distingua par sa capacité à « peindre en petit » et par ses des « petits tableaux » dans lesquels on trouvait « mille différentes postures[45] » une diversité plus malaisée à apprécier dans les œuvres à la disposition du spectateur du XXIᵉ siècle. Pour Félibien, Jacques Callot, « simple graveur », partageait avec les artistes hollandais et flamands une méconnaissance de la peinture mais excellait dans « les petites figures[46] ». Roger de Piles faisait la distinction entre un « sujet remarquable » et un « petit sujet ».

Il conseillait à l'artiste qui se retrouvait à peindre un petit sujet d'essayer de « le rendre grand » en le traitant de « maniere extraordinaire[47] ». Quelques dizaines d'années plus tard, ce serait l'une des stratégies employées par Greuze pour donner du poids à ses représentations de drames familiaux moralisateurs. Une définition du mot « petit », tirée d'un dictionnaire de français de la fin du XVIIᵉ siècle, est intéressante dans la mesure où elle associe le mot, sur le plan figuratif, à l'idée de « bassesse » également appliquée, comme on l'a vu précédemment, à la peinture de genre. Une « âme petite » était considérée comme « une âme fort basse[48] ».

Dans la langue française, « peinture d'histoire » devenait une désignation courante pour une peinture historique[49], au même titre que « portrait », « paysage » et « fleurs et fruits », terme générique désignant la nature morte. En l'absence d'un terme d'ensemble comparable, les peintures de genre étaient identifiées de diverses manières dans les inventaires, les critiques et les livrets du Salon. Dans les inventaires des années 1670 et 1680, les portraits étaient souvent identifiés par le nom du modèle, mais parfois regroupés sous le nom de « portraits[50] », les paysages la plupart du temps appelés « paysages », et les natures mortes répertoriées comme « fleurs » ou « fruits ». Par contraste, les tableaux de genre et les histoires étaient tous deux identifiés d'après leur sujet. Ainsi, ils étaient traités quelque peu différemment des autres sujets, tout comme ils étaient, dans d'autres contextes écrits, souvent considérés comme étant un seul type de sujet. Dans les années 1670 et 1680 mais aussi durant les décennies suivantes, on employait beaucoup pour les scènes de genre les dénominations « Joueurs », « Buveurs » et « Fumeurs, » renforçant l'idée de basse vie et de morale douteuse. Les autres appellations les décrivaient comme « Danses », « Fille qui dessine », « Chimistes », « Retour de chasse », « Bal », « Musique », « Noce » et « Vendeuses de choux »[51]. Une fois regroupés, comment désigner ces tableaux ? Peu de noms collectifs semblaient convenir et en plus, ils n'étaient pas flatteurs. Parmi ceux-ci, « tabagie » suggérait un lieu que l'on fréquentait pour fumer du tabac[52]. En 1700, Florent Le Comte identifia les « tabagies » comme les tableaux les plus familiers des frères Le Nain[53]. En réalité, le terme convenait peu aux tableaux de ces artistes qui peignaient des intérieurs paysans, mais jamais de scène tapageuse où l'on boit comme celles des tableaux flamands et hollandais du XVIIᵉ siècle. *Groupe de fumeurs* [**fig. 5**] de Louis ou Antoine Le Nain, par exemple, ne représente pas une scène de taverne mais des soldats de la garde bien habillés dans une composition évoquant un portrait de groupe. On employait également le terme « bambochade », même si son sens exact n'avait jamais été très clair. Il se référait à Pieter van Laer, un artiste hollandais du XVIIᵉ siècle surnommé *il bamboccio*, le pantin, à cause de sa difformité physique ainsi que « pour sa bizarrerie à peindre des chasses, des taudis pour animaux, des prisons, des scènes raffinées et rustiques avec maints détails et des figures de taille moyenne[54]», en d'autres termes la vie des rues de Rome dans les années 1620 et 1630. Pour les Français, le mot bambochade désignait parfois des personnages dans un paysage, parfois une famille ouvrière dans un intérieur domestique[55]. Au milieu du siècle, on comparait même les tableaux de Watteau à des bambochades[56], preuve que ses travaux étaient soumis à une appréciation changeante.

La popularité croissante de ce type de peinture représentant des événements humains ordinaires poussa les critiques à lui prêter attention. On parlera plus tard de ce phénomène, dans les années 1730 et 1740, mais en fait, dès 1699, Roger de Piles fit allusion à un élément décisif pour l'accueil critique de ce type de peinture, le jugement du peuple[57]. Un tel jugement était destructeur – ce fut le cas – pour les sujets d'histoire et, plus tard dans le XVIIIᵉ siècle, il allait creuser un fossé entre la peinture d'histoire et la peinture de genre. Certes, l'artiste devait garder un œil sur son public, tel était l'avis de Roger de Piles en 1699 quand il félicita Rubens pour s'être limité, dans ses allégories, aux symboles familiers, au moins, des spectateurs les plus érudits[58]. Par ailleurs, le théoricien reprocha à Le Brun « d'inventer » ses symboles et de transformer ses peintures en énigmes qu'on ne se donnerait pas la peine de déchiffrer[59]. Déjà à cette époque, se faisait ressentir en France le besoin de sauver de l'oubli la peinture d'histoire et de la faire comprendre à une large audience. Au cours du XVIIIᵉ siècle, le goût du public fut rarement traité avec neutralité. Pour beaucoup de théoriciens, on le verra, il menaçait le droit de jugement exclusif de l'amateur averti et mettait en lumière la

[**fig. 5**] Louis ou Antoine Le Nain, *Groupe de fumeurs*, 1643, Paris, musée du Louvre

[**fig. 6**] Jean-François de Troy, *Dame à sa toilette recevant un cavalier*, 1734, Kansas City, The Nelson Atkins Museum of Art

progression répugnante de l'ignorance. Pour de nombreux artistes, il signifiait que la formation de l'Académie, indispensable pour la peinture d'histoire, ne l'était apparemment pas pour embrasser une carrière d'artiste ou obtenir un succès commercial. En 1694, on édita un manuel destiné à ceux qui n'auraient jamais commencé à peindre s'ils avaient dû rencontrer « Vincy, du Fresnoy, etc. » au préalable. Le livre présentait des « inventions » qui permettaient qu'on « desseigne sans sçavoir desseigner ». Il esquivait des « preceptes generaux » servant de fondements à l'éducation académique et leur substituait « quelques instructions particulieres pour la Pratique[60] ». Cette divergence entre la théorie académique et la pratique artistique était bien en cause quand, au XVIIIe siècle, un nombre de plus en plus important de tableaux de genre fut montré au public. En 1706, l'Académie avait déjà accueilli un certain nombre d'expositions ouvertes au public[61]. Celles-ci entraînèrent des comptes rendus critiques en feuilles imprimées et en brochures destinés au grand public parisien et pas uniquement au petit cercle d'amateurs d'art[62]. Les pages du *Mercure de France* faisaient écho d'un assentiment public pour des peintures autres que des histoires[63]. Le marché de l'art reflétait lui aussi le vif intérêt du public pour plusieurs catégories de sujets : portraits, paysages, scènes de genre. Il devenait plus difficile d'ignorer le goût et les opinions de tout un échantillon de population parisienne.

À la lumière de cela, il n'est pas surprenant qu'en 1726, *Le Mercure de France* déclarât que les œuvres de Watteau étaient recherchées « de plus en plus avec une grande avidité[64] ». À en juger par le nombre de tableaux attribués à Watteau dans les inventaires privés des années 1720 et 1730, on savait bien sûr à quoi ressemblait son œuvre[65]. Après sa disparition, les commentateurs s'intéressèrent à la peinture de genre purement française comme cela n'avait jamais été fait auparavant. Ils déterminèrent le type de sujet et donnèrent de nouvelles conclusions. Des tableaux représentant des hommes et des femmes habillés à la dernière mode dans un décor de plein air ressemblant à un parc ou bien dans des intérieurs richement ornés ne pouvaient plus être qualifiés de « flamands » ou de « bas ». Les critiques décidèrent que ces peintures étaient modernes, recherchées, « galantes » et typiquement françaises[66]. Par exemple, *Dame à sa toilette recevant un cavalier* [**fig. 6**], par Jean-François de Troy, dont une première version fut exposée place Dauphine le jour de la Fête-Dieu en 1734, était considérée sans équivoque comme un « sujet français », un modèle du goût français, bien qu'une telle scène de badinage amoureux dans un intérieur raffiné ne fût pas étrangère au travail des *fijnschilders* hollandais du XVIIe siècle, Gabriel Metsu et Frans van Mieris[67].

L'émergence d'une autre vision de la peinture de genre peut se repérer au changement subtil mais significatif dans la manière de présenter l'œuvre de Watteau, tout d'abord à sa disparition, en 1721, puis quatre ans plus tard. Sa notice nécrologique parue dans *Le Mercure* en 1721 avait été rédigée par un de ses amis et mécènes, Antoine de La Roque[68]. La Roque parla d'abord du « pedigree » des peintures de Watteau, évoquant des idées – taille des personnages, relation avec la peinture flamande – appliquées par le passé à la peinture de genre. Ainsi Watteau peignait des « tableaux de chevalet en petites figures… dans le goût flamand[69] ». La Roque poursuivit en reconnaissant toutefois que l'œuvre de Watteau, même si son propos manquait de grandeur, avait un aspect singulièrement français. « On y voit, écrivait-il, un agréable mélange du sérieux, du grotesque et des caprices de la mode française ancienne et moderne[70] ». En quelques années, le lien établi par La Roque entre Watteau et le style flamand fut rompu et la modernité du peintre mise en lumière. On disait que Watteau avait un penchant pour « les mascarades » et « les habits modernes… les sujets de théâtre » et « les fêtes champêtres »[71]. Loin d'être associé avec des artistes dont les sujets et le style reflétaient une vie de débauche, Watteau était l'inventeur de « la belle manière[72] ». Il devait sa renommée à sa « gracieuse et exacte imitation du naturel[73] ». Ainsi, l'un des défauts majeurs des artistes de genre – leur imitation trop fidèle de la nature – était, dans le cas de Watteau, l'objet de louanges. De l'avis d'un de ses amis, le marchand Edme François Gersaint, Watteau était « l'inventeur » du « goût des modes & des sujets galans[74] ». Il dépeignait « parfaitement » les concerts, les bals et autres amusements de la « vie civile[75] ».

Les tableaux de genre français comme les siens se trouvaient ainsi légitimés en étant associés à la richesse, aux loisirs et à la classe dirigeante. Ils étaient devenus socialement acceptables. Pour parler de la peinture de genre, il n'était plus nécessaire de se rendre dans une salle de bistrot sordide et de faire référence aux « tabagies en petit ». On disposait maintenant de tableaux spécifiquement français auxquels s'appliquaient les mots « goût » et « noblesse »[76].

Étant donné l'attrait du marché pour les tableaux de Watteau après la mort de l'artiste, il est étonnant qu'à cette époque, l'expression « fête galante », approuvée par l'Académie, que nous associons aujourd'hui si facilement aux rêveries de Watteau, n'apparaisse presque pas dans les livrets et les critiques du Salon, les critiques, voire les notices biographiques de Watteau et de ses disciples[77]. C'était un terme que la Compagnie avait introduit pour identifier un tableau qui ne pouvait être qualifié de mythologie, allégorie, paysage ou histoire. On aurait pu s'attendre à ce que l'appellation fête galante suive le cours du fleuve de la langue, s'appliquant à différentes sortes de compositions anecdotiques à l'instar du mot « bambochade » par exemple, mais ce ne fut pas le cas. Dans les années qui suivirent l'admission de Watteau, le terme parut dans les procès-verbaux de l'Académie uniquement en association avec Nicolas Lancret, Jean-Baptiste Pater et Bonaventure De Bar, des artistes travaillant à la manière de Watteau [**fig. 7**][78]. Parmi les nouveaux venus à l'Académie dans les années 1720, figuraient deux autres artistes – François Octavien et Carel van Falens – dont les tableaux auraient pu être intitulés fêtes galantes. Octavien travaillait dans l'esprit de Watteau, Van Falens était un imitateur de Wouwerman. Octavien devint membre provisoire de la Compagnie en 1724 avec une peinture d'histoire, *L'Entrée du roy dans la ville de Reims*. Comme le voulait l'usage, il demanda les conseils du directeur de l'Académie, Louis de Boullogne, pour le sujet de son morceau de réception. Tôt, Boullogne avait pris parti dans la querelle verbale qui régnait entre les poussinistes et les rubénistes, en donnant en 1670 une conférence pour défendre Titien et la couleur[79]. Dans les années 1720 la fin de sa carrière[80] approchait. Critiquant le « goût des grotesques et les bambochades[81] », il paraît toutefois n'avoir fait aucune tentative pour diriger Octavien vers la catégorie historique, comme le voulait autrefois la procédure académique. En 1725, Octavien présenta à la Compagnie une *Foire à Bezons* [**cat. 25**] et fut accepté. Boullogne assigna un *Retour de chasse* à Van Falens. Pour ces tableaux qui représentaient les divertissements en plein air de la classe au pouvoir, l'Académie aurait pu légitimement utiliser l'expression fête galante, car elle n'en disposait d'aucun autre qui fût mieux approprié. Les académiciens différencièrent ces artistes des peintres d'histoire mais d'une manière peu concluante. Dans le procès-verbal, Octavien et Van Falens étaient identifiés par le titre équivoque de « peintre dans un talent particulier ». Bonaventure De Bar fut agréé et reçu le même jour de 1728 avec une « foire de campagne » [**cat. 26**]. À l'époque de son admission, il fut qualifié du solennel « peintre dans le talent particulier de la figure comme Téniers et Wauwermans », une dénomination qui convenait mieux à Van Falens et qui fut modifiée en « peintre dans le talent des fêtes galantes » dans la notice de l'Académie rédigée à l'occasion de la mort de Bonaventure De Bar en 1729.

Si, dans les décennies qui suivirent la mort de Watteau, l'expression « fête galante » n'entra pas dans la langue, le mot « galant » entra, lui, associé à de petits tableaux représentant les loisirs de la société française raffinée. L'œuvre de Watteau, écrivit La Roque dans la notice nécrologique de l'artiste, consistait en « petits sujets galants[82] ». Les tableaux de Lancret, exposés en plein air en 1722 sur la place Dauphine le jour de la Fête-Dieu, figuraient « divers sujets galans... traités de la maniere du monde la plus gracieuse[83] ». Une scène d'intérieur peinte par Jean-François de Troy, qui attira l'attention lorsqu'elle fut exposée place Dauphine en 1724, représentait un plaisantin vêtu de velours et sa dame, composée avec un « goût galant[84] ». En 1725, *Le Mercure de France* rapporta que De Troy exposait au Salon trois « petits tableaux très-galands[85] ». Deux d'entre eux, la *Déclaration d'amour* et la *Jarretière*, montraient chacun un jeune couple en plein badinage amoureux dans un intérieur somptueusement meublé. Le mot « galant » suggérait des jeunes gens modernes, notamment des femmes, et appartenait probablement au langage de la critique littéraire et du journalisme[86].

[**fig. 7**] Nicolas Lancret, *Conversation galante*, vers 1719, Londres, Wallace Collection

Un changement de titre du *Mercure de France* témoigne de cet état de fait. *Le Mercure de France*, un abrégé imprimé d'information, d'avis de mariage, de sonnets et de madrigaux, de lettres, de critiques de livres, de nouvelles sur la vie à la cour et à la ville, fut distribué pour la première fois en 1672 sous le nom de *Mercure galant*. En janvier 1724, le journal changea ce nom pour *Le Mercure de France*, informant ses lecteurs que l'ancien titre semblait plus s'adresser aux jeunes gens et aux « dames », mais en les assurant qu'il ne limiterait pas les sujets qui plaisaient tant au « monde galant et poli[87] ».

Au XVIIIe siècle, plus l'engouement du public parisien pour les peintures de genre augmentait, plus les articles de presse leur étaient défavorables. Dans ce climat critique hostile, qui marquait une rupture avec l'accueil enthousiaste fait aux « sujets galants » de Watteau, les peintures de genre françaises échappaient peu aux sévères attaques contre leurs équivalents flamands. Le jugement accablant porté par La Font de Saint-Yenne, éminente voix critique, atteste du climat en vigueur dans les années 1740 : l'art flamand comprenait « les ouvrages les plus bas et les plus grossiers, où l'on ne trouve nulle pensée, nulle dignité, nul choix. Une écurie, une taverne, des fumeurs et des buveurs abbrutis, une cuisinière accompagnée de tous les meubles ignobles de son laboratoire, un usurier décrépit, un médecin d'urine, un arracheur de dents[88] ». Si l'on en juge par les inventaires et les catalogues de vente, seuls quelques tableaux flamands et hollandais en circulation dans Paris correspondaient un tant soit peu à une telle description, mais leur charme était troublant, un « goût violent effréné » qui, pensait-on, allait contribuer au déclin de la peinture en France[89]. Il est indispensable de raconter brièvement comment les critiques passèrent de l'éloge des *rêves* peints de Watteau à une contestation aussi univoque.

L'accueil critique reçu par les tableaux de genre dans les années 1730 et 1740 doit beaucoup au fait que, de plus en plus, l'art était exposé au public, un phénomène courant aujourd'hui, mais encore assez nouveau au XVIIIe siècle. À partir de 1737, les Salons, des expositions parrainées par l'Académie reprirent vie[90]. Ces événements populaires, qui se déroulèrent tous les ans au Louvre entre 1737 et 1743, soumettaient des peintures et des sculptures au regard scrutateur d'un large public et de critiques avisés[91]. Les visiteurs du Louvre en quête d'évocations de la vie quotidienne contemporaine devaient se sentir particulièrement flattés car cette catégorie couvrait presque 20 pour cent de tous les tableaux des Salons de 1737 et 1738, et 28 pour cent de ceux exposés au petit Salon de 1739. Par contraste, les peintures d'histoire voyaient leur nombre diminuer au profit d'autres sortes d'images : portraits, paysages et scènes anecdotiques[92]. La prise de conscience de cet état de fait eut probablement lieu en 1737, l'année du premier de ces nouveaux Salons. Cette grande exposition présentait 227 tableaux dont moins de la moitié étaient historiques[93]. Quinze artistes fournirent des œuvres appartenant peu ou prou à la catégorie de la peinture de genre, et de certains d'entre eux, comme Carle van Loo, Pierre-Jacques Cazes, Jacques Courtin et Jean-François de Troy, tous admis à l'Académie comme peintres d'histoire, le public aurait pu légitimement attendre un travail exclusivement de grand goût. On comptait une grande variété de sujets anecdotiques, dont des déjeuners de chasse[94], des scènes de boudoir[95], des scènes de cavalerie[96], des scènes campagnardes[97], des foyers domestiques[98], et des quasi-portraits[99]. Il n'était donc nullement étonnant qu'il n'existât aucun consensus sur la manière de nommer ou de juger ces tableaux.

Les auteurs des critiques des Salons des années 1730 et surtout 1740, redoublèrent de vigueur pour défendre les peintures d'histoire et s'efforcèrent d'établir une distinction critique entre ces dernières et les peintures à plusieurs personnes qui n'appartenaient pas au type historique. Dès les années 1720, l'Académie avait pris acte du statut particulier de la peinture historique. À l'occasion de son entrée provisoire à la Compagnie en juin 1726, Jacques Dumont fut dénommé « aspirant pour la peinture en histoire ». Avant ce jour, aucun artiste n'avait été enregistré comme « aspirant » pour une quelconque catégorie picturale[100]. Ainsi, dans le registre officiel figurait le statut envié de la catégorie historique. En 1727, le duc d'Antin, directeur général des Bâtiments, parraina un concours de peintres

[**fig. 8**] Carle van Loo, *Concert du Sultan*, 1737, Londres, Wallace Collection

d'histoire dont les travaux firent l'objet d'une exposition publique au Louvre cette même année[101]. Alors qu'à la fin du XVIIe siècle, les tableaux de genre avaient été apparentés à la peinture historique, au milieu du XVIIIe siècle, le gouffre existant entre les deux sujets fut soumis à un examen de plus en plus minutieux.

L'élégance et la modernité, des qualités particulièrement louées dans les scènes de genre des années 1720, étaient jugées vénales dix ans plus tard. Dans un article en vers sur le Salon de 1737, Jean-Baptiste-Louis Gresset, un homme qui n'apprécia pas la légèreté en peinture, trouva les grandes images du passé remplacées par « la gaieté… volupté… grâces » dans les œuvres de Van Loo et de Nattier[102]. Gresset ne précisait pas à quel Van Loo il faisait allusion, mais en 1737, Carle van Loo exposa, entre autres tableaux, un *Repos de chasse* et le *Concert du Sultan* [**fig. 8**], tous deux des scènes de divertissement, mais dans les limites du domaine précédemment considéré comme galant[103]. Nattier présenta des portraits dont deux mythologiques. Des intérieurs domestiques humbles, nés sous le pinceau de Chardin qui, ailleurs, avaient été dénigrés comme étant « petits » ou comparables aux travaux de Teniers, échappèrent à la censure de Gresset. Ceux-ci semblaient avoir atteint un certain degré de décence morale et sociale, et c'était là le souci principal de Gresset. La critique de peinture de genre, par son intérêt pour les plaisirs de la vie et son manque de grandeur spirituelle, avait de beaux jours devant elle. Quarante ans après l'article de Gresset, on entendait toujours ce grief[104]. Il importe de rappeler que les peintures de Watteau, qui avaient lancé un style nouveau et élégant, furent disponibles sous forme de gravures dès le milieu des années 1730 ; l'exclusivité de l'image peinte avait cédé aux exigences du marché. Le *Recueil* de Jean de Jullienne réunissant 287 tirages des peintures et dessins de Watteau, parut en 1734. La Régence appartenait au passé, mais ces gravures acclamées véhiculaient toujours ses valeurs.

Le bon goût, comme on a pu le remarquer, est « toujours une qualité négative quand elle est invoquée par les institutions[105] ». Les tableaux de genre n'étaient pas les seuls à être considérés comme une menace pour les plus hautes sphères de l'expression humaine ;

les scènes écrites narrant des événements anecdotiques l'étaient aussi. La nouvelle forme de roman, plus courte, imprimée en un nombre d'exemplaires de plus en plus grand dans les années 1730, accaparait l'imagination du public au moment même où ce-dernier manifestait un intérêt de plus en plus vif pour la peinture de genre[106]. La critique de l'un nourrissait le jugement de l'autre. L'intrigue de bon nombre de ces nouveaux romans, comme la composition de beaucoup de tableaux de genre, était qualifiée de « basse ». Outre une augmentation, depuis 1735, des fictions que l'on a pu cataloguer, on constate également un fort engouement pour les histoires à deux sous, courtes et anonymes, de la Bibliothèque bleue, vendues dans des foires ou sur les marchés par des colporteurs et autres marchands itinérants[107]. De toute évidence, on a tenté de modérer la production romanesque en 1737 et aussi d'interdire celle des fictions en feuilletons dont certaines faisaient peut être partie de la Bibliothèque bleue[108]. Force est de constater qu'il existait bien un climat hostile au roman au moment même où les critiques du Salon commençaient à fustiger la modernité des tableaux de genre. En effet, quelques-uns d'entre eux qui écrivaient sur la peinture étaient aussi présents dans le monde de la fiction. À l'apogée de sa carrière, le comte de Caylus, par exemple, ami et biographe de Watteau, rédigea des *parades*, de courtes farces jouées en plein air devant des théâtres, sur les champs de foire, ainsi que des romans sur les ouvriers pauvres des villes[109]. Jean Florent Joseph de Neufville de Brunaubois-Montador consacra beaucoup de lignes aux peintures de genre dans ses articles sur les Salons de 1738 et 1739 où il célébra Chardin, tout en restant vigilant face à la vulgarité qui menaçait la peinture française. Neufville écrivit *La Famille infortunée ou les mémoires de Madame la marquise de La Feuille-Belu* en 1737 et *La Pudeur, histoire allégorique et morale* en 1739. Il vit dans les *Quatre Saisons* de Lancret, un « genre nouveau » et un « goût délicat[110] ».

Neufville fut l'un des rares à se pâmer d'admiration devant la *belle manière* de Watteau et ses disciples à partir des années 1730. Dans le climat critique qui évoluait à la moitié du siècle, les biographes de Watteau comparèrent son œuvre au grand genre et trouvèrent qu'elle en était dénuée. Antoine Joseph Dezallier d'Argenville, un homme de discernement en matière littéraire et artistique, évalua le travail de Watteau avec précaution, en évoquant la peinture d'histoire comme le zénith que Watteau aurait souhaité atteindre. Bien que les tableaux de l'artiste ne fussent pas « de premier ordre », ils avaient néanmoins « un mérite particulier » et étaient les plus plaisants « dans leur genre ». Selon Dezallier, le fait que Watteau « ait imité » la manière de Gillot plutôt que celle de la peinture d'histoire, ce « dont il paraissait fort capable », était « peut-être une perte pour le public » ; il n'avait pas opté pour « le goût sérieux[111] ». Le comte de Caylus se montra même plus habile dans le maniement des mots. Ne souhaitant pas condamner Watteau pour avoir échoué à égaler le grand goût, Caylus jugea qu'il avait été capable de reconnaître « les grandes idées » en peinture mais incapable de les exécuter par manque de connaissance du dessin tel qu'on le pratiquait à l'Académie[112]. Ainsi, Watteau allait être admiré non pour ce qu'il peignait mais pour ce qu'il aspirait à peindre ! Pour Caylus, il était un peintre d'histoire manqué. Watteau ne fut pas le seul artiste associé au goût galant à ne pas accéder aux idéaux de la peinture d'histoire. Dans une notice nécrologique de Lancret, Sylvain Ballot de Sovot déclara que Lancret « fut capable de s'élever jusqu'au plus grand genre de la peinture, on veut dire l'histoire[113]. » Ballot de Sovot ne divulgua malheureusement pas par quelle méthode et avec quels tableaux Lancret avait été capable de s'élever.

En conclusion de son éloge, Ballot de Sovot donna son avis sur l'accueil fait aux tableaux dans le style de Watteau. La critique, pour le moins sceptique au début, avait exprimé un regret général à la disparition de ce type de sujet qui coïncidait avec la fin de la carrière de Lancret : « Si un genre aussi aimable a pu, dans sa naissance et avant son progrès, n'être pas approuvé par tous les gens de l'art, quoique toujours recherché par le public, on peut dire aujourd'hui qu'il n'en est point qui, en le regardant comme fini à M. Lancret, ne le regrette avec lui[114]. » Cette similitude de point de vue entre le jugement officiel et l'opinion publique en matière de goût artistique, eût-elle jamais existé, fut éphémère. La « gracieuse et exacte imitation du naturel » admirée chez Watteau s'estompa avec la mort de Lancret, qui fut

[**fig. 9**] Michel Barthélemy Ollivier, *Thé à l'anglaise au palais du Temple*, vers 1764, Versailles, musée national du château

accusé, comme Pater, d'avoir imité, et non développé, le style du maître[115]. En 1744, tournant la page sur le passé, le marchand de tableaux Gersaint, défenseur de Watteau de son vivant, affirma que l'artiste était « l'inventeur du goût des modes et des sujets galans » et que Lancret et Pater étaient les deux seuls peintres à avoir exploité cette veine[116]. Cependant, Gersaint avait qualifié le style de Watteau de tentation attrayante en marge de la voie prestigieuse du grand goût. « Il est vrai, estimait-il, qu'il ne seroit pas avantageux pour la peinture que l'on se livrât trop à ce goût ; cela pourroit devenir préjudiciable pour le genre noble & historique[117]. » Sondant l'abysse culturel, Gersaint trouvait les compositions des peintres soi-disant « flamands » Adrian Brouwer, Adrian van Ostade et David Teniers très recherchées mais, comme toujours, « basses » et, dans le cas de Brouwer, « triviales[118] ».

Greuze est l'artiste étroitement – et plutôt dramatiquement – associé à l'appellation « peintre de genre » et pourtant ce furent Watteau et la fête galante qui furent évoqués dans les années 1760 en relation avec la catégorie, officiellement reconnue, du « genre ». Greuze, resté dans les mémoires pour ses attachants récits picturaux de vertu compromise et de dissidence familiale, fut reçu à l'Académie en 1769 comme « peintre de genre ». Il se sentit si outrageusement offensé (il avait présenté un tableau historique et s'attendait donc à être reconnu comme peintre d'histoire) qu'il refusa pendant plus de trois décennies de se joindre à la Compagnie ou d'exposer ses peintures au Salon[119]. Toutefois, Greuze ne fut pas le premier candidat à l'Académie à être dénommé « peintre de genre ». L'appellation avait déjà été employée dans le procès-verbal de l'Académie trois ans avant la réception de Greuze pour définir l'artiste Michel Barthélemy Ollivier à l'époque de son admission provisoire en 1766. Au Salon de 1767, Ollivier, déjà d'un certain âge, avait saisi l'opportunité d'exposer ses tableaux en tant qu'agréé – un sujet historique, plusieurs portraits et, selon le livret du Salon, une « famille espagnole jouant avec des enfants dans un jardin ». Après avoir vécu des années en Espagne, Ollivier revint à Paris et débuta une carrière personnelle en peignant des tableaux pour le prince de Conti qui souhaitait décorer son château de L'Isle-Adam. Parmi les témoignages les plus connus de la haute société, on trouve le *Thé à l'anglaise au palais du Temple* [**fig. 9**], où un jeune Mozart se produit à l'occasion d'une magnifique réception offerte par le prince. Ollivier a également peint des scènes de divertissement en plein air et des scènes de boudoir raffinées. Les académiciens auraient raisonnablement pu qualifier Ollivier de « peintre dans le talent particulier des festes galantes » à l'instar de Pater plusieurs décennies auparavant. Cependant, l'expression « fête galante » était sortie de la langue aussi brusquement qu'elle y était entrée. L'appellation « peintre de genre » était une forme abrégée de « peintre de genre particulier » et renvoyait Ollivier dans ce groupe d'artistes dont les œuvres, de contenu et de facture extrêmement variés, ne pouvaient être classées dans des catégories de sujets traditionnelles. En fait, un critique anonyme du Salon de 1767 félicita Ollivier d'avoir ravivé « le genre agréable des scènes galantes & champêtres, si regretté depuis Watteau[120] ».

L'expression « fête galante » était une réponse positive des Académiciens du début du XVIIIe siècle à un certain type de tableau mais, pendant les décennies qui suivirent, il fut tout simplement ignoré. Par contraste, l'appellation « peintre de genre » passa rapidement des procès-verbaux de l'Académie aux essais critiques, où elle fut dédaignée. En 1769, Diderot, qui s'intéressait au vocabulaire nouveau, la remit fermement à sa place en déclarant « qu'on a relégué dans la classe des peintres de genre les artistes qui s'en tiennent à l'imitation de la nature subalterne et aux scènes champêtres, bourgeoises et domestiques[121] ». Autrement dit, « les peintres de genre, » à leur grand dam, n'étaient pas des peintres historiques. Tandis qu'un siècle plus tôt, « les histoires » avaient compris les sujets à la fois nobles et quotidiens, ceux-ci étaient maintenant distincts. On reprochait à la grâce, l'élégance et le style français, des qualités admirées chez Watteau et ceux qui travaillaient dans sa manière, d'affaiblir la « sévérité » du goût noble[122]. Dans les années 1770, toutes les scènes peintes d'événements contemporains, si souvent négligées pendant des décennies par la critique d'art, furent regroupées sous un titre collectif et considérées comme dangereuses pour le grand goût. De nos jours, nous considérons de telles distinctions en matière de sujet de peinture avec un œil plus indulgent.

NOTES

1. Voir Stechow et Comer, 1975-1976, p. 84-94.

2. Dupuy du Grez, 1699, p. 75.

3. Pline l'Ancien, *Histoire naturelle*, Livre XXXV : La peinture, trad. du latin par Jean-Michel Croisille, intr. et notes de Pierre-Emmanuel Dauzat, Paris, 1985.

4. L. B. Alberti, *De la peinture*, éd. et trad. du latin par Jean-Louis Schefer, intr. Sylvie Deswarte-Rosa, Paris, 1992. G. P. Lomazzo, *Trattato dell'arte della pittura, scoltura e architettura*, Milan, 1584, p. 28 ; *Idea del tempio della pittura*, intr. et trad. par R. Klein, Florence, 1974, t. I, p. 93. G. B. Armenini, *On the True Precepts of the Art of Painting*, intr. et trad. Edward J. Olsweski, New York, 1977, p. 201, donna le titre suivant à un des chapitres de son manuel d'instruction artistique à l'intention des étudiants (1586-1587) : « Comment l'histoire est l'entreprise majeure du peintre ». L'artiste Hilaire Pader fut admis à l'Académie comme membre provisoire en 1659, non pour la puissance d'une de ses peintures mais pour sa traduction de Lomazzo, témoignant de l'estime dans laquelle la France tenait le peintre italien devenu théoricien de l'art.

5. Voir Mérot, 1996, p. 43-45 ; Fontaine, 1909 p. 46-47. Sur la réception de la publication des conférences par Félibien, voir Teyssèdre, 1965, p. 121-124.

6. *Conférences de l'Académie royale de peinture et de sculpture pendant l'année 1667*, 1669, réédition, Genève, 1970. L'édition de 1668, que l'on ne trouve pas facilement, fut réimprimée en 1669. Aucun nom n'apparaît sur la page de titre de l'œuvre ; cependant, Félibien signa une dédicace à Colbert. Il est clair, d'après le libellé de la préface, que son auteur est aussi le rédacteur des conférences.

7. Voir B. Anderman, « Félibien and the Circle of Colbert : A Reevaluation of the Hierarchy of Genres », essai rédigé pour la North Western Section of the British Society for Eighteenth-Century Studies, 13 septembre 2002.

8. Dans un abrégé biographique complet d'artistes, paru quelques années après la préface des conférences de l'Académie, Félibien notait que les peintres sont admis dans la Compagnie « selon le talent qu'ils ont ». Cela aurait pu être le bon moment pour réintroduire la hiérarchie spécifique de la préface des conférences, mais en fait Félibien établit une autre une sélection de types de sujets dans un autre ordre : histoire, portraits, batailles, paysages, animaux, fleurs, fruits (1685-1688, t. II, p. 458).

9. Mariette, t. IV, 1853-1854, p. 238-239.

10. À propos de l'omission de la peinture de genre faite par Félibien dans sa hiérarchie des genres, voir W. Busch,

Das sentimentalische Bild : die Krise des Kunst im 18. Jahrhundert und die Geburt der Moderne, Munich, 1993, p. 23-24, qui affirme que les scènes de genre, avec leur contenu démocratique, n'avaient pas leur place dans la noble progression du matériel au vivant et à l'immatériel exprimée dans le modèle de Félibien.

11. A.-L. Lavoisier, *Traité élémentaire de chimie*, Paris, 1937, p. XXV-XXVI.

12. *Traitté de la peinture de Leonard da Vinci donné au public et traduit d'italien en françois par R.F.S.D.C.* [Roland Fréart, sieur de Chambray], Paris, 1651, p. 82. Il y avait peu de jeunes gens dans ces derniers tableaux parce que « les ieunes [*sic*] gens ne cherchent pas volontiers à prendre conseil, ny de se trouver à de telles assemblées ».

13. Sandrart, 1925, p. 261.

14. *Ibid.*, p. 196.

15. Félibien, 1685-1688, t. II, p. 487-488.

16. *Ibid.*, t. I, p. 547. D'après Félibien, Pieter Bruegel le Jeune, dont l'œuvre comprenait des scènes paysannes animées, peignit des « histoires en petit », que Félibien distinguait « des païsages, des animaux et des fleurs » (t. II, p. 236).

17. Rambaud, 1964-1971, t. II, p. 907.

18. *Le Mercure de France*, mai 1730, p. 975.

19. Dezallier d'Argenville, 1762, t. IV, p. 222.

20. Jean Rou se rappelait des nombreux tableaux qu'il avait vus au Salon de 1667 « dans toutes les diverses parties de la peinture… l'histoire, le portrait, le paysage, les mers, les fleurs, les fruits » (*Mémoires inédits et opuscules de Jean Rou 1668-1711*, 2 vol., Francis Washington éd., Paris, 1857, t. II, p. 18).

21. Voir L. Hourticq, « Un amateur de curiosités sous Louis XIV. Louis Henri de Loménie, comte de Brienne d'après un manuscrit inédit » *Gazette des beaux-arts*, 3ᵉ série, n° 33, 1905, p. 332. On demanda à Michelin de réaliser une peinture allégorique de l'« Alliance royale ».

22. « Une jeune fille qui veut rattraper un oiseau envolé… un corps de garde où des soldats joüent… la diseuse de bonne avanture… une fille qui cherche des puces à une autre » *Liste des tableaux et des ouvrages de sculpture, exposez dans la grande Galerie du Louvre*, Paris, 1699, p. 10.

23. Schnapper, 1994, p. 70. Voir aussi *idem*, « Plaidoyer pour un absent : Bon Boullongne (1649-1717) », *Revue de l'art*, n° 40-41, 1978, p. 121-140.

24. *Liste des tableaux*, Paris, 1704, p. 28.

25. Les inventaires des biens de la fin du XVIIᵉ siècle et du début du XVIIIᵉ dressés par les marchands d'art pour satisfaire aux exigences de la loi incluaient le mot « flamand » pour décrire des scènes de genre. Ainsi, voir J.-J. Guiffrey éd., « Inventaire des biens du maréchal d'Humières, 1694 », *Nouvelles Archives de l'art français*, 3ᵉ série, n° 15, 1899, 59-174 : « petit tableau… flamant [*sic*]… trois personnages crotesques », « autre tableau flamant… crotesque… une noce de village » ; Rambaud, t.II, p. 842, collection de Catherine Bienfait, défunte épouse de l'artiste Louis Dupont, membre de l'Académie de Saint-Luc, 1722 : « scènes flamandes » ; t. II, p. 870, collection de Jean Bouteroue d'Aubigny, 1732) : « figures flamandes » ; t. II, p. 884, collection de Robert Le Vrac de Tournières, 1736 : « Deux petits tableaux flamands » ; t. II, p. 897, collections de Claude-Nicolas Hatte, seigneur de Chevilly, 1738 : « Flamands jouant aux dames ». Aucun expert n'était nommé pour ces inventaires. Lorsque des artistes estimaient des collections, ils évitaient de mentionner le mot « flamand » pour définir le sujet ou le style. Par exemple, Rambaud, t. II, p. 841, 844, 851.

26. Par exemple, l'auteur d'un inventaire, en 1712, des biens meublés de Madeleine Becquar, défunte épouse d'un financier, conseiller secrétaire du roi, mentionnait une « Collation de paysans » par Le Nain qui était regroupée avec les œuvres de deux artistes flamands, Paul Bril et Pieter Neeffs (Rambaud, t. II, p. 819). L'association de la peinture des Le Nain avec la peinture flamande dura des décennies.

27. *Le Mercure*, août 1721, p. 81.

28. Les Français pouvaient trouver des arguments dans la Renaissance italienne pour étayer leur dégoût de l'art flamand. Voir, par exemple, Francisco de Hollanda, *Four Dialogues on Painting*, 1928, p. 15-16, qui prétendait avoir recueilli l'opinion de Michel-Ange. Dans la théorie de l'art italien du XVIᵉ siècle, l'art flamand était associé à la peinture de paysage. Voir P. Pino, *Dialogo di pittura*, Venise, 1548, dans P. Barocchi éd., *Trattati d'arte del Cinquecento fra manierismo e controriforma*, 3 vol., Bari, 1960-1962, t. I, p. 133 ; G. A. Gilio, *Dialogo nel quale si ragiona degli errori e degli abusi de' pittori circa l'istorie* (1564), dans P. Barocchi, *Trattati*, t. II, p. 10.

29. Y. Delaporte, « André Félibien en Italie (1647-1649) : ses visites à Poussin et Claude Lorrain » *Gazette des beaux-arts*, n° 51, avril 1958, p. 204.

30. Félibien, t. II, p. 244.

31. Abbé du Bos, 1719, rééd. 1993, p. 18.

32. *Le Mercure de France*, juin 1734, 1406. Voir aussi *Le Mercure de France*, juin 1739, 1367.

33. Voir M. Roland Michel, *Chardin*, New York, 1996, p. 193-197.

34. Wouwerman avait un talent particulier pour peindre les chevaux, à la différence de nombre d'artistes français auxquels on le comparait.

35. Voir M. Barasch, *Theories of Art from Plato to Winckelmann*, New York et Londres, 1985, p. 23.

36. Furetière, 1690, repr. 1978, p. 1 : s.v. « BAS ».

37. Piles, 1699, p. 225.

38. *Ibid.*, p. 419, 435-436. Sandrart, 1925, p. 174, avait défendu Brouwer en s'élevant contre de tels jugements.

39. Voir Félibien, t. II, p. 192.

40. Piles, 1699, p. 419. Ces points de vue, tels que ceux privilégiant la figure humaine comme sujet des peintures raffinées, dateraient des théoriciens de la Renaissance, dont Cennini et Alberti, voire de Pline. Pourtant, il aurait été difficile de faire une telle critique à Wouwerman qui n'était la cible d'aucune rumeur concernant une déviance de comportement.

41. Voir *Masters of Seventeenth Century Dutch Genre Painting*, cat. exp., Philadelphie, 1984, p. 238.

42. Montaiglon, 6 mai 1662.

43. [L'Abbé Jean-Bernard Le Blanc] *Lettre sur l'exposition des ouvrages de peinture, de sculpture, etc., de l'année 1747 et en général sur l'utilité de ces sortes d'expositions, à Monsieur R.D.R.*, 1747, p. 95, 160 ; [Saint-Yves] *Observations*, cité par G. Wildenstein, *Chardin*, Paris, 1933, p. 83.

44. Sur le marché de l'art au XVIIᵉ siècle, voir Schnapper, 1994, chapitre 2 ; Richefort, 1998, chapitre 4.

45. Moreau, sieur de Bail, *Les Galanteries de la cour* (1644), cité par P. Rosenberg, *Tout l'œuvre peint des Le Nain*, Paris, 1993, p. 10.

46. Félibien, t. II, p. 154.

47. Piles, *Cours de peinture par principes*, 1708, rééd. 1969, p. 70-71.

48.. Furetière, t. 3, s.v. « PETIT ».

49. « Peintre d'histoire » apparut dans les procès-verbaux de l'Académie dans les années 1720.

50. Le n° 615 dans l'inventaire de Humières correspondait à 70 « portraits ».

51. Voir, par exemple, Humières nᵒˢ 5, 42, 348, 490, 838, 849, 903, 906 ; Rambaud, t. I, p. 532, 813 ; t. II, p. 786, 790, 809, 819 ; Janson, 1977 (Salon de 1673, de 1699 et de 1704).

52. Berthelin, 1762, t. III, s.v. « TABAGIE ». Le mot « tabagie » n'était pas mentionné dans le *Dictionnaire* de Furetière. Selon ARTFL Project, université de Chicago (base de données en ligne), le mot « tabagie » n'apparaît dans aucun des 1880 textes de la base de données principale entre 1660 et 1700 et apparaît une seule fois dans les textes entre 1700 et 1750. Selon « Dictionnaires d'autrefois » d'ARTFL, le mot « tabagie » ne figure pas dans *Trésor de la langue française* de Jean Nicot (1606) ou dans la première édition du *Dictionnaire de l'Académie française* (1694).

53. Le Comte, 1699-1700, t. III, p. 131.

54. Orlandi, 1704 et 1788, p. 1073. À la fin du XVIIᵉ siècle en France, les « bamboches » étaient définies comme des « petites figures en forme de marionnettes » ; une femme très petite était aussi une « bamboche » (Furetière, t. I : s.v. « BAMBOCHES »).

55. Au Salon de 1704, un tableau de Jean Cotelle a été décrit dans le livret du Salon comme une « bambochade ». Nous pouvons avoir une idée de l'aspect de la « bambochade » de Cotelle de 1704 en observant une série de vingt grandes peintures des fontaines de Versailles que Cotelle exécuta pour le Trianon de Versailles en 1691. C'étaient des scènes de plein air délicatement détaillées, agrémentées de petites figures allégoriques, mythiques ou littéraires. Le comte de Brienne, dans son discours de la fin du XVIIᵉ siècle « Discours sur les ouvrages des plus excellents peintres, » identifia Michelin comme « le faiseur de Bamboches qu'il vendait… pour des tableaux de Le Nain » (Hourticq, « Un amateur », p. 332).

56. Dezallier d'Argenville, cité dans Rosenberg, 1984, p. 50.

57. Pour une étude de ce sujet, avec un accent mis sur la France du XVIIIᵉ siècle, voir R. Wrigley, *The Origins of French Art Criticism from the Ancien Régime to the Restoration*, Oxford, 1993, chapitre 4 ; T. Crow, *Painters and Public Life in Eighteenth Century Paris*, New Haven et Londres, 1985, en particulier les chapitres 1 et 2.

58. Piles, *Abrégé*, p. 402.

59. *Ibid.*, p. 517.

60. C. Boutet, *Escole de la miniature dans laquelle on peut aisément apprendre à peindre sans maître*, nouvelle éd., Rouen, 1694, p. 2, 58.

61. Deux expositions du Salon eurent lieu dans les années 1660, trois dans les années 1670, deux dans les années 1680, une en 1699, une en 1704 et il se tint un Salon d'une journée en 1706.

62. T. Crow, *op. cit.*, 1985, p. 79-103 ; M. Levey, 1993, p. 159-160.

63. *Le Mercure de France*, janvier 1724, III. Il porta le nom, à diverses époques, de *Mercure galant*, *Nouveau Mercure* et *Mercure*. Pour une brève histoire du journal, voir L. Clément de Ris, *Amateur d'autrefois*, Paris, 1877, p. 214-224.

64. *Le Mercure de France*, novembre 1726, 1859.

65. Le premier tableau de Watteau qui figurait dans un des inventaires de biens rédigé par M. Rambaud était appelé *Le Rêve*. Il apparut en 1722, un an après le décès de l'artiste, dans la collection de Jacques Langlois, maître-peintre (Rambaud, t. I, p. 556). Une « Conversation », citée comme « d'après Watteau » fut la propriété de Claude Houarnet, défunte épouse d'un bottier royal, Jean Guitton (Rambaud, t. II, p. 844). Trois tableaux de Watteau – un « Pierrot », un « Mezettin » et un « Pasquarel » – figuraient dans un bail établi en 1736 entre Pierre-Paul-Gervais Fleury du Parc, « bourgeois de Paris » et un docteur nommé Antoine-François Bernier (Rambaud, t. II, p. 882). La bourgeoisie française figurait ainsi parmi les premiers acheteurs de scènes de genre de – ou dans le style de – Watteau. Le nom de Watteau était associé à un certain nombre de tableaux qui auraient pu tout aussi bien avoir été exécutés par des artistes flamands ou français. En 1731, parmi les 46 peintures de l'inventaire de François-Philippe Morel, chanoine de l'église, conseiller honoraire au Parlement, un expert anonyme fut capable d'identifier huit tableaux seulement, dessus-de-porte d'après Watteau (Rambaud, t. I, p. 569). En 1736, dans la collection d'Élisabeth-Justine-Michelle de Roissy, défunte épouse d'un écuyer et conseiller secrétaire du roi, les seules peintures attribuées étaient treize tableaux de « divers formats » exécutés par Watteau (Rambaud, t. II, p. 879).

66. L'idée n'était pas complètement nouvelle. Une allusion à l'actualité des peintures de genre fut faite en 1700 par F. Le Comte, t. III, p. 184, qui faisait référence aux « figures de mode » de Bosse, probablement la série d'estampes du graveur représentant un seul personnage vêtu à la dernière mode.

67. *Mercure de France*, juin 1734, 1405. Voir Leribault, 2002, p. 334, P 221a.

68. La Roque était éditeur, écrivain et collectionneur ; voir E. Gersaint, *Catalogue raisonné des différents effets curieux et rares contenus dans le cabinet de feu M. le Chevalier de la Roque*, Paris, 1745, p. viii ; C. Blanc, *Le Trésor de la curiosité tiré des catalogues de vente… avec diverses notes et notices historiques et bibliographiques*, 2 vol., Paris, 1857-1858, t. I, p. lxv.

69. *Le Mercure*, août 1721, p. 81.

70. *Ibid.*, p. 82.

71. L'abbé Laurent-Josse Leclerc dans *Grand Dictionnaire historique de Moreri*, dans Rosenberg, 1984, p. 9 ; J. de Jullienne, *Abrégé de la vie d'Antoine Watteau, peintre du Roy*, dans Rosenberg, 1984, p. 13.

72. Leclerc dans *Moreri*, p. 9 ; voir aussi Jullienne, *Abrégé*, p. 14.

73. Dubois de Saint-Gelais, 1727, 2ᵉ éd. 1737, p. 75.

74. Gersaint, 1744a, t. 1, p. 197.

75. Dubois de Saint-Gelais, 1727, 2ᵉ éd. 1737, p. 75. On se souvient de la description faite par Sandrart des sujets de Bosse, quelque quarante ans plus tôt, et de la mention par d'Orlandi en 1704 des « spettacoli civili » de Van Laer.

76. Leclerc dans *Moreri*, p. 10 : « Jamais peintre n'a saisi le naturel comme il a fait, dessinant… avec un goût et une noblesse où personne n'est encore arrivé. »

77. Un exemple : en 1725, ni le livret du Salon ni la critique de l'exposition du Salon dans *Le Mercure* (1725, p. 2267) n'identifièrent les tableaux de Lancret comme des fêtes galantes. Ils parurent sous les titres *Bal dans un paysage* et une *Danse dans un paysage*. M. Tavener Holmes, 1991, p. 39-40, fig. 16, 17, suggérait que ces tableaux puissent correspondre au *Bal* et la *Fête de plein air* (tous deux aujourd'hui à Charlottenburg, Berlin) que nous identifions aujourd'hui comme des fêtes galantes.

78. Lancret fut admis avec « les tableaux qui lui avoient été ordonnez, représentant une feste galante » ; Pater présenta une « réjouissance de soldats » et fut inscrit comme un « peintre dans le talent particulier des fêtes galantes ».

79. La conférence du 12 avril 1670 fut lue à la Compagnie par Guillet de Saint-Georges en 1683. Mérot, 1996, p. 181, confirme que le manuscrit original a été retouché par Guillet qui cisela « un vibrant éloge de Titien et du coloris en général, peu surprenant dans la bouche d'un élève de Jacques Blanchard, mais qui pouvait gêner les partisans du dessin. Boullogne y affirmait entre autres que le coloris « est une des plus nécessaires parties de la peinture… C'est elle qui trompe et attire agréablement les yeux. »

80. Boullongne est mort en 1733, à 78 ans.

81. Dezallier d'Argenville, *Abrégé*, p. 390.

82. A. de La Roque, *Mercure*, août 1721, p. 81. Concernant les tableaux de Watteau, Dubois de Saint-Gelais (*Description*, p. 75), a utilisé une expression comparable : « les sujets galants et agréables ». Les nouvelles estampes d'après les *Quatre Saisons* de Watteau furent décrites dans *Le Mercure de France*, mars 1732, p. 550, comme des « compositions galantes ».

83. *Le Mercure*, juin 1722, p. 88.

84. *Le Mercure de France*, juin 1724, 1391. Voir Leribault, 2002, p. 269, P 113a, *La Déclaration d'amour*.

85. *Le Mercure de France*, septembre 1725, 2257.

86. Le sieur du Plaisir identifia la nouvelle et plus courte forme de fiction comme « l'histoire galante, », distincte de l'histoire réelle, qui était « l'histoire véritable » (« Sentiments sur les lettres et sur l'histoire avec des scrupules sur le stile, » 1683, dans H. Coulet, *Le Roman jusqu'à la Révolution*, 2 vol., Paris, 1967, t. II, p. 88).

87. *Le Mercure de France*, janvier 1724, p. iii. Le journal tint sa promesse. En janvier 1726, il annonça qu'il publierait « un nombre d'estampes chaque année » qui montrerait comment se vêtir « de bon goût », selon la saison et les caprices de la mode.

88. [La Font de Saint-Yenne] 1752, p. 217. La Font de Saint-Yenne était membre de l'Académie de Lyon et exécutait des dessins pour les manufactures de tapisseries de cette ville.

89. *Ibid.*, p. 215.

90. Les expositions précédant celle de 1737 eurent lieu en 1725 et 1727 ; cette dernière était spécifiquement destinée à promouvoir la peinture d'histoire. Il n'y en eu pas entre 1706 et 1725.

91. Le Salon n'eut lieu ni en 1744 ni en 1749. Il devint biennal après 1751.

92. Les Salons du début des années 1740 présentèrent beaucoup moins de tableaux de genre que ceux des années précédentes. En 1740, environ 110 tableaux furent exposés au *Grand Salon* du Louvre. Seuls 14 tableaux – moins de 13 pour cent de la totalité – entraient dans la catégorie des scènes de genre. Ils comprenaient une vaste gamme d'images : un dessin pour tapisserie et deux autres sujets anecdotiques à figures de Desportes ; une scène exotique de La Joue ; une « jeune personne caressant une colombe » de Jacques Courtin ; « deux baigneuses » du peintre hollandais Cornelis van der Voort ; des scènes domestiques et *singeries* de Chardin et une « danse champêtre » de Lancret. Néanmoins, l'impression dominante a dû être qu'elles n'étaient pas des histoires. On comptait un total de 58 natures mortes, paysages, peintures d'animaux et de genre, et 29 portraits. Ainsi, presque 79 pour cent des travaux présentés n'étaient pas des histoires.

93. Les histoires étaient représentées par des peintures et esquisses de Collin de Vermont pour les scènes de l'*Histoire de Cyrus*. Il y avait des images religieuses de Tremolières, Jeaurat et Jean-François de Troy et quelques tableaux mythologiques de Van Loo, Coypel et Restout.

94. Van Loo et Cazes.

95. Jean-François de Troy. Voir Leribault, 2002, p. 345, P 234-236.

96. Charles Parrocel.

97. Natoire, Pierre de Chavanne, Lancret et Boucher.

98. Chardin et Bouys.

99. Par exemple, un « philosophe » d'Aved, le « tableau de famille » de Nicolas Delobel (Delobel fut reçu comme peintre d'histoire), et le « marchand de médaille en habit de pèlerin » de Charles-Étienne Gueslain. Courtin exposa *Têtes*.

100. Dumont fut reçu en septembre 1728 comme « peintre d'histoire ».

101. Pour description de l'exposition, voir T. Crow, *Painters*, p. 79-80.

102. J.-B. L. Gresset, « Vers sur les tableaux exposés à l'Académie Royale de Peinture au mois de septembre 1737 », dans *Les Œuvres de Monsieur Gresset, enrichies de la critique du Vairvert*, Amsterdam, 1747, p. 134. Gresset (1709-1777), poète et auteur de théâtre d'éducation jésuite devint directeur de l'Académie française en 1774.

103. Voir P. Rosenberg et M.-C. Sahut, *Carle van Loo : Premier peintre du roi (Nice 1705-Paris 1765)*, cat. exp., Nice, Clermont-Ferrand, Nancy, 1977, p. 42-43.

104. Voir, par exemple, *Le Mercure de France*, octobre 1775, p. 176-177 : « N'est-il pas juste d'ailleurs de tenir compte au peintre historien du courage qui lui est nécessaire pour cultiver un champ stérile, grâce au goût… pour les bambochades et les petits tableaux froidement terminés des peintres flamands ? »

105. S. Sontag, *Devant la douleur des autres*, Paris, 2003.

106. F. Weil, *L'Interdiction du roman et la librairie 1728-1750* 1986, p. 19, présente deux listes de publication de romans entre 1728 et 1750, l'une basée sur ses trouvailles dans les bibliothèques et l'autre tirée des catalogues de vente. À partir de 1735 notamment, il semble qu'il y ait eu une forte augmentation de la production dans le domaine de la fiction. Pierre François Guyot, abbé Desfontaines, auteur entre 1735 et 1743 des *Observations sur les écrits modernes*, une lettre d'information hebdomadaire sur les nouveaux livres et nouvelles pièces, remarqua en 1735 que « depuis quelques années nous sommes inondés d'une infinité de romans » (34 vol., 1735-1743 [4 vol., Genève, 1967], 3 [1735], p. 257-258).

107. Voir R. Darnton, *The Literary Underground of the Old Regime* (Cambridge, Mass., et Londres, 1982), en particulier p. 1-40. La bibliothèque bleue, qui se distinguait par ses jaquettes bleues en papier de mauvaise qualité, fut fondée au XVIIᵉ siècle à Troyes. Aucun titre n'était catalogué, inscrit ou censuré ; c'étaient, pour la plupart, des romans, des fables et des nouvelles. Les lectrices de la bibliothèque bleue étaient, semble-t-il, des gouvernantes et des nourrices, en d'autres termes des domestiques. Voir G. Bollème, *La Bibliothèque bleue : littérature populaire en France du XVIIᵉ au XIXᵉ siècle*, Paris, 1971, notamment p. 7-25, 181-218.

108. F. Weil, *op. cit.*, p. 25-28. En décembre 1738, dans sa lettre d'information hebdomadaire, Desfontaines fit référence à un roman qui avait échappé à la « proscription générale des romans » (*Observations*, t. 15 [1738], p. 289). Voir aussi W. Hanley, Voir aussi William Hanley, « The Policing of Thought : Censorship in Eighteenth-Century France, » *Studies on Voltaire and the Eighteenth Century*, nᵒ 183, p. 265-295.

109. Son *Histoire de Guillaume, cocher*, publiée en 1737, racontait les aventures d'un serviteur à Paris. *Son Porteur d'eau ou les amours de la ravaudeuse*, une comédie en *poissard*, ou dialecte des rues de Paris, parut en 1739. Les personnages étaient des travailleurs – une couturière, un fruitier, un porteur d'eau, des laquais – qui gagnaient leur vie aux halles de Paris. Voir A. P. Moore, *The Genre poissard and the French Stage of the Eighteenth Century*, New York, 1935, p. 1-7, 92-95.

110. Neufville, *Description* [1738], p. 6. Sur les *Quatre Saisons* de Lancret, une série commandée par le diplomate, poète et collectionneur Leriget de la Faye, voir Tavener Holmes, 1991, p. 70-71. Jean-Baptiste de Boyer, marquis d'Argens, qui prit la défense de la peinture française classique dans les années 1750 avec *Réflexions critiques sur les différentes écoles de peinture*, écrivit un certain nombre de romans publiés en 1737 dont *Les Caprices de l'amour et de la fortune, ou les amours de la signora Rosalina ; Le Fortuné Florentin ou les mémoires du comte della Vallé* et *Le Philosophe amoureux ou les mémoires du comte de Mommejan*. En 1739 parut *son Législateur moderne*, un livre anticlérical.

111. Dezallier, 1762, dans Rosenberg, 1984, p. 50.

112. Caylus, 1748, dans Rosenberg, 1984, p. 67, 72-73.

113. « Lancret, peintre du roi, » *Revue universelle des arts*, t. 12 (1860-1861), p. 424.

114. *Ibid.*

115. Pater et Lancret furent admis dans les années 1730, mais sans beaucoup de commentaires. Dans une notice nécrologique du *Mercure de France*, Pater était décrit comme un « compatriote et élève » du célèbre Watteau « dans la manière duquel il s'était fait une réputation » (*Le Mercure de France*, août 1736, p. 1866).

116. Gersaint 1774b, t. 1, p. 197.

117. *Ibid.* Un quart de siècle plus tard, les valeurs de l'œuvre de Watteau étaient toujours aussi menaçantes ; voir *Lettre sur l'exposition des ouvrages de peinture et de sculpture au Salon du Louvre de 1769*, Rome et Paris, 1769, p. 8.

118. Gersaint 1744b, t. II, p. 14, 54, 80.

119. Certains critiques voulaient éviter que Greuze soit appelé « peintre de genre ». Voir, par exemple, *Lettre sur l'exposition des ouvrages*, p. 38, où Greuze fut honoré comme « peintre du sentiment ». Voir aussi *Dialogues sur la peinture* 2ᵉ éd., Paris [1773], p. 44.

120. *Sentiments sur les tableaux*, p. 22. L'auteur peut avoir été le spirituel Daudet de Jossan.

121. Seznec et Adhémar, 1957-1967, t. IV , p. 103.

122. *Lettre sur l'exposition des ouvrages*, p. 8.

[**fig. 1**] Pierre Paul Rubens, *La Kermesse,* 1635-1638, Paris, musée du Louvre

Watteau et le Nord

Guillaume Glorieux

« Rubens et Van Dyck […] étaient ses véritables modèles. »
(Dezallier d'Argenville)

Depuis sa réhabilitation par Baudelaire et les frères Goncourt, Watteau est l'un des génies les plus singuliers de la peinture française. Peintre au talent délicat, créateur d'un genre pictural, la fête galante, que l'on a volontiers rattaché au raffinement de l'art de vivre parisien sous la Régence, Watteau apparaît comme l'expression d'une sensibilité proprement française. Pourtant, les hommes du XVIIIe siècle, ses amis, les collectionneurs de ses œuvres et les critiques d'art, ne l'entendaient pas ainsi. Plusieurs de ses contemporains l'ont qualifié de peintre flamand et beaucoup ont rapproché ses tableaux de la peinture de Teniers et des bambochades, scènes rustiques popularisées par Pieter van Laer, dit le Bamboche. Est-ce à dire que Watteau n'a pas sa place parmi les « Phares » de la peinture française naguère chantés par le poète ?

Sans aller aussi loin, il convient de réévaluer, à la lumière des œuvres et des documents d'archives, le rôle joué par le Nord dans la vie et l'œuvre de Watteau et, partant, de définir les enjeux esthétiques et historiques de la fête galante. La question des liens qui unissent Watteau au Nord est particulièrement cruciale pour un artiste originaire de Valenciennes et qui s'est constamment nourri de la tradition flamande et hollandaise. Les maîtres nordiques du XVIIe siècle – on disait à l'époque les « maîtres flamands », sans faire de distinction entre les peintres du Nord et les artistes du sud des Pays-Bas – furent ses modèles tout au long de sa carrière. Ils lui ont inspiré thèmes et motifs, technique et mises en page qui ont contribué à la naissance de la fête galante.

Pour autant, « Watteau et le Nord » ne constitue pas seulement un chapitre de l'intéressante et importante histoire de l'influence de la peinture nordique du XVIIe siècle sur les artistes français du XVIIIe siècle. Le thème de l'influence joue aussi comme un miroir, qui reflète la sensibilité de l'artiste aussi bien que le goût de son époque. Toute interprétation scelle une rencontre dont le caractère est rarement fortuit. C'est cette fructueuse rencontre que nous souhaiterions analyser ici, en commençant par définir les contours de ce « Nord » qui a tant compté pour Watteau.

Le Nord, pour Watteau, ce fut d'abord Valenciennes, sa ville natale et le lieu de sa première formation. En 1684, Valenciennes appartenait depuis peu au royaume de France. La forte identité culturelle de cette cité fière de son brillant passé, associée à un relatif isolement économique décidé par Louis XIV afin de mieux contrôler cette ancienne place forte espagnole, explique que son rattachement, en 1678, à la France n'ait pas entraîné de bouleversement culturel majeur[1]. Ville devenue française par les armes, Valenciennes était encore flamande par sa langue, ses coutumes et ses arts lors de la naissance de Watteau.

La ville pouvait s'enorgueillir d'une tradition artistique ancienne et prestigieuse. La confrérie de Saint-Luc, fondée au début du XIIe siècle, garantissait la pérennité d'une pratique qui remontait au Moyen Âge. C'est dans ce cadre que s'est formé le jeune Watteau, dont plusieurs biographes soulignent la vocation précoce, probablement auprès de Gérin, peintre local travaillant dans la tradition flamande[2]. Le caractère trop rigide des statuts de la corporation devait cependant conduire à une sclérose de la production, sensible à la fin du XVIIe siècle et au cours de la première moitié du XVIIIe siècle. Les plus doués des peintres et sculpteurs de Valenciennes, ne pouvant développer librement leur talent, furent contraints de quitter la ville[3]. Cette situation n'est sans doute pas étrangère au départ de Watteau pour Paris en 1702 : l'artiste espérait compléter une formation qui s'était bien vite révélée insuffisante.

Après ce départ, Watteau a manifesté tout au long de sa vie un attachement très vif à sa ville natale, particulièrement dans les moments difficiles. C'est à Valenciennes qu'il se rendit en 1709, après son échec au grand prix de l'Académie ; il y retrouva sa famille – ses parents étaient encore en vie, ainsi que l'une de ses grands-mères et son frère Noël Joseph. C'est encore à Valenciennes qu'il souhaita passer les derniers mois de sa courte vie, comme il s'en ouvrit à Gersaint, afin, dit-il, de retrouver « son air natal[4] ».

Le Nord signifiait aussi pour Watteau aussi une commune origine avec d'autres artistes flamands établis à Paris. Lorsqu'il arriva à Paris, sans recommandation ni soutien, Watteau fréquenta probablement les peintres franco-flamands de la foire Saint-Germain. Établie à Paris depuis le XVIIe siècle – Philippe de Champaigne fut alors l'un des plus fameux de ces artistes ayant émigré des Flandres pour travailler à Paris –, la communauté flamande s'était regroupée dans cet enclos situé sur la rive gauche, à la limite du quartier latin et de l'abbaye Saint-Germain-des-Prés, où les peintres, les marchands et les entrepreneurs de spectacles pouvaient librement exercer leur activité, n'étant pas soumis au contrôle méticuleux des corporations. On y débitait, dans les loges, des bijoux, des bibelots et surtout des tableaux, peints par les nombreux artistes flamands présents.

Par ailleurs, certains de ses plus proches amis, Spoede et Vleughels, étaient flamands d'origine. On sait l'aide déterminante qu'ils ont apportée à Watteau. Le premier, Jean-Jacques Spoede, « peintre à peu près des mêmes cantons que lui, et son ami particulier », si l'on en croit Gersaint[5], était né à Anvers, vers 1680. Après une première formation dans sa ville natale, il arriva à Paris, peu avant 1700. Il y suivit les cours de l'Académie royale de peinture et de sculpture, puis entra à l'Académie de Saint-Luc, où il devint professeur puis recteur perpétuel[6]. Il rencontra Watteau et lui servit d'intermédiaire, en 1709, auprès du marchand de tableaux Sirois pour la vente d'une scène militaire. Le second, le peintre Nicolas Vleughels, accueillit Watteau en 1718 dans la maison de Le Brun, neveu du premier peintre de Louis XIV, rue des Fossés-Saint-Victor. Il était lui aussi originaire du Nord : son père, Philippe Vleughels, était en effet de nationalité flamande et s'établit à Paris en 1642. Signe de cette amitié entre les deux artistes, Vleughels fut plusieurs fois le modèle de Watteau.

Il faudrait encore citer, parmi les amis franco-flamands de Watteau, Oppenord et Francisque Millet fils. Quant à Pater, l'élève de Watteau, comme lui, il était originaire de Valenciennes.

Le Nord, pour Watteau, ce fut enfin une école de peinture qui devait durablement influencer son art, dans le choix des motifs comme dans la technique adoptée, alors même que les tableaux flamands et hollandais rencontraient un immense succès auprès des amateurs français. Parallèlement aux maîtres vénitiens et émiliens de la Renaissance – qui furent son autre centre d'intérêt –, Watteau n'a eu de cesse de regarder et d'admirer les tableaux des maîtres nordiques. Bien qu'il n'ait pas quitté la France, à l'exception de son voyage en Angleterre peu avant 1720, Watteau n'eut aucun mal à en voir.

Dès son enfance, il entra en contact avec des œuvres nordiques. La ville de Valenciennes et ses environs étaient en effet riches en chefs-d'œuvre flamands qui ne manquèrent pas d'impressionner le jeune artiste[7]. Puis, à son arrivée à Paris en 1702, Watteau débuta chez un peintre-marchand du pont Notre-Dame, probablement Étienne Desrais[8], qui l'employa à copier une *Vieille Femme consultant ses registres* d'après G. Dou, tableau que l'on associe généralement à celui qui appartint à Jean de Jullienne et que conserve aujourd'hui le musée de l'Ermitage.

Enfin, très vite, tous les biographes l'attestent, ce sont deux peintres flamands que Watteau a admirés par-dessus tout : Rubens et Van Dyck. Grâce à Claude III Audran, qui l'hébergea dans le palais du Luxembourg dont il était le gardien, Watteau eut accès à la galerie de Marie de Médicis, peinte par Rubens entre 1622 et 1625. À en croire Jullienne, l'un des biographes les plus fiables de Watteau, celui-ci, « échauffé des beautés » de cette peinture, en étudia le coloris et la composition[9], afin d'en « connaître la magie », ajoute Mariette[10]. C'est assez dire du choc durable ressenti par Watteau à la vue de ce cycle : le traitement de l'allégorie propre à Rubens et l'extraordinaire aisance de son métier ont fasciné Watteau. L'autre épisode décisif fut le séjour chez Pierre Crozat. Accueilli en 1717 par le financier dans son hôtel de la rue de Richelieu, le peintre eut tout le loisir d'admirer l'extraordinaire collection de dessins et de tableaux qui s'y trouvaient rassemblés. Crozat possédait en particulier un tableau de Rubens représentant une *Danse de paysans dans un beau fond de paysage*[11] et deux dessins exécutés d'après le *Jardin d'amour* [cat. 17 et 18][12], tableau aujourd'hui conservé au musée du Prado. Les biographes insistent sur le profit que Watteau a tiré de ce séjour

[**fig. 2**] Jean Antoine Watteau, d'après Pierre Paul Rubens, *Couple de danseurs s'embrassant*, vers 1716, Paris, musée des Arts décoratifs

chez Crozat : le peintre a pu « puiser dans les trésors de son beau cabinet tout ce que la peinture et la sculpture ont de plus excellent et surtout voir les rares dessins dont, entre autres beautés, M. Crozat est possesseur », écrit Jullienne. « Ce qui piqua le plus son goût, ce fut cette belle et nombreuse collection de dessins des plus grands maîtres qui faisaient partie de ces trésors. Il était sensible à ceux de Giacomo Bassan, mais plus encore aux études de Rubens et de Van Dyck », peut-on lire dans le texte de Caylus. Gersaint nous dit encore qu'il « en profita avec avidité[13] ».

Le peintre a pu voir, par ailleurs, certains des tableaux des collections royales et du Régent. La collection royale de tableaux était en effet rendue accessible aux artistes dans le cadre, notamment, des conférences ayant pour thème une œuvre du Cabinet des tableaux du roi[14]. Quant à la collection des Orléans au Palais-Royal, « savante école de peinture », comme le précise la *Description* de Dubois de Saint-Gelais en 1727, elle était ouverte à tout le monde, dans une galerie pourvue de l'éclairage zénithal[15].

De toutes ces rencontres avec les maîtres flamands du XVIIe siècle, il reste les nombreuses copies dessinées par Watteau dans ses carnets. « Il ne connaissait d'autres plaisirs que d'examiner continuellement et même de copier tous les morceaux des plus grands maîtres, ce qui n'a pas peu contribué à lui donner ce grand goût que l'on remarque dans plusieurs de ses ouvrages », nous rapporte Gersaint[16]. Dans leur récent catalogue raisonné des dessins de Watteau, P. Rosenberg et L.-A. Prat ont recensé un peu plus de soixante-dix copies d'après des maîtres anciens aujourd'hui conservées, toutes nationalités confondues[17]. La lecture des catalogues de vente du XVIIIe siècle laisse penser qu'il y en avait sans doute davantage. Watteau a exécuté la plupart de ses copies à la sanguine – sa technique habituelle –, parfois au crayon noir, ne retenant que certains motifs, des groupes de figures ou des figures isolées. Parmi les dessins subsistant, Rubens apparaît, de loin, comme l'artiste le plus fréquemment copié par Watteau. Outre le cycle de Marie de Médicis, qui a inspiré plusieurs dessins[18], un tableau des collections royales a particulièrement séduit Watteau, *La Kermesse* [**fig. 1**]. Acquise par Louis XIV en 1685, cette peinture avait été rapportée en 1706 de Versailles au Cabinet des tableaux du roi à Paris[19]. Watteau en a copié plusieurs groupes, dont un *Couple de danseurs s'embrassant* [**fig. 2**][20]. Sur un autre dessin, Watteau a copié deux détails du *Jugement de Pâris*, tableau de Rubens dont on sait qu'il appartint au Régent, Philippe d'Orléans[21]. Une autre feuille reproduit une partie du tableau de Rubens, *Diane partant à la chasse*, dont une réplique se trouvait dans la collection du duc de Bourbon en 1709[22]. Enfin, plusieurs copies de Watteau d'après Rubens ont été exécutées non d'après les tableaux originaux – dont certains étaient répartis en Europe et auxquels, de fait, l'artiste n'eut pas accès –, mais d'après des dessins de Rubens ou de son atelier, y compris pour certains dessins d'après le cycle de Marie de Médicis au Luxembourg[23]. Ces dessins de l'atelier de Rubens faisaient partie d'un album de quatre-vingt-quatorze têtes d'après le maître, qui a d'abord appartenu à R. de Piles, puis à P. Crozat, chez qui Watteau put le consulter.

Il faut ici souligner l'importance de ces copies pour Watteau : même si ses dessins témoignent d'une interprétation personnelle et sensible de l'art de Rubens – dans le sens d'un adoucissement des visages et d'un apaisement des passions –, Watteau, à travers l'émulation des œuvres, a retenu du peintre flamand une robustesse des formes et une fluidité de mouvement, qu'aucun de ses maîtres successifs n'avait su lui apprendre. En ce sens, Rubens fut son « véritable modèle », pour reprendre les termes de Dezallier d'Argenville.

Les œuvres de Van Dyck ont, dans une moindre mesure, retenu l'attention du dessinateur. On sait, par le témoignage de Tessin, que Watteau fut « enchanté » par une tête de jeune fille exécutée par Van Dyck dans la technique des trois crayons et acquise par le diplomate suédois à Paris, en 1715 à la vente Lober[24], au point de l'emprunter et d'en faire des copies « à différentes reprises », aujourd'hui perdues[25]. Watteau a également copié l'enfant du *Portrait d'un homme de qualité avec son fils*[26] ; ce tableau de Van Dyck, aujourd'hui conservé au musée du Louvre, appartenait aux collections royales depuis 1671[27]. Enfin, les dessins de la collection Crozat ont, encore une fois, fourni le modèle de plusieurs têtes de vieillards[28]. Il reste à évoquer le

[**fig. 3**]   Benoît Audran, *La Surprise*, d'après Watteau, vers, 1731, Paris, Bibliothèque nationale de France, département des Estampes

[**fig. 4**]   Jean Antoine Watteau, *Le Faux Pas,* 1717-1718, Paris, musée du Louvre

cas d'un dessin mettant en scène un homme nu agenouillé[29] et qui présente une ressemblance troublante tout à la fois avec un personnage dans le bas du *Christ portant sa croix* de la cathédrale d'Anvers et le Jupiter de *Jupiter et Antiope* conservé au musée des Beaux-Arts de Gand, mais il s'agit là, peut-être, d'une coïncidence[30].

Enfin, un tableau d'un artiste hollandais, A. P. van de Venne, a également intéressé Watteau, la *Fête donnée en l'honneur de la trêve de 1609* (1616, musée du Louvre [**fig. 59.2, p. 205**]). Cette œuvre se trouvait dans les collections de Louis XIV depuis 1683[31]. Watteau en a copié deux figures, dont le joueur de guitare assis au premier plan[32].

Tous ces dessins, exécutés d'après les maîtres flamands et hollandais, illustrent de façon intéressante la méthode de Watteau copiste. Dans les tableaux mettant en scène plusieurs personnages, il en choisit un – qui n'est pas nécessairement le plus intéressant –, l'isole et le reproduit en le dotant d'un caractère psychologique particulier. À partir de ces modèles formels tirés de tableaux, Watteau parvient à proposer des figures qu'on dirait prises sur le vif.

La démarche de Watteau est d'autant plus singulière qu'il a, au contraire de la plupart de ses confrères, dessiné des copies d'après les maîtres anciens non seulement pendant sa période de formation, mais aussi plus tard. Pour autant qu'on puisse les dater, les dessins s'échelonnent sur une dizaine d'années, de 1708 à 1717 environ[33].

Le génie de Watteau est d'avoir fait siens ces motifs d'origines diverses. On retrouve, dans ces dessins d'après les maîtres nordiques, ce que les Goncourt ont appelé « la grâce de Watteau […], cette chose subtile qui semble le sourire de la ligne, l'âme de la forme, la physionomie spirituelle de la matière[34] ». L'assimilation des figures empruntées à Rubens, Van Dyck ou Van de Venne est telle que Watteau les a mêlées à ses propres créations en les insérant dans ses tableaux. Ainsi, les motifs copiés d'après les tableaux anciens viennent s'allier aux inventions propres pour créer un langage neuf et immédiatement perceptible.

L'érudition a, depuis longtemps, identifié dans les tableaux de Watteau les motifs empruntés aux maîtres anciens[35]. Pour composer *La Surprise*, tableau perdu mais connu par une gravure de B. Audran [**fig. 3**], Watteau a repris le couple s'enlaçant copié d'après *La Kermesse* de Rubens. Watteau a, par ailleurs, introduit le guitariste fidèlement copié d'après la *Fête donnée en l'honneur de la trêve de 1609* dans *L'Amour paisible*, œuvre disparue mais connue grâce à la gravure de B. Baron [**fig. 59.3, p. 205**]. C'est là, toutefois, avec le couple s'embrassant

[fig. 5] Jean Antoine Watteau, *L'Écureuse de cuivres*, 1709-1710, Strasbourg, musée des Beaux-Arts

de la *Kermesse*, l'un des rares exemples de réemploi d'une figure empruntée par Watteau à un autre artiste. Dans *Nymphe et satyre*, aussi appelé *Jupiter et Antiope*, Watteau s'est servi, pour le bras droit du satyre, du dessin réalisé d'après Van Dyck déjà cité. Quant au *Faux Pas* [fig. 4], thème fréquent dans la peinture nordique, il s'inspire très directement des groupes tourbillonnants de la *Kermesse* de Rubens.

De façon plus diffuse, les tableaux nordiques ont inspiré à Watteau des thèmes et des mises en page particulières. Ainsi, *L'Écureuse de cuivres* du musée des Beaux-Arts de Strasbourg [fig. 5] pastiche les maîtres hollandais du XVIIe siècle, en particulier Kalf, présent à Paris entre 1642 et 1646 et auteur de nombreux intérieurs de cuisine très proches dans la composition et l'esprit du tableau de Watteau. L'ample composition des *Comédiens sur le champ de foire* [fig. 27.2, p. 137] évoque, par sa surcharge, la tradition flamande. *Le Contrat de mariage* [cat. 28] traite un thème souvent abordé par les peintres flamands, Teniers tout particulièrement, à qui Watteau emprunte le détail de la couronne de fleurs blanches au-dessus de la tête de la la fiancée[36]. Enfin – la liste n'est pas exhaustive –, la composition des *Plaisirs du bal* [fig. 10, p. 65] a souvent été rapprochée de celle du *Bal sur la terrasse* de Janssens (Lille, musée des Beaux-Arts).

Ces différents exemples montrent que Watteau a repris des thèmes déjà traités dans la peinture flamande et hollandaise. Foire de village ou kermesse, représentation des quatre saisons, repas de noce, danse et jeux, tous ces sujets constituaient déjà des thèmes majeurs avant de former, chez Watteau, l'élément central de ses tableaux. Si originale soit-elle, la formulation de la fête galante par Watteau repose sur une tradition visuelle ancienne.

La dette de Watteau envers la peinture nordique ne se limite pas à des motifs et des thèmes : la technique de l'artiste témoigne également de son attachement à la pratique flamande. Matière abondante, extraordinaire jeu de la couleur, lumière chaude et dorée qui caresse les formes : Watteau a retenu la leçon des grands maîtres flamands. En outre, certains tableaux, tels que les *Fatigues de la guerre* et les *Délassements de la guerre*, son pendant, ont été peints sur cuivre, un support que les maîtres flamands du XVIIe siècle appréciaient tout particulièrement.

La fascination de l'artiste pour les peintres du passé n'a toutefois pas entravé sa créativité pas plus qu'elle n'a conduit à un dessèchement de son inspiration. Bien au contraire, les exemples du passé ont offert à Watteau l'occasion d'inventer, avec beaucoup de liberté, une peinture nouvelle : le réalisme nordique vient s'unir au rêve et à l'illusion dans une vision poétique intense ; les passions débridées de Rubens laissent place à une plus grande retenue dans l'expression des sentiments ; le monde de Watteau, immobile et introverti, s'éloigne de celui des maîtres flamands, mouvementé, extraverti, parfois grandiloquent. Le couple de *La Surprise* n'exprime plus l'énergie des amants fougueux de Rubens, mais il traduit avec délicatesse l'intensité du sentiment amoureux. Finalement, la peinture nordique a donné à Watteau une leçon, non pas à imiter mais à méditer.

Parmi les sources visuelles sur lesquelles s'est appuyé Watteau, il faut encore citer les estampes. Plusieurs tableaux de l'artiste trouvent en effet leur origine dans des gravures nordiques. Citons l'exemple connu de *L'Indiscret* [fig. 6], qui s'inspire étroitement d'une estampe de Rembrandt, *L'Espiègle* [fig. 7] et dont Watteau a retenu la composition générale. Dans *L'Île de Cythère* de Francfort [fig. 6, p. 75], l'une des toutes premières fêtes galantes de Watteau, le détail de la pèlerine délicatement poussée vers l'embarcation par un amour est emprunté au *Jardin d'amour* de Rubens, dont la gravure était alors connue. La même gravure a fourni à Watteau le motif de l'arche, qui forme le fond du tableau *Sous un habit de Mezzetin* de la Wallace Collection.

Un graveur flamand semble avoir particulièrement influencé Watteau, Aegidius Sadeler (vers 1570-1629). On savait que le peintre s'était souvenu de ses gravures des *Mois* et des *Saisons* pour composer les *Saisons Jullienne* [voir cat. 33 et 34][37]. Nous proposons de rapprocher deux autres estampes de Sadeler de tableaux de Watteau. La première, *Diane et Actéon* [fig. 8], gravée d'après Fiammingo, pourrait avoir fourni le modèle de la Vénus du *Jugement de Pâris* [fig. 9]. La déesse de Watteau, audacieusement présentée de dos et légèrement déhanchée, ôte par un geste gracieux son vêtement comme le fait la suivante de Diane au centre de la composition de Sadeler.

[**fig. 6**] Jean Antoine Watteau, *L'Indiscret*, 1715-1716, Rotterdam, Boijmans van Beuningen Museum

[**fig. 7**] Rembrandt, *L'Espiègle*, 1642, Paris, Bibliothèque nationale de France, département des Estampes

Une autre estampe du même Sadeler, *Le Repos pendant la fuite en Égypte* [**fig. 10**], gravée d'après Bruegel de Velours, semble avoir inspiré le paysage de *La Chute d'eau* [**fig. 11**] : on retrouve le double cours d'eau qui se fracasse sur les rochers – séparé de la même manière par un rocher couvert de végétation –, le détail des arbres en surplomb au plan intermédiaire, les personnages campés dans l'angle inférieur et les grands arbres qui ferment la composition ; de l'autre côté, le paysage s'enfonce de façon identique en direction d'un pic rocheux, sous lequel se développent plusieurs bâtiments.

Watteau eut certainement entre les mains de telles estampes : elles circulaient abondamment dans le commerce parisien, chez les marchands spécialisés ou à l'occasion de ventes publiques. À Paris, on sait que l'artiste fréquenta la boutique de Pierre et Jean Mariette[38]. Héritier d'un brillant commerce d'estampes fondé par son père au milieu du XVIIe siècle, rue Saint-Jacques, Pierre Mariette (1634-1716) proposait à la vente « un très grand nombre [de gravures] de tous les maîtres et de tous les pays, et avec beaucoup de choix[39] », en particulier des gravures se rattachant à deux courants qui ont compté dans la formation artistique de Watteau : celui du maniérisme lorrain de Bellange et de Callot, et celui des maîtres nordiques des XVIe et XVIIe siècles, Bruegel, Rembrandt et Rubens. Son activité ne se limitait pas au commerce d'estampes, mais, comme souvent dans ce milieu, s'étendait à l'édition de gravures. Vers 1695-1700, soit quelques années seulement avant l'arrivée à Paris de Watteau, il fit paraître des gravures de modes dont il devint, avec les Bonnart, le spécialiste. On sait l'influence exercée par de telles gravures sur le jeune artiste. Son fils et associé, Jean Mariette (1660-1742), fit graver par Sébastien Leclerc, Cotelle et Claude Simpol plusieurs scènes de la Comédie-Italienne et des sujets galants[40].

Non loin de la rue Saint-Jacques, le pont Notre-Dame abritait également plusieurs marchands de gravures. Watteau, qui travailla sur le pont en 1702 puis résida dans le quartier, a certainement fréquenté leurs boutiques. L'un d'entre eux, Gilles de Mortain, qui occupait la 39e maison depuis 1707[41] à l'enseigne des *Belles Estampes*, se partageait entre l'activité de peintre, celle de marchand de tableaux et d'estampes, enfin celle d'éditeur d'estampes.

[**fig. 8**] Aegidius Sadeler, d'après Paolo Fiammingo, *Diane et Actéon*, 1593-1595, Padoue, Musei Civici

[**fig. 9**] Jean Antoine Watteau, *Le Jugement de Pâris*, 1719-1720, Paris, musée du Louvre

[**fig. 10**] Aegidius Sadeler, d'après Bruegel de Velours, *Le Repos pendant la fuite en Égypte*, vers 1596, Paris, Bibliothèque nationale de France, département des Estampes

[**fig. 11**] Jean Moyreau, d'après Watteau, *La Chute d'eau*, 1729, Paris, Bibliothèque nationale de France, département des Estampes

Son stock, comme le révèle son inventaire après décès rédigé en 1727[42], contenait non seulement de nombreuses gravures d'après les maîtres flamands et hollandais, en particulier Rubens (la galerie du Luxembourg), Goltzius, Berchem et Rembrandt, mais aussi des gravures de mode de Bonnart. On trouve encore des planches gravées, parmi lesquelles deux reproduisaient « des flamands » selon l'expert, Gaspard Duchange, graveur du roi demeurant rue Saint-Jacques. Gilles de Mortain entretenait, par ailleurs, des relations commerciales avec des marchands flamands, établis à Amsterdam. Les liens entre les marchands du pont Notre-Dame et les Flandres remontent en fait au XVIIe siècle, lorsque des marchands flamands s'établirent sur le pont parisien. Si ces dynasties, dont parle A. Schnapper[43], semblent s'être éteintes au XVIIIe siècle, les liens d'affaires se sont maintenus. Enfin, détail intéressant, Gilles de Mortain était locataire d'une loge à la foire Saint-Germain.

En dehors des boutiques, plusieurs ventes publiques organisées à Paris au seuil du XVIIIe siècle ont répandu sur le marché des estampes par milliers. En 1699, les libraires Moette et Boudot furent chargés par les héritiers de Boucot, garde-rôle des offices de France, d'organiser la vente de sa collection et de faire imprimer le catalogue, dont il ne reste, à Paris, qu'un seul exemplaire complet[44]. La vente, qui se déroula à partir du 16 novembre 1699, dispersa un ensemble considérable de plus de soixante-dix mille estampes, parmi lesquelles de nombreuses œuvres nordiques, en particulier de Sadeler. Moins de deux ans plus tard, la vente après décès de Louis Bauyn, sieur de Cormery, le 4 mai 1701 et jours suivants, dispersa de nouveau une collection d'estampes[45].

Plus encore que l'origine géographique de Watteau, l'évolution du goût des amateurs en matière de peinture a orienté les choix esthétiques de l'artiste. Au début du XVIIIe siècle, les peintres nordiques du XVIIe siècle rencontraient en effet un immense succès auprès des collectionneurs. Cette vogue de la peinture nordique, analysée par H. Gerson dans un ouvrage fondamental paru en 1942 et par d'autres travaux plus récents[46], resta vive jusqu'à la Révolution. Elle a favorisé en France le développement de la peinture de genre, en particulier de la fête galante, tout en encourageant la production de véritables pastiches d'œuvres flamandes et hollandaises. La peinture nordique devait en effet fournir aux artistes français tout à la fois un répertoire de sujets et une manière de peindre.

Le goût français pour la peinture nordique a pris plusieurs formes, dont l'accroissement du nombre de tableaux flamands et hollandais dans les collections est certainement la plus visible. À tous les échelons de la société, on possédait des œuvres nordiques et leur nombre devait aller croissant avec le temps : souverain, aristocrates, grands bourgeois – financiers et fermiers généraux –, académiciens et gens de lettres amassaient des tableaux de cabinet issus du nord de l'Europe. C'est ainsi que l'inventaire de la collection royale réalisé par Bailly en 1709-1710 décrit huit œuvres attribuées à Teniers et quatre à Dou[47] et que le catalogue de la collection Orléans, publié en 1727, comprend onze Teniers et quatre Dou[48]. La collection de Jeanne-Baptiste d'Albert de Luynes, comtesse de Verrue (1670-1736), était réputée pour ses nombreux tableaux nordiques, en particulier de Rubens (le *Mercure et Argus* de Dresde par exemple), Van Dyck, Wouwerman et de Teniers[49] ; la comtesse de Verrue possédait même une toile de Vermeer (la *Jeune Fille lisant une lettre* de Dresde), un peintre rare dans les collections françaises avant sa redécouverte à la fin du XVIIIe siècle par le marchand Lebrun. La collection d'Antoine de La Roque (1672-1744), directeur du *Mercure de France* à partir de 1724, était dominée par les œuvres de maîtres flamands et hollandais, dont deux toiles attribuées à Rubens, une à Van Dyck et pas moins de sept toiles de Rembrandt, parmi lesquelles le *Peintre dans son atelier* de Boston (Museum of Fine Arts)[50]. Jean de Jullienne (1686-1766), teinturier, marchand de tissus et directeur de la manufacture de tapisseries des Gobelins à partir de 1718, avait réuni, quant à lui, « un très grand et très bel assemblage de tableaux, surtout flamands », si l'on en croit Mariette[51], sentiment confirmé par le catalogue de sa vente : la collection comprenait 96 œuvres nordiques, parmi lesquelles on retrouve les peintres à la mode, Rubens, Teniers, Brouwer et Wouwerman.

La prédominance des tableaux nordiques dans les collections françaises au sein des milieux aristocratiques a déjà été soulignée, en particulier dans l'entourage de la comtesse de Verrue, dans les années 1730[52]. Mais, dès le début du siècle, la bourgeoisie parisienne montrait une nette préférence pour ce genre de peinture[53]. Même les intérieurs les plus modestes étaient décorés de « flamands ». Sur le pont Notre-Dame, plusieurs marchands possédaient ainsi des tableaux de goût nordique, dont la faible estimation laisse penser qu'il s'agissait de copies. Par exemple, Philippe Le Clève, maître doreur, avait accroché en 1702 aux murs de sa chambre une *Madeleine* attribuée à Van Dyck[54]. En 1710, le frère d'Étienne Desrais, Louis Desrais, maître peintre et sculpteur, possédait dans sa boutique un tableau de Wouwerman[55].

La vogue nordique, observable dans les pratiques, profitait en outre d'un discours théorique qui lui était favorable. Connaisseurs et académiciens encourageaient les collectionneurs qui contestaient l'hégémonie de l'école italienne. Dans un article resté célèbre sur le « Choix et l'arrangement d'un cabinet curieux », publié en 1727 dans le *Mercure de France*, Dezallier d'Argenville conseillait de collectionner « un amas de bons tableaux flamands et français mêlé de quelques italiens[56] ».

Le marchand de tableaux et d'objets d'art Gersaint prit acte du succès des tableaux nordiques dans ses catalogues de vente. Il admit que l'école flamande était fort à la mode en France et plaisait universellement : elle « brille surtout, écrit-il, par la grande union et la vivacité des couleurs, par un excellent clair-obscur, par un pinceau moelleux, et par un travail achevé et fini sans sécheresse[57] ». En 1747, le marchand reconnaissait qu'à côté de Claude Lorrain, les Parisiens préféraient Rubens, Berchem, Bruegel, Van de Velde, Teniers, Wouwerman, Paul Bril, Van Ostade, Gerard Dou, Van der Werf, Netscher, Rembrandt et Van der Meulen[58].

Gersaint fut l'un des artisans les plus actifs du succès de la peinture nordique en France. Doué d'un remarquable sens des affaires, il a lui-même effectué à partir de 1733 une quinzaine de voyages en Hollande, afin d'acquérir des œuvres pour ses clients[59]. Les tableaux, rapportés par centaines, étaient ensuite revendus dans sa boutique du pont Notre-Dame ou insérés dans ses ventes publiques. Dans le souci d'élargir ses activités commerciales, Gersaint ne se contenta pas de proposer des tableaux d'artistes célèbres et recherchés en France ; il réussit à imposer sur le marché français des peintres alors peu connus, tels que Berchem, Van Everdingen, Potter, Saftleven, Sorgh, Van der Heyden et W. van de Velde.

Pour répondre à la demande des collectionneurs, les marchands parisiens, à la suite de Gersaint, comprirent l'utilité de tels voyages en Hollande, destinés à rapporter en France le plus grand nombre de tableaux et alimenter un marché en pleine expansion.

Mais il y avait aussi, à Paris, des peintres prêts à produire des tableaux « nordiques ». En premier lieu, les artistes de la communauté flamande de Saint-Germain-des-Prés, naturellement bien préparés pour faire face à cette vogue. Au temps de Watteau en effet, l'immigration des peintres des Pays-Bas du Sud vers la France était encore active. Poussés par le goût dominant, ces artistes furent d'efficaces propagateurs d'influences hollandaises anciennes (et non, comme on s'y attendrait, de peinture flamande). Parmi ces nouveaux arrivants, il faut citer Carel van Falens et les frères Bredael, peintres originaires d'Anvers, attachés à la collection du duc d'Orléans et tous trois habiles pasticheurs de Wouwerman.

Ils n'étaient pas les seuls : des peintres français sans grand talent avaient monté, sur le pont Notre-Dame, de profitables manufactures de tableaux, peints en série par de jeunes artistes, dans le goût nordique[60]. Les exécutants travaillaient d'après des gravures qu'ils reproduisaient en se répartissant les tâches, les uns peignant les paysages, les autres les personnages. Ces « copies à la centième génération », comme les qualifiait le comte de Caylus[61], ne jouissaient certes pas d'une bonne réputation, mais elles s'écoulaient sans peine sur le marché.

Watteau lui-même ne pouvait ignorer cet engouement pour la peinture nordique. Originaire du Nord, lié à la colonie flamande de Paris, dont on sait qu'il a connu plusieurs membres, habitué du pont Notre-Dame, sur lequel il trouva refuge à plusieurs reprises, il fut aussi proche de ces aristocrates qui affectionnaient la peinture nordique, en particulier la comtesse de Verrue, le marquis de La Faye et le Régent. En outre, lorsque Watteau commença à fréquenter les milieux académiques, c'est-à-dire en 1709, à l'occasion du prix de Rome, la querelle du coloris s'était conclue depuis peu en faveur de Rubens. Il n'y a rien d'étonnant, dès lors, à voir Watteau peindre des tableaux dans le goût nordique, comme *L'Écureuse de cuivres* ou *Le Défilé*, et cela même à une date avancée dans sa carrière[62]. L'archaïsme volontaire dont Watteau fit preuve était de toute évidence recherché par un public d'amateurs cultivés, capable de retrouver et d'apprécier dans ses tableaux la citation plus ou moins explicite d'œuvres anciennes et célèbres.

Par ses origines géographiques, ses amitiés à Paris et surtout par le choix de ses modèles, Watteau est apparu aux yeux de ses contemporains comme un peintre flamand. En 1715, le diplomate Tessin, qui séjournait à Paris, se félicitait d'avoir rendu visite à « Watho, un élève de Gillot, flamand, qui a un grand succès dans le grotesque, le paysage et les modes[63] ». Cinq ans seulement après la mort de l'artiste, l'abbé Fraguier, dans son épitaphe, qualifiait Watteau de « peintre flamand » et, dix ans plus tard, en 1736, l'abbé de La Marre dédiait deux poèmes à « ce peintre flamand[64] ». Par ailleurs, nombreuses sont les comparaisons établies entre les œuvres de l'artiste et les maîtres flamands et hollandais, Rubens avant tous les autres. Ainsi, dans sa notice nécrologique de 1721, La Roque évoque le succès de ses « tableaux de chevalet en petites figures. Il n'en a fait que cette espèce, dans le goût flamand, mais dont le coloris approche fort celui de Rubens. Il avait beaucoup étudié cette école[65] ».

L'auteur de la notice du catalogue de la vente Jullienne (1767), à propos du *Mezzetin*, faisait remarquer que « les carnations ont le coloris de Rubens ». Et dans le catalogue Walpole de 1774, *L'Écureuse de cuivres* est décrite comme de Watteau, mais « dans le style de Rembrandt[66] » ; n'était la référence au maître d'Amsterdam plutôt qu'à Kalf, l'auteur a bien compris les intentions du peintre, à savoir imiter les maîtres nordiques. Au début du XIXe siècle, Lecarpentier faisait encore de Watteau « l'un des fidèles imitateurs » de Rubens[67].

Les collectionneurs ne s'y sont pas trompés : la plupart des amateurs parisiens de peinture nordique ont possédé des œuvres de Watteau. Le marquis de La Faye, décédé en 1731, avait opportunément rassemblé plusieurs *Noces de village* d'esprit flamand et *La Mariée de village* de Watteau[68]. Le tableau appartint ensuite à son amie, la comtesse de Verrue, propriétaire de nombreuses œuvres de Teniers, dont trois *Noces de village*, et d'une version du *Jardin d'amour* de Rubens. Le prince de Carignan possédait également une collection de choix comprenant des tableaux de Janssens, Rubens, Van Dyck et Rembrandt, ainsi que trois toiles attribuées à Watteau. Par ailleurs, une petite singerie de Watteau (perdue), appartenant au Régent, faisait pendant, dans un rapprochement très suggestif, à un tableau de Bruegel représentant une *Musique de chats*[69]. D'autres catalogues de vente de collections dispersées au cours de la première moitié du XVIIIe siècle – citons les ventes Quentin de Lorangère (1744), La Roque (1745), Angran de Fonspertuis (1747), toutes trois dirigées par Gersaint – décrivent des œuvres de Watteau au sein d'ensembles de tableaux nordiques.

L'assimilation laudative de la peinture de Watteau à l'art nordique devait cependant évoluer en critique, lorsque le peintre, dès le milieu du siècle, fut délaissé sous l'influence conjuguée du goût antique et de la sensibilité. L'éloge se transforma en reproche, sans beaucoup de différences dans la formulation ; ce qui faisait la saveur des fêtes galantes devenait l'objet d'une réprobation unanime. Pour Voltaire, dans *Le Siècle de Louis XIV* (1751), Watteau « a été dans le gracieux à peu près ce que Téniers a été dans le grotesque », phrase reprise littéralement par le chevalier de Jaucourt dans son article de l'*Encyclopédie* (« École française »). Dezallier d'Argenville regrettait que Watteau, « entraîné par l'esprit extraordinaire de Gillot […], ait imité sa manière et n'ait pas traité l'histoire dont il paraissait fort capable » et ramenait ses fêtes galantes au niveau des bambochades : « tous les habillements en sont comiques, propres au bal, et les scènes sont ou théâtrales, ou champêtres[70] ». De façon plus explicite encore, le marquis d'Argens notait : « il n'a presque peint que des bambochades et n'a jamais rien fait de sérieux qui mérite l'estime des connaisseurs[71] ». Enfin, Diderot, dans ses *Pensées détachées sur la peinture* (vers 1776), écrivait avec condescendance : « J'aime mieux la rusticité que la mignardise, et je donnerais dix Watteau pour un Teniers[72]. »

L'art « nordique » de Watteau était désormais condamné par l'évolution du goût. L'heure n'était pas encore à la réhabilitation de Watteau, l'original et talentueux peintre de l'école française que nous admirons aujourd'hui.

Nous tenons à remercier M. Eidelberg pour la relecture attentive de notre essai et ses commentaires enrichissants.

NOTES

1. Sur l'intégration de Valenciennes dans le royaume de France et ses répercussions, voir H. Platelle (sous la direction de), *Histoire de Valenciennes*, Lille, 1982, en particulier le chapitre IX, rédigé par P. Guignet, « Valenciennes au siècle des Lumières : les facettes contrastées de la capitale du Hainaut français (1677-1789) », p. 133-161 ; F. Machelart, « Valenciennes au temps de Watteau », dans Moureau et Grasselli, 1987, p. 3-5.
2. Ce peintre, dont l'une des rares œuvres sûres, connue de nos jours, est un tableau signé et daté de 1691, *Saint Gilles guérissant les malades* (Valenciennes, musée des Beaux-Arts), a fait l'objet de plusieurs études. La principale reste celle de P. Marmottan, *Jacques-Albert Gérin, peintre valenciennois du XVIIe siècle. Réponse à M. Paul Foucart*, Paris et Valenciennes, 1893. La première notice biographique est celle de G. A. J. Hécart, dans ses *Biographies valenciennoises*, Valenciennes, 1826. M Vangheluwe a toutefois émis l'hypothèse d'un apprentissage effectué en dehors de la ville de Valenciennes (« Watteau à Valenciennes », dans F. Moureau et M. Morgan Grasselli, 1987, p. 7-9).
3. F. Machelart, *Peintres et sculpteurs de la confrérie Saint-Luc de Valenciennes aux XVIIe et XVIIIe siècles*, Valenciennes, 1987, p. 14.

4. Nous nous référons, pour les biographies anciennes de Watteau, à l'ouvrage publié par P. Rosenberg, 1984, ici p. 38.
5. *Ibid.*, p. 33.
6. M. Eidelberg, « Jean-Jacques Spoede, Watteau's "special friend" », *Gazette des beaux-arts*, novembre 2000, p. 179-196.
7. Plusieurs tableaux de Rubens, par exemple, ont été peints pour des églises de Valenciennes et des alentours : le *Triptyque de saint Étienne* (Valenciennes, musée des Beaux-Arts), exécuté pour l'abbaye de Saint-Amand et une *Descente de croix* (Valenciennes, musée des Beaux-Arts), réalisée pour l'église Notre-Dame-de-la-Chaussée de Valenciennes (M. Rooses, *L'Œuvre de P. P. Rubens*, Anvers, 1886-1892, 5 vol., t. II, respectivement n°s 410-413 et n° 306).
8. Glorieux, 2002a, p. 251-262.
9. Rosenberg, 1984, p. 13.
10. *Ibid.*, p. 3.
11. Stuffmann, 1968, p. 11-143 (p. 104, n° 387).
12. Ces deux dessins figurent sous le numéro 828 de la vente après décès de Pierre Crozat, organisée par Mariette du 10 avril au 13 mai 1741. Ils furent adjugés avec deux autres dessins 230 livres 10 sols, si l'on en croit la note manuscrite de l'exemplaire

du département des Estampes de la Bibiothèque nationale de France (Yd 8). Voir aussi M. Rooses, *op. cit.*, t. V, n° 1322.

13. Rosenberg, 1984, citations respectivement p. 15, 74 et 34.

14. H. Jouin, *Conférences de l'Académie royale de peinture et de sculpture*, Paris, 1883, p. 39.

15. E. Pommier, « Le projet de Musée royal (1747-1789) », dans T. W. Gaehtgens, C. Michel, D. Rabreau et M. Schieder éd., *L'Art et les normes sociales au XVIIIᵉ siècle*, Paris, 2001, p. 185-209 (p. 188).

16. Rosenberg, 1984, p. 34.

17. R.-P., 1996. P. Rosenberg a consacré une étude aux copies de Watteau d'après les maîtres anciens, « Watteau's Copies after the Old Masters », dans cat. exp. New York, 1999, p. 50-55.

18. R.-P., 1996, n°ˢ 175, 244, 349 et 352.

19. Sur ce tableau, voir M. Rooses, *op. cit.*, t. IV, n° 837 ; R. Oldenburg, *P. P. Rubens, des Meisters Gemälde*, Stuttgart, Berlin, 1921, t. V, n° 406 ; A. Brejon de Lavergnée, J. Foucart et N. Reynaud, *Catalogue sommaire illustré des peintures du musée du Louvre. L'école flamande et hollandaise*, Paris, 1979, p. 119. Pour les sources anciennes, voir F. Engerand, *Inventaire des tableaux du Roy rédigé en 1709 et 1710 par Nicolas Bailly*, Paris, 1899, p. 241-242.

20. *Ibid.*, n° 245 (voir aussi n°ˢ 359 et 426).

21. *Ibid.*, n° 246. Le tableau de Rubens est mentionné par Dubois de Saint-Gelais, 1727, p. 415-417. Voir aussi M. Rooses, *op. cit.*, t. III, n° 663.

22. R.-P., 1996, n° 242. Sur le tableau, voir M. Rooses, *op. cit.*, t. III, n° 585.

23. M. Eidelberg, « An Album of Drawings from Rubens' Studio », *Master Drawings* 35, n° 3, 1997, p. 234-266. Pour les dessins de Watteau copiés d'après l'album de Piles-Crozat, voir R.-P., 1996, n°ˢ 240, 243, 350 et 352.

24. C. Nordenfalk, *Antoine Watteau och andra franska sjuttonhundratalsmästare i Nationalmuseum*, Stockholm, 1953, p. 64-65.

25. Voir à ce sujet R.-P., 1996, p. 1420, M2. Une tête de jeune fille (*ibid.*, n° 362) peut être rapprochée de celle exécutée d'après le dessin de Van Dyck appartenant à Tessin.

26. *Ibid.*, n° 427.

27. A. Brejon de Lavergnée, *L'Inventaire de Le Brun de 1683*, Paris, 1987, n° 262. Voir aussi F. Engerand, *op. cit.*, p. 257 et E. Larsen, *L'opera completa di Van Dyck*, Milan, 1980, n° 635. Le portrait de Van Dyck fut vendu à Louis XIV par Jabach en 1671 ; Houasse le signale à Paris en 1691.

28. R.-P., 1996, n° 348. Crozat possédait un ensemble d'études de têtes de la main de Van Dyck. Le comte de Caylus a réalisé une série de trente et une eaux-fortes d'après ces têtes qui, pour la plupart, devaient ensuite entrer dans la collection de Mariette. Voir, à ce sujet, M. Eidelberg, « The Comte de Caylus' *tête-à-tête* with Van Dyck », *Gazette des beaux-arts*, janvier 1991, p. 1-20.

29. R.-P., 1996, n° 375.

30. Le *Christ portant sa croix* fut exécuté par Van Dyck pour l'église des Dominicains d'Anvers (E. Larsen, *The Paintings of Anthony Van Dyck*, Düsseldorf, 1988, 2 vol., t. II, n° 269). Quant au *Jupiter et Antiope*, il en existe de nombreuses copies et répliques (E. Larsen, *op. cit.*, t. I, p. 157 ; t. II, n°ˢ 297-299) ; Watteau a peut-être vu l'une d'entre elles.

31. A. Brejon de Lavergnée, *op. cit.*, n° 351. Voir aussi F. Engerand, *op. cit.*, p. 233.

32. R.-P., 1996, n° 353. Il faut en revanche abandonner, à la suite de P. Rosenberg et L.-A. Prat, l'identification du *Jeune garçon debout, vu de face* du musée d'Alençon (n° 106) avec un personnage du tableau du Louvre.

33. Roland Michel, 1984, p. 231.

34. E. et J. de Goncourt, 1967, p. 65.

35. Voir la thèse de O. T. Banks, 1977, qui identifie un certain nombre de sources visuelles parmi les tableaux nordiques du XVIIᵉ siècle.

36. Dans ce même catalogue, M. Eidelberg propose de voir comme modèle une composition imaginée par Bruegel.

37. Eidelberg, 1986, p. 98-103, ici p. 101.

38. Sur ce sujet, voir H. Adhémar, 1950, p. 67-70 ; voir aussi cat. exp., Washington-Paris-Berlin, 1984-1985, p. 44.

39. Mariette, *Abecedario*, 1851-1860, article « Mariette », t. III, p. 264.

40. L'inventaire du fonds de Jean Mariette, dressé à l'occasion de la vente de celui-ci à Jean-Baptiste de Poilly, le 11 décembre 1734, décrit plusieurs milliers de planches gravées (Arch. nat., M.C., XLIX, 555, cote donnée par M. Préaud, P. Casselle, M. Grivel et C. Le Bitouzé, *Dictionnaire des éditeurs d'estampes à Paris sous l'Ancien Régime*, Paris, 1987, p. 230, note 6).

41. Arch. nat., Q/1/1255/1/B, bail daté du 16 mai 1707.

42. Arch. nat., M.C., XIII, 230, inventaire après décès daté du 23 avril 1727.

43. A. Schnapper, 1994, p. 86.

44. Bibliothèque de l'Institut, Duplessis 16. Le Cabinet des estampes de la Bibliothèque nationale de France conserve un autre exemplaire du catalogue, mais il est incomplet (BNF, Estampes, Yd 5e).

45. G. Duplessis, *Les Ventes de tableaux, dessins, estampes et objets d'art aux XVIIᵉ et XVIIIᵉ siècles (1611-1800). Essai de bibliographie*, Paris, 1874, p. 2 (n° 20). C'est la seule mention de cette vente : aucun catalogue n'a été conservé (F. Lugt, *Répertoire des catalogues de ventes publiques intéressant l'art ou la curiosité. Première période, vers 1600-1825*, La Haye, t. I, 1938, n° 178). Le fils de Louis Bauyn, Louis Prosper Bauyn, sieur de Cormery, plus connu sous le nom de « Biberon de Cormery », fut à son tour collectionneur, plus particulièrement de tableaux. Voir, au sujet de ces deux amateurs, M. Eidelberg et E. W Rowlands, « The Dispersal of the last Duke of Mantua's Paintings », *Gazette des beaux-arts*, mai-juin 1994, p. 207-294 (p. 218-219).

46. H. Gerson, *Ausbreitung und Nachwirkung der holländischen Malerei des 17. Jahrhunderts*, Haarlem, 1942 (rééd. Amsterdam, 1983) ; E. Duverger, « Réflexions sur le commerce d'art au XVIIIᵉ siècle », *Stil und Überlieferung in der Kunst des Abendlandes* (actes du 21ᵉ Congrès international d'histoire de l'art, Bonn, 1964), Berlin, 1967, 3 vol., t. III, p. 65-88 (plus particulièrement p. 77 et suivantes) ; cat. exp. Lille, 1985 ; V. L. Atwater, *A Catalogue and Analysis of Eighteenth Century French Prints after Netherlandish Baroque Paintings*, thèse dactylographiée, université de Washington, 1988 ; J. L. Edwards, « Paillet et le goût de son temps », dans *Alexandre-Joseph Paillet. Expert et marchand de tableaux à la fin du XVIIIᵉ siècle*, Paris, 1996 ; cat. exp. *Au temps de Watteau, Chardin et Fragonard. Chefs-d'œuvre de la peinture de genre en France*, Ottawa- Washington-Berlin, 2003-2004 (en particulier l'essai de C. B. Bailey, « La peinture de genre en France au XVIIIᵉ siècle », p. 2-39).

47. F. Engerand, *op. cit.*, p. 262-263 et p. 268-269.

48. Dubois de Saint-Gelais, *Description des tableaux du Palais-Royal*, 1727, p. 111-115 et p. 178-180.

49. L'étude la plus récente est celle de C. Rubini, « Les collections de la comtesse de Verrue », dans cat. exp. *Dresde ou le rêve des princes. La Galerie de peintures au XVIIIᵉ siècle*, Dijon, musée des Beaux-Arts, 2001, p. 132-135.

50. La collection de La Roque est connue par le catalogue de la vente qu'en rédigea Gersaint en 1745. Au sujet de La Roque, voir F. Moureau, « De Watteau à Chardin : Antoine de La Roque, journaliste et collectionneur », *Mélanges en hommage à Pierre Rosenberg*, sous la direction de A. Cavina, Paris, 2001, p. 349-355.

51. Mariette, 1851-1860, t. III, p. 15-16.

52. Voir, notamment, K. Pomian, « Marchands, connaisseurs, curieux à Paris au XVIIIᵉ siècle », dans *Collectionneurs, amateurs et curieux. Paris, Venise : XVIᵉ-XVIIIᵉ siècle*, 1987, p. 163-194 (p. 188).

53. G. Wildenstein, « Le goût pour la peinture dans le cercle de la bourgeoisie parisienne autour de 1700 », *Gazette des beaux-arts*, septembre 1956, p. 113-194 (plus particulièrement, p. 130-134). Voir aussi J. Chatelus, « Thèmes picturaux dans les appartements de marchands et artisans parisiens au XVIIIᵉ siècle », *Dix-Huitième Siècle*, n° 6, 1974, p. 309-324.

54. Arch. nat., M.C., XIX, 574, inventaire après décès de Catherine Semoures, femme de Philippe Le Clève, dressé les 16 novembre 1702 et jours suivants.

55. Arch. nat., M.C., IV, 353, inventaire après décès de Marie-Anne Houzé, femme de Louis Desrais, dressé les 17 mai 1710 et jours suivants.

56. *Mercure de France*, juin 1727, p. 1295-1330 (p. 1297).

57. Gersaint, 1744², p. 5-8.

58. E.-F. Gersaint, *Catalogue raisonné des bijoux, porcelaines, bronzes, lacqs, lustres de cristal de roche et de porcelaine, pendules de goût et autres meubles curieux ou composés ; tableaux, desseins, estampes, coquilles, et autres effets de curiosité, provenans de la succession de M. Angran, vicomte de Fonspertuis*, Paris, 1747, p. 213-214.

59. Glorieux, 2002b, p. 301-314.

60. Glorieux, « Les peintres-marchands du pont Notre-Dame : une production organisée de tableaux "flamands" pour Lille et sa région », colloque *Collectionner dans les Flandres et la France du Nord au XVIIIᵉ siècle* organisé par l'université de Lille III à Lille les 13 et 14 mars 2003 (publication en cours). E. Duverger (*op. cit.*, p. 71), a observé le même phénomène à Anvers, Londres et Rome au cours de la première moitié du XVIIIᵉ siècle.

61. Rosenberg, 1984, p. 57.

62. Cette idée est suggérée par M. Roland Michel, 1984, p. 211. Elle est reprise par M. Eidelberg dans le présent catalogue, qui propose une date pour l'*Écureuse de cuivres* postérieure à 1715.

63. Lettre de Tessin datée du 13 juin 1715, citée par M. Roland Michel, 1984 p. 40 et cat. exp. Washington-Paris-Berlin, 1984-1985, p. 24.

64. Rosenberg, 1984, respectivement p. 18 et 24.

65. *Ibid.*, p. 5.

66. Eidelberg, 1975, p. 576-582 (p. 580).

67. Rosenberg, 1984, p. 118.

68. Arch. nat., M.C., I, 355, inventaire après décès de Jean-François Lériget de La Faye rédigé les 26 septembre 1731 et jours suivants. Les tableaux furent expertisés par Joseph van Bredael et Ferdinand-Joseph Godefroy, tous deux d'origine flamande.

69. Dubois de Saint-Gelais, 1727, p. 77.

70. Rosenberg, 1984, p. 50.

71. *Ibid.*, p. 93.

72. D. Diderot, *Pensées détachées sur la peinture, la sculpture, l'architecture et la poésie*, Paris, 1995, p. 381.

Watteau, la fête galante et Venise

Michel Hochmann

On a souvent souligné ce que le genre des fêtes galantes, dont Watteau fut le créateur, devait à la peinture flamande, et cette exposition en apporte à nouveau la démonstration. Mais on connaît bien, aussi, l'admiration de Watteau pour les maîtres vénitiens, dont, d'après Gersaint, « il aimait beaucoup le coloris et la composition[1] ». En effet, par ses liens avec Pierre Crozat et avec La Fosse, Watteau était en relations avec les principaux défenseurs de cette école. La collection Crozat témoignait de la passion de son propriétaire pour les Vénitiens, et Watteau en tira parti. Caylus, qui lui montra les dessins de cette collection, relève, dans un passage souvent cité de sa biographie du peintre, que celui-ci « était sensible [aux dessins] de Giacomo Bassan » et que les « belles fabriques, les beaux sites, et le feuillé plein de goût et d'esprit des arbres du Titien et du Campagnol […] le charmèrent[2] ». La fascination pour Venise ne se limitait d'ailleurs pas, à cette époque, aux grands maîtres de la Renaissance, puisque les contacts étaient alors très intenses avec les amateurs et les artistes de la Sérénissime. C'est en effet pendant la brève carrière de Watteau que se succédèrent les voyages à Paris de Sebastiano et Marco Ricci[3], de Rosalba Carriera (qui fut très liée à Pierre Crozat), d'Anton Maria Zanetti et de Giovanni Antonio Pellegrini, qui vint peindre un plafond pour la Banque royale[4]. En outre, le théâtre et la littérature avaient fait de Venise une sorte de ville de rêve, un mythe dont on trouve le reflet dans plusieurs tableaux du peintre[5]. Il faut donc tenter de dresser l'inventaire de ce que Watteau connut de l'art vénitien. Mais, au-delà des copies ou des citations qu'il put en faire, nous aimerions aussi comprendre ce qu'il retint de la leçon de Giorgione et de ses successeurs et ce que la fête galante doit à la peinture pastorale et aux paysages que ces maîtres inventèrent[6]. Watteau fut en effet en proie à un rêve d'Italie d'autant plus profond qu'il ne put jamais se rendre au-delà des Alpes[7].

On a donc souvent vu dans son art une sorte de résurgence des thèmes nostalgiques et bucoliques chers à Giorgione et à ses imitateurs. Même si les peintres et les amateurs du XVIIIᵉ siècle concevaient l'art de Giorgione d'une façon très différente de la nôtre, certains tableaux majeurs de son école étaient bien connus en France et durent naturellement nourrir les réflexions du peintre. Deux œuvres de la collection royale étaient, de ce point de vue, particulièrement célèbres pour leur climat pastoral : *Le Concert champêtre* [**fig. 60.1, p. 208**], alors attribué à Giorgione, et la *Vénus et Antiope* de Titien. *Le Concert* fut reproduit dans le *Recueil Crozat*, accompagné d'une description de Mariette[8]. Celui-ci affirmait que, parmi tous ceux qui étaient alors en France, ce tableau « était le plus propre à faire connaître » la manière de peindre de Giorgione. Il notait la licence que l'artiste avait prise par rapport aux « règles de la bienséance » en introduisant « sans trop de raison des femmes nues qui accompagnent deux jeunes hommes vêtus suivant la mode qui était en usage en Italie dans le commencement du seizième siècle ». Mais il l'excusait en grande partie, car Giorgione avait pu ainsi faire valoir « tous ses talens pour la couleur », notamment dans l'étoffe des habits des deux jeunes gens et dans la carnation des deux femmes. Le paysage suscitait aussi son admiration, et Mariette reconnaissait que celui-ci « ne le cédait point aux plus beaux » de Titien. Enfin, la justesse de l'attitude du luthiste démontrait qu'« elle avait été choisie par un homme qui connaissait parfaitement le jeu du luth, & en effet Giorgion touchait cet instrument avec beaucoup de grâce ». Watteau dut lui aussi s'émerveiller devant cette liberté d'invention qui permettait d'enfreindre les règles du décorum et de la peinture d'histoire pour produire une poésie nouvelle fondée sur la nature, la couleur et la musique. D'autre part, l'attention à la technique du luth que Mariette prêtait à l'auteur du *Concert* répondait aussi à ses préoccupations, lui qui consacra plusieurs dessins à étudier le jeu de divers instrumentistes[9].

On trouve cependant relativement peu de tableaux de ce genre dans les collections françaises du XVIIᵉ et du XVIIIᵉ siècle (du moins dans les inventaires ou les catalogues qui en ont été publiés)[10]. On aimerait penser, par exemple, que Watteau put voir d'autres exemples de ces concerts champêtres qui s'inscrivaient dans la lignée de Giorgione, ceux de Cariani ou de Dosso Dossi par exemple. On pourrait penser, par exemple, à la *Bacchanale* de Dosso Dossi qui se trouve aujourd'hui à la National Gallery de Londres, mais cette toile, qui fit probablement partie de la collection du dernier duc de Mantoue, ne passa jamais par la France, à la différence d'autres œuvres de cette collection que Watteau put connaître (elle fut en effet vendue à Venise au maréchal Johann Matthias von der Schulenburg)[11]. Les rares mentions de ce type de sujet dans les inventaires sont souvent difficiles à rapprocher de tableaux encore connus. En 1715, on signalait, chez Anne de Souvré, veuve de Louvois, un dessus-de-porte représentant des *Bergers* d'après Giorgione[12]. Jean Forest, peintre ordinaire du roi, possédait un assez bel ensemble de tableaux vénitiens, parmi lesquels un *Festin*, un *Paysage avec des figures* et une *Conversation de plusieurs figures dans un paysage* qui étaient tous dits « d'après Giorgione[13] ». C'est d'autant plus significatif que Forest avait été lié à plusieurs artistes et amateurs que Watteau allait lui-même fréquenter et sa collection est donc un témoignage important des goûts de ces personnages. Il était en effet le beau-frère de La Fosse et avait été un proche de Roger de Piles[14]. Il avait consacré la plus grande partie de sa carrière au commerce d'art et avait vendu un certain nombre de toiles au duc d'Orléans qui lui acheta notamment un *Christ au tombeau* d'Andrea Schiavone et un *Amour piqué* alors également attribué à Giorgione. La description de ce dernier tableau par Dubois de Saint-Gelais permet aussi d'envisager assez clairement les liens qu'on pouvait alors établir entre l'art de Watteau et celui des Vénitiens du début du XVIe siècle puisque, après avoir évoqué le sujet, il en vient au paysage « avec fabrique et un arbre solitaire dans le milieu » et affirme que celui-ci « pourrait être pris pour l'île de Cyther, si la fabrique ne ressembloit pas plutôt à une Église qu'à un Temple antique[15] ». Toutefois, cette œuvre, aujourd'hui à la Wallace Collection et qui est en réalité de l'école de Titien n'a, en elle-même, pas grand-chose à voir avec Watteau, si ce n'est son atmosphère élégiaque[16]. Parmi les autres tableaux attribués à Giorgione dans la collection du Régent, que Watteau dut évidemment connaître, bien peu appartenaient au genre de la pastorale : c'étaient plutôt des portraits, des scènes mythologiques et des scènes religieuses (le *Milon de Crotone* aujourd'hui attribué à Pordenone, le *Portrait dit de Gaston de Foix*, celui qu'on supposait représenter Pordenone en David…). Il faut peut-être signaler, toutefois, l'*Adoration des Bergers* de Sebastiano del Piombo, alors attribuée à Giorgione et aujourd'hui conservée au Fitzwilliam Museum de Cambridge[17] et une *Musique*, alors attribuée à Titien (mais la scène, d'après la description de Dubois de Saint-Gelais, était située à l'intérieur d'une salle et non en pleine nature)[18]. Rappelons que la plus belle pastorale vénitienne de cette collection, *Les Trois Âges de la vie* de Titien (aujourd'hui à la National Gallery d'Édimbourg), ne fut acquise par le Régent qu'un an après la mort de Watteau, en 1722[19]. M. de la Châtaigneraie, un autre grand amateur de peinture vénitienne possédait, quant à lui, plusieurs paysages et des tableaux de genre pastoral : un *Paysage avec des figures* de Campagnola, un *Sacrifice d'Abraham* et une *Tentation du Christ* dont le paysage était attribué, encore une fois, à Campagnola et les figures à Tintoret, un *Flûteur* attribué à Pordenone, un *Retour de chasse* attribué à Paris Bordone, une *Musique* attribuée au Titien[20].

Quant à Crozat, on doit rappeler que celui-ci avait acquis l'un des très rares Giorgione dont l'attribution ne fait aujourd'hui aucun doute, la célèbre *Judith* de l'Ermitage, mais que celle-ci passait alors pour un Raphaël[21]. Certes, cette œuvre n'a pas non plus grand-chose à voir avec Watteau, mais l'inventaire donnait, en outre, une quinzaine de tableaux à Giorgione ou à son école, ce qui est très exceptionnel[22]. Plusieurs montraient de très beaux paysages, comme une petite *Sainte Famille* ou une *Vierge à l'Enfant* qui était dite « dans le goût de Giorgione[23] ». Signalons aussi *Un soldat en cuirasse qui parle à une jeune fille dans un fond de paysage*[24]. De plus, Crozat possédait deux peintures attribuées à Campagnola, dont un *Paysage où il y a un berger avec des moutons*[25], et le *Jupiter et Io* de Lambert Sustris (alors attribué à Andrea Schiavone), aujourd'hui à l'Ermitage [fig. 1], un tableau de dimensions monumentales (200,3 x 270,7 cm)[26]. L'*Acis et Galatée* [fig. 2] de Watteau, une œuvre dont la datation et l'attribution sont discutées et qui n'est plus connue aujourd'hui qu'à travers une gravure de Caylus, me semble un écho direct de cette dernière composition[27] : le rapport entre l'échelle des figures et celle du paysage est très comparable, et le couple enlacé se trouve placé de façon similaire (à droite, dans le tableau de Sustris, à gauche, dans la gravure de Caylus, mais celle-ci est peut-être inversée par rapport à l'original). Le paysage est assez semblable, avec un arbre qui ferme la composition et un point de vue élevé qui s'étend très loin. Le grand rocher

[**fig. 1**] Lambert Sustris, *Jupiter et Io*, vers 1555, Saint-Pétersbourg, musée d'État de l'Ermitage

[**fig. 2**] Caylus d'après Watteau, *Acis et Galatée*, Paris, Bibliothèque nationale de France, département des estampes

[**fig. 3**] D'après Bonifazio de'Pitati, *Moïse sauvé des eaux*, Paris, Bibliothèque nationale de France, département des Estampes

sur lequel est assis Polyphème, dans le tableau de Watteau, fait aussi penser à ces montagnes qui bordent l'horizon de nombreux tableaux de Titien ou des dessins de Campagnola.

Il faudrait aussi savoir quels tableaux Watteau put connaître de façon indirecte, par l'estampe en particulier. Si, comme nous l'avons dit, notre vision de Giorgione a aujourd'hui considérablement évolué, certaines de ses œuvres étaient néanmoins bien connues au XVIIe et au XVIIIe siècle, celles, en particulier, qui se trouvaient dans la collection de l'archiduc Léopold-Guillaume et qui avaient été gravées d'après David Teniers dans le célèbre *Theatrum Pictorium* (1660). Or, ce recueil était diffusé en France (on en trouve mention, par exemple, dans l'inventaire de Brigitte Desreaux, femme d'Antoine Marion, seigneur de Champrosé, le 22 février 1702, dans celui de Claude Le Besgue de Majainville, le 30 mai 1749, et, surtout, Pierre Crozat en possédait un exemplaire[28]). Rappelons qu'on pouvait y voir des images des *Trois Philosophes* ainsi que du *Pâris recueilli par des bergers*, un tableau de la jeunesse du peintre qui a aujourd'hui disparu et qui put susciter l'admiration de Watteau, avec, en particulier, sa figure de berger assis jouant de la flûte au bord de la rivière. Dans le *Recueil Crozat*, on voit aussi l'estampe d'un *Moïse sauvé présenté à la fille de Pharaon* [**fig. 3**], alors attribué à Giorgione, mais en réalité de Bonifazio de' Pitati, qui se trouvait dans la galerie de l'archevêché de Milan (aujourd'hui à l'Ambrosiana) et qui avait été dessiné par Natoire, lors de son retour de Rome, vers 1729[29]. Certes, rien ne dit que cette toile était déjà connue de Crozat et de son entourage avant la mort de Watteau, mais elle est aussi une véritable préfiguration des fêtes galantes : elle fait l'objet d'un abondant commentaire de Mariette, qui la loue tout en déplorant à nouveau que les règles du costume y soient « violées de la façon la plus étrange », puisque le peintre y représente « un trait d'Histoire arrivée en Égypte il y a plus de trois mille ans, comme il aurait fait à l'égard d'un événement qui se serait passé sous ses yeux ». En effet, des nains, accompagnés de chiens et de singes, prennent place au premier plan, avec un couple d'amoureux, alors que des hommes et des femmes, dispersés dans la campagne, conversent, boivent du vin ou jouent de la musique.

Mais ce sont surtout les paysages dessinés de Titien et de Campagnola que copia Watteau [**voir cat. 57 et 58**][30]. Certes, Pierre Rosenberg et Louis-Antoine Prat ne considèrent plus aujourd'hui comme autographes qu'une petite vingtaine de ces copies, mais elles furent beaucoup plus nombreuses. L'inventaire du chanoine Haranger, qui hérita des dessins de Watteau, en signale en effet plus de quatre-vingts d'après les paysages de ces maîtres[31]. L'œuvre de Titien et de Campagnola rencontrait un immense succès depuis le XVIIe siècle, et Watteau n'est qu'un cas particulier de ce phénomène[32]. Pour s'en tenir à la France, Jabach fit graver par Michel et Jean-Baptiste Corneille, Jean Pesne, Jacques Rousseau et Claude Massé deux cent quatre-vingt-trois estampes d'après sa collection et, parmi elles, un grand nombre de paysages par Titien, Domenico Campagnola, mais aussi par Annibal Carrache et ses élèves, qui poursuivaient dans ce domaine la tradition vénitienne[33]. Mariette possédait une suite de trente-quatre de ces estampes, et Crozat lui-même en avait peut-être acquis un certain nombre[34]. Une bonne partie des dessins de Jabach entrèrent ensuite dans le Cabinet du roi, et Watteau dut certainement les connaître. En effet, ils éveillèrent aussi l'intérêt de l'un des proches du peintre, le comte de Caylus, qui en grava lui-même plusieurs[35]. On connaît aussi une copie de l'un d'entre eux, un *Paysage montueux avec un pont à droite*, par Boucher, qui fut longtemps attribuée à Watteau et qui fut également gravée par Caylus[36]. Cependant, nous l'avons vu, la collection de Pierre Crozat fut la principale source d'inspiration de Watteau dans ce domaine (d'ailleurs, une partie des paysages qu'on y trouvait provenaient peut-être de chez Jabach)[37]. L'inventaire Crozat signale, par exemple, un portefeuille contenant cent dix-huit paysages de Campagnola, et d'autres se trouvaient dans les portefeuilles de Titien, de Giorgione et de divers maîtres vénitiens qui abondaient dans la collection[38]. Crozat possédait, en particulier, quelques chefs-d'œuvre de Titien dans ce genre, qui avaient ensuite été gravés, comme l'*Angélique et le dragon* qui fut gravée par Cornelis Cort ou le *Flûteur*[39].

Mariette évoque les discussions entre amateurs et artistes dont ces dessins faisaient l'objet, auxquelles il affirmait devoir « le peu de connaissances qu'il avait acquises ». En tout cas, c'est autour de ces collections que se développa une nouvelle *connoisseurship*, qui amena notamment à distinguer le style de Titien de celui de Giorgione et de Domenico Campagnola : selon Mariette, en effet, Titien devait être considéré comme le « plus grand dessinateur de paysages qui ait encore paru[40] », grâce à sa plume aussi « moëlleuse » qu'« expressive », à « sa belle façon de *feuiller* les arbres sans aucune manière », à sa façon d'exprimer « avec vérité les différentes natures de terrasses & de montagne, & des fabriques singulières ». Quant à Campagnola, « il n'est […] rien ordinaire que de voir d'excellens connoisseurs prendre le change sur les desseins de ce maître, en les attribuant au Titien, et c'est assurément le plus grand éloge qu'on puisse en faire ». En effet, il avait « ainsi que ce grand peintre, un maniment de plume tout à fait expressif ; son feuiller est léger et de bon goût ; ses lointains sont merveilleux pour leur richesse[41] ». Comme Titien, il prenait ses modèles « dans les montagnes du Frioul ». Toutefois, Mariette, malgré ces similitudes, avait appris à reconnaître les manières de ces deux peintres, car la touche de Campagnola n'avait pas « toute l'intelligence du Titien » ; elle « était plus égale » et les « devants de ses paysages » étaient « ordinairement plus pauvres ».

On sait que Watteau se servit de plusieurs de ces dessins dans ses peintures, notamment dans *La Leçon d'amour* [**fig. 55.1, p. 195**] ou dans *Les Amusements champêtres* [**fig. 57.1, p. 200**][42]. Le paysage de ce dernier tableau, en particulier, dérive d'un dessin de Campagnola (un *Couple de bergers dans un paysage*, aujourd'hui au Louvre), dont on conserve aussi la copie par Watteau [**cat. 57**][43]. Mais, en dehors de ces cas, où il s'agit vraiment d'une citation explicite, on a un peu de mal à mesurer l'écho de ces modèles dans les tableaux de Watteau, et, surtout, à évaluer exactement quelle évolution ils provoquèrent chez le peintre. Il n'était pas le premier, en effet, à s'en inspirer, nous l'avons déjà dit, et il put donc être influencé par eux de façon indirecte, par l'intermédiaire de Rubens et des peintres français du XVIIe siècle qui les avaient admirés avant lui. C'est ainsi qu'on peut trouver des échos de Titien dans des tableaux qui sont certainement bien antérieurs à sa rencontre avec Crozat, comme *L'Isle de Cithere* (Francfort, Städelsches Kunstinstitut [**fig. 6, p. 75**])[44]. Les montagnes escarpées et bleuissantes qui bordent une baie font penser à ces « montagnes du Frioul » qu'évoque Mariette dans le passage que nous venons de citer. Les rares paysages « purs » de Watteau, comme le *Paysage à la rivière* de l'Ermitage ou le *Paysage à la chèvre* du Louvre reprennent aussi certains motifs de la tradition vénitienne (les fabriques pittoresques, la cascade et les escarpements rocheux dans le tableau du Louvre, le berger jouant de la flûte, les moutons dans celui de l'Ermitage)[45]. On peut aussi noter, dans certaines œuvres postérieures à 1715, un horizon plus large, des trouées ouvrant vers des lointains, dont l'inspiration doit aussi venir des modèles de Campagnola ou de Titien : à propos des *Bergers* de la Gemäldegalerie de Berlin, Pierre Rosenberg a noté, par exemple, que « le paysage a plus de profondeur » et que « Watteau ne peint plus la campagne, mais la nature[46] ». *L'Embarquement pour Cythère*, avec sa vue panoramique sur un golfe immense que surmontent, à nouveau, des montagnes couvertes de neige et de glace, est aussi l'émanation directe de ces modèles. L'accord des couleurs est voisin de celui que l'on trouve chez les Vénitiens et démontre que Watteau n'avait pas étudié seulement des dessins mais aussi des peintures (originaux ou copies) : on peut penser ici, en particulier, au *Bacchus et Ariane* de Titien (Londres, National Gallery [**fig. 16.1, p. 112**]), qui se trouvait alors à Rome, mais dont on trouvait des copies à Paris, comme nous le verrons.

Mais, dans les œuvres de Titien ou de Campagnola, Watteau n'a pas regardé seulement les paysages. Les figures de bergers couchés au milieu de la nature, veillant sur leur troupeau ou jouant de la musique, images d'une vie rustique idéalisée, répondaient à ce renouveau de la tradition pastorale que l'on note à la fin du règne de Louis XIV et pendant la Régence[47]. Dans le dessin de Besançon que Watteau a utilisé pour *Les Amusements champêtres*, un couple de bergers amoureux est assis à l'ombre d'un bosquet : le jeune homme joue de la flûte alors que sa compagne appuie son coude sur une lyre. Dans une autre copie de Watteau (San Francisco, The Fine Arts Museum) d'après un original perdu de Campagnola, on voit, de même, deux jeunes garçons au pied d'une colline dont l'un joue du violon. Ce thème de la pastorale, de la musique dans la nature est aussi, évidemment, l'un des grands

[**fig. 4**] Domenico Campagnola, *Musiciens et joueurs de cartes sous une tonnelle,* Paris, musée du Louvre

ressorts de la poésie des fêtes galantes. D'autres dessins illustrant les travaux et les plaisirs de la vie à la campagne [**fig. 4**], qui se trouvent encore aujourd'hui au Louvre, furent aussi gravés, avec quelques modifications, dans le recueil Jabach : l'un d'eux (inv. 4746) représente, par exemple, un pressoir sous un hangar, avec la construction de clayonnages dans un ruisseau ; un autre (inv. 4752), gravé par Michel Corneille, montre des musiciens et des joueurs de cartes sous une tonnelle[48]. Watteau fut également sensible à ces thèmes puisqu'il copia au moins une œuvre de ce type (une *Réunion de personnages avec des chariots dans un paysage* [**fig. 5**], où l'on voit notamment une sorte de kermesse paysanne avec des musiciens et des danseurs sur une estrade)[49]. De plus, le caractère énigmatique de ce qu'on appelle le giorgionisme peut aussi évoquer certains aspects de son travail. Les œuvres issues de cette tradition ne sont pas, à proprement parler, sans sujet. Au contraire, on sait à quels flots de commentaires *La Tempête* ou *Les Trois Philosophes* ont donné lieu et on n'a pas cessé de s'interroger sur ce que ces tableaux pouvaient signifier. Ce n'est pas qu'ils ne racontent rien ; au contraire, nous avons l'impression que ces figures ont quelque chose à nous dire, mais le message qu'elles

[**fig. 5**] Jean Antoine Watteau, d'après Campagnola, *Réunion de personnages avec des chariots dans un paysage,* 1714-1715, Amsterdam, Rijksprentenkabinett

[fig. 6] Jean Antoine Watteau, *Étude pour l'automne des Saisons Crozat*, ou *La Buveuse*, 1715-1716, Paris, musée Cognacq-Jay

semblent nous adresser, nous ne parvenons jamais à le préciser, à le rattacher à une source littéraire, à un récit. Ce mystère, qui ouvre la voie à de multiples interprétations, est, dans une large mesure, à l'origine de la poésie giorgionesque, et se retrouve, me semble-t-il, chez Watteau. N'est-ce pas d'ailleurs, au-delà du rappel à l'ordre académique, ce que Caylus avait vu dans ce passage célèbre et souvent cité de sa biographie du peintre, dans lequel il reproche à ses compositions de n'exprimer « aucune passion » et d'être, par conséquent, « dépourvues d'une des plus piquantes parties de la peinture », c'est-à-dire l'action[50]. Caylus ne différencie pas seulement, ainsi, les fêtes galantes de la peinture d'histoire, mais aussi de la peinture de genre, puisque, parmi les rares tableaux de son ami qui lui semblent échapper à ce reproche, il mentionne l'« Accordée ou la Noce de village ». La plupart des fêtes galantes refusent en effet à la fois le genre noble (l'histoire ou l'allégorie) mais aussi l'anecdote, et ce n'est pas seulement, évidemment, parce que le peintre se contentait, comme l'affirme Caylus, de grouper un peu au hasard des figures qu'il tirait de ses carnets de dessin[51]. Il y a bien, chez lui comme dans les tableaux giorgionesques, une sorte de suspension du sens et du temps, et il sut donc tirer de la tradition issue de Giorgione, bien davantage que des motifs pour ses paysages, une nouvelle poétique.

Un autre modèle dut aussi profondément marquer Watteau : il s'agit des *Bacchanales* que Titien avait peintes pour Alphonse d'Este et qui étaient depuis longtemps connues en France. On sait combien leur influence sur Poussin fut profonde et Giuliano Briganti a comparé, à juste titre, l'effet produit par ces œuvres sur les artistes romains, dans les années 1620, à la découverte du *Laocoon* au début du XVIe siècle. Rubens les avait aussi copiées (Stockholm, musée national) et s'était inspiré des *Andriens* pour peindre son *Jardin d'amour*, l'une des sources principales des fêtes galantes [voir cat. 16, 17 et 18][52]. En plus des estampes que Podestà avait tirées de ces tableaux, Watteau put certainement en connaître des copies peintes. On en trouve en effet plusieurs mentions en France dès le XVIIe siècle : Léon Bouthillier, comte de Chavigny (mort en 1652) s'était ainsi procuré des copies des *Andriens* et de *L'Offrande à Vénus* exécutées l'année même de la disparition du cardinal Ludovico Ludovisi (1595-1632), qui possédait alors les originaux[53]. Charles de La Fosse, qui avait été l'un des protecteurs de Watteau et l'avait introduit chez Crozat, avait aussi une copie de la troisième des *Bacchanales*, la *Rencontre de Bacchus et Ariane* (aujourd'hui à la National Gallery)[54]. On a reconnu depuis longtemps une citation directe des *Andriens* dans la femme couchée de l'*Automne* des *Saisons* Crozat [fig. 6], pour laquelle il existe une étude préparatoire[55]. Certains motifs récurrents de Watteau, comme celui du couple qui danse en se tenant par la main que l'on voit dans *Le Plaisir pastoral* [fig. 7] et les *Bergers* (Berlin, Charlottenburg), semblent aussi provenir du chef-d'œuvre de Titien[56]. La jeune femme du tableau de Berlin porte d'ailleurs une écharpe et une chemise bleues et son compagnon un pourpoint rouge, dont les couleurs, mais aussi la matière et le plissé évoquent directement ceux des danseurs des *Andriens*. De même, il me semble que le personnage allongé sur la droite qui contemple ces danseurs pourrait être un écho du jeune homme nu de Titien, dont la pose, bien que plus complexe, est assez similaire. Le mouvement général du groupe de figures, qui forme une légère diagonale s'enfonçant dans l'espace du tableau évoque aussi les *Andriens*. Dans *L'Embarquement pour Cythère* de Berlin [fig. 13.2, p. 106] ou dans *Les Plaisirs d'amour* de Dresde [fig. 12.1, p. 104], la statue de Vénus, dont le marbre a presque la mollesse et la sensualité de la chair, dérive, à mon avis, de celle que l'on voit à gauche de *L'Offrande à Vénus* de Titien [fig. 12.2, p. 104]. Mais Watteau fut probablement surtout ébloui par l'inspiration géniale de ces *Bacchanales* : en effet, l'évocation d'un âge d'or où les figures communient dans l'ivresse d'une nature arcadienne, dansent, jouent de la musique ou se couchent dans l'herbe d'un sous-bois, rejoignaient les thèmes qui lui étaient chers. Comme lui, Titien place ses figures dans un temps indéfini : les costumes de ses bergers grecs n'ont en effet rien d'antique.

Cette question du costume était centrale pour les théoriciens de l'art français (nous l'avons déjà vu à propos de Giorgione) et elle explique sans doute aussi la fascination de Watteau pour les libertés que les Vénitiens avaient su prendre par rapport aux règles

[**fig. 7**] Jean Antoine Watteau, *Le Plaisir pastoral*, 1716 ?, Chantilly, musée Condé

[**fig. 8**] Véronèse, *Moïse sauvé des eaux*, vers 1580, Dijon, musée des Beaux-Arts

[**fig. 9**] Jean Antoine Watteau, *Moïse sauvé des eaux*, 1715-1716, Paris, École nationale supérieure des beaux-arts

académiques dans ce domaine. C'est ce qui peut expliquer, aussi, son goût pour Véronèse, dont il copia les œuvres à plusieurs reprises. On reprochait en effet constamment à ce peintre d'habiller les personnages de ses fables ou de ses histoires sacrées comme des patriciens du XVIe siècle. Même ses plus grands admirateurs ne pouvaient d'ailleurs s'empêcher de condamner ce manquement majeur aux convenances[57]. Mais c'est précisément l'inventivité et le luxe déployé par Véronèse dans ce domaine qui séduisit tout particulièrement Watteau, parce qu'il lui offrait, à lui aussi, le moyen de transgresser les limites imposées par la hiérarchie des genres. Il copia ainsi plusieurs personnages des *Noces de Cana*[58], ainsi que les deux versions du *Moïse sauvé des eaux* (celle du Cabinet du roi et celle de la collection Crozat [**fig. 8**]) qui avaient déjà fasciné La Fosse[59]. Dans un dessin de l'École nationale supérieure des beaux-arts [**fig. 9**], les figures de fantaisie et les personnages pittoresques inventés par Paolo (la fille de Pharaon avec sa robe luxueuse, les nains et les bouffons qui l'accompagnent) s'intègrent à un vaste paysage, un peu à la manière flamande, et, comme l'écrivent Pierre Rosenberg et Louis-Antoine Prat, « la fête galante vient envahir l'image biblique[60] ». Mais ce détournement, qui donne un caractère profane aux scènes tirées de l'histoire sainte, était déjà présent chez Véronèse, et on en avait bien conscience dès le XVIe siècle, comme en témoigne le célèbre procès intenté contre lui par l'Inquisition vénitienne. Watteau cita aussi le petit page du *Christ et le centurion* aujourd'hui au Nelson Atkins Museum of Art, qu'il avait dessiné[61]. On le retrouve en effet dans *Les Plaisirs du bal* [**fig. 10**]. Même s'il renvoie aussi à des modèles flamands, ce tableau est, dans son ensemble, un hommage à Véronèse et aux *Noces de Cana* en particulier par l'architecture monumentale qui sert de cadre à la scène, par le très grand nombre de figures, par le groupe des musiciens, par le détail du personnage appuyé à la balustrade, à l'arrière-plan. Les fêtes de Véronèse, qui sont le reflet d'une réalité embellie par le rêve, sont donc également l'une des sources importantes de Watteau.

[**fig. 10**] Jean Antoine Watteau, *Les Plaisirs du bal*, 1717 ?, Londres, Dulwich College Picture Gallery

Encore une fois, l'intérêt de Watteau pour les Vénitiens s'inscrivait dans le prolongement d'un mouvement qui était apparu bien avant sa naissance et qui avait triomphé avant le début de sa carrière. Il reflétait aussi les goûts de ses principaux protecteurs, ceux de Crozat en particulier. Mais les leçons qu'il sut tirer de ses modèles furent profondément originales. En effet, Watteau n'admira pas seulement, comme La Fosse, leur coloris ou leurs compositions, mais je crois qu'il y trouva certains éléments essentiels de sa poétique. Les fêtes galantes échappent en effet aux limites imposées par les genres ; au lieu de condamner, comme les académiciens et les amateurs de son temps, les manquements de Giorgione et de Véronèse aux lois du costume, Watteau sut en tirer parti pour créer des œuvres qui ne sont pas réductibles aux classifications traditionnelles. Ses personnages sont en effet situés dans un temps et un univers mal définis, une sorte d'Arcadie qui n'appartient vraiment ni à l'Antiquité ni à son temps. Ce pays rêvé, c'est bien la vision des peintures de Giorgione et de Titien qui lui a appris à le connaître et qui lui a permis de s'imaginer une sorte de Venise mythique dont ses peintures sont parfois le reflet.

Je remercie Christophe Brouard, Cordelia Hattori et Laura De Fuccia de l'aide qu'ils m'ont apportée pour la préparation de cet essai.

NOTES

1. Gersaint, 1744, dans Rosenberg, 1984, p. 35.

2. Caylus, 1748, dans Rosenberg, 1984, p. 74-75.

3. Sur le séjour de Sebastiano Ricci à Paris, qui put avoir lieu soit avant la première moitié de l'année 1714 soit après mars 1715, voir, récemment, M. Eidelberg et E. W. Rowlands, « The Dispersal of the Last Duke of Mantua's Paintings », *Gazette des beaux-arts*, VIe période, tome CXXIII, avril 1994, p. 234.

4. Sur les rapports entre les artistes vénitiens et les Français aux alentours de 1720, voir notamment, B. Sani, *Rosalba Carriera, lettere, diari, frammenti*, Florence, 1985 et P. Rosenberg, « Parigi-Venezia o, piuttosto, Venezia-Parizi : 1715-1723 », Atti dell' Istituto veneto di Scienze, Lettere ed Arti, t. CLXI (2002-2003), p. 1-30.

5. Voir, notamment, à ce propos, G. Macchia, « Le mythe théâtral de Watteau », dans Moureau et Grasselli, 1987, p. 193-195.

6. Cette question a déjà été abordée par R. C. Cafritz, « Rococo Restoration of the Venetian Landscape and Watteau's Creation of the Fête Galante », dans R. Cafritz, L. Gowing, D. Rosand, *Places of Delight. The Pastoral Landscape*, Washington, 1988, p. 149-181.

7. Eidelberg, 1995, p. 111-138.

8. *Recueil d'estampes d'après les plus beaux tableaux et d'après les plus beaux dessins qui sont en France dans le cabinet du Roy, dans celui de Monseigneur le Duc d'Orléans et dans d'autres cabinets, divisé suivant les différentes écoles…*, Paris, 2 vol., 1729-1742, t. II, p. 56.

9. F. Gétreau, « Watteau et la musique : réalité et interprétations », dans Moureau et Grasselli, 1987, p. 235-246.

10. Voir, notamment, à ce propos, l'article de D. Wildenstein et J. Adhémar, « Les tableaux italiens dans les catalogues de ventes parisiennes du XVIIIe siècle », *Gazette des beaux-arts*, 6e période, t. 100, juillet-août 1982, p. 1-48. En dehors des œuvres sur lesquelles nous allons revenir, signalons, parmi les toiles vénitiennes de sujet pastoral, une *Colombe apportant une branche d'olivier à un berger*, de Giorgione, à la vente Chevalier (1785), p. 28, une *Pastorale* d'après Giorgione à la vente La Haye (1778), p. 29, une *Pastorale* d'après Palma (vente Coypel, 1755), p. 37.

11. Eidelberg et Rowlands, « The Dispersal… », art. cit., p. 250 et fig. 42. A. Ballarin, *Dosso Dossi. La pittura a Ferrara negli anni del ducato di Alfonso I*, Cittadella, Padoue, 1995, cat. 343, p. 300-302.

12. Rambaud, 1964-1971, t. I, p. 548, 6 décembre 1715.

13. G. Wildenstein, « Le peintre Jean Forest, révélé par son inventaire après décès », *Gazette des beaux-arts*, LI, 1958, p. 243-254 ; Rambaud, t. II, p. 813-817 (1712, 21 mars).

14. Sur les liens de Forest et de La Fosse, voir C. Gustin, *Charles de La Fosse (1636-1716)*, thèse de doctorat, université de Paris IV, 2003, t. I, p. 120-122.

15. Dubois de Saint-Gelais, *Description des tableaux du Palais-Royal*, Paris, 1728, p. 27 (à propos du tableau de Schiavone) et p. 167 pour l'*Amour piqué*.

16. Sur ce tableau, voir S. Béguin et F. Valcanover, *Tout l'œuvre peint de Titien*, Paris, 1970, cat. 62, p. 97.

17. Dubois de Saint-Gelais, *op. cit.*, p. 370. C. Stryienski, *La Galerie du régent Philippe, duc d'Orléans*, Paris, 1913, p. 149.

18. Dubois de Saint-Gelais, p. 462 : « La scène est une sale qui a à gauche un rideau vers relevé en pavillon : ce qui fait le fond du tableau qui représente un concert exécuté par des hommes & des femmes […]. » Ce tableau a été vendu à Parks en 1802 (Stryienski, *op. cit.*, p. 149).

19. Béguin et Valcanover, *Tout l'œuvre peint de Titien, op. cit.*, cat. 39, p. 95. Toutefois, Jabach possédait aussi une copie de ce tableau, qui est décrite au n° 43 de l'inventaire après décès du 17 juillet 1696 (*Philis et Amararilis jouant de la flûte, avec Liois amours endormis auprès d'un arbre, après Titien*). Cf. Vicomte de Grauchy, « Everhard Jabach, collectionneur parisien », *Mémoires de la Société de l'Histoire de Paris et de l'Ile de France*, t. XXI (1894).

20. *Catalogue des tableaux des plus grands maîtres d'Italie, Flandre et Hollande du cabinet de feu Monsieur de la Chataigneraye, Argentier de la Chambre du Roy & des Enfans de France. A Paris, en l'Abbaye royale de Saint Victor, lieu de sa demeure*, Paris, 1732. Je ne sais pas toutefois si la *Musique* dont parle cet inventaire est un tableau de plein air.

21. M. Stuffmann, « Les tableaux de la collection de Pierre Crozat », *Gazette des beaux-arts*, VIe période, t. 172, juillet-septembre 1968, n° 47, p. 62. Ce tableau avait aussi été rapporté en France par le peintre Forest dont nous avons parlé.

22. *Ibid.*, n°s 93 à 107, p. 69-70.

23. *Ibid.*, n°s 93 et 106. M. Stuffmann identifie à tort la *Vierge à l'Enfant* avec un tableau de l'Ermitage qui est parfois donné à Giorgione.

24. *Ibid.*, n° 103, p. 70.

25. *Ibid.*, n° 79, p. 66.

26. Eidelberg, 1995, p. 114.

27. Rosenberg et Camesasca, 1982, cat. 17, p. 90. Si l'on admet que Watteau s'inspira en effet de Lambert Sustris, il devient naturellement impossible de dater cette œuvre de 1707 comme le propose E. Camesasca, puisque Watteau ne rencontra Crozat qu'en 1712 au plus tôt ; voir plus loin, note 37.

28. Rambaud, t. I, p. 500 et t. II, p. 944. Voir l'inventaire Crozat publié par C. Hattori dans sa thèse de doctorat, *Pierre Crozat (1665-1740), un financier collectionneur et mécène*, université de Paris IV, 1998, fol. 95-95'. Je remercie Cordélia Hattori d'avoir vérifié cette mention pour moi.

29. Sur ce tableau et sa provenance, voir, récemment, B. Jestaz, « Les collections de peinture à Venise au XVIe siècle », dans *Geografia del collezionismo. Italia e Francia tra il XVI e il XVIII secolo*, actes du colloque sous la direction d'O. Bonfait, M. Hochmann, L. Spezzaferro, B. Toscano, Rome, 2001, p. 194.

30. Posner, 1984, p. 107-108.

31. J. Baticle, « Le chanoine Haranger, ami de Watteau », *Revue de l'art*, n° 69, 1985, n° 77, p. 67 : « Cinquante paysages, dont la plus grande partye par Watteau d'après Le Titien et Le Campagnolle » ; n° 91 : « Trente-un paysages d'après Le Titien et Le Campagnol par Watteau » ; R.-Prat, 1996, t. I, p. XV-XVI.

32. R. Cafritz, L. Gowing et D. Rosand, *op. cit.*

33. C. Raimbault, « Evrard Jabach, quelques précisions sur la constitution de ses collections », *Bulletin de l'Association des historiens de l'art italien*, n° 8, 2001-2002, p. 41-43. Ces estampes furent apparemment peu diffusées et on n'en connaît aujourd'hui que deux recueils, aujourd'hui conservés à la bibliothèque de l'I.N.H.A. et au cabinet des estampes de la B.N.F.

34. Mariette, 1851-1860, t. 5, p. 338. Quant à Crozat, l'inventaire de ses estampes signale un certain nombre de pièces qui pourraient correspondre à celles du recueil Jabach : « Item un portefeuille numéroté trente huit contenant un receuil de paysages gravés d'après le Titien prisé trente livres » ou « Item un portefeuille numéroté vingt un contenant un receuil de paysages de différents maîtres prisé trente livres », Hattori, 1998, p. 509-510.

35. Voir à ce propos M. Roux, *Inventaire du fonds français. Graveurs du XVIIIe siècle*, t. IV, Paris, 1940, n. 491, p. 142.

36. R.-P., 1996, R. 98, p. 1174.

37. P.-J. Mariette, *Description sommaire des desseins des grands maîtres d'Italie, des Pays-Bas et de France du cabinet de feu M. Crozat*, Paris, 1741, p. VI : « Monsieur Jabach dont le nom subsistera pendant longtemps et avec honneur dans la curiosité, en vendant au Roi ses tableaux et ses desseins, s'étoit réservé une partie de ses desseins, & ce n'étoient pas certainement les moins beaux, M. Crozat les acquit de ses héritiers ». Dans son *Abecedario*, Mariette semble bien indiquer que, parmi les dessins gravés dans le *Recueil Jabach*, un certain nombre de paysages d'Annibal Carrache et de son école avaient été acquis par Crozat (*Abecedario*, t. I, p. 323). Sur la collection de dessins de Crozat, voir, C. Hattori, « À la recherche des dessins de Pierre Crozat », *Bulletin de la société de l'histoire de l'art français*, 1997, p. 179-208. Il serait naturellement important d'établir à quel moment ces différentes feuilles furent acquises pour savoir à partir de quand Watteau put les connaître et s'en inspirer. Malheureusement, en l'état actuel de nos connaissances, cela semble difficile. On sait, en particulier, que la collection d'E. Jabach fut dispersée par ses héritiers en deux temps, en 1695-96, d'abord, puis en 1717 ; voir C. Hattori, 1997, p. 181. D'autre part, Cordélia Hattori pense, à juste titre selon moi, que Watteau dut connaître Crozat dès 1712 et qu'il commença à étudier ses dessins dès cette époque ; voir C. Hattori, « De Charles de La Fosse à Antoine Watteau : les *Saisons Crozat* », *Revue du Louvre. La revue des Musées de France*, 2001, n° 2, p. 56-57. Sur les dessins de la deuxième collection Jabach et leur histoire après la mort de Jabach, voir B. Py, *Everhard Jabach collectionneur (1618-1695). Les dessins de l'inventaire de 1695*, Paris, 2001.

38. Hattori, 1997, p. 194.

39. L'*Angélique et le dragon* est aujourd'hui au musée Bonnat à Bayonne (inv. 652). Pour le *Flûteur*, le dessin original est à l'Albertina (inv. 1477), mais il en existe plusieurs copies, dont une au Louvre (inv. 5570) qui était dans la collection de Jabach ; voir H. Wethey, *Titian and His Drawings*, Princeton, 1987, cat. 46, p. 161-162.

40. Mariette, 1741, p. 72.

41. *Ibid.*, p. 294-295.

42. M. Eidelberg, « Watteau's Italian Reveries », art. cit., p. 124.

43. R.-P., 1996, t. II, cat. 430, p. 716.

44. Cat. exp. Paris-Washington-Berlin, 1984-1985, cat. 9, p. 261-264. Pierre Rosenberg date ce tableau vers 1709-1710.

45. Sur le tableau de l'Ermitage, voir *ibid.*, cat. 33, p. 322. Sur celui du Louvre, *ibid.*, cat. 41, p. 344-345.

46. *Ibid.*, cat. 53, p. 376.

47. Posner, *op. cit.*, p. 178-179. F. Moureau, « Watteau libertin ? », dans Moureau, 1987 p. 21.

48. B. Hercenberg a aussi publié d'autres dessins de ce genre, copies ou originaux à la manière de Campagnola, qu'il attribue à l'atelier de Nicolas Vleughels, un ami de Watteau : voir, en particulier, B. Hercenberg, *Nicolas Vleughels, peintre et directeur de l'Académie de France à Rome*, Paris, 1975, n° 405, p. 175 (un *Concert champêtre* d'après Annibal Carrache, Louvre, inv. 34 983), n° 406 (un *Repas champêtre*, Louvre, inv. 34 982), n° 407 (une *Scène champêtre*, Louvre, inv. 34 997).

49. Amsterdam, Rijksmuseum, Rijksprentenkabinett (inv. 1948 : 141) ; R.-P., cat. 252, t. l. I, p. 402.

50. Rosenberg, 1984, p. 80.

51. Sur la question de l'insertion des fêtes galantes dans la classification des genres, voir C. Michel, « Les Fêtes galantes : peintures de genre ou peintures d'histoire ? », dans Moureau et Grasselli, 1987, p. 111-112.

52. E. Goodman, *The Garden of Love as Conversatie à la mode*, Amsterdam-Philadelphie, 1992. E. Goodman a affirmé que l'influence vénitienne était beaucoup moins forte, dans le *Jardin d'amour*, que celle des tableaux de genre flamands. C'est un peu le même débat que l'on pourrait avoir en ce qui concerne le genre de la Fête galante chez Watteau, mais, chez l'un comme chez l'autre, il me semble un peu vain de vouloir distinguer la tradition flamande de l'influence vénitienne.

53. P. Michel, *Mazarin, prince des collectionneurs*, Paris, 1999, p. 115.

54. Gustin, *op. cit.*, t. IV, p. 696 (inventaire de Charles de La Fosse, 23 décembre 1716) : « Item un grand tableau peint sur toille dans sa bordure de bois doré représentant une *Bacanal de Bacus* d'après le Titien (…) ».

55. Posner, 1984, p. 80-98. Pour le dessin, voir R.-P., *op. cit.*, n° 372, p. 612 (Paris, musée Cognacq-Jay, inv. J. 186). Sur les *Saisons* Crozat et leur date, voir C. Hattori, 2001, p. 56-65. Michael Levey a également remarqué que la figure de Zéphyr, dans le *Printemps*, se rapproche du satyre qui verse du vin dans les *Andriens* ; voir Hattori, 2001, p. 62.

56. On retrouve aussi ce couple dans le *Vielleur*, un tableau d'une collection privée de Genève, qui a parfois été attribué à Watteau ; voir cat. exp. Washington-Paris, Berlin 1984-1985, p. 378 et fig. 3, p. 375.

57. Voir, en particulier, P. Rosenberg, « Véronèse et les voyageurs français du XVIIIe siècle », dans M. Gemin éd., *Nuovi studi su Paolo Veronese*, Venise, 1990, p. 123.

58. R.-P., cat. 250, t. I, p. 400 ; cat. 418, t. II, p. 692. Sur les rapports entre Watteau et Véronèse, et, plus généralement, sur la fortune de Véronèse en France, voir aussi S. Béguin et R. Marini, *Tout l'œuvre peint de Véronèse*, Paris, 1970, p. 5-6.

59. R.-P., t. I, cat. 359, p. 578 ; t. II, cat. 379, p. 626. La version du Cabinet du roi est aujourd'hui conservée au musée des Beaux-Arts de Dijon, et celle qui se trouvait dans la collection Crozat est souvent identifiée avec un tableau aujourd'hui à la National Gallery de Washington.

60. R.-P., t. II, cat. 379, p. 626.

61. Eidelberg et Rowlands, art. cité, p. 224 ; R.-P., t. II, cat. 420, p. 696.

[**fig. 1**] Philippe d'Orléans (gravé par Benoît Audran), *Les Amours pastorales de Daphnis et Chloé,* 1714, Paris, Bibliothèque nationale de France, département des Estampes

La fête galante ou les retraites libertines

François Moureau

L'expression apparaît, telle une singulière météorite, dans la qualification de l'art de Watteau par l'Académie royale de peinture, où ce dernier est reçu comme « académicien » en août 1717 pour une « fête galante », catégorie nouvelle et largement hétérodoxe dans cette institution. Entre la peinture d'histoire – le grand genre – et la nature morte – genre mineur –, le portrait, le « genre » et les paysages animés avaient des places bien définies. Où situer la « fête galante » à l'intérieur d'un système qui ne la prévoyait pas de toute évidence ? À l'instar de la peinture d'histoire, elle présente une action, mais, à la différence de celle-ci, elle ne compose pas une scène reconnaissable – tirée de l'histoire religieuse ou profane. Comme la scène de genre, elle offre un tableau des activités humaines, mais limitée à l'*otium*, au divertissement mondain, sans référence aucune à une société particulière ou à une fonction sociale claire. Comme le portrait, elle peint l'humanité individuelle, mais, à la différence de celui-ci, elle ne cherche pas à donner l'illusion d'une personne réelle. Comme dans la nature morte, la « vie silencieuse » n'est pas absente de la fête galante où des objets divers, des instruments de musique, voire des allégories sculptées autorisent le double regard, sur le simple réel et sur ce qu'il cache au profane.

Ce qu'en disent les dictionnaires anciens

Le terme de « galant » est lui-même équivoque. « Femme galante » n'est pas, on s'en doute, le féminin de « galant homme » ; dans son *Dictionnaire universel*[1], Furetière en donne cette définition : « un homme qui a l'air de la Cour, les manières agréables, qui tâche à plaire, et particulièrement au beau sexe ». Elle n'est pas sans lien avec la définition de la « fête » que propose le même dictionnaire (s. v. : FESTE) : « en matière profane, est une réjouissance que le peuple fait aux entrées, aux naissances des rois, etc. On le dit en particulier des assemblées qui se font pour se divertir en occasion de noces, de baptêmes, de bals. » L'un des deux exemples fournis est : « Les *fêtes* de Versailles ont été fort galantes et magnifiques ». En cette fin du XVIIe siècle, et dans un dictionnaire de langue qui, plus que celui de l'Académie (1694), esquisse une sociologie fine du vocabulaire réellement employé, le terme de « fête galante » est dérivé directement, comme on le voit, des fêtes de cour, elles-mêmes filles des « entrées royales[2] » et des cérémonies officielles. On pense évidemment aux ballets de cour dans lesquels, à la suite de son père, s'était illustré le jeune Louis XIV lui-même[3], à Jean-Baptiste Lully qui en avait été le maître d'œuvre musical[4] et aux *Plaisirs de l'île enchantée* (1664), somptueuse semaine versaillaise et « fêtes galantes[5] » dont Molière avait été l'un des ordonnateurs. Mais en ce début des années 1690, le roi ne dansait plus et il apparaissait de plus en plus rarement aux spectacles de la Cour. De la Cour, la fête passait à la Ville, selon une distinction classique de l'époque entre Versailles et Paris, que l'on trouve développée avec finesse dans les *Caractères* (1689) de La Bruyère. Les « assemblées » ou « cercles » bourgeois et aristocratiques se substituaient aux « fêtes » de cour. La notion de « fête » rattachée au premier sens par Furetière à une « solennité ou réjouissance » religieuse devenait strictement laïque, privée et libre de toute connotation d'obligation sociale. La « fête » existait par elle-même, sans autre justification que la fantaisie, le plaisir et l'occasion : « On fit une grande *fête* ce jour-là chez M. Un-Tel, j'étais prié de cette *fête*. » Cet autre exemple donné par Furetière témoigne de la rupture sémantique qui s'élaborait sous les yeux du lexicographe.

Plaisirs de princes et jeux de société

La réalité des divertissements mondains était d'ailleurs beaucoup plus complexe ; elle était liée à des constellations politiques et sociales nouvelles. En marge de la Cour elle-même, se développaient, à Paris, des « assemblées » protégées par des princes : au Palais-Royal, le duc de Chartres, Philippe, futur duc d'Orléans-Régent, amateur de spectacles et de comédiennes, qui illustrait en 1714 la pastorale amoureuse de *Daphnis et Chloé* [fig. 1] ; et dans le Temple, les deux Vendôme, le duc Louis-Joseph et son frère Philippe, le Grand Prieur, qui y recevaient et y protégeaient tout ce que le libertinage ancien et moderne avait produit de plus raffiné, de Ninon de l'Enclos à un certain François Arouet, qui fit beaucoup parler de lui sous le pseudonyme de Voltaire. Dans ces « délicieux soupers du Temple, […] l'esprit n'était que sentiment, la plaisanterie gaieté, l'érudition amusement, et la critique instruction badine[6] ». L'abbé de Saint-Germain-des-Prés, un temps le cardinal de Furstenberg, tirait profit des foires annuelles organisées sous le privilège de l'abbaye : on y respirait en plein Paris un air de liberté qu'égayaient des troupes de théâtre « forain » où des Pierrots et des Arlequins étaient les nouveaux héros de jeunes peintres en quête de sujets « modernes » : provinciaux l'un et l'autre, Claude Gillot de Langres[7] et Antoine Watteau de Valenciennes[8] y acquirent ce vernis parisien si utile auprès des amateurs.

Mais c'était hors de Paris où se réfugiait une liberté parfois teintée d'un rien d'opposition politique. À Meudon, le Grand Dauphin attendait dans une molle impatience que le soleil royal se couchât à Versailles : musique et divertissements variés l'occupaient ; ils n'étaient pas toujours du meilleur goût[9]. Il en était de même à Anet où le duc de Vendôme s'entoura de ses amis libertins, mais sans oublier les beaux-arts : la décoration à la moderne dans le genre « grotesque » fut confiée à Claude III Audran, l'un des maîtres de Watteau[10], et Lully y présenta en 1686 devant le Grand Dauphin son dernier opéra pastoral *Acis et Galatée*[11]. Déjeuners somptueux, jeu et chasse au loup complétaient de telles journées. Les plus recherchées de celles-ci furent les… « nuits » de Sceaux chez le duc et la duchesse du Maine.

Prince légitimé et fils adultérin de Mme de Montespan, Louis-Auguste de Bourbon avait été élevé par Mme de Maintenon qui avait eu une passion toute particulière pour cet enfant disgracié qui lui rappelait peut-être son premier mari, le poète Scarron. On lui avait fait épouser une vraie princesse, Anne-Louise-Bénédicte de Bourbon-Condé qui ne manquait jamais de lui faire remarquer, de sa petite taille, sa supériorité légitime. Mais les Condé, confinés à Chantilly où l'on s'amusait beaucoup moins qu'au temps des Montmorency et de la Sylvie chantée par Théophile de Viau[12], inspiraient à Louis XIV la méfiance la plus constante depuis que le Grand Condé avait trahi durant la Fronde. Dans leur vaste domaine de Sceaux, à distance presque égale de Versailles et de Paris, le duc et la duchesse du Maine créèrent une « autre » Cour où l'on se divertissait « honnêtement », sans trop se préoccuper de l'étiquette[13]. On y parlait mathématique avec Nicolas de Malézieu[14] et le secrétaire de l'Académie des sciences, Fontenelle ; plus tard on y invitera Voltaire à composer des contes ; au cours des années qui virent le déclin de la monarchie louis-quatorzienne, Sceaux fut le rendez-vous des musiciens et des poètes[15].

« Les galères du bel esprit », selon l'expression de Malézieu, eurent d'abord lieu dans sa résidence de Châtenay, aux portes de Paris. Les derniers feux de l'ancienne préciosité morte avec la Fronde s'y faisaient voir avec l'abbé Genest[16], confident d'une Mlle de Scudéry qui mourut seulement en 1701. Le vieux « royaume de galanterie[17] » y survivait, à la manière des « galantes fêtes » que la romancière avait animées dans une autre banlieue, à Athis[18]. « Dans cette petite maison, et dans le joli jardin qui y répond par sa médiocre étendue, on est toujours à la vue des autres. Il n'y a point de secret. […] les tables sont abondamment et délicatement servies, où la compagnie est gaie ; la musique s'y mêle, ou y succède. Il y a des flûtes, des hautbois, des violons, des clavecins, des trompettes mêmes dont le son semble s'adoucir pour s'unir aux autres instruments. L'après-midi, ceux qui ne chassent point ont la promenade dans les jardins des maisons voisines, dans les bois, ou dans les belles prairies dont je vous ai parlé d'abord. On se rassemble vers le soir : la Princesse tient son cercle[19]. »

Mais les « Grandes Nuits » de Sceaux débutèrent réellement au printemps de 1714, et elles se succédèrent de quinze en quinze jours. Insomniaque, la duchesse y présidait, inventant des loteries poétiques, des concours de bouts-rimés, animant un ordre galant et chevale-resque, celui de « la mouche à miel » (abeille)[20] en écho à la petite taille de la très active et « piquante » princesse. Elle « voulait ainsi par une douce liberté et par une charmante humeur animer la gaieté de ses convives[21] » ; chaque nuit était confiée à l'organisation d'un « Roi » et d'une « Reine ». On y retrouvait quelques familiers des Vendôme, dont le très libertin et poétique abbé de Chaulieu, et Antoine Hamilton, auteur des *Mémoires de la vie du comte de Grammont*, chef-d'œuvre de la biographie romancée d'un autre don Juan. Si l'on connaît le nom des poètes et des musiciens, des acteurs et des chanteurs qui concoururent aux seize Grandes Nuits jusqu'à l'été 1715, la *Suite des Divertissements* est muette sur les décorateurs et les artistes plasticiens dont la présence était nécessaire pour des spectacles qui se déroulaient dans le parc de Sceaux et dans le fameux pavillon de l'Aurore, unique témoignage aujourd'hui du château du XVIIIe siècle. Hamilton évoque dans l'une de ses lettres le décor de l'une des fêtes de Châtenay où l'on jouait la comédie : « La salle où elle fut représentée était au milieu du jardin : c'était un grand espace couvert et environné de toiles où l'on avait élevé un théâtre, dont les décorations étaient entrelacées de feuillages verts fraîchement coupés, et illuminées d'une prodigieuse quantité de bougies[22]. » Ces « fêtes galantes » à l'air libre dans des allées bordées d'arbres bien plantés, de bosquets où l'on pouvait se perdre et de statues à l'antique tenaient encore beaucoup des divertissements de cour : des pastorales mythologiques célébraient la maîtresse des lieux, « Ludovise », féminin d'un Louis qui continuait de régner à Versailles en dépit de l'extinction des fêtes dont le jeune monarque avait été le héros et l'Apollon.

C'était sans doute dans des retraites encore moins officielles que se réfugiait une aristocratie lasse des fastes versaillais que les guerres, la vieillesse du roi et le malheur des temps – l'affreux hiver de disette 1709 où l'on mangea des petits enfants à Paris – rendaient de plus en plus « orientaux ». Montesquieu écrira cruellement en 1721 sous le masque d'Usbek des *Lettres persanes* (Lettre XXXVII, datée de 1713) : « Le roi de France est vieux. [...] On lui a souvent entendu dire que, de tous les gouvernements du monde, celui des Turcs ou celui de notre illustre sultan lui plairait le mieux ; tant il fait cas de la politique orientale. » Si Madeleine de Scudéry publia *La Promenade de Versailles* en 1669 et, la même année, La Fontaine sa *Psyché* dont le décor était encore le parc du château, l'auteur de la *Clélie* avait animé en 1657 à Athis, comme on vient de le voir, de « galantes fêtes » chez l'académicien Valentin Conrart[23] au moment même où son protecteur, le surintendant Fouquet bâtissait un Vaux-le-Vicomte, rival assez conscient d'un Versailles encore à naître.

Vivre noblement aux champs

Si le XVIIIe siècle construisit aux portes de Paris des « folies », ces pavillons consacrés aux divers plaisirs du corps et parfois de l'esprit – Mme de Merteuil en décrit un parfait usage dans la lettre X des *Liaisons dangereuses* de Choderlos de Laclos –, le siècle précédent et jusque vers la Régence (1715-1723) préféra les « maisons de campagne » à quelques lieues de Paris, des châteaux qui combinaient les fastes de la « nature » aux agréments de l'art. Il n'y pas là de fête trop organisée, on se contente d'un *locus amoenus*, d'un paysage civilisé qui ressemble à la nature. Ce que Watteau recherchait et appelait, selon son biographe, le comte de Caylus, un « jardin [...] brut et moins peigné[24] ». La Grande Robe et la haute noblesse, bientôt suivies à la fin du règne de Louis XIV par les financiers qui commençaient à tenir le haut du pavé dans un État monarchique perpétuellement endetté et qui vivait d'expédients et d'emprunts, ces anciens ou nouveaux riches étaient en quête de simplicité : revenus des somptueuses fêtes de Versailles, des trompettes de la gloire et des chorégraphies baroques, ils se complaisaient dans des fêtes rustiques, des « noces de village » reconstituées, dans la musique des ménétriers[25] « touchant » la flûte, le flageolet, la musette (de cour), la vielle et le hautbois[26]. La mode était à la « naïveté » élégante d'honnêtes gens qui se piquaient néanmoins de « vivre noblement », une formule du temps qui suggère une existence libre de tout « trafic » et qui ne « déroge » pas[27].

Il y avait une circulation intense entre ces divers « ermitages », ces « retraites » où l'on pouvait être soi-même et ces « déserts » qu'évoquait Alceste dans la scène finale du *Misanthrope* (1666)[28].

À Saint-Maur[29], M. le Duc, frère de la duchesse du Maine, recevait ses invités, dont Chaulieu, le « poète de la bonne compagnie », et Hamilton, qui amusa ses hôtes d'une galante « relation d'un voyage en Mauritanie[30] », nouvelle Cythère que l'on avait atteinte en remontant en bateau les cours de la Seine et de la Marne ; sans autre occupation que de goûter ce loisir simple, on s'y promenait « dans les jardins d'en-haut et dans les routes du petit parc, dont il y en a dix qui aboutissent à une assez agréable fontaine. [On descendait] de là dans une longue allée, qui borde d'un côté une grande pièce de pré, et de l'autre la rivière de Marne[31] » Le premier président du parlement de Paris, Jean-Antoine de Mesmes accueillait le duc et la duchesse du Maine dans sa « maison » de « Cramaël » (Moissy-Cramayel dans l'actuelle Seine-et-Marne près de Melun) et leur offrait une « fête […] qui représentait une noce de village, exécutée par les plus excellents acteurs de l'Opéra[32] » ; à Étioles[33], en bordure de la forêt de Sénart, où quelques décennies plus tard, Le Normant d'Étioles, époux de Madame de Pompadour et pour cela interdit à Versailles, fit débuter Beaumarchais par des « parades » jouées sur son théâtre privé, le cardinal de Polignac, grand collectionneur et futur dédicataire du *Temple du goût* (1733) de Voltaire, recevait les mêmes princes dans sa « petite maison de campagne », qualifiée par Malézieu de « paisible ermitage[34] ». Ailleurs, lors d'une « promenade sur l'eau », le même Malézieu « tenait le gouvernail[35] » pour ses illustres passagers.

Ainsi coulait l'existence, loin des cours et des étiquettes. Arthur Dinaux a publié un inventaire des « sociétés badines, bachiques, littéraires et chantantes[36] » où l'on trouve nombre de ces assemblées d'aimables nonchalants : outre l'ordre de la Mouche à miel (1703-1725) déjà cité[37], on notera, parmi ces institutions évanescentes, l'ordre des Chevaliers de la Joie (1696) « ne recevant que des gentilshommes ou gens vivant noblement[38] », le fameux régiment itinérant de la Calotte, délivrant, depuis 1702 environ, des « brevets » ou « calottes » en vers satiriques contre les ridicules du temps[39], l'Académie galante créée à Paris vers 1710 qui éloignait d'elle « les *indifférents* et les *indiscrets*[40] ». De ces assemblées, il ne reste presque rien, parfois des « statuts » pastichant ceux des sociétés savantes, quelques pièces de poésie et, peut-être, un écho lointain dans les arts.

« Vivre noblement » n'était pas nécessairement appartenir au second ordre de l'État monarchique, c'était en mimer les manières et les habitudes. Dans les décennies de transition qui intéressent les artistes présentés dans cette exposition, en gros des dernières années du règne de Louis XIV au règne personnel de Louis XV, la transformation de la société française fut considérable et marqua profondément les mœurs et les modes. La vie de cour rassemblée par Louis XIV au service de sa gloire personnelle s'était transformée en rituel compassé auquel l'aristocratie de naissance sacrifiait par devoir à Versailles, tout en résidant pour l'essentiel à Paris ou dans ses domaines de province. Le pouvoir réel lui avait été enlevé par un monarque qui se souvint toujours de la Fronde et des désordres provoqués par la noblesse et par Paris. Mais à la fin du règne de Louis le Grand, le roi aux abois quémandait l'argent des financiers, au grand scandale d'un Saint-Simon, duc et pair à l'ancienne. La haute noblesse mariait ses fils aux enfants de financiers de parfaite roture : ces derniers savaient habilement faire interdire une comédie comme le *Turcaret* (1709) de Lesage, qui les ridiculisait, mais ils ne pouvaient rien contre les pamphlets les plus violents qui en dénonçaient les rapines et les origines douteuses : *Les Partisans démasqués ou l'Art de voler sans ailes, nouvelle galante* (1709) faisaient suite à un *Pluton maltôtier, nouvelle galante* (1708), c'étaient de véritables encyclopédies des méfaits des « partisans » et des « maltôtiers », principaux bénéficiaires de l'affermage des impôts que leur avait concédé une monarchie en faillite. Sous la régence de Philippe d'Orléans et avec le « Système » créé par le financier Law qui aboutit à une sombre déconfiture – pour ceux qui ne surent pas vendre à temps leurs « actions »… –, le monde de la finance, représentant une certaine forme de « modernité » par rapport à l'ancienne noblesse, s'installait, tel le bernard-l'ermite, dans la coquille vide de l'aristocratie : châteaux en province, hôtels particuliers à Paris. Il s'appliquait à « vivre noblement » en s'entourant d'objets d'art et en faisant du « loisir » une valeur qui, jusqu'alors, avait été bannie de ce milieu de rapaces actifs. Turcaret prenait une maîtresse dans

[**fig. 2**] Jean Antoine Watteau, *Allée d'arbres*, 1718, Saint-Pétersbourg, musée d'État de l'Ermitage

l'aristocratie décavée. Les protecteurs et la clientèle particulière de Watteau appartinrent pour l'essentiel à ce milieu[41] : Pierre Crozat accueillit le peintre dans sa propriété et son parc de Montmorency qu'il dessina sur le motif pour de futurs tableaux [**fig. 2**][42]. D'autre part, la bourgeoisie parisienne – hommes de lois, marchands, etc. – profitait des retombées de ces fortunes nouvelles investies dans tout ce qui était, pour un temps, à la mode.

Petite géographie des fêtes galantes

Pièces de théâtre et fictions romanesques de cette époque redessinent à satiété la géographie des « fêtes galantes ». Au contraire d'un art classique qui, dans les décennies précédentes, cherchait à extraire de l'anecdote une leçon atemporelle, la fin du siècle, qui voit fleurir la littérature des moralistes brossant le tableau des mœurs contemporaines, pratique une « autopsie » – un regard sur soi-même – complaisante et certainement déformée. Au lieu des lourds romans à l'antique de l'âge baroque, de la « nouvelle historique » de l'âge classique, on se passionne pour l'« historiette galante », linéaire, aristocratique, immédiatement contemporaine, en apparence réaliste et abolissant toute distance entre ses héros et son public. Les péripéties « galantes » de la vie mondaine entraînent les personnages dans les lieux convenus de Paris et de sa banlieue. Sur la scène de la Comédie-Italienne établie à l'hôtel de Bourgogne jusqu'en 1697, la « vie parisienne » occupe l'attention presque exclusive des Arlequins et des Colombines[43], mais c'est surtout sur la scène de la Comédie-Française, au Palais-Royal, que les « dancourades » font des lieux privilégiés de la « galanterie » parisienne le décor de pièces courtes en un ou trois actes narrant sans la moindre gêne divers solécismes moraux. Le nom de cette forme de comédie, qui annonce le vaudeville parisien du XIXe siècle, vient du comédien-auteur, Florent Carton Dancourt (1661-1725)[44] qui en fut sinon l'inventeur, du moins le plus talentueux et le plus productif des créateurs. Il reproduit des archétypes sociaux : la Parisienne (1691), la joueuse (1687), la coquette (1690), la « femme d'intrigues » (1692), le gigolo ou « chevalier à la mode » (1687), l'officier en permission (1697), l'agioteur (1710), outre l'inévitable troupe des maris cocus ou en bonne fortune – le vert-galant (1714) –, des « petits-maîtres » au sexe équivoque [**fig. 3**][45] et des jeunes filles sous bénéfice d'inventaire. Les décors promènent le spectateur dans les divers lieux de la « galanterie » ; à Paris : foire Saint-Germain (1696), « fêtes nocturnes du Cours » (Cours-la-Reine, 1714) ; dans la proche banlieue et dans la province immédiate – le reste de la France passant traditionnellement pour inapte à toute entreprise vraiment « galante » : moulin galant de Javel (1696), village d'Auteuil (*Le Charivari*, 1697), « jardin » de « maison de faubourg » (*La Comédie des comédiens ou l'Amour charlatan*, 1710), foire de Bezons (1695), vignobles de Suresnes (1695) ou de Bourgenville, près de Mantes (1694), « camp de Compiègne » (1698), « maison de campagne » de bourgeois parisien (1688 ; *Le Tuteur*, 1695, *Les Vacances*, 1696 ; *Le Galant Jardinier*, 1704) et quelques divertissements variés joués en impromptu à Livry (1705), à Sceaux (1705) ou à Suresnes (1713) encore, « sur une terrasse ombragée d'ormes, de tilleuls et de marronniers, aux bords de la Seine[46] ». Chez les concurrents italiens des Français, on trouve certains de ces lieux-décors souvent traités avec davantage de fantaisie transalpine : « promenades de Paris » (1695), foires Saint-Germain (1695 [**fig. 4**]) et de Bezons (1695), mais aussi bains de la porte Saint-Bernard (1696 [**fig. 5**]) à Paris, dont la réputation licencieuse n'était plus à faire.

On mesure ainsi les divers cercles de la galanterie parisienne. Le premier circonscrit les promenades situées dans la ville, dont le jardin du Luxembourg où les nouvellistes s'assemblent et les conversations sérieuses s'échangent, le Cours-la-Reine où l'on se fait voir à pied ou en voiture, le jardin des Tuileries où, la nuit, tous les chats sont gris et les « nymphes » très abordables, avant que le Palais-Royal ne commence à être à la mode sous la Régence. Le second cercle concerne la périphérie de la ville, au-delà des murs. Les villages bientôt annexés à Paris comme Auteuil ou Javel, le bois de Boulogne aussi, servent de refuge à des couples plus ou moins officiels. Les vignes de Suresnes sont prétexte à célébrer Bacchus en même

Petit Maître faisant semblant de penser

[**fig. 3**] Charles Antoine Coypel, *Petit maître faisant semblant de penser*, vers 1730, Paris, Bibliothèque nationale de France, département des Estampes

[**fig. 4**] Alexandre Le Roux, *La Foire Saint-Germain, Comédie italienne*, vers 1695, Paris, Bibliothèque de l'Opéra

[**fig. 5**] Gabrielle Landry, *Les Bains de la Porte Saint Bernard*, vers 1696, Paris, Bibliothèque de l'Opéra

temps que Vénus ; les foires ont la même vertu. On s'embarque en « galiotes » des quais de Seine pour Saint-Cloud[47] ou, en remontant le fleuve, pour les bords de Marne : « L'Isle de Cythère » de Watteau [**fig. 6**] montre l'une des galiotes accostant près de la terrasse du palais de Saint-Cloud. Ensuite, le dernier cercle concerne les retraites aristocratiques et les « ermitages », propriétés boisées cernées de murs qui offrent le confort de la ville et l'isolement de la campagne propice au loisir galant. « [...] il me paraît que la campagne va devenir plus que jamais le séjour des gens heureux », écrivait alors le poète Jean-Baptiste Rousseau[48].

Les lettres et les choses : formes du libertinage rocaille

D'ailleurs, une certaine littérature mondaine fait de ces séjours galants l'écrin de conversations ou d'aventures élégamment filées. Quelques écrivains très prolifiques comme Laurent Bordelon (1663-1730) ou le chevalier Louis de Mailly (1657-1724) s'y distinguent au tournant du XVIIIᵉ siècle. Mais, à l'heure même où Versailles semblait encore briller de tous ses feux, Madeleine de Scudéry leur avait, une fois de plus, tracé la voie en situant ses *Conversations sur divers sujets* (1680) dans le jardin des Tuileries pour un « dialogue » et, ensuite, dans une maison de campagne pour les « conversations » elles-mêmes[49]. L'évocation du jardin des Tuileries annonce de façon singulière les assemblées dans un parc dont Watteau fut le chroniqueur inspiré ; elle offre aussi un commentaire psychologique aigu de ces scènes mystérieusement limpides : « Les Dames et les Galants se parlaient par troupes, au lieu de se séparer deux à deux, comme il arrive assez souvent : et il semblait qu'il y eût un certain esprit de joie et de curiosité, qui animait cet assemblage de tant de personnes différentes[50]. »

[**fig. 6**] Jean Antoine Watteau, *L'Île de Cythère*, vers 1709-1710, Francfort, Städelsches Kunstinstitut

Chargées d'attributs annexes comme certains tableaux de Watteau qui accumulent fontaines, statues et demeures rustiques dans le lointain des arbres, les lignes de Madeleine de Scudéry traitant du *locus amoenus* où se déroulent les « conversations » suggèrent la fusion d'une nature humanisée au service de la lucidité philosophique : « […] on trouve en ce lieu-là tout ce qui peut plaire à la campagne, des fontaines, des canaux, de la vue, des rivières, des près, des bois, des allées régulières, des lieux sauvages ; et tout enfin ce que l'art peut ajouter à la nature, sans la gâter[51]. » On pense une nouvelle fois à ce que disait Caylus d'un Watteau travaillant sur le motif vers 1709 au jardin du Luxembourg : « Ce fut là encore qu'il dessinait sans cesse les arbres de ce beau jardin, qui, brut et moins peigné que ceux des autres maisons royales, lui fournissait des points de vue infinis[52]. »

Inspirée par ce même paysage arboré dans la ville et par sa « perspective », *La Promenade du Luxembourg* (1713)[53] du chevalier Louis de Mailly reprend le procédé des « conversations » piquées d'anecdotes qui complétaient d'ailleurs l'un de ses recueils antérieurs passant en revue les lieux à la mode. Les *Aventures et lettres galantes avec la Promenade des Tuileries* (1697) conduisent en effet le lecteur dans des décors qui nous sont bien connus maintenant. On y fréquente « la promenade des Tuileries[54] » animée de ses « mille nymphes ». « Ses bois, ses fleurs et ses fontaines / Dont le maître est un demi-dieu » (le roi lui-même) forment un « aimable jardin de plaisance » ; « […] la vive peinture / Et le beau teint de la Nature » ravissent le regard. Plus en amont de la Seine, « les bains de la Porte Saint-Bernard à Paris sont si beaux et si agréables que chacun se fait un délice l'été de s'y baigner[55] ». Quand on sort de la capitale, les banlieues galantes offrent leur charme assez poivré aux amateurs. « Le bois de Boulogne est une des plus belles promenades qui soit aux environs de Paris, et où il arrive le plus d'aventures. Quantité de personnes se font un plaisir l'été d'y aller prendre l'air[56] . » Un peu plus loin et un peu plus fort : « La Foire de Bezons est une espèce de bacchanale, où la plupart des jeunes gens de Paris vont se réjouir. [...] À peine fut-il arrivé à cette foire, qu'il [Théodore, le héros de l'anecdote] aperçut quantité d'ânes montés par de jeunes mousquetaires qui marchaient lentement, dont les uns jouaient du tambour de basque et de la musette, et les autres de la flûte et du flageolet. Ils étaient suivis par une troupe de belles filles ornées de couronnes et de guirlandes de fleurs, qui dansaient au bruit de ces instruments. Tout cela était précédé par quantité de gens à pied, qui faisaient un charivari semblable à celui qui se pratique ordinairement à l'égard des femmes du commun qui se remarient en secondes noces. Ce plaisant spectacle avait attiré plusieurs personnes en carrosse, qui le regardait avec plaisir[57]. » Parmi les voyeurs, quelque peintre pouvait s'être égaré, et notre exposition en fournit plusieurs exemples. Dans le vignoble de banlieue, on « vendange » de toutes les façons possibles comme le rappellent les airs à boire de l'époque que l'on chante à la fin des repas. L'abbé de Chaulieu compose de son côté des vers élégamment obscènes sur les vertus de la « mousse » du champagne :

> C'est de l'aimable secousse
> De nos esprits enflammés
> Que naît la brillante mousse
> Par qui nos sens sont charmés[58].

« Les vendanges de Suresnes, note Mailly, ont fait assez de bruit par le nombre des aventures qui y sont arrivées. [...] Il [le héros de l'anecdote] vit quantité de gens qui vendangeaient, et cinq ou six belles dames avec autant de cavaliers, qui dansaient dans une vigne au son d'une musette. Cela l'obligea de s'en approcher ; et à vingt pas de cette compagnie, il en aperçut une autre qui faisait collation. Le marquis qui les connaissait les aborda[59]. » La scène se terminera par un souper dans une folie de Suresnes où une dame interprétera un air à boire ; puis l'on dansera au son des hautbois et des violons.

Dans la description de ces petites fêtes improvisées où se rencontrent les *topoï* de la littérature galante du temps que l'on nommera plus tard l'esprit de la Régence – libertinage des mœurs, loin de la ville et dans un environnement rural civilisé –, il faut évidemment tenir compte du fait qu'il s'agit d'une construction idéologique très orientée. Cette « campagne » n'est pas la campagne ; ces « vendangeurs » ne sont pas des paysans, pas plus que la « musette » – ou sa variante dite « de cour » – n'est un instrument rustique. La « noce de village » offerte à la duchesse du Maine par le président de Mesmes, la « veillée de village » mise en musique dans le parc de Sceaux par Jean-Joseph Mouret, le « musicien des grâces[60] », sont des spectacles où officient danseurs de l'Opéra [fig. 7], musiciens professionnels et acteurs. Vivre la fête galante, c'est aussi se dépouiller pour un temps de son identité sociale et faire d'un lieu anodin la scène où l'on se « divertit », où l'on se détourne du monde réel. « Divertissements de Sceaux » ou d'ailleurs, « médianoche[61] » à l'espagnole[62], « promenades », « assemblées », « ermitages », « retraites » : tous ces termes signifient une prise de distance par rapport au quotidien social, un « libertinage » aussi dans ses acceptions les plus diverses.

Un de ses biographes évoque un Watteau « libertin d'esprit, mais sage de mœurs[63] » : ce terme équivoque renvoie à ce que nous avons appelé le « libertinage rocaille » à propos des « journaux » de Marivaux[64] contemporains du peintre de Valenciennes. Dans ses *Lettres sur les habitants de Paris* (1717) adressées à une dame, Marivaux parlait de son ouvrage comme de « la production d'un esprit libertin, qui ne refuse rien de ce qui peut l'amuser en chemin[65] ». « Ne remettons point à jouir », proclamera-t-il dans le voyage au « Monde vrai » du *Cabinet du philosophe* (1734)[66]. Cette quête de l'« amusement » et du « Monde vrai » n'implique pas nécessairement une dérive morale ; elle participe d'une certaine érotisation philosophique de l'existence, ce qu'un contemporain et ami de Marivaux et de Fontenelle, Charles Dufresny, nommait la recherche des « amusements sérieux et comiques » (1699)[67]. Ce petit ouvrage à succès fut d'ailleurs attribué parfois à Fontenelle qui procura, d'autre part, le meilleur exemple de ce que nous entendons par « libertinage rocaille » : il y faut un décor isolé du « monde » – un parc fait l'affaire –, une atmosphère –

[**fig. 7**] Nicolas Bonnart, *L'Opéra*, fin du XVIIᵉ siècle, Paris, Bibliothèque de l'Opéra

[**fig. 8**] Frontispice d'Ertinger pour Jean de Palaprat, « La Fille de bon sens », dans *Théâtre italien* d'Evariste Gherardi, 1700, Paris, Bibliothèque nationale de France, département des Imprimés

nocturne si possible [**fig. 8**] –, un couple – l'amitié amoureuse convient à l'évidence – et un discours dont la galanterie fait la forme, mais pas nécessairement le fond. Publiés en 1686 par le jeune Fontenelle, les *Entretiens sur la pluralité des mondes* remplissent parfaitement ce programme : au cours de six promenades nocturnes et automnales, le narrateur conduit une belle marquise dans les allées de son château et, évitant une « pensée trop libertine[68] », il la « divertit[69] » en traitant d'astronomie et de « philosophie d'une manière qui ne [soit] point philosophique[70] ». Liberté de pensée et liberté des lieux se conjuguent heureusement.

Des esprits moins attachés à la pédagogie philosophique professaient un libertinage sans autre but que la jouissance personnelle. L'œuvre de l'abbé de Chaulieu est obsédée par l'usage récurrent du terme de « libertin » et de ses dérivés qui donne de cet ecclésiastique familier du Temple et de Ninon de l'Enclos l'image la plus franchement débauchée. Chaulieu aime les femmes et la « retraite », dans sa « campagne » de Fontenay aux portes de Paris, et à Sceaux ou ailleurs quand on l'y invite. Son compagnon en bonnes fortunes, le marquis Charles-Auguste de la Fare (1644-1712) lui dédia sans doute cette « ode » publiée dans ses œuvres : des « Réflexions d'un philosophe sur une belle campagne[71] », dont le séjour promettait de joindre « aux plaisirs de [s]es sens » « le charme de [s]es rêveries ». Chaulieu consacra à Fontenay quelques-uns de ses poèmes[72] qui savaient combiner les *topoï* poétiques repris de l'Antiquité sur le loisir – *otium/negotium* –, le refus de la ville et de la vie de cour avec des croquis personnels – ses crises de goutte – et ses aventures galantes :

> C'est là que jouissant de mon indépendance,
> Je serai mon Héros, mon Souverain, mon Roi,
> Et de ce que je vaux, la flatteuse ignorance
> Ne me laissera voir rien au-dessus de moi[73].

C'était faire bien peu de cas du monarque de Versailles et de Celui qui régnait dans les cieux ! En revanche, les beautés terrestres ne lui étaient pas indifférentes. La « retraite » et le « désert » favorisaient les liens nouveaux et les trahisons délicieuses : « Parlons de plaisirs et d'amours, / C'est le conseil de la sagesse[74] », écrivait-il sans trop de paradoxes. Comme les saisons qui invitaient au changement, la campagne incitait à l'inconstance amoureuse et à l'infidélité :

> Loin de la route ordinaire,
> Et du pays des romans,
> Je chante aux bords de Cythère
> Les seuls volages amants ;
> Et viens plein de confiance,
> Annoncer la vérité
> Des charmes de l'inconstance
> Et de l'infidélité.
>
> [...]
> Fuyez donc, bergers fidèles
> [...]
> Venez, troupe libertine
> De friponnes, de fripons[75].

L'abbé vert-galant allait fêter son soixante-dixième anniversaire ! Jeu mondain, certes ; provocation autorisée par la licence poétique, sans doute : cette nouvelle Cythère dont certains se souviendront au cours du siècle, de Watteau à Bougainville qui nommera ainsi Tahiti, est aussi le lieu d'une remise en cause de valeurs morales essentielles. D'aucuns en feront un simple décor comme dans l'opéra-ballet *Vénus* (1698) d'Antoine Danchet et André Campra sous-titrée : « fête galante » pour le « divertissement » du Grand Dauphin[76]. D'autres verront dans le discours sur l'île de Vénus une utopie sociale et, peut-être, une certaine forme de « code de la nature[77] ».

Mais la « fête galante » est, pour la plupart de ses acteurs et des chroniqueurs qui en écrivent, un simple loisir varié qui combine la promenade, les haltes musicales, les repas et le je-ne-sais-quoi qui exclut de ces heures la vulgarité et la réalité du monde[78]. Dans un recueil d'anecdotes intitulé *L'Ambigu d'Auteuil*[79], Laurent Bordelon, abbé polygraphe et sociologue mondain, a merveilleusement décrit les étapes de cette « fête » qui part du Palais-Royal et du Cours-la-Reine pour s'épanouir au village d'Auteuil, où naguère Boileau avait eu sa « campagne » et où Thomas-Simon Gueullette jouait avec et pour ses amis le répertoire du théâtre italien de Gherardi[80] : « Mme d'Auteuil invita la compagnie à se promener dans son parc, et ensuite par une porte de derrière, à l'entrée du bois de Boulogne, qui est en ce lieu d'une futaie charmante et vénérable par son antiquité ; après quoi elle la conduisit dans un salon où l'on avait servi un excellent ambigu. La fraîcheur des fleurs et des fruits y étaient mêlée au fumet des viandes les plus délicates : et sept ou huit sortes de liqueurs exquises augmentaient la disposition qu'on avait à la joie. On sortit à sept heures de ce salon pour aller de dessus une terrasse voir le soleil se coucher dans la Seine. [...] Toute la compagnie s'étant assise autour d'une table de marbre, sous un berceau de jasmin : Dalibal rêva un peu et prit ainsi la parole [...] Des hautbois, des flûtes et des tambours interrompirent Dalibal en cet endroit de son récit, il ne le put continuer au travers des tons éclatants de ce concert qui commença tout à coup. Cette harmonie guerrière était sur l'eau vis-à-vis du berceau sous lequel était Madame d'Auteuil avec sa compagnie. L'officier qui devait monter le lendemain la garde à Versailles se faisait accompagner de ces instruments jusqu'à Meudon où il allait coucher : il avait fait arrêter son bateau pour donner cette sérénade à Madame d'Auteuil qu'il savait être en sa maison ; elle parut sur l'appui de la terrasse au pied de laquelle l'officier s'étant avancé pour lui faire compliment, il l'invita ensuite de venir à la Cour qui partait bientôt pour Fontainebleau [...] On servit le médianoche[81]. »

NOTES

1. Rotterdam, 1690, s. v. : « GALANT ».

2. F. Moreau, « Les entrées royales ou le Plaisir du prince », *Dix-Huitième Siècle*, n° 17, 1985, p. 195-208.

3. P. Hourcade, *Mascarades et ballets au Grand Siècle (1643-1715)*, Paris, 2002.

4. J.-B. Lully, *Œuvres complètes*, série I : Ballets et mascarades, Hildesheim, 2001.

5. *Les Plaisirs de l'Ile enchantée. Course de bague, collation ornée de machines, comédie de Molière de la Princesse d'Elide, mêlée de danse et de musique, ballet du Palais d'Alcine, feu d'artifice et autres fêtes galantes et magnifiques faites par le Roi à Versailles le 7 mai 1664, et continuée plusieurs autres jours*, 1665. Voir É. Magne, [1930], p. 142-158.

6. « Avertissement », n.p. aux *Œuvres diverses de monsieur l'abbé de Chaulieu*. Nouvelle Édition, « Londres, Jean Nours » [Paris], 1740, t. I.

7. Moreau, 1999, p. 77-93, ill.

8. Moreau, 1998, p. 51-59.

9. Chaulieu évoque en 1701 une mascarade de Carnaval à Marly où le Prince voulut montrer « le Sultan dans sa Cour, allant voir sa Ménagerie, ce qui donna occasion d'y mettre toutes sortes de bêtes, représentant des courtisans », *op. cit.*, t. II, p. 125 : les allusions furent mal reçues, et l'on ne sait ce que le « Sultan » en pensa.

10. Cat. exp. *Claude Audran. L'art décoratif français au musée de Stockholm*, Paris, Bibliothèque nationale, 1950 : n° 2 : *Plafond pour Anet*, pl. II, et n° 3 : *Plafond pour Anet* ; n° 195, pl. XXV : *Vue d'Anet* (aquarelle anonyme). Voir Rosenberg, 1984, p. 32-33, 60-61.

11. J. de la Gorce, *Jean-Baptiste Lully*, 2002, p. 332-337.

12. Malgré les « vers un peu licencieux » chantés en 1687 par Chaulieu : « A la Maison de Sylvie, à Chantilly » pour accompagner les efforts d'un jeune marié, le prince de Conti (*op. cit.*, t. II, p. 123).

13. Le compte rendu des « fêtes galantes » de Sceaux (et de Châtenay) a été publié sous le titre : *Les Divertissements de Sceaux* (Trévoux-Paris, 1712) et *Suite des Divertissements de Sceaux [...] avec la description des Nuits qui s'y sont données, et les comédies qui s'y sont jouées* (Paris, 1725).

14. Chancelier de la principauté de Dombes et académicien. Notice dans A. Jal, *Dictionnaire critique de biographie et d'histoire*, 2e édition, Paris, 1872, p. 825-827.

15. Voir l'ouvrage ancien, mais toujours solide, d'Adolphe Jullien, *Les Grandes Nuits de Sceaux. Le Théâtre de la duchesse du Maine d'après des documents inédits*, Paris, 1876.

16. « Lettre à Mademoiselle de Scudéry. Elle est écrite de Châtenay par M. l'abbé Genest sur les premières fêtes qui s'y firent », « Réponse de Mademoiselle de Scudéry à M. l'abbé Genest », *Les Divertissements de Sceaux, op. cit.*, p. 28-58. Les autres comptes rendus des fêtes de Châtenay se trouvent à la suite dans le volume.

17. Delphine Denis, « "Sçavoir la carte" ». Voyage au Royaume de Galanterie », Patrick Dandrey éd., *Espaces classiques*, numéro spécial, *Études littéraires*, vol. 34, n° 1-2, hiver 2002, p. 179-191.

18. *Les Divertissements de Sceaux, op. cit.*, p. 32.

19. *Ibid.*, p. 35, 37-38.

20. Sur les circonstances de sa création à Châtenay en 1704, voir *Les Divertissements de Sceaux*, p. 170-173.

21. Préface (n. p.) des *Divertissements*.

22. A. Hamilton, *Œuvres mêlées en prose et en vers*, Paris, 1731, t. I, 2e pagination, p. 87 : « À Mademoiselle B... À Saint-Germain, le 12 août ».

23. A. Niderst, *Madeleine de Scudéry, Paul Pellisson et leur monde*, 1976, p. 354 (ode de Pellisson sur Conrart, « Atys » et « Sapho »), p. 364-366.

24. Caylus, 1748, dans Rosenberg, 1984 p. 61.

25. L. Charles-Dominique, *Les Ménétriers français sous l'Ancien Régime*, Paris, 1994.

26. Tous ces instruments et quelques autres sont présents dans l'œuvre de Watteau (Florence Gétreau,

« Watteau et la musique », dans cat. exp. Washington-Paris-Berlin, 1984-1985, p. 529-547).

27. Furetière, 1690, s.v. : NOBLEMENT.

28. Comme on le sait, le terme désigne une maison à la campagne ; c'est le sens que lui donne encore Chaulieu en 1710 pour caractériser sa propriété de Fontenay aux portes de Paris : « Désert, aimable solitude / Séjour du calme et de la paix » (*op. cit.*, t. I, p. 51).

29. Actuel Saint-Maur-des-Fossés dans le Val-de-Marne.

30. A. Hamilton, *op. cit.*, t. I, 1re pagination, p. 96-105.

31. « Épître au nom de Monsieur le Duc, de Saint-Maur, le 27 mai 1702, à Madame la duchesse du Maine », dans Chaulieu, *op. cit.*, t. II, p. 14.

32. *Suite des Divertissements*, 1725, p. 1.

33. Ou Étiolles, dans le département actuel de l'Essonne.

34. *Ibid.*, p. 62.

35. *Ibid.*, p. 117.

36. *Les Sociétés badines, bachiques, littéraires et chantantes, leur histoire et leurs travaux*, Paris, 1867, 2 vol.

37. Dinaux, t. II, p. 77-86.

38. *Ibid.*, t. I, p. 421-424.

39. H. Duranton, « La très joyeuse et très véridique histoire du régiment de la Calotte », *Dix-Huitième Siècle*, n° 33, 2001, p. 399-417.

40. Dinaux, t. I, p. 361-363. On songe au titre de deux tableaux de Watteau : « L'Indifférent » du Louvre et « L'Indiscret » du musée Boymans-van Beuningen de Rotterdam. Ces titres proviennent de la lettre des gravures du *Recueil Jullienne* (1729).

41. F. Moreau, « Watteau dans son temps : I. Le siècle avait deux ans », dans cat. exp. Washington-Paris-Berlin, 1984-1985, p. 471-477.

42. Voir, en particulier *La Perspective* (toile, Boston, Museum of Fine Art) ou l'*Allée d'arbres* (dessin, Saint-Pétersbourg, Ermitage) qui passent pour représenter le parc de la propriété.

43. F. Moreau, *De Gherardi à Watteau : présence d'Arlequin sous Louis XIV*, Paris, 1992.

44. A. Blanc, *F. C. Dancourt (1661-1725). La Comédie française à l'heure du Soleil couchant*, Tübingen-Paris, 1984.

45. F. Moreau, « Le petit-maître intrigué : espaces du libertinage au théâtre jusqu'à la Régence », dans F. Moreau et A.-M. Rieu éd., *Éros philosophe*, Paris, 1984, p. 119-135.

46. F. C. Dancourt, *Œuvres*, troisième Édition, Paris, 1729, t. VIII, p. 239 : *L'Impromptu de Suresnes*, prologue.

47. Voir *Les Pèlerins de Cythère* de Louis Fuzelier, comédie en un acte créée à la foire Saint-Laurent en 1713 : « Le théâtre représente le bord de la Seine, on voit un bateau semblable à la galiote de Saint-Cloud avec des Amours qui font la manœuvre » (Paris, Bibliothèque de l'Arsenal, ms. 9545).

48. « Lettre à Madame... », dans A. Hamilton, *op. cit.*, t. I, 2e pagination, p. 145.

49. Évidemment, de Boccace à Segrais et à La Fontaine, ce procédé avait d'anciennes lettres de noblesse.

50. M. de Scudéry, *Conversations sur divers sujets*, Paris, 1680, t. I. « Dialogue » n. p.

51. *Ibid.*, p. 85-86.

52. Caylus, 1748, dans Rosenberg, 1984, p. 61-62.

53. Paris, 1713. Un frontispice gravé (« Cl. Lucas fecit ») représente le palais du Luxembourg, ses parterres et le jet d'eau central. « Après avoir fait deux ou trois tours d'allée, ils [Cléante et Ariste] s'assirent sur un banc qui avait en perspective le parterre et le palais, dont la régularité est la plus parfaite du monde » (p. 1). Voir ci-dessus (n. 40) les deux œuvres de Watteau.

54. Paris, 1697, p. 253-269.

55. *Ibid.*, p. 193.

56. *Ibid.*, p. 146.

57. *Ibid.*, p. 104-105.

58. *Œuvres diverses, op. cit.*, t. II, p. 143 : « Autre [madrigal] à Madame D... qui m'avait mandé que le vin de Champagne que je lui avais envoyé ne moussait point comme il avait accoutumé quand nous soupions ensemble. »

59. Mailly, *op. cit.*, p. 115.

60. *Suite des divertissements, op. cit.*, p. 249. Treizième Nuit : *Les Amours de Ragonde ou la Soirée de village*, sur un livret de Philippe Néricault Destouches. « Premier intermède, une veillée de village. Second intermède, les lutins. Troisième intermède, noces de village et un charivari. »

61. Furetière (1690) en donne cette définition : « terme venu depuis peu en Italie [!], qui signifie un repas qui se fait au milieu de la nuit, [...] après quelque bal ou réjouissance. "On a fait hier chez le Roi un *médianoche* après un grand bal". Chez les bourgeois, on l'appelle un *réveillon* ». L'origine du mot est évidemment espagnole, mais l'Italie avait meilleure presse. On notera le caractère aristocratique de ce divertissement. Voir un exemple plus bas dans le texte de l'abbé Bordelon.

62. La mode des costumes à l'espagnole, qui donne tant d'espagnolettes dans la peinture française du premier XVIIIe siècle, est liée à l'accession du duc d'Anjou, Philippe V, au trône d'Espagne. Chaulieu la date de 1702 précisément dans son « Épître en vieux langage au nom de Monsieur le Duc, de Saint-Maur, le 7 mars 1702, à Madame la duchesse du Maine, dans le temps que les femmes de la Cour prirent des coiffures et des espèces d'habits à l'espagnole », *op. cit.*, t. I, p. 217. Sur les espagnolettes chez Watteau et ses contemporains, voir F. Moreau, « Iconographie théâtrale », cat. exp. Washington-Paris-Berlin, 1984-1985, p. 522-523.

63. Gersaint, 1744, dans Rosenberg, 1984, p. 39. Voir F. Moreau, « Watteau libertin ? » dans Moreau et Grasselli, 1987, p. 17-22.

64. « Journaux moraux et journalistes au début du XVIIIe siècle : Marivaux et le libertinage rocaille » dans N. Cronk et F. Moreau éd., *Études sur les Journaux de Marivaux*, Oxford, Vif Voltaire Foundation, 2001, p. 25-45.

65. Frédéric Deloffre et Michel Gilot éd., *Journaux et œuvres diverses*, Paris, 1969, p. 8.

66. Onzième Feuille, *op. cit.*, p. 428.

67. Publiés à Paris chez Barbin. Voir notre : *Un singulier Moderne : Dufresny auteur dramatique et essayiste (1657-1724)*, Lille et Paris, 1979, 2 vol.

68. *Entretiens sur la pluralité des mondes*, Alexandre Calame éd., Paris, STFM, Klincksieck, 1990, Premier Soir, p. 25.

69. Préface, *op. cit.*, p. 5.

70. *Ibid.*, p. 4.

71. Chaulieu, *op. cit.*, t. II, p. 253-257.

72. « Stances sur la retraite, en 1698 », « Les louanges de la vie champêtre, à Fontenay, ma maison de campagne, en 1710 » (*op. cit.*, t. I, p. 31-34, 51-55).

73. *Op. cit.*, t. I, p. 31.

74. *Ibid.*, t. I, p. 55.

75. « Apologie de l'inconstance, pour Madame D... En l'année mille sept cents. Ode », *ibid.*, t. II, p. 111-112.

76. A. Danchet, *Théâtre*, Paris, 1751, t. II, p. 1-12. Représentée pour Monseigneur chez la duchesse de la Ferté (*Mercure galant*, janvier 1698, p. 274).

77. Ouvrage d'Étienne Gabriel Morelly (1755), souvent attribué à Diderot qui s'en inspire dans l'utopie tahitienne du *Supplément au voyage de Bougainville*.

78. R. Démoris, « Les fêtes galantes chez Watteau et dans le roman contemporain », *Dix-Huitième Siècle*, n° 3, 1971, p. 337-357. R. Tomlinson, *La Fête galante : Watteau et Marivaux*, Genève-Paris, 1981 ; F. Moreau, « Watteau dans son temps... », dans cat. exp. Washington-Paris-Berlin, 1984-1985, p. 471-508.

79. Paris, 1709. Selon Furetière, un « ambigu » est « une collation lardée où l'on sert la viande et le fruit ensemble, en sorte qu'on doute si c'est une simple collation ou un souper ».

80. Historien de la nouvelle troupe dite de Lélio (Luigi Riccoboni), Gueullette pratiqua toute sa vie les théâtres privés, d'abord à Auteuil, puis à Choisy-le-Roi et à Charenton. Il se costumait en « type » de la Comédie-Italienne et eut l'honneur de jouer devant la fille de... Molière sur une scène privée parisienne (1707). C'était aussi un habile marionnettiste et un auteur de « parades » (J.-E. Gueullette, *Un magistrat du XVIIIe siècle, ami des Lettres, du théâtre et des plaisirs, Thomas-Simon Gueullette*, Paris, 1938, p. 58-74).

81. Bordelon, *op. cit.*, p. 83-86, 93, 118.

Introduction au catalogue

Le projet de cette exposition et de ce livre est né du constat qu'aucune manifestation ni aucun ouvrage ne traitaient directement du thème de la fête galante telle que l'avait conçu Watteau. Le pari de cette entreprise est de rendre sensible au lecteur, et au visiteur, l'émergence du thème et de ses signes avant-coureurs.

Traiter la question à l'intérieur même de l'art de Watteau eût été une belle idée mais qui, hélas, relevait de l'utopie ! Les tableaux de Watteau font partie des œuvres les plus convoitées, les plus fragiles, sans oublier que pour les musées qui les possèdent, ces peintures constituent des chefs-d'œuvre incontournables dont l'absence des cimaises se fait toujours cruellement sentir. Il nous a paru beaucoup plus stimulant et novateur de s'arrêter sur la naissance du genre et de rechercher les œuvres capables d'illustrer ce propos, depuis le XVe siècle jusqu'aux suiveurs immédiats de Watteau (Pater, Lancret, Quillard, Octavien…). L'approche iconographique nous a semblé la plus pertinente puisqu'elle met en valeur l'aspect transversal des thèmes évoqués dans la fête galante selon Watteau. Dans les neuf chapitres qui constituent le catalogue des œuvres exposées, nous proposons au lecteur de participer à cet inventaire des éléments constitutifs du genre en prenant comme champ d'investigation la peinture européenne du temps de Van Eyck (présent ici par une copie postérieure) à Nicolas Lancret. Nous passons ainsi des foires de villages dont on sait l'importance dans la formation visuelle du jeune Watteau, à l'évocation des quatre saisons, à l'intervention de la musique, à celle de la danse, et bien sûr à la collation en plein air. Mais ce découpage demeure théorique et les thèmes ne cessent de s'entremêler, de s'additionner, constituant ainsi un nombre presque infini de variations.

Nous avons cherché le plus grand équilibre possible dans la représentation des composantes européennes de la naissance de la fête galante. Dans une vision, peut-être typiquement française, soucieuse de ménager un juste rapport entre les écoles du Nord et l'Italie, il est vite apparu que l'apport méditerranéen à la fête galante est d'abord vénitien et si le thème est abondamment traité à la Renaissance c'est avant tout sous un angle allégorique ou philosophique qui n'est pas du tout celui de Watteau. Des œuvres importantes manquent dans ce rassemblement. Dés le début, nous avons su que les *Pèlerinage à Cythère* du musée du Louvre et du palais de Charlottenburg, à Berlin, étaient inaccessibles. D'autres projets d'expositions engagés bien avant le nôtre nous ont privés de prêts significatifs, notamment venant d'Allemagne et on sait à quel point ce pays est devenu, dès le XVIIIe siècle, la terre d'élection de la fête galante. Dans cette quête des œuvres, il a fallu aussi composer avec les statuts de certaines collections publiques qui interdisent les prêts, avec les conditions de conservation et la grande fragilité de nombreux tableaux de Watteau dont la négligence pour ces questions techniques est bien connue. Ces absences sont ici compensées par une riche iconographie de référence, précieux élément de comparaison.

Nous sommes par ailleurs heureux de présenter des œuvres qui participent pour la première fois à une grande exposition. Ainsi le prestigieux *Accord parfait* du Los Angeles County Museum qui n'a pas encore quitté ce musée depuis son acquisition, auprès d'une collection privée anglaise, en 1998.

L'une des questions délicates a été de fixer une limite chronologique au choix des œuvres. On sait que dans la seconde moitié du XIXe siècle, le genre redevient terriblement à la mode et que *Le Déjeuner sur l'herbe* de Manet (1863) constitue le point d'orgue de ce renouveau. Sans parler du XXe siècle et des années trente. Mais il s'agit là sans doute d'une autre exposition et nous avons souhaité demeurer, avant tout, dans les pas de Watteau.

Martin Eidelberg
Patrick Ramade

Catalogue

par Martin Eidelberg

1. *La fête galante selon Watteau*

Jean Antoine Watteau

1 *L'Aventurière* – vers 1712-1714

Le titre qui fut donné à ce tableau lorsque Benoît Audran en exécuta une gravure en 1729 pour le *Recueil Jullienne* est étrange, car précis et ambigu à la fois. La femme qui s'inscrit au cœur de cette composition, est-elle vraiment une aventurière ? Ce nom lui fut sans aucun doute donné pour faire contrepoint au titre du pendant, *L'Enchanteur* [cat. 55], on peut en discuter la pertinence. Debout, le poing droit sur la hanche, le personnage féminin est vêtu de manière élégante mais singulière : sa jupe et sa veste, serrée à la taille, font songer à une tenue de chasse, ce que la bordure de fourrure semble cependant démentir. Elle prend appui sur une canne, attitude également peu commune, fort peu de femmes utilisant ce genre d'accessoire dans les représentations de Watteau[1]. Le scénario de la scène n'est pas clair : l'aventurière s'adresse, semble-t-il, à un trio. Se trouve-t-on dans un parc où flânent des contemporains ou s'agit-il plutôt d'une pièce de théâtre ? Le guitariste porte, comme le comédien Mezzetin, un costume à rayures. Au dernier plan se tient un Pierrot, vêtu de son traditionnel habit blanc. Les deux femmes sont-elles également des actrices costumées ?

Des gravures populaires de l'époque [fig. 1.1] ainsi que l'œuvre de Claude Gillot (1673-1722), dont Watteau fut l'élève, témoignent d'une tradition à représenter des scènes de théâtre. Les personnages étaient confinés dans un premier plan étroit, et l'arrière-plan apparaissait nettement comme un décor peint. Watteau se conforma à ces conventions à ses débuts, dans *Pour garder l'honneur d'une belle* [fig. 1.2] par exemple, œuvre répertoriée dans le *Recueil Jullienne*. Mais par la suite, notamment dans *L'Aventurière*, il franchit la limite entre fiction et réalité, et présenta la scène comme un événement réel qui se déroule dans un paysage véritable. Les figures sont ici intégrées à la nature environnante – quelques-unes se promènent au loin – errant dans un territoire situé à mi-chemin entre le monde théâtral et celui de la réalité. Ce tableau de Watteau, ayant un sens narratif, mais sans référence précise, s'approche du caprice poétique.

Les fêtes galantes de Watteau furent incontestablement influencées par le théâtre, mais aussi par le succès des gravures populaires françaises qui représentaient, telles celles de Bernard Picart [cat. 19], des membres de la haute société se promenant et conversant dans des décors de parcs. Comme en témoigne la peinture anonyme *Réunion dans un parc* [cat. 46], la peinture française connaissait un courant similaire. Ces sujets de familles ou autres assemblées réunies pour un moment de détente et d'échanges appartenaient également au répertoire des artistes néerlandais du XVIIe siècle. Pourtant, aucune de ces œuvres préfigurant le thème de la fête galante n'a le caractère enchanteur des œuvres de Watteau.

Huile sur cuivre
18,9 x 25,4 cm

Historique
Philibert Orry ; saisi sous la Révolution ; entré au musée en 1835.

Bibliographie
Washington-Paris-Berlin, 1984-1985, p. 18-19, n° P18 (avec bibl. antérieure) ; Moureau et Grasselli, 1987, pl. 4 ; Vidal, 1992, p. 40, 41, 43 ; Jollet, 1994, p. 13 ; Temperini, 2002, p. 41, 141.

Expositions
Washington-Paris-Berlin, 1984-1985, n° P18 (avec exp. antérieures).

Troyes, musée des Beaux-Arts
Inv. 835.16

[fig. 1.1] Anonyme français, *Les Petits Comédiens, scène troisième*, vers 1710-1720, Paris, Bibliothèque nationale de France, département des Estampes

[fig. 1.2] Charles Nicolas Cochin, d'après Watteau, *Pour garder l'honneur d'une belle*, vers 1727-1729, Paris, Bibliothèque nationale de France, département des Estampes

Jean Antoine Watteau

2 *L'Aventurière* (contre-épreuve) – vers 1712-1714

Aucun des dessins préparatoires utilisés par Watteau pour *L'Aventurière* n'a subsisté[1]. Cette situation est peut-être imputable au fait que les premiers dessins de l'artiste qui n'étaient pas aussi aboutis que ceux de la maturité ne furent pas recherchés avec la même ferveur par les collectionneurs.

Cette contre-épreuve à l'huile constitue un témoignage original de la manière dont Watteau préparait ses tableaux[2]. Apparemment, elle fut exécutée après la mise au point par l'artiste des grandes lignes de sa composition, effectuées en ocre sur le support en cuivre. Il appliqua une feuille de papier sur la peinture encore fraîche, puis la retira et obtint ainsi un exemplaire inversé de sa composition. Cette œuvre est précieuse notamment parce qu'elle permet d'imaginer à quel point Watteau soignait le dessin avant d'ajouter la couleur locale. Mais s'il a accordé ici beaucoup d'attention aux détails des figures et de leurs costumes, il n'a traité que sommairement le paysage.

Les planches 46 et 47 des *Figures de différents caractères* [fig. 2.1 et 2.2], les deux volumes répertoriant les gravures exécutées d'après les dessins de Watteau et commandées par Jean de Jullienne, furent autrefois considérées comme des preuves de l'existence de dessins préparatoires à *L'Aventurière* qui auraient aujourd'hui disparu. Mais, il semble en fait que ces gravures furent exécutées d'après la contre-épreuve du Louvre, puisque tous les détails concordent. De surcroît, leur attribution au même graveur Laurent Cars laisse penser qu'elles ont une seule et même source. Les deux figures sont bien sûr inversées par rapport à l'original. Dans les *Figures de différents caractères*, la femme et le guitariste se font en outre face, comme dans la contre-épreuve. Les planches ont en effet été placées côte à côte, ce qu'il faut noter, car, même lorsque deux ou trois dessins provenant d'une même feuille avaient été gravés par un artiste, Jullienne veillait à ce qu'ils soient séparés à l'intérieur du recueil.

Watteau effectua d'autres contre-épreuves à l'huile, dont quelques-unes à partir d'œuvres d'une plus grande maturité, telles que la version du Louvre du *Pèlerinage à l'île de Cythère* ou le tableau *L'Amour paisible*, conservé à Berlin. Il ne s'agissait pourtant pas d'une pratique courante dans les ateliers parisiens. Peut-être Watteau cherchait-il par cette technique à garder la trace de figures assemblées, espérant les réutiliser pour l'élaboration de groupes, car il n'effectuait généralement pas d'étude de composition d'ensemble.

Huile sur papier
17,1 x 17,5 cm

Historique
Fonds ancien.

Bibliographie
Parker et Mathey, 1959, t. II, p. 365, n° 856 ;
Eidelberg, 1977, p. 178-179 ;
Washington-Paris-Berlin, 1984-1985, sous le n° P18 ;
R.-P., 1996, t. I, p. XXIII.

Expositions
Valenciennes, 1937 ; Paris, 1977, n° 50.

Paris, musée du Louvre,
département des Arts graphiques
Inv. 33390

[fig. 2.1] Laurent Cars, d'après Watteau,
Figures de différents caractères, planche 46,
vers 1724-1726, Paris, Bibliothèque nationale de France,
département des Estampes

[fig. 2.2] Laurent Cars, d'après Watteau,
Figures de différents caractères, planche 47,
vers 1724-1726, Paris, Bibliothèque nationale
de France, département des Estampes

Jean Antoine Watteau

3 *La Déclaration attendue (Le Concert champêtre)* – vers 1717-1718

Watteau a regroupé ici différentes figures – quatre adultes et deux enfants – dont les relations restent énigmatiques, trait typique des fêtes galantes de l'artiste. Un flûtiste, debout derrière les autres, nous regarde. Un curieux jeune homme coiffé d'un chapeau de paille rustique compose un petit bouquet probablement destiné à la femme assise près de lui, cependant qu'une seconde femme, de dos, sur l'épaule de laquelle une petite fille a posé sa tête, se voit offrir des fleurs par un jeune garçon.

La composition paraît aujourd'hui plus asymétrique que lorsqu'elle s'inscrivait dans l'ovale du format d'origine. Les figures épousaient davantage les bords incurvés, et la partie supérieure droite n'était pas aussi alourdie. Les figures sont étroitement serrées les unes contre les autres à l'intérieur d'une pyramide, mais il n'y a que peu d'échanges entre elles : le flûtiste joue, mais personne ne le regarde ; la femme de droite n'a d'yeux ni pour le jeune garçon qui lui offre des fleurs, ni pour la petite fille venue se nicher sur son épaule. Comment comprendre le groupe comme un ensemble ? Il est clair que nous ne sommes pas en présence de personnes étrangères les unes aux autres, mais s'agit-il de membres d'une même famille ou d'amis ?

Le *Recueil Jullienne* ne comportant aucune gravure susceptible d'avoir été exécutée d'après ce tableau, son authenticité a été de temps à autre remise en question. Ce fut le cas au début du XXe siècle, lorsque Zimmerman fit part de ses interrogations à ce sujet ; puis au milieu du siècle, lorsque Montagni émit l'idée qu'il pouvait s'agir d'un pastiche[1]. En ce qui concerne l'historique de ce tableau, on peut remonter jusqu'en 1780 – date à laquelle il faisait partie de la collection Livois –, mais cela ne confirme pas nécessairement son authenticité, car de très nombreuses erreurs d'attribution furent commises à la fin du XVIIIe siècle. Celle-ci ne fait cependant aucun doute. Son mode d'exécution coïncide avec celui des œuvres du maître. Il existe en outre des études au crayon pour quatre des protagonistes [cat. 4, 5 et 6]. Enfin et surtout, des radiographies effectuées dans les années 1930 [fig. 3.1] ont révélé l'existence sous la surface d'un état préliminaire légèrement différent, ce qui correspond parfaitement avec la manière qu'avait Watteau de composer *alla prima*, mais serait en revanche inconcevable dans le cas d'un pastiche[2].

Comme le sujet du tableau ne fut pas gravé, celui-ci ne reçut jamais de titre « officiel ». Du temps où il faisait partie de la collection Livois cependant, il était généralement connu comme *Le Concert champêtre*. Ce titre fut aussi utilisé pour un autre tableau de Watteau, dont le sujet, gravé par Benoît Audran, est plus véritablement un concert de musique [fig. 3.2]. En 1984, à l'occasion du tricentenaire de Watteau, Pierre Rosenberg chercha à distinguer les deux œuvres en renommant le tableau d'Angers *La Déclaration attendue*. Ce choix reposait sur la narration qu'il percevait : l'homme au premier plan « n'ose faire sa déclaration que la jeune femme au large

Huile sur toile
67 x 51 cm

Historique
Probablement vente du 22 septembre 1774 à Paris, lot 107 ; Angers, Pierre Louis Éveillard, marquis de Livois ; saisi sous la Révolution ; transféré au musée en 1799.

Bibliographie
Washington-Paris-Berlin, 1984-1985, n° P45 (avec bibl. antérieure) ; R.-P., 1996, t. II, sous les n°s 407, 481, 483, 532, 577, 609, 620, t. III, sous le n° R582 ; Faroult, 1999, p. 149 ; Faroult, 2000, p. 268-271.

Expositions
Washington-Paris-Berlin, 1984-1985, n° P45 (avec exp. antérieures) ; Tokyo, 1987, n° 92 ; Le Mans, 2000-2001, n° 5 ; Valenciennes, 2001, n° 3 ; Gunma et autres villes (Japon), 2002, n° 43.

Angers, musée des Beaux-Arts
Inv. MBAJ 182 (J 1881) P

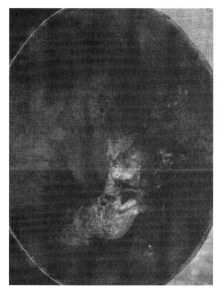

[fig. 3.1] Radiographie aux rayons X de *La Déclaration attendue*

[fig. 3.2] Benoît Audran, d'après Watteau, *Le Concert champêtre*, 1727, Paris, Bibliothèque nationale de France, département des Estampes

[fig. 3.3] Jean Antoine Watteau, *L'Amoureux timide*, vers 1718, Madrid, Palacio Real

décolleté semble attendre avec sérénité[3] ». Cette interprétation fait écho à celle formulée par Edmond de Goncourt un siècle plus tôt à propos d'un autre tableau de Watteau, actuellement conservé à Madrid [**fig. 3.3**]. Il y figure aussi le curieux homme assis à terre, qui tient un bouquet de fleurs. Ce tableau, qui allait être ultérieurement intitulé *L'Amoureux timide*, fut décrit par Goncourt de la manière suivante : « […] une femme assise jouant de l'éventail et regardant […] un galant rustique assis à ses pieds, tourmentant d'une main timide une fleurette qu'il hésite à lui offrir[4]. »

Toutefois, à l'étude de l'œuvre de Watteau, ce type de dramaturgie paraît loin des préoccupations de l'artiste. Les historiens de l'art ont parfois eu tendance, surtout au cours des dernières années, à lire dans ses œuvres un symbolisme caché, des allusions grivoises ou de petits scénarios. Peut-être est-ce parce que celles-ci sont d'une richesse émotionnelle qui ne laisse pas insensible. Leur contenu demeure cependant insaisissable et imperméable à la plupart de ces spéculations.

Jean Antoine Watteau

4 *Feuille d'études avec un homme assis, un homme allongé, des branches de vigne et une main tenant une draperie* – vers 1716

5 *Feuille d'études avec un flûtiste et une main tenant un objet* – vers 1717

6 *Feuille d'études avec plusieurs têtes et deux mains tenant une flûte* – vers 1716

À la différence de la plupart des autres peintres, Watteau n'étudiait pas ses compositions à l'avance. Comme l'écrit le comte de Caylus, il dessinait sans cesse d'après des modèles vivants, mais cela, sans intention particulière. Puis, lorsqu'il composait ses tableaux, il se tournait de nouveau vers ses dessins : « Je dis que le plus ordinairement il dessinoit sans objet. Car jamais il n'a fait ni esquisse ni pensée pour aucun de ses tableaux, quelque légères et quelque peu arrêtées que ç'a pu être. Sa coutume étoit de dessiner ses études dans un livre relié, de façon qu'il en avoit toujours un grand nombre sous sa main […]. Quand il lui prenoit en gré de faire un tableau il avoit recours à son recueil. Il y choisissoit les figures qui lui convenoient le mieux pour le moment. Il en formoit ses groupes […] sans s'en apercevoir, il répétoit très souvent la même figure […][1]. »

Les dessins qui nous sont parvenus – près de sept cents – montrent que Watteau travaillait d'après nature. Ainsi que l'atteste le grand nombre de figures peintes pour lesquelles on n'a retrouvé aucune étude, mais aussi les multiples gravures du *Recueil Jullienne*, exécutées d'après des dessins, de nombreuses œuvres graphiques sont aujourd'hui disparues. C'est pourquoi l'étude des dessins de Watteau liés à un tableau spécifique demeurera inévitablement incomplète. Cependant, *La Déclaration attendue* ne se composant que de six figures, il est relativement aisé de reconstituer la manière dont l'artiste élabora le tableau.

L'homme au premier plan est directement inspiré d'une figure présente sur une feuille conservée au musée du Petit Palais [**cat. 4**][2]. Celle-ci comporte deux études d'homme ; chacun étant vêtu différemment, on est probablement en présence de deux modèles différents. Watteau utilisa le personnage de droite pour *La Déclaration attendue* et pour un autre tableau à mettre étroitement en rapport avec lui, *L'Amoureux timide* [**fig. 3.3**]. Le même modèle apparaît dans d'autres études de Watteau, entre autres sur la feuille de Rouen [**cat. 6**], où il figure dans le coin supérieur droit. On reconnaît là en effet son visage surprenant, ainsi que son chapeau de paille, bien que celui-ci soit relevé d'un côté par un ruban. Cette seconde étude fut utilisée dans *Sous un habit de Mezzetin* (Londres, Wallace Collection) et dans *L'Indiscret* (fig. 6, p. 50). Comme Caylus l'a noté, Watteau « répétoit très souvent la même figure ». Par ailleurs, il eut souvent recours pour différents tableaux à un même modèle, ce qui, en dépit de légères variations dans la pose, contribua au caractère répétitif de son œuvre.

Pour le flûtiste qui figure dans *La Déclaration attendue*, Watteau s'est inspiré d'une étude de buste [**cat. 5**][3]. Notons la différence principale que la figure du tableau présente par rapport à celle

4
Trois crayons sur papier beige
22,7 x 36,8 cm

Historique
Paris, collection Jacques Doucet ; Paris, galerie Georges Petit, vente J. Doucet, 5 juin 1912, lot 65 ; acquis à cette vente par le musée du Petit Palais sur les arrérages du legs Dutuit.

Bibliographie
R.-P., 1996, t. II, n° 407 (avec bibl. antérieure).

Paris, musée du Petit Palais
Inv. D. Dutuit 1039

5
Trois crayons sur papier beige
17 x 17,3 cm

Historique
Londres, Holland Park, collection Charles Ricketts et Charles Haslewood Shannon ; légué au musée en 1937.

Bibliographie
R.-P.,1996, t. II, n° 577.

Expositions
Pour les exp. antérieures à 1996, voir R.-P. 1996, t. II, n° 577 ; Cambridge, 2000-2001, n° 41.

Cambridge, Fitzwilliam Museum
Inv. P. D. 2265

du dessin : le simple foulard du flûtiste a été remplacé par une fraise démodée, dans le style de celles du XVIIe siècle. En outre, le flûtiste apparaît tête nue dans le dessin, alors que dans le tableau, il arbore un chapeau à larges bords[4].

La figure de la femme assise qui s'appuie sur un panier est tirée d'une étude apparaissant au centre d'une feuille célèbre [**fig. 5.1**][5] dans laquelle Watteau s'est efforcé de définir les grandes lignes de la pose et le tombé exact de la draperie, sans préciser les contours de la tête, ni les traits du visage ; mais il a exécuté à gauche une étude séparée de la tête, en donnant à celle-ci une inclinaison légèrement différente. Dans le tableau, il a harmonieusement combiné les deux.

La femme assise qui nous tourne le dos dans *La Déclaration attendue* provient d'une feuille du musée du Petit Palais [**fig. 5.2**]. En revanche, aucun dessin des enfants qui l'accompagnent n'a semblé-t-il, subsisté, bien qu'il existe de la main de l'artiste bon nombre d'études d'enfants leur ressemblant.

Il ne faut pas oublier que Watteau avait d'abord peint sur la toile des figures légèrement différentes. La femme assise portait un béret ou chapeau conique et avait la tête plus inclinée vers l'homme assis devant elle ; peut-être même avait-elle un animal sur les genoux. L'artiste doit nécessairement avoir exécuté une autre étude d'après nature. La petite se tenait aussi à l'origine plus droite, ce qui suppose, là encore, l'existence autrefois d'un dessin aujourd'hui perdu. La diversité des sources, les modifications apportées à l'œuvre en cours d'exécution, ainsi que l'utilisation répétée des mêmes figures sont autant d'éléments permettant de se faire une idée de la méthode de travail de Watteau, mais aussi des problèmes que l'on rencontre lorsque l'on étudie son art.

6
Trois crayons sur papier beige-brun, traces de tortillons à la plume
20,5 x 26,4 cm

Historique
Anicet Charles Gabriel Lemmonier ; acquis par le musée en 1822.

Bibliographie
R.-P.,1996, t. II, n° 461 (avec bibl. antérieure) ; Bergot, 1989, p. 53 ; Temperini, 2002, p. 19.

Expositions
Exp. antérieures à 1996 dans R.-P., 1996, t. II, n° 461.

Rouen, musée des Beaux-Arts
Inv. n° 822.1.76

[**fig. 5.1**] Jean Antoine Watteau, *Feuille d'études avec une joueuse de luth, une femme assise, un Arlequin et deux têtes*, vers 1716, Paris, École nationale supérieure des beaux-arts

[**fig. 5.2**] Jean Antoine Watteau, *Études de têtes et une femme vue de dos*, vers 1717-1718, Paris, musée du Petit Palais

Jean Antoine Watteau

7 *L'Île enchantée* – vers 1717-1718

Si l'on en croit la légende de la gravure exécutée d'après *L'Île enchantée* par Jacques Philippe Le Bas pour le *Recueil Jullienne*, le tableau appartenait à l'époque à Jean-Sylvain Cartaud. La légende précise qu'il s'agissait de l'« Architecte de feu S.A.R. Monsig[r], le Duc de Berry », mais Cartaud était aussi l'architecte d'un des mécènes de Watteau, Pierre Crozat, puisqu'il avait construit l'hôtel de ce dernier, rue de Richelieu, et rénové son château à Montmorency. D'autres tableaux de Watteau appartenaient à des membres du cercle Crozat, à l'ébéniste Guénon ou l'architecte Gilles Marie Oppenordt par exemple, ce qui donne une idée du mécénat dont bénéficiait Watteau. Bien que des documents attestent la présence de ses fêtes galantes, plus tard dans le siècle, dans des collections de l'aristocratie, ce fut rarement le cas de son vivant.

L'asymétrie de cette composition est frappante. À gauche, quelque dix-sept figures ont été représentées ; elles sont le plus souvent assises ou allongées dans l'herbe. Un couple leur fait contrepoids à droite : en raison de sa taille et de son relatif isolement, il attire presque davantage l'attention. Cette composition semble, à bien des égards, comme inversée par rapport à celle du tableau intitulé *L'Assemblée dans un parc* [cat. 44][1]. Les deux œuvres comportent un plan d'eau dans lequel la lumière vient se réfléchir (un motif par ailleurs peu répandu dans les fêtes galantes de Watteau) et un vaste paysage s'étendant à perte de vue.

La plupart des figures de cette fête galante ont des attitudes qui nous sont familières et évoquent les différents personnages, vus de dos ou de face, auxquels Watteau nous a habitués ; certains se penchent vers d'autres ou, au contraire, s'en écartent. Tout bien considéré, il ne semble pas qu'il y ait dans cette œuvre de véritable intention narrative, à l'encontre des critiques qui ont tenté d'en donner une lecture plus cohérente. Influencé par le titre de l'œuvre, P. Rosenberg en a livré la description suivante : « Deux couples, aux extrémités de la toile, veulent se diriger vers l'île. Les sept autres couples se boudent, s'attaquent et se repoussent[2]. » Je crains que les lectures de ce type n'aient un aspect trop définitif ; la mise en opposition délibérée des émotions n'est pas caractéristique des fêtes de Watteau.

On ne manque pas d'être séduits par le décor, qui peut permettre de penser que Watteau a entre autres cherché à imiter les dessins de paysage de Campagnola que Crozat possédait[3]. Les sommets enneigés ont leurs pendants dans les variantes du Louvre et de Berlin du *Pèlerinage à Cythère*, dans lesquelles Watteau a aussi imité cette formule vénitienne.

Ce paysage qui a largement retenu l'attention des critiques est pourtant la partie du tableau qui a le plus souffert. Lorsque Joshua Reynolds fut en possession du tableau à la fin du XVIIIe siècle, il gratta en partie le ciel pour étudier la technique de Watteau. Un nettoyage, effectué avant l'exposition du tricentenaire de l'artiste, permit de retirer les repeints ultérieurs. L'exécution très libre, presque fluide de ce qu'il reste du paysage contraste curieusement avec la plupart des autres arrière-plans de Watteau. La richesse du coloris est également assez inhabituelle.

Peut-être influencées par le titre de la gravure, des interprétations présentent l'« île enchantée » comme le lieu représenté dans le tableau, à l'instar d'une lointaine Cythère. Au milieu du XIXe siècle, par exemple, A. Michiels écrivit : « Des paysages idéalisés, des paysages atteignant, dans leur composition poétique, un certain surnaturel, auquel l'art matériel de la peinture ne semble pas pouvoir monter : c'est là le caractère du paysage de Watteau. C'est là le caractère de cette ISLE ENCHANTÉE, où, au bord d'une eau morte et rayonnante et se perdant sous des arbres transpercés d'un soleil couchant, des hommes et des femmes sont assis sur l'herbe, les yeux aux montagnes neigeuses de l'autre rive, à la plaine immense, à l'étendue sans bornes et sans limite, et tout accidentée des mirages de la lumière rasante des heures qui précèdent le crépuscule[4]. »

Plus récemment, P. Rosenberg, fut aussi séduit par l'atmosphère curieusement crépusculaire de cette scène : « Le lac est éclairé par les derniers rayons du soleil couchant qui baigne la composition d'une lumière chaude et lui donne son unité, son climat [...]. Si quelques couples ne sont occupés que par eux-mêmes, d'autres participent au spectacle grandiose et mystérieux de la nature. *L'Île enchantée*, comme *L'Île de Cythère* est sur terre et hors d'atteinte, dans le temps et intemporelle[5]. »

Huile sur toile
47,5 x 56,3 cm

Historique
Vers 1734, Paris, collection Jean Sylvain Cartaud ; peut-être Londres, vente Bragge, 17 mars 1758, lot 30 ; Londres, 26 avril 1787, lot 55 ; Londres, collection de sir Joshua Reynolds ; peut-être vente Reynolds, 11 mars 1795, lot 45, acheté par Hughes ; ou peut-être vente du 17 mars 1795, lot 28, acheté par Stainforth ; collection James Holworthy ; son épouse, Anne Holworthy née Wright ; transmis par succession à sa sœur, Hannah Wright ; Hathersage (Derbyshire), Brookfield Hall, vente H. Wright, 19 mars 1868, lot 90 ; Bruxelles, collection John Waterloo Wilson ; Paris, avenue Hoche, vente J. Waterloo Wilson, 14-16 mars 1881, lot 25, acheté par Alexis Joseph Febvre ; Paris, hôtel Drouot, vente A. J. Febvre, 17-20 avril 1882, lot 35 ; Paris, collection du baron E. de Beurnonville ; Paris, vente E. de Beurnonville, 21-22 mai 1883, lot 42 ; Paris, collection Edouard Kann ; Paris, vente E. Kann, 8 juin 1895, lot 9 ; Paris, collection Léon Michel-Lévy ; Paris, galerie Georges Petit, vente L. Michel-Lévy, 17-18 juin 1925, lot 158 ; acheté par Wildenstein ; Paris, collection François Coty ; Paris, galerie Charpentier, vente François Coty 30 novembre - 1er décembre 1936, lot 30 ; Wildenstein ; acquis par les parents de l'actuel propriétaire.

Bibliographie
Washington-Paris-Berlin, 1984-1985, n° P60 (avec bibl. antérieure) ; Vidal, 1992, p. 24 ; R.-P., 1996, t. I, sous les n°s 18, 322, t. II, sous les n°s 380, 407, 536, 543, 600, t. III, sous les n°s R649, G36 ; Temperini, 2002, p. 145.

Expositions
Washington-Paris-Berlin, 1984-1985, n° P60 (avec exp. antérieures) ; Washington, 1988, n° 72.

Suisse, collection particulière

Jean Antoine Watteau

8 *Trois études d'homme avec cape* – vers 1715

En dépit du grand nombre de figures présentes dans *L'Île de Cythère*, on ne dispose que de quatre dessins lui étant directement liés. Il reste donc quinze figures pour lesquelles aucune étude ne nous est parvenue.

L'une des feuilles vers lesquelles Watteau se tourna appartient actuellement à un une collection particulière française [**fig. 8.1**] : elle comporte trois études représentant une femme vue de dos. Peut-être l'artiste eut-il recours au même modèle que pour la feuille de Stockholm [**cat. 10**][1]. De ces trois études le peintre a utilisé pour *L'Île enchantée* celles de droite et de gauche. La femme debout relevant délicatement sa robe du bout des doigts a donné la figure située à l'extrême droite du tableau, tandis que la femme assise apparaît au centre de la composition. Dans les deux cas, l'artiste a transposé très scrupuleusement sur la toile les menus détails du dessin.

Watteau s'est servi d'une autre feuille d'études, également utilisée pour *La Déclaration attendue*, celle du musée du Petit Palais [**cat. 4**]. Il a en effet peint dans *L'Île enchantée*, presque au centre de la composition, le jeune homme allongé sur le ventre dessiné sur cette feuille. Pour un autre homme, à demi allongé au sol et vu de dos, il a eu recours à un dessin autrefois dans la collection Michel-Lévy [**fig. 8.2**][2].

Le plus intéressant, c'est peut-être que trois des figures masculines restantes ont été empruntées à cette seule et même feuille, sur laquelle un seul modèle apparaît dans trois positions différentes. L'homme agenouillé à gauche correspond à une figure elle aussi à gauche dans le tableau. La figure du milieu réapparaît tête nue au milieu du tableau. Et l'homme peint tout à fait à droite de la composition n'est autre que la surprenante figure dessinée à droite sur la feuille, la cape jetée sur une épaule et la tête levée. Étant donné la répartition de ces trois figures dans le tableau et la diversité de leurs poses, on aurait pu ne pas remarquer leur origine commune. Il est intéressant de noter l'inversion des proportions : les figures dessinées sont beaucoup plus grandes que celle du tableau. Watteau a peint cette toile pour ainsi dire à la manière d'un miniaturiste.

D'autres dessins ont été associés à *L'Île enchantée*, mais s'ils présentent des analogies avec les figures du tableau et ont même peut-être été exécutés à partir des mêmes modèles vivants, ils ne font pas partie des feuilles véritablement utilisées par Watteau[3].

Sanguine et rehauts de blanc sur papier beige
24,3 x 36 cm

Historique
Paris, collection Charles Paul Jean-Baptiste de Bourgevin Vialart de Saint-Morys ; saisie des émigrés ; musée du Louvre.

Bibliographie
R.-P., 1996, t. I, n° 322 (avec bibl. antérieure).

Expositions
Exp. antérieures à 1996 dans R.-P., 1996, t. I, n° 322.

Paris, musée du Louvre,
département des Arts graphiques
Inv. 33364

[fig. 8.1] Jean Antoine Watteau, *Femme assise vue de dos*, vers 1716, collection particulière

[fig. 8.2] Jean Antoine Watteau, *Feuille d'études avec un joueur de flûte, un homme assis vu de dos, deux mains portant un éventail*, vers 1717, localisation inconnue

Jean Antoine Watteau

9 *Les Deux Cousines* – vers 1717-1718

De petites dimensions et intimiste tant dans les attitudes que dans les émotions mises en scène, ce chef-d'œuvre qui date des dernières années de Watteau est pure poésie. Un jeune homme, dont la cape est emplie de fleurs, est tourné vers une femme assise dans l'herbe qui accroche à son corsage une rose, sans doute reçue de la main du galant. À son regard attentif elle répond par un sourire. Cet échange semble tout autant visuel que sentimental. La seconde femme, dos au spectateur, est plus énigmatique. Dissociée de l'action qui unit les deux autres figures, la nuque droite, elle semble regarder au loin. Cette scène a pour cadre un parc et non un paysage de campagne comme en témoignent les deux statues situées sur l'autre rive du plan d'eau. Entre les deux statues se déroule un autre face-à-face, celui d'un homme et d'une femme allongés dans l'herbe, mais à une distance l'un de l'autre respectable. Ces deux personnages sont actuellement à peine visibles car, Watteau n'ayant appliqué la peinture qu'en fine couche, comme dans de nombreux autres tableaux, ceux-ci ont pris au fil du temps l'apparence de fantômes. La gravure exécutée d'après le tableau vers 1730 par Bernard Baron, un graveur français établi à Londres à qui appartenait le tableau, montre qu'ils tenaient à l'origine une place plus importante dans la composition.

Les Deux Cousines est le titre que porte la gravure de Baron. On peut cependant se demander si ce titre, comme bien d'autres figurant dans le *Recueil Jullienne*, reflète véritablement les intentions de Watteau. Quelques spécialistes ont établi un lien avec *Les Trois Cousines*, la pièce de théâtre à succès des frères Dancourt, qui servit à l'artiste de source d'inspiration pour *L'Île de Cythère*. Il n'existe pas d'œuvre littéraire intitulée *Les Deux Cousines*. Le titre donné à la gravure de Baron pourrait n'avoir été qu'un clin d'œil sans portée significative. Plusieurs interprètes ont cherché à donner de cette scène une lecture plus précise. Selon A. Brookner, *Les Deux Cousines* révèlent « à quel point il est poignant de se sentir seul quoique proche de personnes de toute évidence ensemble [...] à la lumière tombante du jour », et elles révèlent le monde de Watteau, « un lieu triste où toutes les relations se terminent dans la solitude[1] ». Mais cette vision romantique semble mieux caractériser ses romans que l'œuvre de Watteau. Dans une perspective opposée, A. P. Mirimonde perçut dans les fleurs du tableau, des roses, une évocation de Vénus. Elles symbolisent un amour partagé, puisqu'elles sont offertes et acceptées[2]. J. Hagstrum, quant à lui, vit dans cette peinture la mise en scène d'une dualité, celle entre la femme assise, voluptueuse et absorbée par la présence de son amant, et la figure debout qui, mystérieuse, « se rend seule à Cythère[3] ». Elle semble pourtant immobile.

D. Posner, selon son type de lecture à connotations sexuelles, présenta l'homme comme le destinataire des fleurs : « Il semble avoir cueilli des *fleurettes*, de doux mots d'amour. Il tend la main vers la dernière fleur, que la femme tient contre sa poitrine. L'autre figure féminine, qui se tient seule à côté d'eux, s'est discrètement détournée et regarde au-delà du lac [où] un autre couple est assis dans l'herbe. L'isolement de cette femme au milieu d'amoureux heureux fait l'effet d'une note poignante, mais douce. L'attente prépare le cœur à l'amour, et le message des autres fêtes galantes de Watteau est qu'on finit toujours par répondre à l'appel de l'Amour. »

Ces approches littéraires sont séduisantes, mais il y a fort peu de raisons de penser que Watteau composa ses tableaux dans l'intention de raconter une histoire ou de les doter d'un sens symbolique.

Huile sur toile
30,4 x 35,6 cm

Historique
Vers 1730, Londres, collection Bernard Baron ; sans doute Paris, 2 mai 1833, lot 110 ; collection Théodore Patureau ; Paris, vente T. Patureau, 20-21 avril 1857, lot 64, acheté par Van der Hoven ; Belgique, collection Van der Hoven ; trouvé à Londres par Henri Michel-Lévy ; acheté en 1918 par Paul Helleu ; en 1922, Paris, collection de la comtesse de Béhague ; Paris, collection Hubert de Ganay ; transmis par succession à son neveu ; acquis par le musée en 1990.

Bibliographie
Washington-Paris-Berlin, 1984-1985, n° P47 (avec bibl. antérieure) ; Blanc, 1987, p. 197 ; Démoris, 1987, p. 160 ; Rosenberg, 1990, p. 259-262 ; Jollet, 1994, p. 11 ; R.-P., 1996, t. I, sous le n° 328, t. II, sous les n°s 380, 398, 519, 528 ; Temperini, 2002, p. 70-71, 144.

Expositions
Washington-Paris-Berlin, 1984-1985, n° P47 (avec exp. antérieures) ; Paris, 1990, p. 127-129.

Paris, musée du Louvre
Inv. RF 1990-8

[fig. 9.1] Jean Antoine Watteau, *L'Orgueilleux*, vers 1718, localisation inconnue

[fig. 9.2] Gerard ter Borch, *Admonestation paternelle*, 1654-1655, Berlin, Gemäldegalerie

Cette fête galante surprend par ses dimensions réduites, mais ce n'est pas un cas unique dans l'œuvre de Watteau. Dès les premières années de sa carrière, Watteau créa, à côté de grandes compositions, des œuvres de plus petit format, constituées de deux ou trois figures seulement, comme en témoignent *L'Aventurière* [**cat.** 1] ou *Le Repos gracieux*, conservé à l'Ashmolean Museum d'Oxford. À cet égard, *L'Orgueilleux* [**fig.** 9.1] est un tableau particulièrement intéressant car il présente un nombre très restreint de figures, une composition d'une asymétrie frappante, et un personnage féminin, assis dans l'herbe, qui ressemble beaucoup à celui des *Deux Cousines* (peut-être est-ce la même femme). Les représentations composées d'aussi peu de figures donnent souvent à celles-ci une présence plus intense et atteignent ainsi une force d'émotion plus grande.

Pour ses premiers tableaux, Watteau recourut à des formules extrêmement proches de celles utilisées par les graveurs français, par Bonnart ou Claude Simpol, par exemple. Mais les œuvres de la maturité, comme *Les Deux Cousines*, s'inspirent de la peinture hollandaise de la seconde moitié du XVIIe siècle tant pour la composition que pour le contenu émotionnel. Dans la célèbre *Admonestation paternelle* de Gerard ter Borch [**fig.** 9.2], une femme vue de dos qui domine la scène contient, dans son énigmatique impénétrabilité, toute la puissance affective du moment saisi. L'œuvre de Ter Borch a pour cadre une maison close et traite de la relation entre une prostituée et un client, tandis que les figures de Watteau, une aristocratie élégante, profitent des attraits d'un parc bucolique. Mais, en l'occurrence, la différence de sujet importe peu. Le silence qui semble régner dans ces espaces, le décalage entre les personnages, la lumière qui joue avec les nombreux plis des étoffes chatoyantes et l'élégance des figures suffisent à donner à ces deux tableaux toute leur dimension poétique.

Jean Antoine Watteau

10 *Feuille d'études avec une femme assise, deux femmes debout et une main* – vers 1716

11 *Deux études de femme assise* – vers 1717

Le tableau *Les Deux Cousines* ne comptant que trois personnages principaux, il est assez aisé de reconstituer les étapes de sa réalisation. Les deux figures féminines peuvent être rapprochées de ces deux dessins très connus. La femme debout a été exécutée d'après l'étude figurant au centre d'une feuille conservée à Stockholm. Watteau y a représenté le même modèle dans trois positions différentes. On peut noter, entre autres points de correspondance éloquents, la série particulière de plis que la draperie forme, dans chacun des cas, autour de la taille. Dans le tableau, la femme debout a la tête parfaitement droite par opposition au dessin, dans lequel elle l'a légèrement inclinée vers la droite. Les changements de position de la tête ou des mains effectués par souci d'adéquation à une situation donnée ne sont pas rares dans l'œuvre de Watteau. Dans le tableau, la femme ne remarque donc pas le couple assis dans l'herbe, et entre encore moins en interaction avec lui. Cette dissociation correspond donc à une volonté délibérée de l'artiste.

La femme assise dans l'herbe provient de la feuille du British Museum comportant deux études de femme assise. Watteau aimait apparemment cette pose, qu'il a du reste aussi utilisée dans deux autres fêtes galantes, *Les Divertissements champêtres* et *Les Champs-Élysées* (Londres, Wallace Collection). Dans ces deux tableaux, c'est une autre figure féminine qui offre des fleurs à la femme assise, et non un homme comme dans *Les Deux Cousines*. Il n'est donc pas certain qu'il faille percevoir ici une quelconque allusion grivoise dans la pose de la figure féminine, comme certains pourraient être tentés de le faire.

D'autres dessins ont été fréquemment rapprochés des *Deux Cousines*[1]. Pourtant, il ne semble pas que d'autres études présentant de lien direct existent, notamment pour la figure masculine, ce qui n'a rien d'étonnant car il est rare de disposer de l'ensemble des dessins préparatoires pour un même tableau de Watteau.

10
Sanguine
16,5 × 24,8 cm

Historique
Comte Carl Gustav Tessin ; Stockholm, Bibliothèque royale ; Stockholm, Musée royal ; Stockholm, Nationalmuseum.

Bibliographie
R.-P., 1996, t. II, n° 398 (avec bibl. antérieure).

Expositions
Exp. antérieures à 1996 dans R.-P., 1996, t. II, n° 398.

Stockholm, Nationalmuseum
Inv. NM 2824/1863

11
Sanguine et mine de plomb
14,5 × 19,1 cm

Historique
Paris, collection Antoine Joseph Dezallier d'Argenville ; Paris, vente du 18 au 28 janvier 1779, faisait peut-être partie des lots 391 ou 392 ou 393, acheté par Lenglier ; acheté par le British Museum à M. Rutter en novembre 1846.

Bibliographie
R.-P., 1996, t. II, n° 528 (avec bibl. antérieure).

Londres, British Museum
Inv. 1846-11-14-25

2. *Le royaume de Vénus*

Jean Antoine Watteau

12 *Étude pour une fête galante* – vers 1717-1718

La manière dont Watteau exerçait son art était, à divers égards, singulière : il n'effectuait par exemple presque jamais d'études de composition d'ensemble pour ses tableaux. Peut-être le comte de Caylus se montra-t-il trop catégorique lorsqu'il fit état de cette habitude : « [...] jamais il n'a fait ni esquisse ni pensée pour aucun de ses tableaux, quelque légères et quelque peu arrêtées que ç'a pu être[1]. » Et ce, à l'encontre de la règle de l'Académie qui voulait que l'artiste effectuât de nombreuses études, notamment d'après modèles selon les poses requises pour l'œuvre envisagée. On ne peut cependant nier qu'il effectua quelques dessins préparatoires, notamment à ses débuts, comme en témoigne l'étude pour *Le Colin-maillard* [**cat. 77**]. De tels exemples sont beaucoup plus rares pour la période de maturité de l'artiste. Dans le cas de la feuille de Chicago, il est possible d'établir un lien avec le célèbre tableau intitulé *Les Plaisirs d'amour* [**fig. 12.1**].

La ressemblance entre le dessin et le tableau est assez forte : la disposition pyramidale des protagonistes au premier plan (un dispositif inhabituel chez Watteau), la statue de Vénus et Cupidon juchée à droite sur un grand piédestal, le rideau d'arbres en diagonale et même les petites figures secondaires apparaissant derrière les arbres. Finalement, le peintre allait modifier pour les besoins de son tableau toutes les figures du premier plan. Artiste passionné, Watteau se laissait guider par son inspiration, et n'obéissait pas à une méthode d'élaboration scrupuleuse[2].

La note clairement vénitienne, tant du dessin que du tableau, en constitue un des aspects remarquables. Comment ne pas songer à *L'Offrande à Vénus* de Titien [**fig. 12.2**] à la vue des similitudes de composition, de la rangée d'arbres disposée en diagonale et de la statue surélevée de Vénus située à droite ? Les adultes peuplant la composition de Watteau n'ont certes rien en commun avec les *amorini* du tableau de Titien, mais il est intéressant de noter qu'ils renvoient à certaines figures présentes dans le pendant de Titien intitulé *Les Andriens* [**fig. 16.2**]. Watteau, qui admirait sans aucun doute l'art de Titien, eut-il accès à cette composition[3] ? En témoigne notamment la bacchante allongée au sol dans *L'Automne* de Watteau, l'une des *Quatre Saisons* peintes pour Crozat[4] [**voir cat. 16**]. La pose particulière de la bacchante – vue de dos sans que ses membres inférieurs soient visibles – est assez proche de celle donnée par Titien à l'une des figures du premier plan dans *Les Andriens*.

On pourrait croire que la statue de Vénus était un accessoire de rigueur dans les fêtes galantes de Watteau mais elle n'apparaît en fait que rarement. Beaucoup plus fréquents sont les hermès de satyres, la statue de Sarazin constituée de putti se hissant sur une chèvre, et les fontaines ornées de sculptures représentant des naïades ou Neptune. Dans *Assis auprès de toi*, un autoportrait de Watteau en compagnie de Jean de Jullienne, on aperçoit entre les arbres la Vénus des Médicis, mais le sens à donner à cette présence demeure énigmatique. L'artiste a aussi inclus un hermès de Vénus dans le *Pèlerinage* du Louvre tandis que la variante de Berlin comporte la même statue de Vénus et Cupidon que celle qui figure dans le dessin de Chicago et les *Plaisirs d'amour*[5] [**fig. 12.1**]. Dans ces deux derniers cas, la divinité a un rôle significatif : elle protège les amoureux assemblés au pied de sa statue. Il est intéressant de noter que son torse et ses jambes, minces et allongés, ainsi que la légère torsion de son corps anticipent sur l'esthétique rococo des sculptures de Pigalle.

Sanguine
19,5 x 26,4 cm

Historique
Peut-être Paris, vente de la collection Martial Pelletier, 29 avril - 4 mai 1867, lot 1446 ; Paris, collection du marquis Philippe de Chennevières ; Paris, hôtel Drouot, vente Ph. de Chennevières, 5-6 mai 1898, lot 193, acheté par Jacques Doucet, Paris ; Paris, galerie Georges Petit, vente J. Doucet, 5 juin 1912, lot 69 ; peut-être Paris, collection Marius Paulme ; 1929-1931, Paris, collection Maurice Fenaille ; vers 1950-1957, Paris, collection du comte Robert de Billy ; Paris, collection Karl-Hans Strauss ; 1974, Londres, Artemis ; 1975, Boston, collection Robert Light ; acquis par l'Art Institute of Chicago en 1975.

Bibliographie
R.-P., 1996, t. II, n° 599 (avec bibl. antérieure).

Expositions
Exp. antérieures à 1996 dans R.-P., 1996, t. II, n° 599 ; Chicago, 2000, n° 12.

Chicago, The Art Institute of Chicago
Inv. 1975.343

[**fig. 12.1**] Jean Antoine Watteau, *Les Plaisirs d'amour*, vers 1717-1718, Dresde, Gemäldegalerie

[**fig. 12.2**] Titien, *L'Offrande à Vénus*, 1516-1518, Madrid, Museo nácional del Prado

Nicolas Henri Tardieu, d'après Jean Antoine Watteau

13 *Le Pèlerinage à Cythère* – vers 1733

Le Pèlerinage à l'île de Cythère conservé au Louvre [**fig. 13.1**] demeure l'œuvre de Watteau probablement la plus connue. Il s'agit aussi de l'image la plus représentative du rococo, et surtout, le premier tableau à avoir été identifié comme la représentation d'une fête galante. Si l'historique de la plupart des tableaux de Watteau demeure obscur, la genèse de cette œuvre et ses développements ultérieurs sont bien documentés. Le 30 juin 1712, date à laquelle Watteau fut agréé à l'Académie de peinture et de sculpture, celle-ci demanda au peintre, comme à tous les autres membres admis à titre provisoire, de lui présenter un morceau de réception. Alors que certains sujets étaient généralement proscrits, Watteau fut autorisé à choisir le sien à sa guise, mandat certes inhabituel mais non sans précédent. Comme d'autres artistes avant lui, Watteau prit son temps. L'Académie le rappela plusieurs fois à ses obligations jusqu'à lui fixer, le 9 janvier 1717, un ultime délai de six mois. Le 28 août 1717 (soit près de deux mois après expiration du dernier délai accordé), Watteau présenta finalement son tableau. L'œuvre fut initialement portée au registre de l'Académie sous le titre « *Le Pèlerinage à l'isle de Cithère* » qui fut par la suite rayé et remplacé par : « une feste galante ».

Watteau utilisa cette composition une seconde fois pour le tableau conservé au palais de Charlottenburg à Berlin [**fig. 13.2**]. Il modifia certaines figures et en ajouta d'autres, opta pour un type de bateau plus sophistiqué et augmenta largement le nombre de putti joueurs. On ne sait si Watteau décida lui-même d'exécuter cette variante ou s'il le fit sur commande. *Le Pèlerinage* de Berlin fit en tout cas son entrée dans la collection de Jean de Jullienne, qui possédait à lui seul le plus grand nombre d'œuvres de Watteau. Celui-ci fit graver cette variante pour l'inclure dans son recueil de gravures, et ce, certainement parce qu'elle s'y prêtait, mais aussi parce qu'il lui aurait été peut-être plus difficile d'avoir accès au tableau de l'Académie. Julienne étant en outre un homme d'affaires, il devait savoir qu'une gravure de cette composition se vendrait un bon prix. Elle fut exécutée par Tardieu, et la vente en fut annoncée dans le numéro d'avril 1733 du *Mercure de France*.

Le thème du pèlerinage à Cythère était très en vogue dans ces années-là : cette escapade placée sous le signe de l'amour était l'un des sujets favoris des graveurs parisiens, tels Simpol ou Picart [**cat. 19**]. Au début de sa carrière, Watteau explora plusieurs fois ce thème. Des pèlerins venus à Cythère figurent dans l'arabesque intitulée *L'Enjôleur* (Valenciennes, musée des Beaux-Arts). Un autre tableau de jeunesse, *L'Île de Cythère* (Francfort, Städelsches Museum [**fig. 6, p. 75**]) montre des pèlerins qui se mettent en route avec la complicité de petits amours. On s'accorde généralement à dire que cette composition représente le divertissement final des *Trois Cousines*, la pièce des frères Dancourt dans laquelle trois cousines sont incitées à partir pour Cythère. Watteau réutilisa par ailleurs quelques-uns de ces pèlerins dans ses eaux-fortes, ses *Figures françoises et comiques*. C'est sans aucun doute pour l'une ou l'autre de ces raisons, si ce n'est pour toutes, que Watteau fit du pèlerinage à Cythère le sujet de son morceau de réception.

Le choix de Watteau peut aussi être éclairé par un article du *Mercure de France*, publié à l'occasion de la mise en vente de la gravure de Tardieu, où l'on peut lire que le sujet de l'œuvre est « aussi galant qu'allégorique ». En 1717, Watteau était déjà connu comme peintre de fêtes galantes. Il ressentit cependant peut-être l'obligation d'élever son sujet habituel par respect pour les nobles aspirations de l'Académie. Plutôt que de s'essayer à la représentation d'un sujet purement mythologique (une dimension pas totalement étrangère à son œuvre), il demeura fidèle à sa véritable spécialité, la peinture de fêtes galantes, tout en empruntant des éléments à la mythologie antique pour satisfaire au traditionalisme de l'Académie.

Au XIXᵉ siècle, les romantiques modifièrent le sens du *Pèlerinage à l'île de Cythère* de Watteau, faisant de cette hymne à l'amour une œuvre élégiaque, censée dénoncer la fugacité de l'amour et l'état de mélancolie qu'il entraîne. Ils perçurent à tort le tableau du Louvre comme empreint de tristesse. Ne s'étant pas rendu compte que les pèlerins étaient arrivés à Cythère et avaient déjà trouvé l'amour, des critiques s'imaginèrent qu'ils étaient en partance pour une destination inaccessible. Le vernis du tableau ayant jauni, ils interprétèrent mal le moment de la journée. Pensant qu'il s'agissait d'un crépuscule du soir, ils perçurent à tort l'obscurité approchante comme emblématique du désespoir ambiant. Dans les années 1960, Michael Levey démontra brillamment que le tableau avait un sujet positif, le pouvoir de l'amour. Le nettoyage du tableau du Louvre entrepris en 1983-1984 permit en outre de retirer le vernis jauni et de rendre à cette œuvre son aspect d'origine avec ses magnifiques couleurs ensoleillées, dont on aurait pu soupçonner l'existence en raison du somptueux coloris vénitien de la variante conservée à Berlin. Pour qualifier les fêtes galantes, on n'employa du reste à l'origine que les termes sans ambiguïté d'« agréable » ou « charmant ».

Eau-forte et burin
49,8 x 71,8 cm

Bibliographie
Washington-Paris-Berlin, 1984-1985, sous le n° P62 (avec bibl. antérieure).

Paris, Bibliothèque nationale de France, département des Estampes

[**fig. 13.1**] Jean Antoine Watteau, *Le Pèlerinage à l'île de Cythère*, 1717, Paris, musée du Louvre

[**fig. 13.2**] Jean Antoine Watteau, *Le Pèlerinage à l'île de Cythère*, vers 1718-1719, Berlin, palais de Charlottenburg

Anonyme flamand

14 *Le Jardin d'amour de Philippe le Bon* – vers 1560

À la fin du Moyen Âge et au début de la Renaissance, un art profane, faisant le culte de l'amour et du divertissement chevaleresques, connut un véritable essor en Europe du Nord. Ces thèmes, abondamment traités en littérature et en musique, apparurent en effet aussi dans le domaine des arts visuels, bien qu'ils y aient été moins répandus. Ce tableau et une variante conservée à Dijon[1] sont considérés comme des copies assez fidèles – exception faite du paysage représenté à l'arrière-plan et de certains détails vestimentaires – du milieu du XVIe siècle d'une composition du début du XVe siècle, soit à l'époque de Jan van Eyck et de son mécène Philippe le Bon, duc de Bourgogne.

Le duc est assis à une table, à droite très précisément du centre de la composition. Accompagnées de musiciens, les figures qui l'entourent chantent. La duchesse, qui tourne le dos à son époux, semble inviter un couple à se joindre aux danseurs du coin inférieur gauche. On assiste ici à un moment de détente au cours d'une partie de chasse, le duc tient d'une main un faucon. Au premier plan et à l'arrière-plan, d'autres figures prennent part à cette activité prisée par la noblesse.

Des historiens de l'art ont pensé que ce tableau avait pour sujet un événement historique particulier. Il s'agirait de la célébration du troisième mariage du duc de Bourgogne, qui eut lieu en 1430. Plus récemment, Van Buren Hagopian a émis l'idée qu'il pourrait s'agir d'un mariage arrangé par le duc entre deux courtisans de moindre importance. Quel qu'ait été l'événement proprement dit, ce qui nous intéresse ici est la nature des festivités dans leur ensemble. Cette œuvre – représentant courtisans et amants dans un paysage utopique – s'inscrit en fait dans le thème du jardin d'amour.

Il existe peu de compositions profanes de ce genre datant du début du XVe siècle, en particulier dans le domaine de la peinture, le thème du jardin d'amour étant davantage traité dans les manuscrits et les gravures[2]. On peut notamment comparer ce tableau à la célèbre mais unique gravure du Maître dit du Jardin d'amour [**fig. 14.1**], conservée à Berlin, ainsi qu'à des estampes du Maître ES. Ces représentations montrent, elles aussi, combien la Cour aspirait à se distraire, à écouter de la musique, à danser et à festoyer. Quelques fresques, tel le célèbre cycle de la Torre dell'Aquila, en Italie du Nord, illustrent, à échelle monumentale, des sujets analogues. On notera en outre l'existence de ce type de sujets profanes et historiques dans le domaine de la tapisserie. Bien qu'aucune peinture comparable datant du début du XVe siècle n'ait survécu, il semble qu'une œuvre de ce genre ornait un dessus de cheminée du palais du Pardo, à l'extérieur de Madrid et pourrait avoir servi de modèle aux tableaux de Versailles et de Dijon.

Quelle qu'ait été la forme de l'œuvre originale, elle présentait encore un intérêt suffisant au milieu du XVIe siècle pour être copiée au moins deux fois. Elle constitua ainsi un trait d'union entre la fin du Moyen Âge et l'époque moderne, en anticipant sur l'art de David Vinckboons, de Sébastien Vrancx et de bien d'autres artistes néerlandais de la fin du XVIe siècle, dont les tableaux mettent en scène des groupes complexes de courtisans oisifs s'adonnant à la musique, à la danse, et surtout, à l'amour. Ces œuvres contribuèrent, à leur tour, à la naissance de la notion de la fête galante, qui émergea un siècle plus tard.

Huile sur toile contrecollée sur bois
164 x 120 cm

Historique
Mannheim, collection Wilhelm Maas ;
acquis par le musée en 1897.

Bibliographie
Roblot-Delondre, 1911, p. 420-427 ; Charageat, 1950 ; Brunet, 1971, p. 331-342 ; Mullally, 1977, p. 109-112 ; Constans, 1980, n° 1996, p. 142 ; Winter, 1983, p. 116 ; Van Buren Hagopian, 1985, p. 185-192 ; Campbell, 1990, p. 46-47 ; Constans, 1995, n° 5591, p. 999 ; Jugie, 1999, p. 59-69 ; Châtelet, 1999, p. 70-77.

Expositions
Termonde, 1970, n° 160 ; Paris, 2002, p. 214-215, n° 95.

Versailles, musée national du château
Inv. MV 5423

[**fig. 14.1**] Maître du Jardin d'amour, *Grand Jardin d'amour*, vers 1440, Berlin, Kupferstichkabinett

Louis de Caulery

15 *Hommage à Vénus* – vers 1605-1620

Avec l'avènement de la Renaissance et le regain d'intérêt pour l'étude des classiques, on assista à la prolifération d'images de dieux païens et – ce qui est peut-être plus surprenant en raison du fondement chrétien de l'Europe – de contemporains en adoration devant des statues païennes. En témoigne ce tableau de l'artiste anversois Louis de Caulery, qui montre des courtisans de son époque vénérant une statue de Vénus. Il fut peint près d'un siècle après *L'Offrande à Vénus* de Titien [**fig. 12.1**], qui fait partie du cycle magistral des *Andriens*. Si dissemblables que soient les interprétations de Caulery et de Titien, toutes deux reposent sur le même passage des *Images* de Philostrate, dans lequel l'auteur décrit une peinture montrant de jeunes femmes en train de faire des offrandes à Vénus et de lui rendre gloire en chantant des hymnes au pied de sa statue[1]. Titien s'est cependant livré à une restitution plus littérale du texte de Philostrate, et son œuvre fait figure d'exception par ses qualités artistiques. L'interprétation de Caulery est, quant à elle, plus quelconque et naïve.

Une tradition non moins importante à l'époque consistait à représenter les signes du zodiaque et les dieux païens en montrant de quelle manière ils gouvernaient les activités humaines. Cette tradition est manifeste dans des œuvres aussi anciennes que les gravures du Maître du Cabinet d'Amsterdam qui, exécutées à la fin du XVe siècle, reflètent la croyance largement répandue selon laquelle certains mois étaient censés être propices à des activités précises, chacun étant régi par une divinité distincte. Il existait un parallèle entre les cycles dédiés aux dieux planétaires et ceux consacrés aux saisons. Avril était ainsi le mois de Vénus, la protectrice de l'amour et des amoureux, et le printemps, la saison associée à l'amour.

Ces cycles anciens représentaient rarement des figures se livrant activement à l'adoration de divinités païennes. Caulery cependant, influencé par l'humanisme ambiant et par le respect pour les auteurs anciens, a illustré le texte de Philostrate en montrant des adorateurs groupés autour de la statue, et, au premier plan, un couple agenouillé qui invoque la protection de la déesse. Vénus tient dans la main gauche, en hauteur, un cœur enflammé, et, dans la main droite, une flèche. Bien qu'il s'agisse théoriquement d'une statue, elle donne l'impression d'être vivante, tout comme son fils Cupidon, qui semble non seulement s'apprêter à descendre de son piédestal mais aussi bander son arc en réponse à la prière d'un adorateur masculin qui se tient près de la statue.

Bien que l'on ne dénote guère dans le tableau de Caulery l'esprit classique, venu naturellement à Titien, il est bel et bien un reflet de l'œuvre littéraire dont il s'inspire. Si les œuvres de Titien influencèrent des artistes de l'envergure de Rubens ou de Van Dyck, le type d'imagerie proposé par Caulery, si étrange qu'il a été, plut aussi à un large public, comme en témoignent les nombreuses variantes qui nous sont parvenues[2].

Si ce tableau est une œuvre autonome, Caulery et ses disciples associèrent souvent à l'hommage à Vénus des compositions proches, de même format, consacrées aux dieux Bacchus et Cérès. Ainsi se trouvait illustrée la célèbre maxime de Térence : « Sine Cerere et Baccho friget Venus ». Un ensemble de ce type fit partie de la collection du roi du Danemark Christian IV au début du XVIe siècle[3].

Ces peintures connurent une certaine postérité. Au milieu du XVIIe siècle, des artistes hollandais continuèrent à peindre des femmes présentant des offrandes à une statue de Vénus. Le tableau de Caspar Netscher qui a appartenu à la collection de la maison d'Orléans est un des exemples les plus connus [**fig. 15.1**][4]. Les suppliantes de Netscher ont une apparence plus en adéquation avec celle des jeunes filles de l'Antiquité et annoncent ainsi les œuvres de Vien et le néoclassicisme de la fin du XVIIIe siècle, tandis que la noblesse à la mode de Caulery anticipe les tableaux de Claude Simpol et de Watteau.

Huile sur bois de chêne
33,7 x 44,5 cm

Historique
Collection particulière ; New York, Wildenstein & Co. ; vente à Paris, hôtel George V, 17 juin 1997, lot 19.

Bibliographie
Banks, 1977, p. 209 ; Koester, 2000, p. 82.

Expositions
Pittsburgh, 1954, n° 14 ; East Hampton, 1958, n° 19.

Collection particulière

[**fig. 15.1**] Nicolas Le Mire, d'après Caspar Netscher, *Offrande à Vénus*, vers 1808, Paris, Bibliothèque nationale de France, département des Estampes

Il Padovanino (Alessandro Varotari, dit), d'après Titien

16 *Les Andriens* – vers 1614-1618

Les trois tableaux mythologiques, *Bacchus et Ariane* [**fig. 16.1**], *L'Offrande à Vénus* [**fig. 12.2**] et *Les Andriens* [**fig. 16.2**], commandés à Titien par Alphonse d'Este pour le *camerino* de son palais à Ferrare font partie des joyaux de l'art de la Renaissance vénitienne. Ce *camerino*, dont on ne connaît guère l'apparence ni la fonction, renfermait d'autres peintures et sculptures, et peut-être même des œuvres antiques, mais ce sont ces trois œuvres qu'on a le plus souvent gardées en mémoire. Inspirées en grande partie des descriptions que Philostrate avait livrées de quelques peintures antiques dans ses *Images*, elles sont caractéristiques de ces exercices artistiques et intellectuels particulièrement appréciés à la Renaissance. Leur paganisme sensuel – tel qu'il s'exprime au travers d'une chair voluptueuse et d'un abandon de nature émotionnelle – et leur fondement littéraire évoquent, plus que la plupart des autres œuvres de la même période, l'esprit de la Renaissance.

Déplacés à Ferrare, les tableaux devinrent relativement inaccessibles. En 1598, lorsque le pape Clément VIII fit de nouveau valoir ses droits sur le territoire ferrarais, son neveu, le cardinal Pietro Aldobrandini, en prit possession et les fit transférer dans sa propre villa romaine. En 1621, Olimpia Aldobrandini offrit deux des tableaux, *Les Andriens* et *L'Offrande à Vénus*, à Ludovico Ludovisi, qui en fit lui-même don au roi d'Espagne, Philippe IV, en 1638. De nombreux artistes, célèbres ou non, eurent accès à ces toiles et en exécutèrent des copies au cours des quarante années qu'elles furent conservées à Rome[1]. Rubens, Van Dyck, Poussin et bien d'autres encore rendirent hommage aux chefs-d'œuvre de Titien, et Andrea Podestà les grava en 1638.

Parmi les copies les plus célèbres, peintes à la même échelle, figurent celles de Varotari, appelé Il Padovanino. En 1660, soit une vingtaine d'années après le départ des deux toiles de Titien pour l'Espagne, le poète Marco Boschini publiait *La carta del navegar pitoresco*, ouvrage dans lequel il déplorait la perte de ces tableaux, et rapportait comment Varotari, « épris de célébrité, avait couru à Rome » pour les copier[2]. Ce dernier, qui s'était installé à Venise au début de sa carrière, séjourna à Rome de 1614 environ à 1618. Nombreux sont ceux qui pensent qu'il exécuta ces copies au cours de ces années, mais d'autres spécialistes penchent plutôt pour un séjour légèrement plus tardif, non documenté[3]. On pense qu'en raison de certains détails, tels que la nudité de la bacchante représentée dans le coin inférieur droit des *Andriens*, les copies doivent être antérieures aux années 1622-1623, date à laquelle un feuillage allait dissimuler le sexe de cette figure féminine dans la toile de Titien. Varotari aimait tellement les trois tableaux de ce dernier qu'il peignit apparemment plusieurs séries de copies. Seule cependant celle de Bergame a subsisté.

On accorde aujourd'hui une telle importance aux tableaux de Titien du *camerino*, que de nombreux spécialistes ont été tentés de leur prêter une incidence directe sur l'art de Watteau et le développement de la fête galante. Un certain nombre de copies du cycle des *Andriens* de Titien se trouvaient à Paris à l'époque de Watteau[4] (voir M. Hochmann, p. 63). Aucun dessin de Watteau connu à ce jour ne permet cependant véritablement d'affirmer qu'il avait eu connaissance de ses compositions, même si certains indices permettraient de le penser, notamment la bacchante allongée au premier plan de *L'Automne* peint par Watteau pour Crozat. Bien que cette dernière figure ait été étudiée d'après un modèle vivant, sa pose est identique à celle de la femme de gauche dans les *Andriens*. Le rideau d'arbres en diagonale, qui constitue l'une des caractéristiques du tableau de Titien (et dans une moindre mesure de *L'Offrande à Vénus*) est un dispositif de composition qui réapparaît dans un certain nombre de tableaux de Watteau datant de la maturité, dans *Les Plaisirs d'amour* par exemple [**fig. 12.1**]. Néanmoins, il ne faudrait pas accorder une place trop centrale aux tableaux de Titien dans le développement de la fête galante. Peu d'éléménts étayent cette hypothèse et, comme ce catalogue le montre par ailleurs, l'artiste disposait d'un grand nombre d'autres sources picturales.

Huile sur toile
175 x 188 cm

Historique
Venise, collection de l'artiste ; Venise, collection Fossati ; collection Salvatore Orsetti ; don de S. Orsetti à l'Accademia Carrara en 1804.

Bibliographie
Boschini, 1660, p. 173 ; Boschini, 1674 ; Marenzi,1804, p. 2 ; Marenzi, 1824, p. 92 ; Crowe et Cavalcaselle, 1877, p. 200 ; Frizzoni, 1892, p. 217 ; Frizzoni, 1897, p. 27-28 ; Angelini, 1911, p. 359 ; Ridolfi, 1914, p. 159, 395 ; Dell'Acqua, 1956, p. 114 ; Walker, 1956, p. 112-113 ; Pallucchini, 1962, p. 122 ; Savini Branca, 1965, p. 256, 284 ; Donzelli, et Pilo, 1967, p. 307-308 ; Vertova, 1969, p. 75 ; Bergamo, 1976, p. 11 ; Natale, 1979, p. 131 ; Marenzi, 1985, p. 132 ; Cavalli-Björkman, 1987, p. 144-145 ; Rossi, 1989, p. 79-80, 94, 96 ; Rossi, 1990, p. 104-106 ; Ruggeri, 1993, p. 48-55 ; Pallucchini, 1993, t. I, p. 101 ; Rome, 1994-1995, p. 64 ; Ruggeri, 1996, p. 749 ; Saccomani, 1997, p. 123-124 ; Rossi, 1998, p. lv.

Expositions
Venise, 1990, h.c. ; Bruxelles, 2003-2004, n° 206.

Bergame, Accademia Carrara
Inv. n° 425

[**fig. 16.1**] Titien, *Ariane et Bacchus*, 1522, Londres, National Gallery

[**fig. 16.2**] Titien, *Les Andriens*, 1518-1519, Madrid, Museo nácional del Prado

Pierre Paul Rubens

¹⁷₁₈ *Le Jardin d'amour* – vers 1632-1635

De toutes les compositions que Rubens consacra, au cours de la dernière décennie de sa carrière, à la mise en scène d'ardentes passions, aucune ne peut prétendre à plus de célébrité que son *Jardin d'amour*. Les plus connues des nombreuses variantes de ce tableau, exécutées par le maître ou par son atelier, sont celles du Prado et de Waddesdon Manor. Cependant, c'est probablement la version de Dresde [**fig. 17.1**] qui présente le lien le plus convaincant avec Watteau et son entourage.

Le Jardin d'amour est la somme de toutes les compositions de même sujet qui l'ont précédé à la fin du Moyen Âge et au cours de la Renaissance. Dans un jardin, dont les colonnes à bossage rustique rappellent la demeure anversoise de l'artiste, des courtisans se rassemblent pour rendre hommage au pouvoir de l'amour. Au centre de la composition, un homme joue du luth tandis que plusieurs femmes l'écoutent ou l'accompagnent en chantant. Rubens et sa seconde épouse – poussée par un putto – arrivent par la gauche, et un autre couple par la droite. D'autres couples d'amoureux, assis au premier plan ou debout sous la structure en forme de grotte, se tiennent des propos galants. Comme en témoignent la présence de nombreux putti et d'une fontaine en forme de nu féminin assis sur un dauphin, nous sommes au royaume de Vénus. Si le cadre est terrestre et contemporain, ce qui est représenté relève presque de la mythologie.

Il n'est pas surprenant que de nombreux spécialistes aient compté le tableau de Rubens parmi les sources d'inspiration probables de Watteau et de la fête galante. Le titre même de l'œuvre au XVIIIᵉ siècle, *La Conversation* et *La Conversation galante*, semblent indiquer l'existence d'un lien[1]. Peut-être Watteau connaissait-il le tableau aujourd'hui à Dresde, car il appartenait à son époque à la comtesse de Verrue. Il pourrait en effet avoir eu accès à la célèbre collection de la comtesse par l'entremise de Crozat ou de Jean de Jullienne[2]. Il y avait en outre à Paris une deuxième variante qui appartenait à Roger de Piles, et probablement une troisième dans la collection de la maison d'Orléans[3].

Watteau copia certainement quelques-unes des figures peintes par Rubens ou Van Dyck. Comme Dezallier d'Argenville l'a noté : « Il aimait à copier des bons tableaux [...] Rubens et Van Dyck dont le ton de couleur l'avait enchanté étaient ses véritables modèles[4]. » Mais à en juger par les œuvres qui ont survécu, Watteau avait le plus souvent tendance à travailler à partir des nombreux dessins de maîtres flamands dont se composait la collection Crozat. Ainsi que le comte de Caylus l'a signalé, il étudia soigneusement les dessins des maîtres anciens qui constituaient cette collection : « [...] ce qui piqua le plus son goût, ce fut cette belle et nombreuse collection des dessins des plus grands maîtres qui faisait partie de ces trésors [...] plus encore aux études de Rubens et de Van Dyck[5]. »

17
Plume et encre brune, lavis gris et rehauts de blanc, de bleu et de vert sur pierre noire
48 × 71 cm

18
Crayon, encre brune, lavis gris-vert, rehauts de vert, jaune et blanc sur pierre noire
46,3 × 70,5 cm

Historique
Les deux feuilles probablement à Anvers, vers 1686, dans la collection de Johannes Philippus Happart ; Paris, collection Pierre Crozat ; moitié gauche donnée à Pierre-Jean Mariette ; moitié droite, Paris, vente Crozat, 10 avril - 13 mai 1741, faisait partie du lot 828, achetée par Pierre-Jean Mariette ; les deux feuilles, Paris, vente de la collection Mariette, 15 novembre 1775 - 30 janvier 1776, faisaient partie du lot 994, achetées par Basan ; Amsterdam, collection Pieter Fouquet ; Amsterdam, collection Jan Gildemeester Jansz ; Amsterdam, vente J. Gildemeester Jansz, 24 novembre 1800 et jours suivants, album B du lot 1, acheté par Vinkeles ; Amsterdam, collection Hendrik Van Eyl Sluyter ; Amsterdam, vente Van Eyl Sluyter, 26 septembre 1814 et jours suivants, album N du lot 1 ; acheté par Josi ; Londres et Packington Hall (Warwickshire), collection Heneage Finch, 5ᵉ comte d'Aylesford ; Londres, Christie's, 17-18 juillet 1893, n° 272, acheté par sir John Charles Robinson ; Londres, Christie's, vente J.-C. Robinson, 12-14 mai 1902, n° 334, acheté par Agnew ; Thornton Manor, Thornton Hough, Wirral (Cheshire), collection William Hesketh, premier vicomte Leverhulme ; Port Sunlight (Cheshire), Lady Lever Art Gallery ; Londres, Thomas Agnew & Sons ; acquis par le musée en 1958.

Bibliographie
Held, 1986 (avec bibl. antérieure), p. 150-151, nᵒˢ 210-211 ; Logan, 1987, p. 77-79 ; Glang-Süberkrüb, p. 49-53 ; White, 1987, p. 270-271.

Expositions
Londres 1899-1900, nᵒˢ 149-150 ; Londres 1950, nᵒˢ 46-47 ; Anvers 1956, n° 128 ; New York 1964, n° 81 (moitié droite) ; Paris 1967, nᵒˢ 199-200 ; New York 1970, n° 285 ; Londres 1977, n° 172 a-b ; Paris 2001, n° 68.

New York, The Metropolitan Museum of Art, Agnew Fletcher Fund
Inv. n° 58.96.1 et n° 58.96.2

[**fig. 17.1**] Rubens et son atelier, *Le Jardin d'amour*, vers 1632-1640, Dresde, Gemäldegalerie

Ainsi Watteau dut-il avoir accès à deux magnifiques dessins de Rubens qui étaient des pendants et appartenaient alors à son grand mécène, Pierre Crozat. Tous deux sont aujourd'hui à New York, au Metropolitan Museum of Art. Ces dessins devaient attirer l'attention même au milieu de l'extraordinaire collection que possédait Crozat, en raison de leur format, extrêmement grand, et de la richesse de leur coloris.

Les deux dessins présentés ici furent exécutés en préparation des gravures sur bois réalisées par Christoffel Jegher [fig. 17.2 et 17.3]. Mais ces deux dessins ne constituent pas à eux deux une fidèle reproduction du tableau de Rubens conservé au Prado. Celui-ci a en effet retravaillé la composition en tenant compte de la structure en deux parties de la gravure, inévitable en raison de la grandeur du format. Il a disposé à l'extrême droite des figures supplémentaires, beaucoup plus actives, et a relégué à gauche celles situées sous la structure architecturale de manière à remplir la surface de l'autre feuille. Il a ajouté de la roche naturelle au bâtiment, lui donnant ainsi encore plus l'apparence d'une grotte, et a remplacé la fontaine de Vénus par une plus petite. L'artiste a en outre considérablement retravaillé les deux dessins après exécution des gravures[6] en modifiant certaines figures, en ajoutant d'autres, et a aussi retouché quelques putti. Il a appliqué de la couleur, et enrichi le décor en ajoutant, entre autres, une charmille. Bien que le dessin soit finalement assez différent du tableau, il chante de manière tout aussi émouvante le pouvoir de l'amour.

Étant donné la présence à Paris de variantes à la fois peintes et dessinées du *Jardin d'amour* de Rubens, on peut se demander si Watteau fut particulièrement influencé par ces compositions. Aucune preuve concrète ne permet de l'affirmer. Certains observateurs ont cherché à établir un lien entre *Le Jardin d'amour* et *L'Île de Cythère* de Watteau, aujourd'hui à Francfort [fig. 6, p. 75], car les deux œuvres comportent d'un côté un putto qui pousse une femme vers la scène principale. Cette similitude peut cependant être purement fortuite. Watteau pourrait en outre ne pas avoir eu encore connaissance des œuvres de Rubens lorsqu'il peignit *L'Île de Cythère*. En 1717 cependant, date à laquelle il acheva *Le Pèlerinage à l'île de Cythère*, il connaissait certainement la collection de Crozat. Même s'il est impossible de mettre en évidence des points de correspondance précis entre les figures des dessins de Rubens et celles des tableaux de Watteau, ces œuvres, peuplées de couples se courtisant et de petits amours batifolant, partagent un même état d'esprit, ce qui pourrait laisser penser que Watteau connaissait ces chefs-d'œuvre du maître flamand.

[fig. 17.2 et 17.3] Christoffel Jegher, d'après Rubens, *Le Jardin d'amour*, vers 1632-1634, New York, The Metropolitan Museum of Art

Watteau et la fête galante

Bernard Picart

19 *L'Île de Cythère* – vers 1715-1720

Cette gravure est très connue aujourd'hui car elle est l'une des œuvres les plus importantes susceptibles d'avoir inspiré à Watteau son *Pèlerinage à l'île de Cythère*. Son répertoire de figures et de poses contient presque tous les éléments qui vont être utilisés par Watteau : le couple assis à terre, l'homme posant une main sur les genoux de sa dame, l'homme debout aidant sa compagne à se lever, la femme prêtant l'oreille à la complainte de son soupirant. La disposition des amoureux au premier plan, le putto qui, faisant office de passeur, maintient le bateau en place, et l'homme qui aide la femme à mettre pied à terre sur la rive lointaine constituent encore d'autres analogies avec le tableau de Watteau. Mais si Picart ouvrit la voie au *Pèlerinage à l'île de Cythère* de Watteau, il est aussi certain que le tableau de Watteau surpasse ce modèle. Le peintre a placé les figures individuelles de manière à former des groupes plus grands, plus harmonieux, et a ainsi insufflé au tableau un rythme magistral.

Avant même que Watteau n'ait peint son chef-d'œuvre, cette gravure eut du succès. Le sujet, à lui seul, devait plaire, car il avait l'attrait de la nouveauté et était en outre charmant. Bien que le même thème ait fait son apparition dans un certain nombre d'estampes de l'époque, telle que celle conçue par le même artiste en 1708 pour une tabatière, aucune de ces œuvres n'est aussi élaborée ni aussi riche. Le premier état de la gravure parut probablement dans les années 1690 ou au début des années 1700, car toutes les femmes portent des fontanges, ces hautes coiffes en dentelle qui furent introduites par Melle de Fontanges vers 1684 et furent à la mode jusque vers 1715[1]. Un second état, celui présenté ici, fut exécuté probablement après 1715. Les fontanges, qui étaient alors passées de mode, furent supprimées de la planche à graver, à l'exception d'une seule laissée par inadvertance sur la tête de la femme mettant pied à terre sur la rive lointaine. Il est nécessaire de préciser que lorsque ce second état parut, Watteau préparait son morceau de réception à l'Académie[2].

Sur le plan iconographique, la composition rappelle les scènes de cour allégoriques peintes par les générations précédentes, mais ce qui nous intéresse ici est le fait que la narration a tant évolué au fil du temps que la scène est finalement présentée quasiment comme une fête galante. Dans les exemples antérieurs, comme les œuvres de Louis de Caulery [cat. 15] et de Claude Simpol, ou même *L'Offrande à Vénus* de Titien [fig. 12.2], les figures sont représentées le plus souvent debout : elles rendent hommage à la divinité ou s'empressent de rejoindre le lieu du culte. Seules quelques rares œuvres, tel *Le Jardin d'amour* de Rubens, comportent des figures assises à terre. Aucune des œuvres mentionnées n'atteint assurément cette expression de détente dégagée de tout formalisme, encore moins de proximité avec la nature, qui caractérise la composition de Picart. Cette évolution allait parvenir à complète maturité avec le *Pèlerinage* de Watteau.

Gravure
19,2 x 29,5 cm

Bibliographie
Dacier, Vuaflart et Hérold, 1921-1929, t. I, p. 159 ;
Dacier, 1937, p. 248 ; Adhémar, 1947, s.p., fig. 3 ;
Washington-Paris-Berlin, 1984-1985, p. 262-263, 499 ;
Posner, 1984, p. 187-188, 192 ; Vidal, 1992, p. 66-67.

Exposition
Francfort, 1982, n° D11.

Paris, Bibliothèque nationale de France,
département des Estampes
Coll. Hennin, t. LXXXIX, p. 18.

Pierre Antoine Quillard

20 *Pèlerinage à Cythère* – vers 1720-1725

En dépit du grand succès remporté par le *Pèlerinage à l'île de Cythère* de Watteau, seuls quelques contemporains et proches disciples de l'artiste expérimentèrent ce sujet. En 1724, soit trois ans seulement après la mort de Watteau, Jacques Vigoureux-Duplessis réalisa six compositions sur le thème de l'embarquement pour Cythère destinées à être tissées à la manufacture de Beauvais[1]. Pater et De Bar semblent avoir boudé ce sujet tandis que Lancret en peignit plusieurs variantes [**fig. 20.1**][2], tout comme Quillard. En dehors de l'œuvre présentée ici, il existe de la main de l'artiste une version similaire mais simplement esquissée sur papier (Glasgow, Art Gallery), un tableau qui apparut sur le marché français dans les années 1970, un autre plus grand qui fut vendu à Paris en 1782, ainsi qu'une composition gravée de même thème mais légèrement différente[3].

Dans chacun des cas, Quillard a représenté des couples qui, ayant débarqué à Cythère depuis un certain temps, avaient trouvé leurs partenaires, et d'autres qui arrivaient tout juste. Watteau avait choisi, quant à lui, le moment où les pèlerins s'apprêtaient à repartir de Cythère après avoir rendu hommage à Vénus. Quillard est allé plus loin en transformant cette scène de pèlerinage en une fête galante à part entière ; sur la droite, un guitariste joue une musique douce tandis que sa compagne danse. Il n'y a ici aucun soupçon de mélancolie ou de nostalgie du type de celui que les romantiques pensaient pouvoir percevoir dans *Le Pèlerinage à Cythère* de Watteau. Comme l'indique la description d'une des variantes de Quillard, dans le catalogue de la vente de 1782, c'est au contraire un « charmant tableau ». De même, dans la version de Lancret conservée à Potsdam [**fig. 20.1**], un grand groupe de pèlerins exécute en cercle une danse festive, ce qui prouve – si tant est que cela soit encore nécessaire – le caractère joyeux de l'événement.

Bien qu'aucune des figures ne rende ici hommage à la statue de Vénus (elles tournent à vrai dire toutes le dos à la divinité), celle-ci occupe une place plus importante. Quillard a dessiné un imposant tholos corinthien. Cette structure, née clairement non de l'imagination d'un architecte mais de celle d'un peintre, ne comporte de colonnes ni devant ni derrière, de sorte que la statue de culte est entièrement visible. Les temples de ce type, souvent dédiés à Vénus, n'allaient pas tarder à se multiplier dans les jardins européens du XVIIIe siècle, permettant aux habitants des lieux de réaliser les festivités que la génération précédente s'était contentée d'imaginer sur la toile.

Huile sur toile
48 x 61 cm

Historique
New York, collection Yvonne Testut Obstfeld ;
New York, Gallery PB84, 4 mai 1977, lot 458,
acquis par le propriétaire actuel.

Bibliographie
Eidelberg, 1979, p. 136-138.

New York, collection particulière

[**fig. 20.1**] Nicolas Lancret, *Pèlerinage à Cythère*, vers 1720-1743, Potsdam, palais de Sans Souci

Jean-Baptiste Pater

21 *Fête champêtre* – vers 1725-1735

Les fêtes galantes de Pater, telles que celle-ci, doivent beaucoup à Watteau, bien que l'ensemble de la composition ne permette ici d'établir aucun lien direct avec les tableaux du maître. La femme située à l'extrême droite ressemble certes à la jeune fille apparaissant à droite dans le *Pèlerinage à l'île de Cythère* de Berlin, mais d'autres figures, tel le soupirant dodu agenouillé, constituent des types distincts qu'on ne rencontre que dans l'œuvre de Pater. La surexcitation des participants, leurs poses inclinées et les arbres mettent aussi en lumière la conception particulière que le peintre avait de la fête galante.

Une statue de Vénus apparaît fréquemment dans les fêtes galantes de cet artiste. Bien que placée de côté, elle sert ici à rappeler qu'on est au royaume de Vénus. Pater ne peignit que très rarement des effigies de la déesse en position debout ; les sculptures de ce genre étaient à l'époque pourtant nombreuses, et Watteau lui-même en avait introduit une dans les deux variantes du *Pèlerinage à l'île de Cythère* [**fig. 13.2**] et dans *Les Plaisirs d'amour* de Dresde [**fig. 12.1**]. Les statues que Pater préférait étaient du type de celle qui apparaît dans *Les Délassements de la campagne* conservée à Valenciennes [**cat. 52**] : la déesse est représentée allongée sur une grande coquille, élément emblématique de sa naissance associé à sa fonction, celle d'une fontaine de jardin. Le plus étonnant est la manière dont le peintre a disposé les nuages dans le présent tableau : ils entourent les pieds de la déesse. On a ainsi l'impression d'être en présence d'une figure vivante qui descendrait sur terre, un effet aussi recherché par Quillard. Cupidon endosse ici un rôle plus actif que dans les autres fêtes galantes de Pater. D'une manière parfaitement rococo, il se penche par-dessus le bord du piédestal et décoche des flèches en direction des amants consentants.

Pater voulait que son programme iconographique fût clair et non équivoque. Le pendant de cette fête galante, également conservé à Rotterdam [**fig. 21.1**], représente des hommes et des femmes assemblés autour d'un hermès de Bacchus : le vin les a enivrés et rendus amoureux. Les thèmes du vin (« le jus divin ») et de l'amour sont deux des grands leitmotive de la fête galante.

Souvent considéré, à juste titre, comme un disciple mineur de Watteau, Pater n'est pas aussi novateur dans ses sujets que son confrère Lancret. Ce préjugé est peut-être tellement présent dans les esprits qu'il empêche de prendre conscience des rares fois où l'artiste se montra, comme ici, effectivement créatif. Sa narration anticipe, par ce qu'elle implique, sur des tableaux du XVIIIe siècle comme *Le Vœu à l'amour*, *Le Serment d'amour* ou *La Fontaine d'amour* de Fragonard [**fig. 20.2**], dans lesquels les protagonistes implorent l'aide de divinités représentées sous forme de statues, tandis que des nuages contribuent à rendre la scène plus mystérieuse et plus dramatique[1]. Pas de ferveur, de mystère, ni de drame en revanche dans la toile de Pater, car cela ne fait pas partie du répertoire de la fête galante.

Huile sur toile
44,5 x 55 cm

Historique
Vers 1936, comte de Roseberry ; en 1938, Vierhouten, collection D. G. Van Beuningen ; légué au musée en 1958.

Bibliographie
Rotterdam, 1962, n° 2585 ; Rotterdam, 1972, p. 144, n° 2585.

Expositions
Londres, 1936-1937, n° 26 ; Rotterdam, 1938, n° 197 ; Paris, 1952, n° 158.

Rotterdam, Museum Boijmans-van Beuningen
Inv. n° 2585

[fig. 21.1] Jean-Baptiste Pater, *Fête galante devant un terme de Bacchus*, 1725-1736, Rotterdam, Boijmans-van Beuningen Museum

[fig. 21.2] Jean Honoré Fragonard, *La Fontaine d'amour*, 1785, Londres, The Wallace Collection

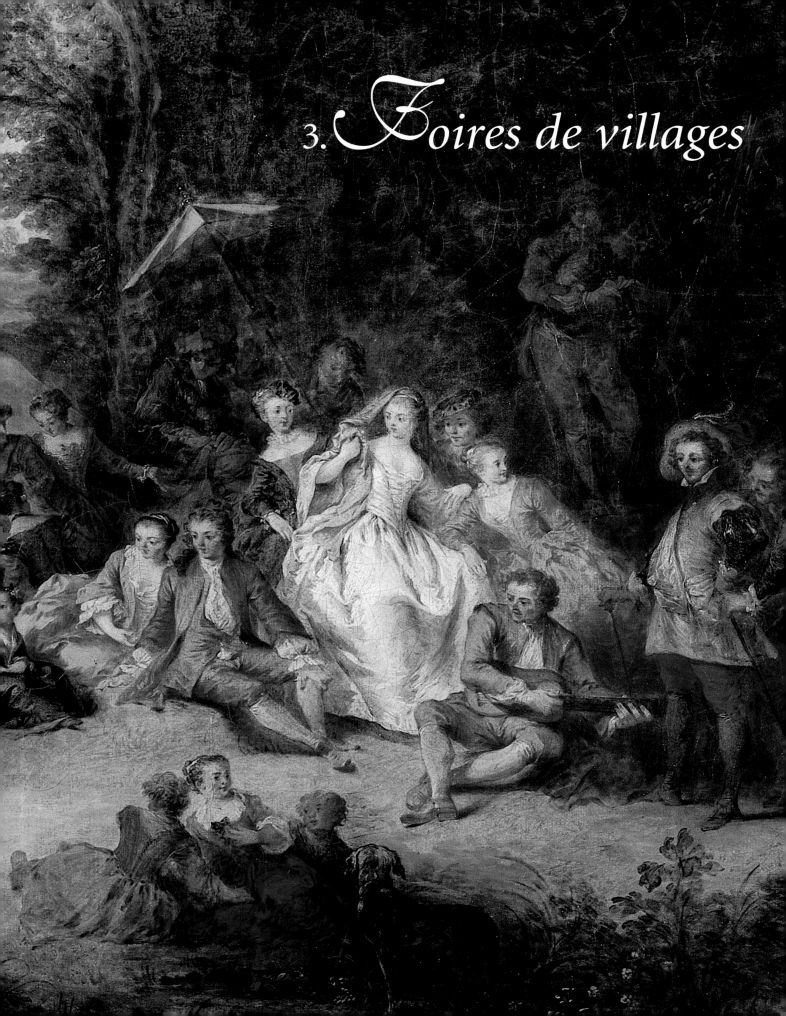

3. Foires de villages

Anonyme flamand, d'après David Vinckboons

22 *Kermesse flamande* – vers 1610-1620

Parmi les délices qu'offre l'art néerlandais figurent des compositions aussi complexes que celle-ci, peuplées d'une centaine de figures qui jouent divers rôles, toutes étant représentées avec une grande précision et non sans une pointe d'humour. Au premier plan, à gauche plus particulièrement, des bourgeois bien habillés se promènent. À droite, à l'extérieur de l'auberge, des paysans boivent et dansent au son d'une cornemuse ; une mère allaite son enfant ; et, à l'extrême droite, un homme se soulage. À gauche, des enfants jouent à des jeux énergiques sans se soucier de leurs parents. Les nombreuses tentes situées devant et derrière le château montrent le caractère commercial de la foire. Il est intéressant de noter que des tableaux et autres œuvres d'art sont en vente à l'un des stands. On remarquera enfin la scène en plein air située légèrement à droite par rapport au centre de la composition : un acteur y joue un personnage de la commedia dell'arte devant un public captivé. Toutes ces petites scènes faisaient nécessairement partie de ce type de tableau.

La profondeur de champ est grande, mais on a l'impression d'observer la foire à travers des jumelles tenues à l'envers, car les figures les plus éloignées sont très clairement visibles. Cette approche de la composition picturale, délibérément non classique, fut une constante dans l'art nordique, de Jan van Eyck à Pieter Bruegel l'Ancien en passant par Jérôme Bosch. Les collectionneurs français du XVIIIe siècle aimaient ces œuvres. Un grand tableau de Jan Bruegel, dit Bruegel de Velours, fut apprécié au milieu du XVIIIe siècle, car « Ce Tableau est presque le double en grandeur des Tableaux ordinaires de ce Maître. La composition en est vaste ; il y a un grand nombre de figures, & cependant tout y est d'un beau fini[1] ».

Au début du XVIIe siècle, les foires de village ou kermesses de ce type étaient très répandues dans l'art néerlandais. Le tableau de Bruges n'est qu'une des nombreuses copies d'une gravure de Nicolas de Bruyn exécutée en 1602 [**fig. 22.1**]. Cette gravure s'inspirait, à son tour, d'un dessin de David Vinckboons conservée à Copenhague au Statens Museum for Kunst[2]. Le nombre considérable de tableaux peints d'après la gravure de Bruyn montre bien que ces scènes de genre étaient très appréciées et répondait à une demande du marché.

La tradition de la foire de village dans la peinture néerlandaise eut un impact non négligeable sur le jeune Watteau. Gersaint nous apprend en effet que, lorsque l'artiste demeurait encore à Valenciennes, sa ville natale, « il profitait dans ce temps de ses moments de liberté pour aller dessiner sur la place les différentes scènes comiques que donnent ordinairement au public les marchands d'orviétan et les charlatans qui courent le pays[3] ». Parmi les dessins de la jeunesse de Watteau peut-être en est-il quelques-uns, tel celui d'Oxford [**fig. 22.2**], qui, bien qu'exécutés après l'arrivée de l'artiste à Paris en 1702, s'inspirent en partie de ces études[4]. Les tableaux flamands, tel celui de Bruges, exercèrent de toute évidence une influence sur l'artiste, même après son installation à Paris, comme en témoigne le tableau *Les Comédiens sur le champ de foire* [**fig. 27.2**]. On pourrait certes arguer du fait que la peinture de Watteau trahissait simplement ses origines puisque, comme ses contemporains ne manquaient pas de le rappeler, c'était un « peintre flamand ». Mais pour ce type de sujet, il devait également y avoir une demande assez forte sur le marché parisien.

Huile sur toile
144 x 231 cm

Historique
Peut-être 1824, Bruges, palais de justice ; probablement au musée dès 1872.

Bibliographie
Bruges, 1872, p. 18, n° 81 (?); Bruges, 1886, p. 9, n° 30 ; Delen, 1930, p. 124, 126 ; Hosten et Strubbe, 1932, p. 216, n° 243 ; Goossens, 1954, p. 66, 145 ; Delen, 1959, p. 247 : Pauwels, 1963, p. 100-101, n° 73 ; Vlieghe, 1994, p. 221.

Expositions
Charleroi, 1967, p. 79, n° F6 ; Gand, 1986, n° 351.

Bruges, Groeningenmuseum
Inv. n° 243.I

[**fig. 22.1**] Nicolas de Bruyn, d'après Vinckboons, *Kermesse flamande*, 1602, Paris, Bibliothèque nationale de France, département des Estampes

[**fig. 22.2**] Jean Antoine Watteau, *Foire de village*, 1709-1710, Oxford, Ashmolean Museum

Joseph Parrocel

23 *La Foire de Bezons* – vers 1700-1704

Cette œuvre fut attribuée par erreur à Pierre Parrocel, dit d'Avignon, sous la Révolution française, puis, tout au long du XIX⁰ siècle, à d'autres membres de la dynastie Parrocel, y compris à Joseph et Charles. Nicolas [*sic*] De Bar fut aussi brièvement tenu pour l'auteur de ce tableau. Finalement, en 1959, A. Schnapper en restitua la paternité à juste titre à Joseph Parrocel, auquel Dezallier d'Argenville avait déjà attribué la peinture plusieurs siècles plus tôt[1]. Joseph Parrocel était avant tout un peintre de batailles et, de temps à autre, de scènes de chasse, mais il lui arrivait d'exécuter des scènes de genre comme celui-ci ou comme *Le Retour de la chasse* [**fig. 53.2**], aujourd'hui à la National Gallery de Londres. Les études actuelles accordent une grande place à ces tableaux, car ils anticipent sur la légèreté et le coloris de l'art rococo, constituant ainsi un prélude important au développement de la fête galante.

Bien que la joyeuse fête représentée ici ait été pour Parrocel un sujet inhabituel, l'artiste semble avoir suivi, comme pour ses scènes de bataille ou de chasse, des modèles flamands. La vue est, en l'occurrence, panoramique, et les activités représentées variées, comme dans le tableau de Bruges d'après Vinckboons [**cat. 22**]. À gauche, au loin, on distingue sous des tentes des figures occupées à prendre un repas. Au centre, d'autres figures dansent ensemble en formant un grand cercle, tandis qu'à droite débarquent de nouveaux groupes venus prendre du bon temps. La grande taille des personnages du premier plan et la localisation de cette scène sur une petite colline font quelque peu figure d'exceptions dans la tradition spécifiquement flamande de ces scènes de genre, mais c'est une formule que l'on rencontre souvent dans les tableaux de bataille, y compris dans ceux de Parrocel, où des cavaliers chevauchant des montures qui se cabrent dominent le premier plan, pendant que dans une plaine lointaine se déroule la bataille.

Les personnages retenus par l'artiste sont assez surprenants. Contrairement aux paysans flamands cabriolant dans un certain nombre d'œuvres nordiques, la femme qui danse ici au centre de la composition est, pour une paysanne, élégamment vêtue, tout comme son partenaire qui est masqué et porte un habit de la commedia dell'arte, peut-être celui de Brighella. Les cavaliers, les musiciens et les figures à gauche qui prennent un repas sont vêtus de manière tout aussi théâtrale et exotique.

Le tableau de Parrocel représente-t-il véritablement la foire qui se tenait tous les ans à Bezons, près de Pontoise, au mois de septembre ? Ce rendez-vous annuel, qui avait à n'en pas douter beaucoup de succès, fut célébré tant par le théâtre que par la littérature de l'époque. *La Foire de Bezons* de Florent Dancourt fut ainsi jouée pour la première fois en août 1695, et *Le Retour de la foire de Bezons* d'Évariste Gherardi débuta en octobre de la même année. L'existence d'un lien entre le tableau de Parrocel et Bezons n'a cependant été envisagée qu'assez récemment. Vers la fin du XIX⁰ siècle, on considérait que le tableau était une représentation de la célèbre foire annuelle de Beaucaire, près d'Avignon, à la suite de son attribution erronée à Pierre Parrocel d'Avignon[2]. La foire de Bezons ne fut évoquée comme sujet de l'œuvre qu'au cours de la seconde moitié du XX⁰ siècle, mais est-ce plus justifié ? Pas nécessairement, car il est très difficile de relever des indices topographiques, quoi qu'en pense R. Fohr, qui croit que le fleuve en contrebas n'est autre que la Seine, et la ville à l'arrière-plan Paris.

D'un point de vue artistique, l'œuvre de Parrocel est plus intéressante qu'une vue de la foire de Bezons probablement gravée à la fin du XVII⁰ siècle [**fig. 23.1**]. Des points communs sont cependant décelables entre les deux œuvres. Parmi les ressemblances, on relèvera, outre les tentes et les danseurs, les costumes extravagants d'un grand nombre de figures. Le cartouche situé en haut de la gravure précise à vrai dire que « l'on voit une affluence prodigieuse de personnes de toute Condition la plupart deguisées […] ». On remarquera de plus la présence, au centre de la gravure, de quatre figures qui, vêtues de costumes de la commedia dell'arte, jouent de divers instruments de musique et dansent. On peut en conclure que ces éléments, qui pourraient sembler imputables à l'imagination du peintre dans le tableau de Parrocel, renvoient peut-être à des aspects réels de la foire de Bezons ou d'autres foires de l'époque. Et c'est peut-être précisément ce mélange de réalité et d'imaginaire qui fait du tableau de Parrocel une œuvre provocante, annonciatrice des fêtes galantes du XVIII⁰ siècle.

Huile sur toile
158 x 204 cm

Historique
Commandé par Louis XIV ; offert au comte de Toulouse et installé dans son hôtel parisien, l'hôtel de La Vrillière-Toulouse ; duc de Penthièvre (petit-fils du comte de Toulouse), château de Châteauneuf-sur-Loire, puis château de Chanteloup ; saisi sous la Révolution en 1794 ; transféré au musée en 1794.

Bibliographie
Dezallier d'Argenville, 1762, t. IV, p. 234, 237-238 ; Tours, 1825, n° 145 ; Tours, 1838, n° 145 ; Tours, 1856, n° 86 ; Parrocel, 1861, p. 24 ; Blanc, 1865, p. 6 ; Tours, 1868, n° 120 ; Lafon, 1874, n° 131 ; Grandmaison, 1879, p. 191 ; Montaiglon et Laurent, 1881, n° 350 ; Laurent et Montaiglon, 1891, p. 352 ; Grandmaison, 1897, n° 48, p. 22 ; Vitry, 1911, n° 234 ; Schnapper, 1959, p. 171-172 ; Vergnet-Ruiz et Laclotte, 1962, p. 60 et 247 ; Fohr, 1982, n° 53 ; Michel, 1996, p. 211 ; Tours, 1998, p. 41.

Expositions
Paris, 1954, n° 133 ; Berne, 1959, n° 94 ; Washington-Toledo-New York, 1960-1961, n° 124 ; Tokyo, 1966, n° 17 ; Lille, 1968, n° 33 ; Okayama-Kitakyushu, 1989, n° 41 ; Yamanashi-Takamatsu-Nagasaki-Tokyo, 1994-1995, n° 24.

Tours, musée des Beaux-Arts
Inv. 794.1.23

[**fig. 23.1**] Anonyme français, *La Foire de Bezons* (détail), vers 1690-1710, Paris, Bibliothèque nationale de France, département des Estampes

Claude Gillot

24 *Foire de village* – vers 1700-1720

Si cette charmante étude a été attribuée à Claude Gillot sans la moindre hésitation, son sujet a fait l'objet d'innombrables discussions. Lorsque ce dessin fit son apparition en salle des ventes en 1970, il fut considéré comme une *Fête galante en plein air*. Une étude du même artiste, légèrement plus grande et d'une composition très semblable [**fig. 24.1**], était cependant apparue dix ans plus tôt sur le marché londonien avec un titre similaire, *Scène de théâtre en plein air*[1]. Au début des années 1970, D. Mosby émit l'idée que ce dernier dessin pouvait représenter l'embarquement pour l'île de Cythère. Depuis lors, les deux feuilles ont occupé une place de choix dans les débats entre spécialistes[2]. H. Adhémar, P. Rosenberg, M. Roland Michel et le musée de Francfort s'accordent à dire que ces œuvres représentent un pèlerinage à Cythère. Et on a souvent prétendu qu'ils avaient eu une incidence sur *L'Île de Cythère* de Watteau, un tableau de jeunesse conservé à Francfort.

Il n'y a cependant aucune raison de penser que le sujet de l'un ou l'autre des dessins de Gillot puisse être un pèlerinage à Cythère. En 1986, la Städtische Galerie réintitula du reste son dessin *Scène de théâtre*[3]. Il est certain qu'aucun des éléments caractéristiques d'un pèlerinage à Cythère n'est ici présent. Les voyageurs n'ont ni l'incontournable bâton de pèlerin, ni l'emblématique coquille Saint-Jacques. Il n'y a pas de statue du culte de Vénus, et encore moins de temple qui lui est dédié. Cupidon et ses camarades de jeu sont aussi absents de cette composition. En réalité, rien ne témoigne d'une quelconque activité amoureuse. Le fait que les foules arrivent en carrosse ou à cheval est contraire à l'image traditionnelle du pèlerin voyageant à pied, et la barque à fond plat de facture assez grossière est une embarcation qui convient mal à un voyage à destination de Cythère. Et surtout, la présence d'un théâtre de plein air sur la gauche et d'un arc de triomphe couronné de figures (probablement des musiciens) ne coïncide pas plus que l'accent mis sur la danse et la consommation de victuailles avec la manière traditionnelle de représenter Cythère.

Il est tout aussi difficile d'imaginer que ces compositions puissent représenter une scène de théâtre, contrairement à ce que certains spécialistes ont pensé. Monter cette scène au théâtre serait extrêmement difficile, d'autant que le bateau passe de l'espace du spectateur à celui de la scène.

Qu'a donc voulu représenter Gillot ? Tous les éléments énumérés jusqu'ici font partie des scènes de kermesse ou de foire de village flamandes. Comme l'ont déjà montré les exemples de la main de Vinckboons et de Parrocel, la conception d'ensemble d'une foule composée de multiples figures, la plupart arrivant en carrosse ou à cheval, d'autres traversant le fleuve en barque, correspond à la manière traditionnelle de mettre en scène ce type de sujet. Les éléments qui viennent ici s'y ajouter, un grand orchestre, un théâtre de plein air et de nombreux danseurs sont aussi traditionnellement présents dans les représentations des foires de village. Même la place prépondérante accordée aux bateaux arrivant au premier plan n'est pas sans précédent comme en témoigne La *Foire de village* de Vinckboons [**fig. 24.2**]. Il est évident que les deux dessins de Gillot n'ont pour sujet que la liesse paysanne à une foire de village.

Une autre question se pose : quelle était la fonction de ces œuvres de Gillot ? Des spécialistes cherchèrent à rapprocher les deux dessins – lorsqu'ils étaient encore considérés comme des représentations de l'embarquement pour l'île de Cythère – des sujets théâtraux que Gillot aimait à dessiner ou peindre. Mais leur sujet réel, une foire, amène à reconsidérer cette hypothèse. Ils peuvent avoir été réalisés en vue de l'exécution d'une peinture, d'une tapisserie ou de toute autre forme de décoration. Rien ne permettant d'en savoir plus, le mystère demeure entier. On peut cependant déduire de ces deux dessins que le cercle de Watteau connaissait sans aucun doute la manière dont ces scènes de village étaient traditionnellement représentées dans la peinture flamande, ce qui est important puisque Watteau s'en inspira au début de sa carrière pour la composition *Les Comédiens sur le champ de foire*, conservé à Berlin [**fig. 27.2**].

Bistre, lavis gris, rehauts de blanc
14,8 x 21,7 cm

Historique
Paris, collection Eugène Calando ; Paris, hôtel Drouot, vente E. Calando, 11-12 décembre 1899 ; Paris, hôtel Drouot, 4 juin 1970, lot 508 ; marché de l'art parisien ; acquis en 1984 par le Städelschen Museum-Vereins.

Bibliographie
Toronto et autres villes, 1986-1987, sous le n° 56 ; Adhémar 1977, p. 169-170 ; Roland Michel, 1984, p. 202, fig. 192 ; Washington-Paris-Berlin, 1984-1985, p. 261-264 ; Posner, 1984, p. 287, n. 124 ; Stuffmann, 1985, p. 289 ; Tonkovich, 2000, p. 279-281, n° 30.

Exposition
Francfort-sur-le-Main, 1986, n° 64.

Francfort-sur-le-Main, Städtische Galerie im Städelschen Kunstinstitut
Inv. 16349

[**fig. 24.1**] Claude Gillot, *Foire de village*, vers 1700-1720, Cambridge (Mass), Harvard University, Fogg Art Museum

[**fig. 24.2**] David Vinckboons, *Foire de village*, 1603, New York, Pierpont Morgan Library

François Octavien

25 *La Foire de Bezons* – 1725

Lorsque Octavien présenta ce tableau en guise de morceau de réception à l'Académie royale le 24 novembre 1725, il n'avait pas le profil habituel des jeunes postulants au statut de maître. Il avait quarante-trois ans, et avait déjà fait carrière comme acteur et chanteur. On ne sait où il avait appris l'art de la peinture, si c'était ou non à l'Académie, ni du reste auprès de qui. Il avait été agréé un an plus tôt avec *L'Entrée du Roi dans la ville de Reims*. Bien que cette œuvre ne nous soit pas connue, il devait s'agir d'une composition panoramique, de grandes dimensions, peuplée de multiples figures, dans laquelle les chevaux devaient avoir une place assez importante. On retrouve tous ces aspects dans son morceau de réception et dans un certain nombre de ses autres fêtes galantes et de ses sujets militaires, ce qui peut nous donner une idée de sa formation artistique.

Lorsque l'Académie reçut le tableau d'Octavien, elle le répertoria sous le titre « La Foire de Bezons ». Ce titre fait bien sûr référence à la foire qui se tenait en septembre à l'extérieur de Paris et que nous avons déjà évoquée à propos du tableau de Parrocel [cat. 23]. Celui d'Octavien perpétue la tradition de ces scènes de foire : située à l'extérieur de la ville, sa composition est animée par de multiples personnages, les uns chantant et dansant, les autres masqués et vêtus de costumes de la commedia dell'arte (y compris le Pierrot du premier plan) ; à droite se situent les tentes des vivandières, où se trouvaient les victuailles et les attractions qui faisaient le succès de ce type de foire. Le tableau d'Octavien semble avoir été le premier considéré comme une représentation de la foire de Bezons, et ce, bien qu'il ne comporte aucun indice topographique permettant d'identifier le lieu où se tient la foire. L'autre titre donné à cette œuvre depuis le milieu du XIXᵉ siècle, *Foire de Vesoul*, est encore d'autant plus déroutant que les raisons de ce changement ne sont pas connues. Ce nouveau titre fait référence à une foire qui se tenait près de Besançon, dans la Haute-Saône.

Octavien peignit ce tableau quatre ans seulement après la mort de Watteau. Lancret avait déjà été admis à l'Académie, et Pater venait d'y être reçu. Il ne fait aucun doute que les figures du premier plan et de la moitié gauche du tableau témoignent de l'influence de ces artistes ; le charme et l'élégance nonchalante des personnages évoquent la nouvelle esthétique rococo. Mais il n'y a pas que cela[1]. Le plus frappant est la manière archaïque dont le tableau a été divisé en trois zones de couleurs, aux délimitations abruptes : seules les figures du premier plan sont entièrement en couleurs, et l'arrière-plan baigne dans un pâle gris bleu, ce qui rappelle nettement les tableaux néerlandais du XVIᵉ siècle[2].

Huile sur toile
135 x 195 cm

Historique
Paris, collection de l'Académie royale de peinture de 1725 à la Révolution ; dépôt de Nesles en l'an IV ; musée Napoléon.

Bibliographie
Campardon, 1877, t. II, p. 190, 233 ; Locquin, 1908, p. 360 ; Merlant, 1910, p. 60 ; Fontaine, 1910, p. 230 ; Villot, 1855, n° 383 ; Rey, 1913, p. 199 ; Hourticq, 1921, p. 118 ; Brière, 1924, n° 664 ; Ingersoll-Smouse, 1928, p. 11 ; Rey 1931, p. 102-106, 115-122 ; Messelet, 1928-1930, p. 335-336, 338, n° 1 ; Florisoone, 1948, p. 39, 130, pl. 40 ; Paris, Louvre, 1972, p. 286 ; Paris, Louvre, 1986, t. IV, p. 122 ; Rosenberg, Reynaud et Compin 1974, p. 207, n° 602 ; Compin et Roquebert, 1986, t. IV, p. 122 ; Lallement, 1988 ; Cantarel-Besson, 1992, p. 251, 264 ; Eidelberg, 1996, p. 346 ; Temperini, 1999, p. 451 ; Le Leyzour, Daguerre de Hureaux, Join-Lambert, Hémery et Bajou, 2000, p. 256.

Expositions
Paris, 1960, n° 649 ; Paris, 1963 ; Paris, 1977, n° 205 ; Bordeaux, 1980, n° 48.

Paris, musée du Louvre
Inv. 6993

Bonaventure De Bar

26 *Foire de campagne* – 1728

Lorsque Bonaventure De Bar se présenta en 1728 à l'Académie royale, les membres de cette institution furent si enthousiasmés par son travail qu'il fut simultanément agréé et reçu. Selon le procès-verbal, ceux-ci sélectionnèrent « le plus grand des trois tableaux [qu'il avait présentés], qui est une foire de campagne », le tableau que conserve le musée du Louvre[1]. Au moment de son admission, en 1728, De Bar fut inscrit dans les registres de l'Académie en tant que « Peintre dans le talent particulier de la figure comme Teniers et Wauvermans », ce qui nous permet d'avoir une idée de la manière dont les tableaux comme celui-ci étaient perçus au début du XVIIIe siècle. La composition de cet artiste rappelle effectivement le type de fête de village si souvent peint par Teniers : ses figures regroupées, qui chantent, dansent et prennent diverses poses, créent autant de diversité que possible en dépit de l'absence de toute narration spécifique. Près d'un an plus tard, lorsque l'Académie enregistra le décès du jeune peintre à l'âge de 29 ans, elle ajouta à son nom la mention « peintre dans le talent des fêtes galantes », utilisant ainsi une expression que l'on rencontre rarement dans les documents du XVIIIe siècle. Ces deux manières de présenter le peintre nous renseignent sur la perception de la fête galante, considérée comme un nouveau type de sujet d'origine flamande.

Vers la fin du XVIIIe siècle, Dezallier d'Argenville intitula ce tableau *La Foire de Bezons*, un titre qui, comme nous l'avons vu, était fréquemment donné à ce genre de scène. Il y a cependant fort peu de raisons de penser que Bonaventure De Bar avait l'intention de représenter une foire ou une ville particulière. Il a plus vraisemblablement adopté les formules qui étaient généralement appliquées pour ce genre de fête de village dans l'art flamand et qu'on trouve par exemple dans le tableau de Bruges exécuté d'après Vinckboons [cat. 22][2]. On a ici un premier plan en hauteur avec des figures qui dansent, jouent d'un instrument de musique ou conversent. Le terrain descend ensuite lentement vers une vaste plaine, encombrée par les tentes de la foire et remplie de figures arrivant à cheval. Cette formule est celle à laquelle Parrocel avait eu recours quelque trente ans plus tôt [cat. 23]. Il existe cependant une grande différence entre la manière dont De Bar a traité ce sujet et l'ancienne tradition flamande. Cette différence est particulièrement manifeste dans la disposition des figures du premier plan, qui sont assises ou allongées au sol ; leurs attitudes rappellent non seulement les tableaux de Watteau mais, plus encore, les fêtes galantes de Lancret ou de Pater, deux artistes qui avaient un sens plus développé de la gestuelle, de la conversation et des passe-temps ordinaires.

Huile sur toile
97 x 130 cm

Historique
Paris, reçu le 25 septembre 1728 à l'Académie royale de peinture et de sculpture ; saisi sous la Révolution ; remis au musée central des Arts.

Bibliographie
Dezallier d'Argenville, 1781, p. 59 ; Villot, 1855, t. III, n° 6 ; Valabrègue, 1905, p. 343-344 ; Marcel, 1906, p. 293-294 ; Fontaine, 1910, p. 194 ; Brière, 1924, n° 203 ; Ingersoll-Smouse, 1928, p. 11 ; Magnin, 1928, p. 118 ; Gillet, 1929, p. 28-29 ; Huard, 1928-1930, t. I, p. 295, 297-299, n° 1 ; Rey, 1931, p. 137-138, 140-142 ; Paris, Louvre, 1972, p. 119 ; Rosenberg, Reynaud et Compin, 1974, no 199 ; Thuillier et Châtelet, 1984, p. 170 ; Compin et Roquebert, 1986, t. III, p. 189 ; Dijon, 1989, p. 25 ; Lallement, 1998, t. I, p. 192 ; Temperini, 1999, p. 451 ; Tours, 2000, p. 257, n° R232.

Expositions
Paris, 1960, n° 587 ; Vienne, 1966, n° 2 ; Troyes-Nancy-Rouen, 1973, n° 9 ; Paris, 1977, n° 198 ; Tokyo-Kobe, 1993, n° 32.

Paris, musée du Louvre
Inv. 2411

Jean-Baptiste Pater

27 *La Foire de Bezons* – vers 1730-1736

Lorsque cette œuvre de Jean-Baptiste Pater fut mise en vente au cours des premières années de la Révolution française, le célèbre marchand d'art Jean-Baptiste Pierre Lebrun la décrivit en des termes extravagants : « Le tableau le plus capital, et connu pour tel, sous le nom de la foire de Bezons. Cette composition immense en groupes aussi variés et aussi intéressants par l'esprit, le dessin et la couleur de chaque personnage en particulier, est le chef-d'œuvre connu de cet artiste célèbre : un fond aussi bien varié de masses d'arbres et de fabriques, termine cette production unique en ce genre. »

Comme la plupart des marchands ont tendance à utiliser des termes excessifs pour vanter les qualités des œuvres qu'ils ont à vendre, on pourrait être tenté de ne voir dans le verbiage de Lebrun – « le plus capital », « composition immense », « production unique », etc. – qu'une succession d'hyperboles imputables à sa fonction. Mais ce tableau est en fait l'œuvre la plus grande et la plus élaborée que Pater ait jamais exécutée, ce qui justifie l'exubérance de Lebrun.

En 1733, Pater peignit cette composition en plus petites dimensions pour la cour de Frédéric le Grand [fig. 27.1]. On considère généralement que les deux versions furent exécutées quasiment en même temps. Les historiens ne parviennent cependant pas à se mettre d'accord sur l'ordre d'exécution des deux œuvres. Si les grandes lignes de la composition sont identiques, ce n'est pas le cas de la plupart des détails. Le groupe représenté dans le coin inférieur droit, les acteurs de la commedia dell'arte situés à gauche, au plan intermédiaire, et les bâtiments peints à l'arrière-plan sont pour ainsi dire les mêmes dans les deux œuvres. Une analyse détaillée des nombreuses autres figures montre cependant que peu ont été répétées à l'identique. Il suffit de considérer les deux principaux danseurs pour se rendre compte des différences : dans la version de New York, la femme se tient de face, à gauche de son partenaire ; dans celle de Potsdam, elle se tient de dos, à droite de son partenaire ; et inversement pour ce dernier.

Il est intéressant de savoir que Lebrun intitula cette scène « La Foire de Bezons », car ce titre, nous le savons fut souvent donné aux tableaux français représentant de grandes foires de village [voir cat. 23]. Si l'on excepte le morceau de réception d'Octavien [cat. 25], il fut cependant, dans chacun des cas, donné assez récemment et à mauvais escient. Même le lien établi par Lebrun entre ce tableau de Pater et la foire de Bezons est à considérer avec circonspection, car Lebrun l'établit plus d'un demi-siècle après l'exécution du tableau. Si la plupart des spécialistes actuels ont suivi Lebrun, il semble improbable que Pater ait eu l'intention de représenter un événement ou un lieu particulier. Les bâtiments à l'arrière-plan sont du même genre que ceux que l'on

Huile sur toile
106,7 x 142,2 cm

Historique
Paris, vente des collections d'Espagnac, Tricot, etc., 22 mai 1793 et jours suivants, lot 101 ; Londres, collection du baron Alfred Charles de Rothschild ; Londres, collection de lady Almina Carnavon ; dès 1925, New York et Londres, lord Duveen of Millbank ; dès 1929, New York, collection Jules S. Bache ; légué au musée en 1949.

Bibliographie
Ingersoll-Smouse, 1928, p. 11, 17, 42, n° 55 (avec bibl. antérieure) ; Osborn, 1929, p. 611 ; Singleton, 1929, p. 296-298 ; Heil, 1929, p. 4, 26 ; Huisman et Burnand, 1937, t. 1, p. 226-227, n° 84 ; Duveen, 1941, no 242 ; Florisoone, 1948, pl. 30 ; Sterling, 1955, p. 112-114 ; Toledo, 1975, p. 62-63 ; Conisbee, 1981, p. 154-155 ; Roland Michel, 1996, p. 256.

Expositions
Paris 1925, n° 245 ; New York, 1926, n° 9 ; Londres, 1933, pl. 12 ; Copenhague, 1935, n° 162 ; Paris, 1937, n° 197 ; New York, 1940, n° 215 ; New York, 1942, n° 41 ; New York, 1943 ; Londres, 1968, n° 542 ; Ottawa-Washington-Berlin, 2003-2004, n° 21.

New York, The Metropolitan Museum of Art, Collection Jules S. Bache
Inv. 49.7.52.

[fig. 27.1] Jean-Baptiste Pater, *Foire de village*, vers 1733, Potsdam, palais de Sans Souci

retrouve dans de nombreux tableaux de l'artiste. Dans la version de Potsdam, il a même inséré un pin parasol, un arbre qui ne peut guère faire songer à Bezons !

La composition de Pater présente par ailleurs une particularité frappante, qui semble ne jamais avoir été commentée. Elle reprend la formule flamande appliquée au XVIIᵉ siècle pour la représentation des fêtes de village[1]. Même si elle a été exécutée après les *Foires* de François Octavien et de Bonaventure De Bar [cat. 25 et 26], la composition de Pater reste plus proche du modèle flamand. Elle ressemble à celle de Vinckboons en termes d'organisation spatiale avec, au premier plan, des couples se promenant et dansant, mais aussi un théâtre de plein air et de tentes de foire le long de la ligne de fuite centrale. Ces éléments faisaient, bien sûr, partie intégrante des foires, mais la manière dont Pater les a disposés est significative.

La plupart des analyses précédentes ont naturellement mis l'accent sur la dette de Pater envers Watteau, et il est certain que le contenu général de son tableau et la manière dont les figures du premier plan se détendent, assises sur le sol, doivent beaucoup aux fêtes galantes de ce dernier. En fait, Watteau avait donné l'exemple avec *Les Comédiens sur le champ de foire* [fig. 27.2], une œuvre qui prouve que l'artiste connaissait des compositions s'inscrivant dans la lignée de celle de Vinckboons. En témoignent non seulement le format général de l'œuvre, mais aussi l'immense foule, qui, faisant figure d'exception dans l'œuvre de Watteau, semble directement inspirée de ce genre de modèles flamands. Par certains aspects, l'œuvre de Watteau est plus fidèle à la tradition flamande que celle de Pater : elle comporte notamment une taverne dans le coin inférieur droit. On peut se demander si Pater connaissait le tableau de Watteau ou si les deux artistes se tournèrent chacun vers la même tradition flamande. Rappelons que dès 1716, après la fin de son apprentissage chez Watteau, Pater peignit illégalement à Valenciennes, notamment une œuvre intitulée *Foire de village*[2].

Les deux peintres ont remplacé les paysans de Vinckboons par des membres de la haute société élégamment vêtus, certains même costumés comme des personnages de la commedia dell'arte. Tous deux ont naturellement exclu ce « bas peuple » dont on a souvent déploré la présence dans l'art nordique, ces hommes ivres qui ne font que passer ou se soulagent dans un coin. Mais le plus important est le changement d'atmosphère. Alors que Vinckboons avait créé une atmosphère bruegélienne, où retentissaient bruits et rires rauques, Watteau et Pater ont mis en place une atmosphère bien plus calme. Le traitement plus raffiné du mouvement et les poses langoureuses des figures allongées au premier plan annoncent la poésie de la fête galante. En fait, cette toile a le mérite d'être l'un des premiers tableaux des temps modernes à avoir été qualifié de « fête galante[3] ».

[fig. 27.2] Jean Antoine Watteau, *Les Comédiens sur le champ de foire*, vers 1708-1710, Berlin, palais de Charlottenburg

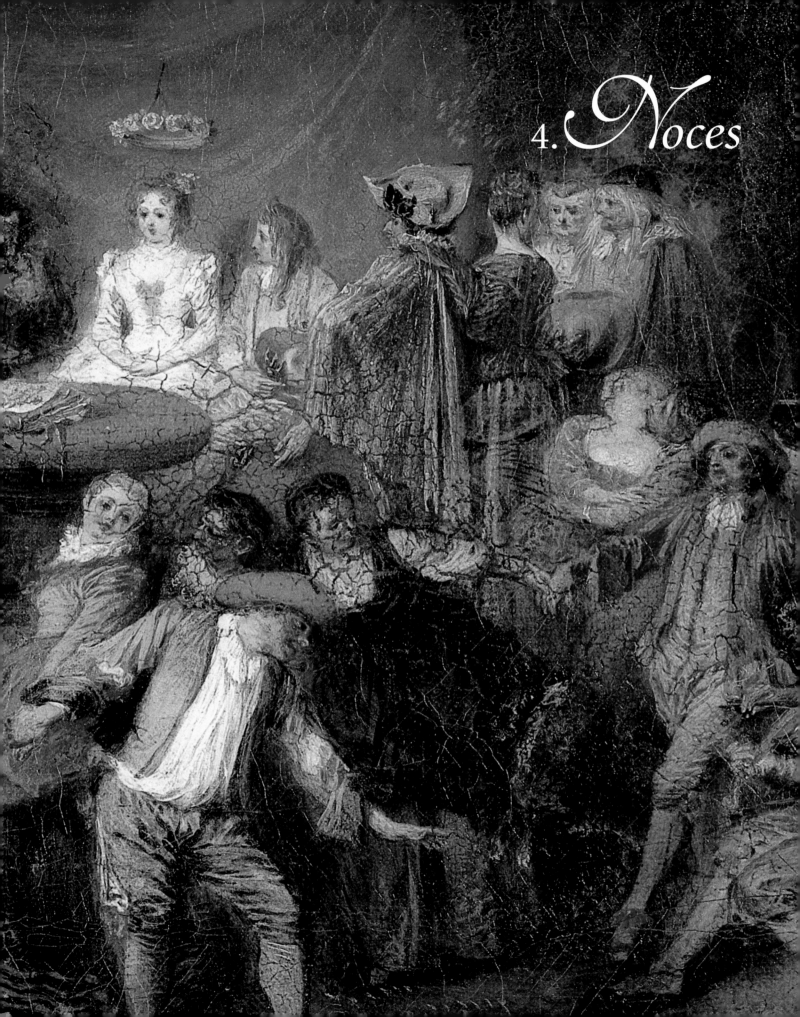

4. *Noces*

Jean Antoine Watteau

28 *Le Contrat de mariage* – vers 1712-1714

Watteau consacra deux tableaux au thème du contrat de mariage : l'un est conservé au musée du Prado, et l'autre au Sir John Soane's Museum, à Londres [**fig. 28.1**]. Ce dernier est peut-être le plus célèbre, malgré la présence de nombreux repeints regrettables, et probablement le plus ancien des deux. De plus grand format, il est composé de manière plus élaborée. On dénombre environ un tiers de figures en plus, et l'ensemble formé par les bâtiments à l'arrière-plan est plus complexe[1]. À la mort de Watteau, le tableau de Londres passa dans la collection de son ami, le marchand d'art Jean de Julienne, qui le fit graver par Nicolas de Larmessin vers 1735. Grâce à cette gravure, la composition fut fréquemment copiée au XVIIIe siècle. La variante du Prado ne fut pas gravée pour les besoins du corpus Julienne, ni du reste son pendant *L'Assemblée près d'une fontaine de Neptune*. Les deux tableaux étaient peut-être déjà sortis de France, puisqu'un document témoigne de leur présence, dix ans plus tard, dans la collection d'Élisabeth Farnèse, reine d'Espagne. Là, ils sombrèrent plus ou moins dans l'oubli pendant tout le XIXe siècle. Aujourd'hui encore, ils n'ont pas regagné la place qu'ils méritent dans les ouvrages consacrés à Watteau.

La plupart des analyses dont le tableau de Madrid a fait l'objet ont essentiellement porté sur sa place dans l'œuvre de Watteau, s'attachant plus particulièrement à la question de son attribution et de sa datation. La plupart des critiques modernes acceptent sans réserves l'idée que ce tableau soit de la main de Watteau bien que, personnellement, je continue à soupçonner Quillard d'avoir exécuté quelques-unes des figures de l'arrière-plan. Seuls Ferré et Posner l'excluent totalement de l'œuvre du peintre.

Le sujet de cette fête galante, quant à lui, n'a guère retenu l'attention. Dans le premier document du XVIIIe siècle faisant référence à ce tableau, celui-ci est intitulé « Une noce et sa danse » (*Las capitulaciones de una boda con su baile*), titre qui lui fut souvent donné au XXe siècle dans les catalogues du musée et qui concorde du reste avec la place privilégiée accordée, au premier plan, à la danse par rapport à la célébration du mariage, reléguée au second plan. Il est parfois fait référence à cette œuvre sous un titre plus simple, « La Noce », mais, même dans ce cas, le sujet est simplement décrit par les auteurs comme une fête galante.

Il est cependant clair que Watteau s'est tourné pour ce tableau vers une iconographie différente et très particulière, celle de la tradition flamande en matière de scènes de noce. La composition de Watteau s'appuie en effet sur une tradition qui remonte à la composition de Pieter Bruegel l'Ancien gravée par Pieter van der Heyden [**fig. 29.1**], puis reprise de multiples fois par Bruegel le Jeune [**cat. 29**]. Les danseurs occupent ici aussi le premier plan tandis que les activités liées à la signature du contrat de mariage se déroulent à l'arrière-plan. On retrouve dans les deux compositions un cercle de danseurs à droite et un couple de danseurs à gauche. Ces figures et leur danse sont de nature cependant très différente. La lourdeur du pas a cédé la place à une élégance de cour. Le couple de gauche ne frappe pas le sol du pied, mais semble en revanche exécuter un léger pas de deux. À l'extrême droite, un homme cherche audacieusement à profiter des festivités pour embrasser sa bien-aimée, mais celle-ci, se montrant pudique, tourne la tête de manière à n'exposer que son cou. Si ce motif rappelle celui, bruegélien, des couples qui s'embrassent à pleine bouche, il est toutefois nettement plus élégant.

Pour la scène du contrat de mariage, Watteau a suivi de la même manière cette tradition picturale flamande : la mariée est assise, au centre de la composition, sous une couronne et un dais improvisé, et une foule observe attentivement la signature du contrat. Watteau a cependant pris, ici aussi, des libertés par rapport à cette tradition, excluant de la scène le « bas peuple », que les esthètes français trouvaient répugnant. La mariée de Watteau est beaucoup plus gracieuse et séduisante que le modèle flamand, et le marié amoureux vient compléter cette image rococo de l'amour idéal.

Dans la préface de 1724 à *Hérode et Marianne*, Voltaire fit part de sa perception, très différente et négative, de l'art de Watteau. Comparant les formes d'expression contemporaines les plus courantes aux grandes traditions de l'art du XVIIe siècle, il écrivit : « Que l'on donne une noce à peindre à Watteau et à Le Brun : l'un représentera, sous une treille, des paysans pleins d'une joie naïve, grossière, et effrénée, autour d'une table rustique, où l'ivresse, l'emportement, la débauche, le rire immodéré, règneront ; l'autre peindra les noces de Thétis et Pélée, les festins des dieux, leur joie majestueuse : et tous deux seront arrivés à la perfection de leur art par des chemins différents[2]. »

En dépit de l'éloge poli formulé à la fin de ce passage, il est clair que Voltaire n'aimait pas l'art de Watteau et qu'il ne l'avait pas regardé attentivement.

Huile sur toile
47 x 55 cm

Historique
Dès 1746, La Granja, collection d'Élisabeth Farnèse ; dès 1789, collection royale d'Aranjuez ; 1814, Madrid, palais royal ; entré au musée entre 1819 et 1828.

Bibliographie
Washington-Paris-Berlin, 1984-1985, p. 288-293, n° P21 (avec bibl. antérieure) ; Roland Michel, 1984, p. 214, 223, 270 ; Moreau et Grasselli, 1987, pl. 6 ; R.-P., 1996, t. I, n° 75, 77, 117, 120, 130, 146, 164, 169, t. II, n° 510, 650 ; Börsch-Supan, 2000, p. 83 ; Temperini, 2002, p. 44-45, 142.

Expositions
Washington-Paris-Berlin, 1984-1985, sous le n° P21 (avec exp. antérieures).

Madrid, Museo nácional del Prado
Inv. PO2353

[**fig. 28.1**] Jean Antoine Watteau, *L'Accordée de village*, vers 1710-1714, Londres, Sir John Soane's Museum

Pieter Bruegel le Jeune et son atelier

29 *La Danse de noces* – vers 1605-1635

C'est essentiellement grâce à Pieter Bruegel le Jeune que les robustes compositions de son père – plus célèbre que lui – furent connues par les générations suivantes et appelées à de nouveaux développements. Le tableau du musée de Quimper est l'une des nombreuses variantes exécutées par Bruegel le Jeune et son atelier, Martin van Cleve (1527-vers 1581) et bien d'autres encore à partir d'une composition de Bruegel l'Ancien[1]. Cette composition, qui fut gravée par Pieter van der Heyden [fig. 29.1], est à rapprocher de deux des œuvres les plus célèbres de Bruegel l'Ancien, *Noce villageoise* et *Danse des paysans*, toutes deux conservées au Kunsthistorisches Museum de Vienne. Dans cette version resserrée, les deux thèmes ont cependant été juxtaposés, l'un formant le premier plan et l'autre l'arrière-plan de la composition. Le nombre extraordinairement élevé de peintures ayant été exécutées d'après le tableau de Bruegel l'Ancien par les artistes de la génération suivante témoigne de la popularité de son sujet.

Dans le tableau de Quimper, Bruegel le Jeune a repris l'essentiel de la composition de son père : au premier plan évoluent en cercle des danseurs assez gauches ; la présence du joueur de cornemuse semble tout aussi grotesque que dans l'œuvre du père ; et le ronronnement de son instrument, qu'on croirait entendre, nous écorche tout autant les oreilles. À droite, deux couples bien gras s'embrassent. Le mariage proprement dit se déroule en arrière-plan : faisant figure de Dulcinée, la mariée est assise, comme le veut la tradition, sous un dais de fortune auquel a été accrochée une couronne ; ses parents s'occupent, de leur côté, du contrat de mariage sous le regard attentif de nombreux invités. À l'extrême droite figure un personnage caractéristique de ce genre de catalogue des comportements humains : il s'agit de celui qui, nous tournant le dos, se soulage contre le mur de la cabane. L'absence de respect des convenances est compensé par un solide appétit de la vie.

Il peut paraître étrange d'établir un lien entre cette œuvre inspirée d'une composition de Pieter Bruegel l'Ancien et les fêtes galantes de Watteau : plus d'un siècle les sépare, et il semble y avoir incompatibilité entre les deux artistes, chacun étant d'un tempérament nettement différent. Pieter Bruegel, « le paysan », et son fils se plaisaient à montrer les petites manies dénotant la grossièreté des paysans, tandis que Watteau était un citadin, qui fut en outre en relation au cours de ses dernières années avec Pierre Crozat, le Régent et des cercles de courtisans raffinés. Son art reflète ce raffinement. Les paysans de Bruegel ont au contraire un comportement débridé, leurs vêtements et leurs corps n'ont pas plus de forme qu'un sac et ils dansent d'un pas lourd. La rusticité caricaturée par le peintre flamand contraste violemment avec l'élégance des fêtes galantes françaises, mais il existe pourtant entre les deux des liens importants.

On constate d'abord que de nombreuses scènes de noce flamandes, souvent attribuées à Teniers, figurent dans les catalogues de vente et les inventaires parisiens du XVIIIe siècle[2]. Le tableau de Teniers conservé au musée du Prado [fig. 29.2], signé et daté de 1637, donne une idée du type d'œuvres auquel Watteau devait avoir accès. Il est habité par une formidable fougue. Les poses dynamiques des figures sont plus convaincantes que celles retenues par Bruegel le Jeune, qui sont anguleuses et maladroites. On peut en dire autant de sa perception de l'espace. Mais le tableau de Teniers demeure lié à celui du musée de Quimper par le concept sur lequel il repose. On se trouve face à un répertoire de paysans bruegéliens tout à fait comparable. On note en effet la présence de danseurs, d'un couple qui s'embrasse, de musiciens et même de l'incontournable figure masculine représentée en train d'uriner. Si on compare cependant l'œuvre de Teniers à ce qui l'a suivie plutôt qu'à ce qui l'a précédée, on peut dire qu'elle ne correspond qu'à un petit pas en direction de la *Mariée de village* de Watteau, un tableau d'une bien plus grande élégance.

Huile sur toile
40 x 47 cm

Historique
Quimper, collection du comte Jean Marie Francois Xavier de Silguy ; 1864, légué au musée par le comte de Silguy.

Bibliographie
Gauguet et Hombron, 1873, n° 242 ; Marlier, 1969, p. 196 ; Paris, 1977, p. 49-50 ; Paris, 1987, p. 82 ; Ertz, 2000, p. 730-731, n° F971.

Quimper, musée des Beaux-Arts
Inv. 873-1-10

[fig. 29.1] Pieter van der Heyden, d'après Bruegel l'Ancien, *Danse de noce*, 1555-1570, Bruxelles, Bibliothèque royale

[fig. 29.2] David Teniers le Jeune, *Noce de village*, 1637, Madrid, Museo nácional del Prado

Nicolas Lancret

30 *Le Cortège de fiançailles* – vers 1730-1740
31 *Le Repas des noces* – vers 1730-1740

Au cours de la seconde moitié du XVIIIe siècle, ces pendants firent successivement partie de plusieurs collections prestigieuses : ils passèrent en effet de celle de Jean Denis Lempereur à celle de Louis François, prince de Conti, avant de rejoindre celle de Pierre Louis Éveillard, marquis de Livois. En vente publique, ils furent qualifiés d'« agréables » et de « charmants », et présentés en des termes élogieux car « ils sont du meilleur temps de ce maître ». On retrouve en l'occurrence toutes les tournures flatteuses qui figurent dans les catalogues de vente du XVIIIe siècle. À la vente Conti, il fut précisé que ces pendants comportaient chacun vingt-cinq figures. Ce type d'indication, courant à l'époque, révèle l'assimilation faite entre, d'une part, la quantité d'éléments constitutifs d'un tableau, c'est-à-dire sa complexité, et, d'autre part, sa valeur.

Il est cependant beaucoup plus intéressant de s'attarder aux titres donnés à ces deux œuvres. Celle que l'on appelle en général aujourd'hui *Le Repas de noces* fut intitulée au XVIIIe siècle tantôt « Le Repas de la noce », tantôt « le Repas de la mariée ». Si ce sont là des différences à vrai dire sans importance, plus significatives sont en revanche les variations que subit le titre du pendant. À la vente Lempereur, le tableau fut très justement décrit comme représentant « une mariée de village qui va à l'église » ; à la vente Conti, il fut cependant intitulé à tort « La Danse de la mariée ». Depuis lors, ce titre a donné lieu à diverses variantes. C'est ainsi que Wildenstein opta pour « La Danse au village », tandis que Gonse préféra « La Danse de noces », soit le titre généralement utilisé aujourd'hui. Le véritable sujet de ce tableau est cependant le moment où, précédé par un violoniste, le cortège s'ébranle en direction de l'église. Les protagonistes de cette œuvre de Lancret peuvent certes donner l'impression d'être en train d'exécuter un élégant pas de danse, mais ce n'est pas le cas : le jeune marié offre sa main à la mariée pour la guider jusqu'à l'autel. On retrouve les deux mêmes thèmes – celui du repas de noce et du cortège des noces – dans deux autres pendants de Lancret, conservés à Waddesdon Manor [**fig. 30.1 et 30.2**].

Au sujet des tableaux d'Angers, C. Besson a émis l'avis suivant : « Ces sujets [...] ont été généralement empruntés à Watteau, qui lui-même s'était cette fois inspiré des kermesses flamandes[1]. » La véritable source d'inspiration de ces œuvres a cependant été l'iconographie traditionnelle de la noce dans la peinture flamande. La part revenant à Pieter Bruegel l'Ancien a déjà été soulignée. Cet artiste et ses disciples ont fréquemment représenté des noces sous la forme de tableaux individuels ou de cycles. Ces cycles pouvaient comporter, outre le repas et le bal de la noce, le cortège des noces, la remise des cadeaux de mariage et, aussi, la nuit de noces.

Le cortège dit de la mariée, du marié ou des mariés, était un thème populaire. Le schéma de composition avait été mis au point par Bruegel l'Ancien, puis repris par son fils et d'autres artistes de cette nouvelle génération [**fig. 30.3**][2]. Les artistes néerlandais continuèrent à appliquer

Huile sur toile
43,5 x 36 cm

Historique
Paris, collection Jean Denis Lempereur ; vente Lempereur, 24 mai 1773 et jours suivants, lot n° 89 ; Paris, collection Louis François, prince de Conti ; vente Conti, 8 avril 1777 et jours suivants, lots 678-679 ; Angers, collection Pierre Louis Éveillard, marquis de Livois ; saisi sous la Révolution (1799).

Bibliographie
Wildenstein, 1924, n°s 514-515 (avec bibl. antérieure) ; Planchenault, 1933, p. 223 ; Morant, 1953, p. 8 ; Vergnez-Ruiz et Laclotte, 1962, p. 71, 241 ; Morant, 1970, p. 3, n° 36 ; Faroult, 1999, p. 44-45 ; Faroult, 2000-2001, p. 156-160, n°s 26, 27.

Expositions
Londres, 1932, n° 208 (*Le Repas*) ; Paris, 1933A, n°s 53-54 ; Copenhague, 1935, n° 111 (*Le Cortège*) ; Paris, 1937, n° 173 (*Le Repas*) ; Londres, 1949-1950, n° 111 (*Le Repas*) ; Amsterdam, 1951 (*Le Cortège*) ; Londres, 1954-1955, n°s 236, 246 ; Bruxelles, 1974-1975, n°s 8-9 ; Aix-en-Provence, 1991, n° 79 (*Le Repas*) ; Chambéry, 1999 (*Le Repas*) ; Le Mans, 2000, n°s 10-11 ; Valenciennes, 2001, n°s 6-7 ; Gunma et autres villes (Japon), 2002, n°s 48-49.

Angers, musée des Beaux-Arts
Inv. MBA 96 (J1881) P et MBA 97 (J1881) P

[fig. 30.1] Nicolas Lancret, *Le Repas de noces*, vers 1730-1740, Buckinghamshire, Waddesdon Manor, James A. Rothschild Collection

[fig. 30.2] Nicolas Lancret, *Le Cortège de fiançailles de village*, vers 1730-1740, Buckinghamshire, Waddesdon Manor, James A. Rothschild Collection

au XVIIᵉ siècle[3]. Et Watteau fut tout aussi attiré par le thème du cortège que par ceux du bal ou du contrat de mariage. Un cortège constitue en effet le motif central de sa *Mariée de village* (Berlin, palais de Charlottenburg), et le seul motif d'une étude de composition étonnamment achevée, dans lequel les protagonistes font figure d'acteurs de la commedia dell'arte [**fig. 30.4**][4]. Pater fit aussi de ce thème particulier le sujet d'un tableau aujourd'hui à Dresde [**fig. 30.5**][5].

Si Pater demeura, comme toujours, proche des modèles de son mentor, Lancret se montra plus indépendant. Certes influencé par la grâce et l'élégance de l'œuvre de Watteau, il s'appuya cependant davantage sur des modèles flamands, transformant complètement, à l'instar de Watteau, ces vieux sujets flamands en fêtes galantes qui illustraient la galanterie de la France rococo. Bien que le thème du mariage soit identifiable dans les tableaux d'Angers, l'atmosphère générale est celle d'une scène de cour ou d'opéra enjouée. Il n'est guère étonnant que Lancret reçut en commande en 1737 un *Festin de noces* destiné à la petite salle à manger du roi au château de Fontainebleau[6].

[fig. 30.3] Pieter Bruegel le Jeune, *Le Cortège de noce*, 1623, Paris, musée du Petit Palais

[fig. 30.4] Jean Antoine Watteau, *Le Cortège de fiançailles*, vers 1710-1712, localisation inconnue

[fig. 30.5] Jean-Baptiste Pater, *Le Cortège de fiançailles*, vers 1720-1736, Dresde, Gemäldegalerie

5. *Les saisons*

Étienne Brillon, d'après Jean Antoine Watteau

32 *Le Printemps* – vers 1730

Le cycle des *Quatre Saisons* qui date des années de jeunesse de Watteau fut connu grâce aux gravures commandées par Jean de Jullienne. Comme c'est le cas d'un grand nombre d'œuvres répertoriées dans le *Recueil Jullienne*, les quatre toiles appartenaient à ce marchand d'art intelligent, qui n'hésitait pas à tirer profit de ses propres investissements. Le fait de posséder ces tableaux lui permit de confier l'exécution des gravures à quatre artistes de son entourage, ou qui travaillaient pour lui : Brillon fut chargé du *Printemps* ; Jean Audran, Nicolas de Larmessin et Jean Moyreau, des trois autres [fig. 32.1 à 32.3]. Les gravures furent publiées au printemps 1732 : leur publication fut en effet annoncée en mars comme un événement imminent, et mentionnée en juin comme effective[1].

À sa mort, en 1756, Jullienne ne possédait plus ces toiles, qui n'apparaissent cependant pas dans les catalogues des ventes ayant eu lieu en France au XVIIIᵉ siècle. Peut-être se trouvaient-elles déjà en Angleterre. Autant qu'on puisse en juger, seul *Le Printemps Jullienne* réapparut. Il semblerait en effet qu'il ait été montré publiquement au début et à la fin du XIXᵉ siècle, avant de disparaître de nouveau pendant une centaine d'années, puisqu'il n'a été retrouvé qu'en 1983.

Comme le public n'avait plus accès aux *Saisons Jullienne*, les critiques ne leur accordaient guère d'attention. Les gravures de ces tableaux furent reproduites dans quelques monographies sur Watteau publiées à la fin du XIXᵉ siècle et au début du XXᵉ siècle, mais en général non accompagnées de commentaires. Ce manque d'attention conduisit à différentes erreurs d'interprétation. La plus lourde de conséquences fut peut-être celle que commit en 1950 Hélène Adhémar, qui avança que les arrière-plans des *Saisons Jullienne* avaient été peints par Jacques de la Joue (1686-1761), thèse fondée sur l'idée erronée que les deux hommes avaient travaillé ensemble à plusieurs fêtes galantes. Nous savons cependant maintenant qu'il n'y eut jamais aucune collaboration entre les deux artistes. L'architecture est en outre ici assez différente des constructions fort élaborées de La Joue, de style baroque ou rococo. L'opinion d'H. Adhémar eut malgré tout des retombées : on émit encore des doutes quant à l'identité du peintre responsable des arrière-plans lorsque le *Printemps Jullienne* fut remis au jour. Il n'existe cependant aucune différence chromatique ou technique entre les figures du premier plan et le paysage. Antoine Dieu conçut en même temps les deux parties dès le début, comme en témoignent ses dessins préparatoires [cat. 37 à 40], mais ce ne fut pas le cas de Watteau. Si, dans le tableau de ce dernier, l'architecture contraste avec le reste de son œuvre, c'est parce qu'elle s'inspire, comme l'ensemble du tableau, de modèles néerlandais de la fin du XVIᵉ et du début du XVIIᵉ siècle.

Les critiques ont eu raison de percevoir *Le Printemps* et *L'Été* comme autant de tentatives du jeune Watteau pour mettre au point le genre fête galante. En effet, tous les ingrédients de ce genre sont ici présents : les couples d'amoureux, la musique, les jardins très agréables et l'impression générale d'une grande joie de vivre. Mais ces œuvres constituent néanmoins des preuves très importantes de la manière dont les traditions iconographiques spécifiques au siècle précédent étaient consciemment ravivées ; elles justifient l'établissement par les historiens de l'art d'un lien qu'ils avaient pressenti mais pas explicitement défini entre l'art du début du XVIIᵉ et celui du début du XVIIIᵉ siècle.

Eau-forte et burin
39,1 x 46,4 cm

Bibliographie
Goncourt, 1875, p. 153-154, n° 180 ; Hédouin, 1845, n° 94 ; Dacier, Vuaflart et Hérold, 1921-1929, t. III et IV, p. 93, n° 200 ; Réau, *Watteau*, n° 29 ; Adhémar, 1947, n.p. ; Adhémar, 1950, p. 79, 94, 192, 206-207, n°ˢ 44-47 ; Mathey, 1959, p. 66 ; Levey, 1964, p. 57, note 19 ; Macchia et Montagni, 1968, p. 91, n° 22A ; Roland Michel, 1984, p. 214-215, 232-233, 266 ; Posner, 1984, p. 26, 82, 279, note 24 ; Ferré, t. III, p. 1019, n° B65 ; Eidelberg, 1986, p. 98-103 ; Vidal, 1992, p. 70 ; Eidelberg, 1997, p. 27.

Valenciennes, musée des Beaux-Arts
Inv. E.51.24

[fig. 32.1] Jean Moyreau, *L'Été*, vers 1732, Valenciennes, musée des Beaux-Arts

[fig. 32.2] Jean Audran, *L'Automne*, vers 1732, Valenciennes, musée des Beaux-Arts

[fig. 32.3] Nicolas de Larmessin, *L'Hiver*, vers 1732, Valenciennes, musée des Beaux-Arts

Aegidius Sadeler, d'après Paul Bril

33 *Allégories de mars-avril* – 1615
34 *Allégories de mai-juin* – 1615

Publiées en 1615, ces deux gravures proviennent d'une série de six œuvres représentant les douze mois de l'année. Chaque mois est illustré par des travaux et des loisirs en relation avec la période de l'année considérée, qui se déroulent dans de vastes paysages. On est ici en présence d'un thème populaire traité conformément à la tradition néerlandaise et, qui plus est, par deux des plus grands artistes néerlandais du début du XVIIᵉ siècle. Paul Bril était un éminent paysagiste, et Sadeler un graveur renommé. Il est cependant difficile de relier leur activité à un lieu géographique précis. Bril s'était installé à Rome, où il eut une activité florissante, d'où la présence de sites romains identifiables à l'arrière-plan de ses compositions. Sadeler, qui s'était rendu deux fois en Italie et y avait fait la connaissance de Bril, exécuta ces gravures à Prague, où il fut le graveur officiel de Rodolphe II, empereur du Saint Empire romain germanique.

Les allégories de Bril rappellent le célèbre cycle de Pieter Bruegel l'Ancien. Il s'agit dans les deux cas d'un cycle en six parties, chacune illustrant deux mois consécutifs et associant aux activités humaines du premier plan, un paysage s'étendant à perte de vue. Les deux cycles s'inspirent surtout d'une même tradition iconographique, et ont donc de nombreux thèmes en commun. La taille de la vigne qui sert à illustrer le mois de mars dans l'œuvre de Bril, par exemple, est précisément ce qu'on voit au premier plan de *La Journée sombre (février-mars)* de Bruegel. De même, l'image donnée par Sadeler des paysans qui se reposent à l'ombre d'un arbre et se restaurent pendant les mois de juillet et août tandis que d'autres continuent à faucher le blé dans le champ situé à l'arrière-plan est semblable à la scène de *La Moisson (août-septembre)* chez Bruegel. La scène gravée, avec des paysans qui marchent le long d'une route tout en portant sur la tête des paniers de fruits et de légumes est identique au premier plan de *La Fenaison (juin-juillet)* de Bruegel.

Il n'existe cependant pas de lien direct entre les gravures de Sadeler et les tableaux de Bruegel. Les deux cycles découlent plutôt des mêmes sources. Comme Charles de Tolnay l'a démontré il y a de nombreuses années déjà, l'imagerie de Bruegel s'inspire des cycles du *Bréviaire Grimani* et des *Heures Hennesey*, qui doivent eux-mêmes beaucoup aux *Très Riches Heures du duc de Berry* des frères Limbourg[1]. L'iconographie de Sadeler s'appuie aussi sur l'enluminure du XVIᵉ siècle, ce qui permet en fait de mettre en lumière quel parti différent ont adopté les artistes. Alors que les frères Limbourg avaient fait alterner dans leur cycle les scènes de la vie de la cour et celles de la vie des paysans, Bruegel a éliminé les premières, alors que Sadeler a conservé l'équilibre initial traditionnel. Ainsi, la gravure de ce dernier, *Mars et avril*, où se trouvent réunis, à gauche, des paysans taillant la vigne et, à droite, des courtisans se promenant à la campagne, avec des jardins aménagés derrière eux, soutient la comparaison avec la scène du *Bréviaire Grimani* illustrant mars, que l'on doit à Simon Bening [**fig. 33.1**]. De même, la gravure *Mai et juin* de Sadeler – avec ses balades en bateau à droite et ses courtisans élégamment vêtus et amoureux, qui jouent de la musique au pied d'une fontaine à gauche – peut être rapprochée de la scène de canotage ornant le mois de mai dans le *Bréviaire Grimani*, mais aussi, et peut-être encore davantage, des pages consacrées à ce même mois dans un manuscrit de la Staatsbibliothek de Munich, dans lesquelles

Eau-forte et burin
37,5 x 48,2 cm

Bibliographie
Hollstein, 1949-2003, t. XXI, p. 35, nᵒˢ 124-125, t. XXII, p. 32-33, nᵒˢ 124-125 ; Eidelberg, 1986, p. 101, fig. 1 ; Hamm-Mainz, 2000-2001, p. 301-311, nᵒˢ 108a, 108b.

Exposition
Gand, 1960, nᵒ 257 (mai-juin).

Bruxelles, Bibliothèque royale
Inv. S. IV 14022 plᵒ et S. IV 14023 plᵒ

[fig. 33.1] Simon Bening, *Mars*, vers 1520-1550, Munich, Bayerischen Staatsbibliothek

[fig. 33.2] Maître du Hortulus Animae, *Mai*, vers 1510-1530, Munich, Bayerischen Staatsbibliothek

on retrouve à la fois les amoureux représentés à proximité d'une fontaine et la promenade en bateau [**fig. 33.2**][2]. Sadeler a également conservé la tonte des moutons, activité saisonnière traditionnelle, tout en reléguant la scène à l'arrière-plan.

Aujourd'hui, nous avons tendance à oublier l'importance qui fut accordée aux gravures de Sadeler et de sa famille au cours du siècle suivant, notamment en France. Un dessin à l'aquarelle du graveur et marchand d'estampes Gabriel Huquier, qui lui tenait lieu de carte de visite, montre la gamme de gravures qu'il proposait aux amateurs et aux artistes. Parmi les nombreuses boîtes étiquetées consacrées aux gravures d'artistes nordiques comme Dürer, Lucas de Leyde, Rembrandt et Van Ostade, il en est une entièrement réservée aux Sadeler[3]. Il ne faut pas oublier que le jeune Watteau avait l'habitude de fréquenter les boutiques d'estampes de Paris et devait donc bien connaître les œuvres de ce genre. Son cercle leur accordait sans nul doute de la valeur ; Antoine de La Roque ou Edme Gersaint, qui étaient tous deux des amis et mécènes de Watteau, possédaient du reste un exemplaire de ces *Saisons* de Sadeler[4]. Jean de Jullienne en avait aussi un, ainsi que quatre dessins originaux des *Saisons* de Bril[5]. Autant d'exemples confirmant que ce type de gravures nordiques, consacrées aux saisons, était très prisé au début du XVIIIe siècle[6].

Claude Gillot

35 *Le Printemps* – vers 1710-1720
36 *L'Été* – vers 1710-1720

Miraculeusement, ces deux dessins, ainsi que trois autres provenant du même cycle, n'ont pas été dispersés au fil des siècles. Ils résultent, semble-t-il, d'une commande passée à Gillot. Celui-ci avait en effet reçu la commande d'une série de six projets de tapisserie, qui donnèrent par la suite lieu à des gouaches ne se distinguant les unes des autres que par des détails. Ces gouaches firent partie de la collection de Quentin de Lorangère[1]. L'ensemble du programme devait représenter une allégorie des quatre saisons, chacune étant représentée par un pays européen différent. « L'Italie représente le Printemps, à cause de la verdure continuelle qui y règne ; l'Espagne représente l'Été, par rapport à la chaleur qui s'y fait ressentir plus vivement que dans d'autres Pays. » La France fut choisie pour l'Automne, en raison de l'abondance de ses vendanges, et « le Nord » fut retenu pour l'Hiver[2]. Aux quatre saisons s'ajoutaient une cinquième scène, une *Collation des nations*, représentant un buffet officiel à la campagne, et une sixième, plus petite, qui devait être accrochée au-dessus de *La Collation*. La composition inhabituelle de ce cycle en six parties permet de penser qu'il était destiné à un site spécifique. Nous ne disposons cependant d'aucun renseignement sur l'identité du commanditaire, et nous ne savons même pas si le cycle fut effectivement tissé.

Gillot maîtrisait bien le répertoire décoratif de la fin du XVIIe siècle, mais il n'en fit guère usage ici. Il exclut presque toute bordure ou cadre architectural traditionnel, et consacra chaque fois toute la surface de la feuille à la représentation de sa scène de genre. Il subsiste des traces d'une tradition plus ancienne dans de petits médaillons suspendus à des guirlandes de fleurs, chacun d'eux comportant une image du dieu correspondant à la saison dépeinte : Flore pour *Le Printemps*, Cérès pour *L'Été*. Ces dessins appellent une comparaison avec *Les Douze Mois grotesques*, composés en 1708-1709 par Claude III Audran pour la manufacture des Gobelins [**fig. 35.1**][3]. Ceux-ci sont dominés par une structure complexe à base de rinceaux en forme de volutes, de médaillons encadrés, de scènes surmontées d'un dais, et de bien d'autres artifices ornementaux. Chaque mois est représenté par une divinité : avril par Vénus, mai par Apollon, juin par Cérès, etc. Des médaillons comportant les signes du zodiaque sont en outre accrochés à des guirlandes de fleurs au sommet de chaque composition. Si formels que puissent paraître les dessins d'Audran par rapport à ceux de Gillot, ils le sont beaucoup moins que ceux exécutés par Jean Berain une dizaine d'années plus tôt. Les différences notables entre ces séries de dessins dues à trois générations successives font ressortir le changement considérable intervenu entre la pesanteur du baroque et la légèreté du rococo.

L'abandon par Gillot des schémas allégoriques adoptés par Berain et Audran et sa préférence pour les sujets de genre témoignent aussi de l'évolution non moins importante du goût français. Le triomphe du rubénisme avait été non seulement à l'origine du triomphe de la couleur mais aussi d'une tendance à des sujets moins formels. L'allégorie abstraite, qui occupait la première place dans la hiérarchie des genres établie par Félibien (et non la peinture d'histoire, comme on l'affirme trop souvent), avait cédé la place à des scènes de genre plus enjouées.

Nul ne sait si Gillot exécuta ces dessins avant ou après le passage de Watteau dans son atelier. Il est certain qu'il n'existe aucun lien direct entre ceux-ci et les *Saisons Jullienne* de Watteau, mais les deux cycles s'inspirent d'une même tradition néerlandaise. Les scènes de genre comme *Le Printemps* ou *L'Été* constituèrent en outre, par leur sujet et leur atmosphère, un jalon important dans l'émergence de la fête galante.

35
Plume et encre noire et lavis brun
16,5 x 27,3 cm

36
Plume et encre noire et lavis brun
16,2 x 29,8 cm

Historique
Paris, collection Marie-Robert-Arthur Fouques-Duparc ; Paris, galerie Georges Petit, vente Fouques-Duparc, 8 mai 1919, lot 110 ; Paris, collection René Lepage ; collection Goselin ; acquis par l'actuel propriétaire.

Bibliographie
Populus, 1930, p. 57-58, 175 ; Poley, 1938, p. 49, n° 71-72.

Exposition
Paris, 1969.

Collection particulière

[**fig. 35.1**] Claude III Audran et Manufacture des Gobelins, *Avril, mai, juin*, dessiné vers 1708-1709, exécuté vers 1726, collection particulière

Antoine Dieu

Les Quatre Saisons – vers 1710

37 *Le Printemps*

38 *L'Été*

39 *L'Automne*

40 *L'Hiver*

Au XIXᵉ siècle, ces dessins faisaient partie de la célèbre collection du marquis de Chennevières. Ils portaient alors une inscription signalant leur attribution à Sébastien Leclerc l'Ancien (1637-1714). Cette inscription n'avait pas disparu lorsqu'ils firent leur apparition en vente publique à Paris en 1982. Ils furent par la suite, pour des raisons plus argumentées, réattribués à Antoine Dieu. Ce dernier, qui eut pour maître Charles Le Brun, est surtout connu aujourd'hui pour ses imposantes œuvres académiques. Il lui arrivait cependant souvent d'aborder des genres mineurs et adoptait de temps en temps le style maniéré que l'on remarque ici. Comparées cependant à la majorité des dessins d'Antoine Dieu, ces œuvres sont d'une fluidité et d'une fougue inhabituelles[1].

Les quatre feuilles ont été mises au carreau, ce qui indique clairement que les dessins étaient destinés à un projet de plus grande envergure. Chennevières, qui pensait qu'ils étaient de la main de Leclerc l'Ancien, émit l'idée qu'ils pouvaient avoir servi de cartons à la manufacture des Gobelins. Mais il fit une malheureuse confusion, car c'est en réalité le fils de l'artiste, Sébastien Leclerc le Jeune (1676-1763), qui fut professeur à la manufacture, et seulement à partir de 1712. Même après la réattribution de ces œuvres à Antoine Dieu, l'idée qu'il puisse s'agir de motifs de tapisserie persista. Il faut cependant souligner que rien ne le prouve. Antoine Dieu les exécuta probablement dès le début comme des études préparatoires à des tableaux.

Lorsqu'un lien fut pour la première fois établi entre ces dessins et les *Saisons Jullienne* de Watteau, d'autres théories furent échafaudées. Pour Nicole Parmantier et Marianne Roland Michel, il pouvait s'agir de dessins exécutés d'après les tableaux de Watteau pour faciliter le travail des graveurs en vue de la publication du *Recueil Jullienne*. Comme je l'ai cependant déjà montré, une comparaison entre les dessins et les gravures fait apparaître un nombre suffisant de différences pour permettre de conclure à une antériorité des dessins par rapport aux toiles de Watteau. Dans le cas du *Printemps*, Antoine Dieu a accentué le premier plan et le plan intermédiaire, tandis que Watteau a opté dans son tableau pour une plus grande profondeur de champ. Dans le dessin de Dieu, le bateau compte deux passagères, dont l'une joue un morceau de musique sur un luth démodé. Watteau leur a adjoint des compagnons de bord et a transformé le luth en une guitare plus à la mode. De même, Watteau a doublé le nombre des protagonistes au premier plan, remplacé un second luth par une guitare, éliminé la corbeille de fleurs, sur la terrasse, et les cygnes. La gravure suit en cela les choix de Watteau et non ceux d'Antoine Dieu, ce qui permet de réfuter toute théorie selon laquelle ces dessins auraient été exécutés d'après les tableaux de Watteau pour servir d'études préparatoires aux gravures Jullienne.

L'un des aspects les plus intéressants de ce cycle est sa dimension archaïque. C'est à des œuvres néerlandaises conçues autour de l'année 1600, notamment aux gravures d'Aegidius Sadeler [cat. 33 et 34], que la grande profondeur de champ et l'habit dit « espagnol » des figures font le plus songer. On a parfois imputé cet aspect à l'héritage nordique de Watteau. Mais aujourd'hui, on sait que ces éléments n'ont rien à voir avec Watteau, ni avec un prétendu héritage nordique. Ils ont été conçus par Antoine Dieu, un académicien et un marchand de tableaux parisien très au fait des goûts de son temps. Ils témoignent, en réalité, de l'existence d'un marché pour cet art ancien néerlandais, indépendamment de la venue de Watteau en France. C'est à vrai dire cette situation qui favorisa le développement de la fête galante.

Si archaïsantes que sont les scènes d'Antoine Dieu, elles n'en annoncent pas moins ce qu'allait être le goût français au XVIIIᵉ siècle. Les parties consacrées aux figures sont plus denses, et si ces dernières sont moins nombreuses, elles sont disposées selon des demi-cercles bien calculés. Cette unité formelle est l'une des caractéristiques de l'œuvre de cet académicien par ailleurs occupé à illustrer des épisodes de la vie de Louis XIV. Si les traditionnels travaux saisonniers sont absents de ces allégories, l'accent est en revanche doublement mis sur le plaisir, la musique, les joies liées à la compagnie des femmes, éléments que les peintres de la génération suivante allaient renforcer davantage encore.

Encre et lavis sur papier
25,5 x 34,3 cm

Historique
Paris, collection du marquis Philippe de Chennevières ;
Paris, hôtel des Commissaires-Priseurs,
vente Ph. de Chennevières, 4-7 avril 1900, lot 289 ;
Paris, Nouveau Drouot, 7 décembre 1982, lot 5.

Bibliographie
Chennevières, 1896, chap. XV, p. 37 ; Roland Michel, 1984, p. 233 ; Washington-Paris-Berlin, 1984-1985, p. 37-38 ; Eidelberg, 1986, p. 98-100 ; Eidelberg, 1997, p. 27 ; Rosenberg, 1996, p. 107-108, p. 112 n. 9.

France, collection particulière

37

38

39

40

Antoine Quillard

41 *La Plantation du mai* – vers 1720-1725

La Plantation du mai et son pendant, *La Danse villageoise* [**cat. 63**], considérés comme des œuvres de jeunesse de Watteau, furent acquis par le musée du Louvre en 1927 pour la somme considérable de 1 500 000 francs. L'achat de ces tableaux fit scandale, et l'on finit par apprendre, après enquête judiciaire, qu'ils étaient de la main d'un artiste guère connu, répondant au nom de Pierre Antoine Quillard. Les tableaux furent un temps attribués à Ollivier, mais c'est l'attribution à Quillard qui s'est imposée.

En dépit de l'intérêt porté à cette œuvre, son sujet a toujours été éludé, sauf lorsque l'on a affirmé que « cette fête villageoise préfigure la plantation des arbres de la Liberté pendant la Révolution »[1]. Cette association anachronique n'a cependant rien à voir avec les intentions de l'artiste ; à l'époque de Quillard, cette fête devait être perçue comme un rite printanier. Ce sujet traditionnel dans l'art néerlandais, inspiré par les manuscrits enluminés, était aussi présent dans l'art français du XVIIe siècle – certes rarement et en gravure, ce qui n'est guère surprenant car la peinture de genre était peu demandée.

Est en revanche bien plus intéressant le lien existant entre Quillard et la tradition néerlandaise vivace encore longtemps au XVIIIe siècle. Un tableau flamand du début de ce siècle, peint par Arnold Frans Rubens (1687-1719), donne une idée du type de composition de base que Quillard devait avoir sous les yeux [**fig. 41.2**][2]. Dans ce tableau, les danseurs évoluent au centre. Sur l'un des côtés apparaissent diverses autres figures, groupées autour de l'entrée d'une taverne, tandis que des spectateurs assis au premier plan servent de repoussoir de manière à ce que les regards se posent sur la scène centrale. Le tableau du Louvre prend appui sur cette formule, mais Quillard a totalement transformé la scène en une véritable fête galante, ce qui n'a rien d'étonnant puisqu'il avait eu Watteau pour maître.

Quillard fit aussi du mai le principal motif d'une arabesque gravée à l'eau-forte[3]. Le même thème attira deux autres artistes s'inscrivant dans la mouvance de Watteau, à savoir Pater et Lancret. Le splendide tableau de Lancret ayant autrefois fait partie de la collection J. Pierpont Morgan [**fig. 41.3**], par exemple, montre comment ce sujet relativement modeste pouvait donner naissance à un tableau dont le charme raffiné n'avait rien à envier à une scène de ballet.

Huile sur toile
37,5 x 45 cm

Historique
Vers 1843, collection George Rennie ; collection du Révérend F.D. Morice ; Londres, Christie Manson & Woods, 3 décembre 1926, n° 142 ; Londres, Frank Sabin ; Paris, Yves Pedrix ; acquis par le musée en 1927.

Bibliographie
Jamot, 1927, p. 323-330 ; Réau, 1927, p. 193-198 ; Morand-Vérel, 1927, p. 228 ; Gillet, 1929, p. 29 ; Guiffrey, 1929, p. 72-73 ; Miller, 1930, p. 135-136, 151 ; Hevesy, 1929, p. 541-542 ; Alvin-Beaumont, 1932, p. 97-103 ; Réau, 1928, p. 38, n° 90 ; Thieme et Becker, t. XXVII, 1933, p. 522 ; Mathey, 1938, p. 162-163 ; Adhémar, 1950, p. 136, 236, n° 257 ; Ferré, 1972, t. III, p. 962, n° B27 ; Saint-Paulien, 1976, p. 55 ; Paris, Louvre, 1972, t. I, p. 311 ; Rosenberg, Reynaud et Compin, 1974, n° 698 ; Eidelberg, 1981, p. 36 ; Compin et Roquebert, 1986, t. IV, p. 157.

Expositions
Paris, 1933, n° 105 ; Paris, 1960, n° 707 ; Nancy, 1960, n° 35 ; Toledo et autres villes, 1964-1965, n° 19 ; Paris, 1973-1974, n° 88 ; Paris, 1977, n° 211 ; Chatellerault, 1988, n° 13a ; Dijon-Paris, 1989, p. 28.

Paris, musée du Louvre
Inv. R.F. 2625
Photographie au cours de restauration

[**fig. 41.1**] Bruegel le Jeune, *Danse autour du mai*, vers 1620-1635, Genève, musée d'Art et d'Histoire

[**fig. 41.2**] Arnold Frans Rubens, *Danse autour du mai*, vers 1710-1719, Copenhague, Statens Museum for Kunst

[**fig. 41.3**] Nicolas Lancret, *La Ronde autour du mai*, vers 1720-1743, localisation inconnue

Nicolas Lancret

42 *La Danse des bergers* – vers 1720-1740

Contrairement à ce qu'indique le titre traditionnellement donné à ce tableau, les figures peintes par l'artiste ne sont pas des bergers. Quelques femmes tiennent des houlettes de bergère, mais ce ne sont là que des accessoires. La finesse de leurs soieries et leur superbe maintien trahissent immédiatement leur statut social. En fait, les principaux danseurs, leurs costumes et leurs pas de deux sont les mêmes que dans la *Danse dans le parc* de Lancret [**cat. 67**], et ressemblent beaucoup à ceux de la *Danse entre deux fontaines* (musée de Dresde [**fig. 67.1**]). Qui sont ces danseurs ? Probablement des acteurs de théâtre jouant des aristocrates, ou des aristocrates ayant endossé des rôles de théâtre. L'ambiguïté est ici tout aussi forte que dans les fêtes galantes de Watteau.

À première vue, il peut sembler étrange d'associer cette fête galante aux représentations des saisons. Le principal point lien de rapprochement est la scène de moisson peinte dans la moitié gauche du tableau : elle représente les mois de juin et juillet comme celle qui figure dans *La Moisson* de Bruegel l'Ancien (New York, Metropolitan Museum of Art). Bruegel a peuplé le premier plan de sa composition de véritables ouvriers agricoles : ce sont des paysans affreux[1] et de forte constitution, dévorant leur déjeuner ou somnolant. Les figures de ce type s'inspirent de celles qu'on trouve dans le traditionnel cycle des travaux des mois.

Lancret connaissait cette tradition, mais il l'adapta au goût français du XVIIIe siècle. Son tableau intitulé *L'Été* [**fig. 42**], qui se rattache au cycle des quatre saisons conservé au musée du Louvre, constitue un moyen terme révélateur. Lancret a en effet conservé dans ce tableau l'ancienne formule flamande pour le champ de blé et les moissonneurs de la moitié gauche du tableau, mais il a radicalement transformé les paysans figurant à droite. Par rapport aux paysans du tableau de Rotterdam, ceux-ci portent des vêtements qui correspondent plus à leur rang mais sont néanmoins beaucoup trop extravagants pour les travaux des champs. Pour s'en convaincre, il suffit d'observer les jupes à rayures et les encolures des corsages que portent les femmes, mais aussi les vestes et les gilets des hommes. À vrai dire, aucun d'eux ne travaille véritablement. Conformément à l'esprit fantaisiste du XVIIIe siècle, ils dansent tandis que deux des leurs, assis au centre de la composition, flirtent. Cette modification apportée à la formule nordique initiale est comparable aux transformations que Lancret fit subir aux tableaux de Willem Kalf, dont il conserva le cadre et la nature morte, mais supprima les affreux paysans hollandais. Ils furent remplacés par des figures jeunes et élégantes, qui ajoutaient par ailleurs un peu de romance.

Dans le tableau de Rotterdam, Lancret est allé plus loin. Tout travail a disparu, et aux paysans se sont substitués des aristocrates costumés. Les pastorales de ce type, exécutées par Lancret ou par Boucher, servirent d'assise au goût rococo du XVIIIe siècle. La transformation, par Marie-Antoinette, d'une partie des jardins de Versailles en une ferme de fantaisie allait être une des dernières inventions du rococo.

Huile sur toile
54 x 69 cm

Historique
Berlin, collection de Frédéric le Grand ; Berlin, Kaiser Friedrich Museum ; Amsterdam, galerie J. Goudstikker ; Vierhouten, collection D.G. Van Beuningen ; donné au musée en 1958.

Bibliographie
Wildenstein, 1924, n° 140 (avec bibl. antérieure) ; Rotterdam, 1962, n° 2583 ; Rotterdam, 1972, p. 144, n° 2583.

Expositions
Wildenstein, 1924, n° 140 (avec exp. antérieures) ; Amsterdam, 1936, n° 92 ; Rotterdam, 1938, n° 194 ; Paris, 1952, n° 155.

Rotterdam, Boijmans-van Beuningen Museum
Inv. 2583

[**fig. 42.1**] Nicolas Lancret, *L'Été*, 1738, Paris, musée du Louvre

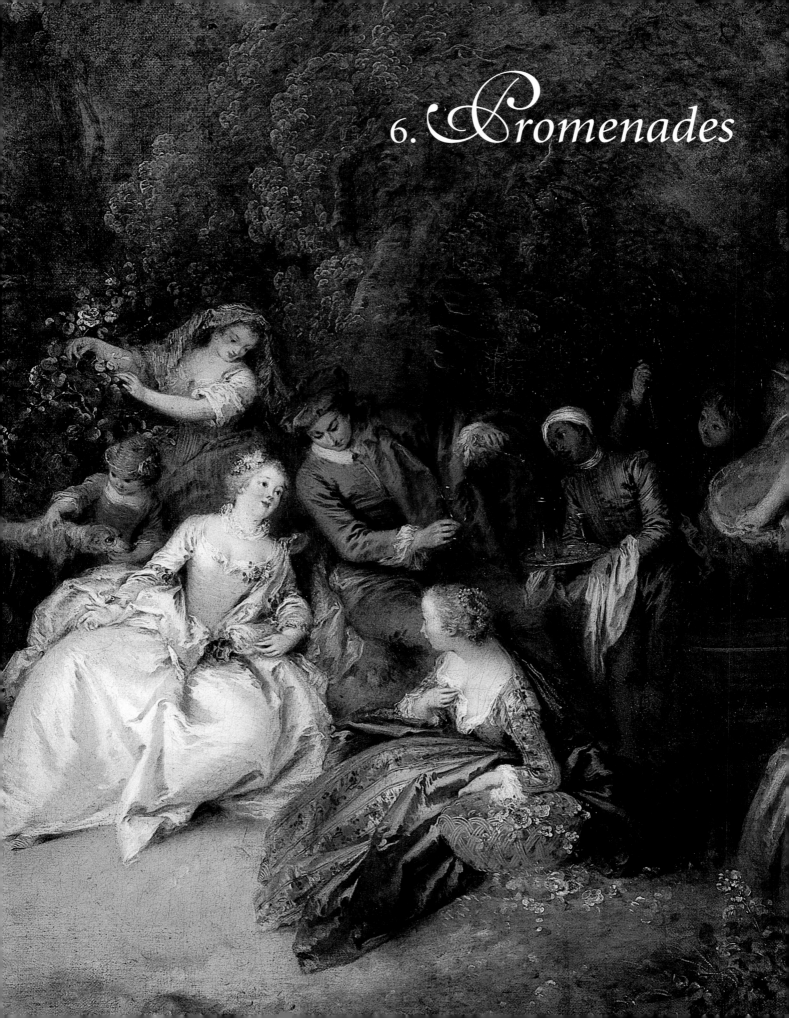

6. *Promenades*

Jean Antoine Watteau

43 *La Boudeuse* – vers 1717-1718

Bien que l'indication « Watteau pinxit » figure sur une eau-forte gravée d'après cette composition dans les années 1720 par Philippe Mercier [**fig. 43.1**], de nombreux spécialistes de Watteau ont mis en doute l'authenticité de ce tableau au cours du XXᵉ siècle. Au lieu de les assurer du bien-fondé d'une attribution à Watteau, l'eau-forte de Mercier eut précisément l'effet inverse, car Mercier imitait certes Watteau, mais n'hésitait pas non plus à le plagier. Son eau-forte *Le Danseur aux castagnettes*, par exemple, prétendument exécutée d'après une composition de Watteau, est en fait une de ses gravures d'invention[1]. S'ajoutait en outre au discrédit de *La Boudeuse* le fait que l'historique de ce tableau au XVIIIᵉ siècle n'avait pu être établi avec certitude. Il demeurait même obscur jusqu'en 1922, date de son entrée au musée de l'Ermitage. Enfin et surtout, sa localisation géographique éloignée avait contribué à la rareté de sa reproduction. Des soupçons pesèrent donc sur lui pendant de nombreuses décennies : il fut catégoriquement écarté de l'œuvre de Watteau par Hérold, Vuaflart, Rey et Adhémar, tandis que Ferré et Posner, entre autres, se contentèrent de mettre en doute son authenticité.

La fortune critique du tableau changea il y a quelques années lorsque l'auteur de cette notice réussit à retracer son histoire depuis une date légèrement postérieure à celle de son exécution jusqu'à nos jours[2]. Il fut tout d'abord emporté en Angleterre, probablement par Mercier lui-même qui, comme de si nombreux artistes du XVIIIᵉ siècle, agissait aussi en qualité de marchand d'art. Après avoir appartenu à Salomon Gauthier, le tableau fit son entrée dans la collection de sir Robert Walpole, le Premier ministre britannique, avant de rejoindre celle de Horace Walpole, son fils, un collectionneur non moins éminent. Il demeura à Strawberry Hill, la résidence néo-gothique de ce dernier, jusqu'à la vente aux enchères de cette fabuleuse collection en 1842. Le tableau revint ensuite dans son pays d'origine, la France, et après être passé entre les mains d'un certain nombre de collectionneurs privés, il fut acheté peu après 1850 par le comte Paul Stroganoff et emporté à Saint-Pétersbourg. On dispose donc désormais d'un historique étonnamment complet, qui permet en outre d'expliquer pourquoi cette œuvre demeura si peu connue : à l'exception d'une brève décennie au cours de laquelle elle séjourna à Paris au milieu du XIXᵉ siècle, elle fut, en raison de son lieu de conservation toujours éloigné, difficilement visible. En dépit des doutes qui ont autrefois entouré l'authenticité de *La Boudeuse*, par sa vigueur et par l'éclat de son coloris, la touche employée ici est indéniablement celle de Watteau.

La tension psychologique entre les personnages et le côté insaisissable du sujet sont rendus ici avec une telle maîtrise et une telle poésie que seul Watteau peut avoir conçu cette peinture. La figure féminine, vêtue de noir « à l'espagnole », s'est tournée vers nous. Allongé derrière elle, son compagnon semble lui parler, bien qu'elle ne fasse pas vraiment cas de sa présence. Au début du

Huile sur toile
42 x 34 cm

Historique
Probablement en Angleterre vers 1725 ; Londres, 18 janvier 1726, vente de la collection Salomon Gauthier, lot 34 ; Londres, collection de sir Robert Walpole ; vente R. Walpole, 1748, lot 52 ; Twickenham, collection Horace Walpole ; Twickenham, vente H. Walpole, 25 avril-25 mai, lot 36 (9 mai) ; Londres, collection Emery ; Paris, collection du duc de Morny ; Paris, vente de Morny, 24 mai 1852, lot 31, acheté par Didier ; Paris, collection de Férrol ; Paris, vente de Férrol, 22 janvier 1856 ; Saint-Pétersbourg, collection du comte Paul Stroganoff ; 1922, transféré à l'Ermitage.

Bibliographie
Washington-Paris-Berlin, 1984-1985, n° P46 (avec bibl. antérieure) ; Vidal, 1992, p. 24, 25, 27 ; Börsch-Supan, 2000, p. 79 ; Temperini, 2002, p. 57, 142.

Expositions
Washington-Paris-Berlin, 1984-1985, n° P46 (avec exp. antérieures).

Saint-Pétersbourg, musée de l'Ermitage
Inv. 4120

[**fig. 43.1**] Philippe Mercier, d'après Jean Antoine Watteau, *La Boudeuse*, vers 1725, Londres, British Museum, department of Prints and Drawings

[**fig. 43.2**] Claude Simpol, *Couple dans un jardin*, vers 1690-1710, Paris, localisation inconnue

XVIIIe siècle, le tableau, qui passa de la collection Gauthier à celles des Walpole, s'intitulait *Une conversation*. Il conserva pendant une majeure partie du XIXe siècle ce titre qui concordait avec les conventions sur lesquelles reposait à cette époque la classification des œuvres. En 1810 cependant, Pieri Bénard intitula la gravure de Mercier *La Boudeuse*, et ce titre ayant été repris entre autres par Edmond de Goncourt, désigner l'œuvre sous ce nom finit par devenir une convention. Le musée de l'Ermitage, quant à lui, ne cessa de mentionner l'œuvre sous le titre *La Capricieuse*. Mais aucun de ces titres ne rend compte du caractère indéfinissable de la figure féminine. Comme Rosenberg l'a fait remarquer, cette femme « ne manifeste ni mécontentement ni humeur changeante. Elle paraît indifférente, inabordable, insensible, méprisante […] ». On ne peut véritablement définir son attitude, si surprenante que soit sa pose. En ce sens, le couple de *La Boudeuse* s'apparente aux gravures à la mode créées par Bonnart, Picart, Simpol et leurs contemporains [**fig. 43.2**]. Les deux personnages conversent mais les mots qu'ils se disent ne constituent pas le sujet du tableau. C'est leur apparence – leurs poses – qui intéressait Watteau.

Contrairement à Charles Le Brun et à l'Académie qui avaient élaboré un système de poses et d'expressions susceptibles de véhiculer un contenu narratif, Watteau pratiquait un art diamétralement opposé. Ses fêtes galantes résistent à des lectures aussi directes. C'est à vrai dire précisément leur caractère insaisissable, leur indéfinissable « je-ne-sais-quoi », qui fait toute leur poésie.

Jean Antoine Watteau

44 *L'Assemblée dans un parc* – vers 1717

À la mort de Watteau, en 1721, Antoine de La Roque décrivit, dans une notice nécrologique, les « petits sujets galants » du maître en des termes qui auraient très bien pu s'appliquer à *L'Assemblée dans un parc* : « Surtout le précieux talent de la grâce dans les airs de têtes, principalement dans les femmes et les enfants qui se fait sentir surtout. Sa touche et la *vaguezze* de ses paysages sont charmantes. Sa couleur est pure et vraie, ses figures ont toute la délicatesse et toute la précision qu'on pourrait souhaiter. Les ciels de ses Tableaux sont tendres, légers et variés, les arbres sont feuillés, disposés et placés avec art, les sites de ses paysages sont admirables, et ses terrasses d'une vérité naïve […] La carnation de ses figures est animée et douillette, les étoffes de ses draperies sont plus simples que riches, mais elles sont moelleuses, avec des beaux plis, et des couleurs vives et vraies[1]. »

L'état du tableau s'est cependant depuis lors sérieusement détérioré. L'huile grasse utilisée inconsidérément par Watteau a engendré de multiples problèmes ; les œuvres picturales de l'artiste commencèrent en effet à s'assombrir de manière irréversible dès le XVIIIe siècle. En outre, Louis La Caze, grand amateur de peinture rococo, fit repeindre ce tableau par Adolphe Roehn lorsqu'il l'eut en sa possession car, selon les termes employés par Edmond de Goncourt, il « souffrait de l'usure et de la fatigue de la peinture[2] ». Malgré une restauration effectuée en 1966, le paysage reste sombre et terne ; et les bosquets de l'arrière-plan, informes et impénétrables. Il n'est pas très surprenant que de nombreux auteurs aient employé dans leurs descriptions des termes évoquant l'automne et le crépuscule alors que, selon toute probabilité, le paysage et l'atmosphère générale du tableau de Watteau étaient à l'origine aussi solaires et gais que dans les peintures de l'artiste en meilleur état de conservation.

Huile sur toile
32,4 x 46,4 cm

Historique
Paris, collection Jules Robert de Cotte ; après 1767, Paris, collection de la nièce de J. R. de Cotte ; 1861, Paris, collection Louis La Caze ; 1869, légué au musée.

Bibliographie
Washington-Paris-Berlin, 1984-1985, n° P56 (avec bibl. antérieure) ; Vidal, 1992, p. 27, 30, 111, 115 ; Jollet, 1994, p. 44-45 ; Börsch-Supan, 2000, p. 87, 90 ; Temperini, 2002, p. 91, 145.

Expositions
Washington-Paris-Berlin, 1984-1985, n° P56 (avec exp. antérieures).

Paris, musée du Louvre
Inv. M.I. 1124
Œuvre non exposée, mais faisant l'objet du *Tableau du mois*, Paris, musée du Louvre, département des Peintures, 7 avril 2004 - 3 mai 2004

Au cours de la seconde moitié du XIXᵉ siècle, *L'Assemblée dans un parc* jouit d'un statut particulier, car c'était à Paris l'une des rares fêtes galantes facilement accessibles. Les commentaires de l'époque en disent long sur le contexte romantique du retour au rococo. Pour Virgil Josz, ce tableau avait « l'enchantement amoureux et mélancolique d'une phrase de Mozart[3] ». La référence à la mélancolie s'inscrivait dans la lignée du thème perçu par les Goncourt, celui de « l'amour moderne, avec ses aspirations et sa couronne de mélancolie[4] ». Quant à la référence à Mozart, elle évoquait non seulement la musique enlevée, gracieuse et mélodieuse du compositeur, autant de qualificatifs également applicables aux figures de Watteau, mais aussi l'idée que les deux génies étaient morts jeunes, à un peu plus de trente ans. Les romantiques considéraient qu'il existait un lien très fort entre les réalisations artistiques d'un homme et sa mort. Cette idée découlait d'une autre de leurs convictions : tout véritable artiste ne pouvait créer, selon eux, que dans la souffrance.

Avec une sensibilité très proche, Louis Gillet, décrivant *L'Assemblée dans un parc*, mentionna « la mélancolie [...] des ombres qui envahissent le sourd crépuscule[5] ». Il faut dire que l'assombrissement du tableau et son état désastreux contribuaient à alimenter les esprits à l'origine de ces sombres pensées.

La couronne de mélancolie de l'amour, au sens où les romantiques l'entendaient, a continué à retenir l'attention de critiques même modernes. Ceux-ci ont perçu des tableaux tels que *L'Assemblée galante*, *Le Pèlerinage à l'île de Cythère*, *La Perspective* ou encore *Les Deux Cousines* comme le récit d'un déplacement dans l'espace mais aussi d'un transport émotionnel, d'une aspiration à l'amour et à un épanouissement personnel. Pour Hélène Adhémar, par exemple : « [...] le couple au mélancolique bonheur qui s'en allait, reviendra-t-il ? [...] *L'Assemblée galante* le met presque sous nos yeux [...] irrésistiblement, la composition dessinée par les personnages esquisse une montée, une diagonale vers la droite, [...] un mouvement plus optimiste qui neutralise le rappel des lointains à nouveau dégagés, l'évocation de l'automne, la profondeur des bois, et les harmonies feuille-morte, orangées, violettes et noires. La mélancolie ébauchée s'atténue et se mêle à une atmosphère plus paisible[6]. »

Sous ses tours de force linguistiques postmodernes, Norman Bryson a entretenu ces mêmes idées romantiques (peut-être un peu plus que la plupart des auteurs modernes). À propos de *L'Assemblée dans un parc*, il a prétendu que « les différents groupes correspondent à diverses phases des rapports amoureux [...], l'amour dépérit avant son heure, le désir est source de mélancolie [...] ». Ces formules sont incontestablement héritées du passé, même si leur auteur s'est engagé dans une nouvelle direction : « Dans *L'Assemblée dans un parc*, on peut prêter à l'équation entre la femme accompagnée et la femme solitaire tout un éventail de sens qui [...] ne sont absolument pas explicites : la figure seule, bien qu'isolée, est *épanouie*, consolée par l'indépendance dont elle jouit, et cela complique l'idée de base selon laquelle la pulsion sexuelle devrait être prise en compte dans la vie sociale [...]. Autre interprétation possible : la femme accompagnée semble peut-être avoir atteint un parfait état d'épanouissement, mais – étant donné l'"aveuglement" de la pulsion sexuelle à l'état brut – son bonheur n'est peut-être ni aussi individuel, ni aussi raffiné que son maintien et sa réserve semblent vouloir l'indiquer[7]. »

Donald Posner a proposé une lecture assez proche, replaçant ces thèmes anciens dans un contexte plus positif. Considérant la figure féminine au regard perdu dans le lointain, comme emblématique du désir, il a écrit : « Dans *Assemblée dans un parc* [...], la même figure contemple debout l'autre rive, où des amoureux sont assis sous des arbres. Il s'agit cependant encore d'une toute jeune fille, qui aspire certes à l'amour, mais dont le premier objectif est de devenir adulte. Elle sent les manifestations de sa féminité et se tient à l'écart des enfants qui jouent à côté d'elle. [...] Les arbres d'une hauteur imposante, leurs feuillages massifs, la lumière automnale, l'eau séparant les deux rives, l'enfant vu de dos et regardant au loin donnent à la scène un air vaguement mélancolique. Mais il ne faut pas exagérer [...]. De plus, le flou des arbres n'est pas nécessairement le signe d'une mystérieuse pénombre, et les perspectives lointaines peuvent être non pas des vues inaccessibles mais des espoirs et des promesses d'avenir. [...] La jeune fille debout, le couple de droite en pleine dispute et le couple d'amoureux situé de l'autre côté sont les éléments centraux d'une image consacrée à l'évolution de l'amour et renvoient aux thèmes psychologiques clés qui structurent les fêtes galantes de Watteau : le désir d'amour, la proposition d'amour et la rencontre de l'amour[8]. »

Les voies curieuses et tortueuses empruntées par ces auteurs modernes révèlent à quel point les idées romantiques continuent à les influencer. Nous restons loin de la perception plus simple et plus immédiate de l'ami et mécène de Watteau, Antoine de La Roque.

Louis de Caulery

45 *Fête dans un palais à Venise* – vers 1600-1620

Le sujet de ce tableau était très populaire dans l'art profane néerlandais à la fin du XVIe et au début du XVIIe siècle. Ce type d'iconographie mettant en scène quelques figures de la haute société se promenant dans de vastes jardins doit beaucoup aux formules des anciens calendriers. Les origines de cette scène sont à rechercher dans la page illustrant le mois d'avril dans *Les Très Riches Heures du duc de Berry* des frères Limbourg [**fig. 45.1**]. Dans cette enluminure, on voit précisément des courtisans se promener dans un jardin, tandis que d'autres se sont assis dans l'herbe verdoyante d'une prairie. Dans le tableau de Caulery, la statue de Vénus et Cupidon, qui se fait discrète sur la droite, est là pour rappeler que ces hommes et ces femmes sont soumis aux lois de l'amour. L'amour est aussi présent dans la page enluminée : un échange d'anneaux et de serments d'amour se déroule en effet entre les hommes et les femmes représentés debout. Si l'image des frères Limbourg est sans doute aujourd'hui la plus connue, elle a en réalité servi de base aux enluminures exécutées pendant le siècle suivant, que ce soient des copies plus ou moins libres, ou des œuvres élaborées d'après les compositions des frères Limbourg. Les mêmes formules furent ensuite reprises dans des tableaux de genre autonomes[1]. Le tableau de Caulery n'a donc rien d'unique : ainsi un tableau de la même époque, dû à Sébastien Vrancx, porte sur le même thème et présente une composition assez proche, avec la statue de Vénus et Cupidon placée elle aussi à droite [**fig. 45.2**][2].

La représentation de Venise à l'arrière-plan constitue l'une des particularités du tableau de Quimper[3]. La présence de vues de cette ville, ou encore de Rome ou de Florence, dans de nombreuses autres œuvres de Caulery a amené les spécialistes à se demander si l'artiste avait effec-

Huile sur bois
54,5 x 78,5 cm

Historique
Acquis en Hollande en 1705 par un des bisaïeuls maternels du comte de Silguy ; Quimerch, château du Bot, famille Conen de Saint-Luc ; saisi sous la Révolution en 1793 ; Quimper, collection du comte Jean Marie Francois Xavier de Silguy ; 1864, légué au musée par le comte de Silguy.

Bibliographie
Gauguet et Hombron, 1873, n° 269 ; Paris, 1977, p. 282 ; Herscher, 1985, p. 8 ; Cariou, 1993, p. 15-16.

Exposition
Paris, 1987, n° 9.

Quimper, musée des Beaux-Arts
Inv. 873-1-237

[**fig. 45.1**] Les frères Limbourg, *Avril, dans Les Très Riches Heures du duc de Berry,* vers 1410-1416, Chantilly, musée Condé

tivement visité ces villes. Le décor du tableau de Vrancx est, à n'en pas douter, lui aussi italien. Bien que l'architecture de la colonnade peinte à l'arrière-plan provienne directement d'une planche de l'ouvrage de Hans Vredeman de Vries sur la perspective, publié en 1605, le tableau de Vrancx fait partie d'une série de scènes italianisantes que l'artiste peignit après un séjour en Italie.

Dans le cas du tableau de Caulery, le choix particulier de Venise, notamment dans un cadre élégant et une atmosphère idyllique, est très intéressant. La cité joue le même rôle dans d'autres œuvres contemporaines, comme la peinture néerlandaise [**fig. 45.3**]. « La Sérénissime », pour reprendre son appellation familière, était connue pour ses bals, ses mascarades et autres fabuleux divertissements, dont la saison se prolongeait. On disait même souvent que celle-ci durait presque toute l'année. En raison de cette ambiance de fête, le nom de Venise fut associé dans les esprits à l'idée de liaison ou d'aventure amoureuse. Houdar, par exemple, a tout naturellement situé à Venise l'un des quatre contes de son opéra-ballet, *L'Europe galante* (1697). En ce sens, Venise est un décor qui convient parfaitement à l'amour courtois mis en scène par Caulery.

Associer ainsi Venise à des scènes amoureuses demeurait une pratique courante à l'époque de Watteau, et ce, tant dans le domaine artistique que littéraire. Que le titre donné à la grande composition de Watteau *Fêtes vénitiennes* (Édimbourg, National Gallery), ait été imaginé par Jean de Jullienne ou par l'artiste, il est probablement symptomatique de cet état d'esprit, qui pourrait aussi expliquer pourquoi Watteau s'appropria souvent quelques éléments des paysages de Domenico Campagnola pour les placer à l'arrière-plan de ses fêtes galantes.

[**fig. 45.2**] Sébastien Vrancx, *Fête dans une villa italienne*, vers 1615-1620, Copenhague, Statens Museum for Kunst

[**fig. 45.3**] École hollandaise, *Fête à Venise* (couvercle de clavecin), vers 1600, Amsterdam, Rijksmuseum

Anonyme français

46 *Réunion dans un parc* – vers 1690-1710

Cette œuvre exceptionnelle est l'une des rares peintures françaises connues à ce jour qui, bien qu'antérieures aux tableaux de Watteau, montrent avec autant de désinvolture des aristocrates passant un moment de détente en plein air. Elle se compose de tous les éléments constitutifs d'une fête galante. À gauche, dames et gentilshommes, assis à terre, sont totalement absorbés par les propos galants qu'ils échangent. L'un des hommes déclare sa flamme tandis que sa compagne le tient à distance à l'aide de son éventail. Au centre de la composition, un musicien assis joue du luth tandis que d'autres courtisans flânent et se saluent à l'arrière-plan.

Malgré la présence au premier plan d'un grand arbre plutôt négligé, cette scène ne se déroule pas à la campagne ; elle a pour cadre le jardin verdoyant d'une villa. La façade à pilastres du bâtiment de droite, sa corniche proéminente et le relief sculpté situé au-dessus de l'arcade de son porche semblent indiquer qu'on est en présence d'une architecture palatiale. Le jardin clos apparaissant à gauche et la fontaine confirment la nature artificielle du décor. En ce sens, on pourrait rapprocher le tableau de Nantes des vues topographiques commandées à Étienne Allegrain et Jean-Baptiste Martin pour le Trianon de marbre de Versailles [**fig. 46.1**][1]. Ces dernières se composent en effet de scènes comparables, montrant des courtisans qui se promènent dans les différents jardins du parc du château tout en se saluant. Mais le propos est finalement bien différent : ces œuvres mettent en valeur tel ou tel bosquet ou fontaine de Versailles, et n'accordent qu'une importance secondaire aux figures qui, bien qu'animées, sont d'ailleurs de petite taille. Dans le tableau de Nantes, les figures jouent en revanche un rôle prédominant, et elles ont des attitudes beaucoup moins formelles. Celui-ci est donc plus proche des œuvres de Picart [**cat. 19 et 81**] ou de Simpol, et plus en adéquation avec la formule de la fête galante.

À quoi correspond le décor du tableau de Nantes ? À la fin du XIXe siècle, lorsque les critiques se laissaient davantage guider par leur imagination que par les informations documentées pour se former une opinion, ce tableau fut intitulé *Promeneurs dans les jardins de Marly*[2].

Huile sur toile
41 × 63 cm

Historique
Clisson, collection François Cacault ; Pierre Cacault ; acquis par le musée en 1810.

Bibliographie
Nantes, 1859, n° 1179 ; Nantes, 1876, p. 175, n° 757 ; Valabrègue, 1899, p. 396 ; Nantes, 1903, p. 14, n° 39 ; Nicolle et Dacier, 1913, p. 288, n° 782 ; Marcel, 1921, p. 15 ; Populus, 1930, p. 34-37 ; Poley, 1938, p. 28, n. 4 ; Mathey, 1945-1946, p. 47-48 ; Benoist, 1953, n° 782 ; Posner, 1984, p. 145, 285 n. 50.

Exposition
Nantes, 1964, n° 19.

Nantes, musée des Beaux-Arts
Inv. 782

[**fig. 46.1**] Jean-Baptiste Martin, *La Galerie d'eau, Trianon de marbre*, vers 1688, Versailles, musée national du château

De semblables titres étaient alors courants, car la société née de la révolution industrielle songeait avec nostalgie à ce qui avait fait la gloire de l'Ancien Régime. Le décor n'a cependant rien à voir avec Marly. En fait, on peut même se demander si l'architecture est française. Les caractéristiques du bâtiment à deux étages – l'arcade de son porche formant une avancée, et sa lourde corniche très saillante – font plus songer aux traditions architecturales de l'Italie que de la France. Peut-être même s'inspirent-elles vaguement de la Villa Médicis à Rome[3]. Comme nous l'avons déjà noté, les scènes de loisirs en plein air se trouvaient souvent associées dans l'esprit des Français à l'Italie et au *dolce farniente* de cette contrée méridionale.

Les costumes des figures renvoient, eux, à une origine française, au tournant du XVIIIe siècle. Les fontanges en particulier, que les femmes portent avec ostentation, permettent de dater l'œuvre : ces coiffes furent en effet à la mode de 1685 à 1715 environ. L'auteur de ce tableau échappe cependant à toute identification. À la fin du XIXe siècle, l'œuvre fut attribuée, faute de mieux, à Claude Gillot, dont on ne connaissait alors en réalité aucun tableau[4]. Lorsque le catalogue de l'œuvre peint de Gillot put être établi, le tableau de Nantes en fut écarté. Et, en 1913, celui-ci fut présenté dans le nouveau catalogue du musée comme une œuvre anonyme. Dans les années 1950 et 1960, il fut associé au nom d'un peintre de vues topographiques, Pierre Denis Martin le Jeune, neveu ou cousin de Jean Baptiste Martin. Il n'existe cependant aucun lien stylistique spécifique avec l'œuvre de ce dernier.

L'attribution de ce tableau demeure une question non résolue, mais il en est une autre, qui nous intrigue bien plus : dans quelle mesure les tableaux de ce type étaient-ils à la mode avant l'époque de Watteau ? Quelques autres œuvres de cette période, telle une scène extrêmement comique autrefois sur le marché parisien [**fig. 46.2**], semblent indiquer que ce courant du tableau de genre suscita aux alentours de 1700 un intérêt plus grand qu'on ne l'avait jusque-là imaginé[5].

[**fig. 46.2**] Anonyme français, *Le Galant entreprenant*, vers 1690-1710, localisation inconnue

Anonyme français

47 *Promenade galante* (éventail) – vers 1690-1710

Les auteurs des études relatives à l'émergence de la fête galante ont eu tendance à ne prendre en considération que les beaux-arts, c'est-à-dire la peinture, le dessin et la gravure. Il ne fait aucun doute que, dans ces différentes techniques, de nombreux artistes contribuèrent à préparer le terrain, mais les arts décoratifs constituèrent aussi un terreau favorable à l'éclosion de la fête galante. Les peintres de couvercles de virginal ou de pièces de mobilier, de carreaux et d'éventails [**fig. 47.1**] choisissaient en effet souvent des scènes de loisirs et de détente convenant à la nature même des objets qu'ils décoraient. Si ces arts dits mineurs étaient rarement en avance sur la peinture de chevalet, ils étaient souvent plus ouverts aux innovations car les mêmes sujets revenaient régulièrement dans les arts décoratifs et prenaient place dans un univers plus quotidien. Étant donné cependant que les objets ainsi décorés étaient de nature éphémère, il est aujourd'hui impossible de savoir précisément l'ampleur que prirent ces décors, ni l'importance qui leur fut accordée.

Le peintre de cet éventail n'a pu être identifié. À vrai dire, même sa nationalité est incertaine. Lorsque l'éventail fit une première apparition sur le marché au début des années 1970, il fut attribué à l'école française, mais après son acquisition par le Victoria and Albert Museum, il fut considéré comme hollandais. Bien que cette imagerie puisse avoir ses racines dans l'art néerlandais, cette scène n'a rien de particulièrement hollandais : le vieux couple représenté à gauche, par exemple, et le jeune homme légèrement à droite par rapport au centre de la composition font songer à un artiste plus proche de l'école française. Les costumes en particulier – souvent judicieusement rehaussés d'or pour donner l'illusion d'un fil métallique – et les fontanges portées par les femmes plaident en faveur d'un artiste français et d'une date proche du tournant du siècle. L'auteur pourrait cependant aussi être un artiste néerlandais ayant été actif en France. Il nous faut enfin considérer une dernière difficulté : le peintre responsable de cette scène de genre pourrait ne pas être le même que celui ayant exécuté le décor au verso de l'éventail. Celui-ci se compose en effet de guirlandes et de bouquets de fleurs aux couleurs vives, dont l'exécution fait apparaître une palette plus intense et une touche dénotant une plus grande dextérité.

La scène au recto a été intitulée *Promenade galante*, mais le contenu narratif semble plus précis. Le décor est un paysage de campagne non spécifique d'où se détachent, respectivement à droite et à gauche, une ville et plusieurs petites villas. Trois bateaux sont en partance au centre de la composition ; quelques passagers sont déjà à bord. À gauche, plusieurs groupes se dépêchent de rejoindre les bateaux ; les figures de l'arrière-plan courent tandis que le vieux couple avance aussi vite que possible. Deux hommes tenant à la main des verres et des bouteilles de vin semblent inviter à une autre forme de joyeux divertissement. À droite, on note un mouvement similaire en direction des bateaux qui partent, bien que le geste maladroit de la femme assise à l'extrême droite ne soit pas clair ; attend-elle qu'on vienne la chercher ou commente-t-elle la scène ? Le sujet présente dans son ensemble des liens avec les traditionnelles parties de canotage illustrant le printemps, bien que rien ici ne permette de conclure à une allégorie de cette saison. De même, l'invitation au voyage fait songer au traditionnel thème du pèlerinage à Cythère, mais rien ici ne se rattache à son iconographie : on ne voit pas de bâtons, de coquilles ou de costumes de pèlerin, ni du reste de statue de Vénus.

Cette scène festive courante, d'un caractère badin mais empreinte d'un charme bucolique, n'est pas sans rappeler certaines évolutions de la gravure en France, et plus particulièrement l'œuvre des Bonnart ou de Picart. Pour ce qui est de la fête galante, il ne fait aucun doute qu'elle donne le ton. Ce type d'éventail peint était-il très répandu au cours des décennies ayant précédé et suivi le tournant du XVIIIe siècle ? Étant donné la fragilité et le caractère éphémère du support, nous ne le saurons peut-être jamais. Parmi les exemples qui nous sont parvenus, il en est quelques-uns dont le sujet donne une idée de la manière dont les arts décoratifs pourraient avoir contribué à ouvrir la voie aux fêtes galantes. Il est intéressant de noter que les peintres d'éventail se montrèrent extrêmement réceptifs, plus tard au XVIIIe siècle, à l'imagerie des gravures exécutées d'après Watteau ou des artistes s'inscrivant dans la même lignée, une imagerie qu'ils copièrent abondamment. Quel à-propos ! On imagine le plaisir que devait avoir une femme à utiliser un éventail lui présentant une de ses semblables dans un tel décor.

Gouache et or sur vélin
Diam. 51,5 cm

Historique
Londres, Christie's, 3 mai 1972, lot 98, acheté par le musée.

Bibliographie
Adhémar, 1977, p. 165, fig. 15.

Londres, Victoria and Albert Museum
Inv. E 376-1972

[**fig. 47.1**] *Éventail avec scène de bal*, tiré de Maurice Leloir, *Histoire du costume*, t. X, planche 35, Paris, 1935.

Anonyme, d'après Bernard Picart

48 *L'Odorat* – vers 1710-1720

49 *Le Toucher* – vers 1710-1720

50 *Le Goût* – vers 1710-1720

51 *L'Ouïe* – vers 1710-1720

Les sujets de ces quatre aquarelles exécutées d'après les gravures de Bernard Picart sont représentatifs de l'ensemble des sujets galants qui connurent un vif succès à Paris, sous forme de gravures, au cours des décennies qui ont précédé et suivi l'année 1700. Des femmes et des hommes habillés à la mode de l'époque se courtisent ici en pleine nature, ou peut-être dans l'un des coins les plus sauvages d'un parc. Comme dans les nombreuses gravures à la mode qui étaient publiées chaque année, l'accent est mis sur le costume : les hautes fontanges, les corsages à dentelle, les colliers, les manteaux à brandebourgs des hommes. Dans ces gravures cependant, le paysage servant de cadre à la scène n'était que brièvement esquissé, et le ciel n'était représenté que par une surface uniforme [**fig. 48.1**]. Mais Picart avait lui dessiné un véritable paysage et un ciel rempli de nuages. Tout aussi importants sont en l'occurrence le sujet galant de ces scènes et leur atmosphère générale, où se mêlent badinerie, charme et insouciance. Chacune de ces œuvres donne dans l'ensemble l'impression d'être en présence d'une petite fête galante avant la lettre.

« Quatre scènes d'amour » est le titre que Blunt donna simplement à ces dessins lorsqu'il établit son premier catalogue des dessins français conservés à Windsor Castle. Il ne fait aucun doute que l'amour en est le thème. Un homme regarde amoureusement sa compagne et lui tient la main, mais elle semble détourner la tête et chercher à repousser ses avances. Un autre homme hume un bouquet de fleurs agrafé au corsage de sa compagne. Un couple boit du vin ensemble tandis qu'un autre chante en duo. La cinquième scène de cette série, pour laquelle on ne connaît aucun dessin, est plus osée : le soupirant regarde le pied de la jeune femme ou, plus probablement, sous sa jupe, tandis qu'elle se contemple distraitement dans un miroir. À ce moment, Blunt ne savait pas que ces compositions correspondent à une série de gravures de Picart illustrant le thème des cinq sens [**fig. 48.1 et 48.2**][1]. À la fin des années 1930, Hélène Adhémar publia à deux reprises la gravure du couple qui chante en précisant à juste titre qu'il s'agissait d'une représentation allégorique de l'ouïe. Mais lorsqu'elle publia quatre de ces gravures quelques décennies plus tard, elle ne commenta que le thème galant[2].

Les quatre lignes de poème ajoutées au bas des gravures en guise de légendes expliquent assez clairement le contenu des images et leur portée allégorique. Au bas de la scène composée d'un homme tenant la main de sa bien-aimée, on peut lire par exemple : « Le plaisir que lui cause un Toucher si charmant / Fait lire dans ses yeux les transports de son Ame. » La scène du partage du vin a pour légende : « C'est souvent par le Goût de ce jus tout divin / Qu'Amour a scû domter les Cœurs les plus rebelles. » Et au bas de la scène où l'homme hume un bouquet de fleurs figurent ces quelques lignes : Iris c'est par les yeux qu'on nous doit enflammer, / L'Odorat en Amour n'a rien qui nous attire, / Il faut qu'un Bel objet qui veut se faire aimer / Souffle un air aussi pur que celui qu'il respire. » En résumé, l'image autant que le texte insistent sur les thèmes fréquemment rencontrés dans ces gravures populaires au ton enjoué, à savoir la galanterie et l'amour.

Tout comme la gravure de *L'Île de Cythère* [**cat. 19**], *Les Cinq Sens* de Picart eurent un tel succès que, quelques années plus tard – probablement vers 1715 ou peu après –, les planches furent retravaillées de manière à en éliminer les fontanges, qui étaient alors démodées. En d'autres termes, le type de représentation de Picart continua à être recherchée même après l'introduction, par Watteau et d'autres artistes travaillant dans la même veine, de fêtes galantes plus suaves[3].

48
Aquarelle et or
7,1 x 10,5 cm

49
Aquarelle et or
7,3 x 10,5 cm

50
Aquarelle et or
7,4 x 10,7 cm

51
Aquarelle et or
7,5 x 10,7 cm

Bibliographie
Blunt, 1945, p. 62, nᵒˢ 346-349 ; Schilling et Blunt, 1971, p. 214.

Windsor Castle, The Royal Collection
Inv. 13108, inv. 13109, inv. 13110 et inv. 13111

[**fig. 48.1**] Bernard Picart, *Allégorie du toucher*, vers 1709, Paris, Bibliothèque nationale de France, département des Estampes

[**fig. 48.2**] Bernard Picart, *Allégorie du goût*, vers 1709, Paris, Bibliothèque nationale de France, département des Estampes

Jean-Baptiste Pater

52 *Les Délassements de la campagne* – vers 1720-1736

Pater a ici porté à son paroxysme l'impression d'indolence généralement considérée comme caractéristique de la fête galante. Huit adultes, plusieurs enfants et un valet noir s'adonnent à diverses activités, mais aucun contenu narratif ne se dégage de l'ensemble. Malgré l'inclinaison des figures de Pater, qui crée une sensation de mouvement, la dimension narrative est en effet très faible. Au centre de la composition, deux femmes, aux poses dynamiques, conversent avec un homme qui, penché vers elles, semble les écouter. En même temps, il tend son verre de manière à ce qu'on lui verse du vin, ce « jus tout divin » qui dompte les cœurs rebelles, selon la légende accompagnant la gravure de Picart [**fig. 48.2**]. Comme la figure de droite dans *Réunion en plein air* de Watteau (Gemäldegalerie, Dresde) et le *Pèlerinage* du palais de Charlottenburg à Berlin [**fig. 13.2**], la femme debout derrière ce trio cueille distraitement des fleurs tout en semblant prêter l'oreille. La fontaine est ornée d'une Vénus allongée ; Cupidon est absorbé par l'eau qui coule entre ses doigts, tandis que sa mère observe nonchalamment les figures à ses pieds. Comme nous l'avons vu, les statues de Vénus et Cupidon peuvent, dans ce type de fête galante, prendre une part active à l'aventure amoureuse. Ici, aucune des deux divinités ne semble s'intéresser aux mortels assemblés en ce lieu. Vénus semble tout au plus indolente et saisie d'ennui.

Cette composition plaisait de toute évidence à Pater, car il la reprit plusieurs fois, comme en témoigne entre autres une variante intéressante, conservée à Washington [**fig. 52.1**]. Bien que cette peinture ait été exécutée à la manière d'une esquisse, avec une couleur locale rendue seulement par quelques touches appliquées avec parcimonie sur le dessin sous-jacent, il ne s'agit pas d'un *modello* ayant précédé l'exécution du tableau de Valenciennes ou d'autres variantes. On est au contraire en présence d'une œuvre autonome d'un type que Pater aimait à créer et qui de toute évidence satisfaisait les amateurs, de plus en plus sensibles à la fraîcheur et au brio des esquisses. On retrouve dans le tableau de Washington une même composition d'ensemble et les mêmes types de figures que dans celui de Valenciennes. Prises individuellement cependant, la plupart d'entre elles sont différentes. En général, une esquisse suppose de la spontanéité, mais ici, celle-ci a été soigneusement étudiée.

Habitués à ces fêtes galantes, nous les considérons souvent comme autant de représentations d'une réalité historique. Nous oublions souvent à quel point elles correspondent à des formules, tant par ce qui y est inclus que par ce qui en est exclu. Dans cette dernière catégorie, notons, par exemple, l'absence totale de scènes de lecture dans les œuvres de Pater et des autres artistes s'inscrivant dans la lignée de Watteau, et ce, en dépit du fait que cette époque vit la montée du roman, notamment du roman d'amour. En revanche, Jean-François de Troy fit souvent de cette activité sociale le principal sujet de ses œuvres, comme en témoigne entre autres *La Lecture du roman sous l'ombrage* [**fig. 52.2**][2]. Dans ce tableau, une femme fait la lecture à un homme et une autre femme, mais c'est parfois l'inverse comme dans *Lecture de Molière*, un tableau également de Jean-François de Troy, où c'est l'homme qui préside. Les scènes galantes de cet artiste sont proches de celles de Watteau et de ses suiveurs, mais elles sont un reflet plus direct et plus fidèle des modes de vie de la société. Celles de Watteau, Pater et de nombreux autres artistes dans la lignée de Watteau semblent bien éloignées de la réalité quotidienne.

Huile sur toile
75,5 × 100 cm

Historique
Collection A. Schaffhausen, Cologne ; Paris, hôtel Drouot, vente de la collection A. Schaffhausen, 20 avril 1868, lot 2[1], vendu au marquis de Maison ; Paris, hôtel Drouot, vente de Maison, 10 juin 1869, lot 2, acheté par Léon Hamoir ; légué au musée par Mme Hamoir, 1888.

Bibliographie
Michiels, 1874, t. IX, p. 437-438 ; Valenciennes, 1888, n° 525 ; Valenciennes, 1898, n° 249 ; Pillon, 1909, n° 106 ; Demmler, Feulner et Burg, 1918, p. 64, n° 271 ; Valenciennes, 1923, n° 106 ; Ingersoll-Smouse, 1928, p. 40, n° 29 ; Valenciennes, 1931, n° 312 ; Vergnez-Ruiz et Laclotte, 1962, p. 71 ; Ramade, 1998, n° 60.

Expositions
Paris, 1925, n° 247 ; Mons, 1930, n° 50 ; Paris, 1931, n° 51 ; Copenhague, 1935, n° 159 ; Genève, 1949, n° 107 ; Dunkerque-Valenciennes-Lille, 1980, p. 178 ; Tokyo, 1986-1987, n° 12 ; Biot, 1989, p. 44, n° 2 ; T'ai-pei, 2001-2002, n° P87.

Valenciennes, musée des Beaux-Arts
Inv. P.46.1.272

[**fig. 52.1**] Jean-Baptiste Pater, *Les Délassements de la campagne*, vers 1720-1736, Washington, National Gallery of Art

[**fig. 52.2**] Jean-François de Troy, *La Lecture du roman sous l'ombrage*, 1735, collection particulière

Jérôme Chantereau, d'après Joseph Parrocel

53 *Repos après la chasse* – vers 1730-1750

Ce charmant dessin est depuis longtemps considéré comme une œuvre de Jérôme Chantereau, un disciple peu connu de Watteau. Il s'agit de l'un des quatre dessins conservés au Louvre qui, avec les neuf feuilles actuellement à Stockholm (Nationalmuseum), constituent le noyau de l'œuvre graphique de Chantereau. Il ne fait aucun doute que les neuf feuilles de Stockholm sont de cet artiste puisqu'elles furent directement achetées par le comte Tessin, de nationalité suédoise. L'une d'elles comporte même une étude correspondant à une figure d'un tableau de Chantereau. Les quatre dessins du Louvre sont, quant à eux, proches de ceux de Stockholm tant par leur style que par leurs thèmes.

Ce dessin fut tout d'abord considéré comme une étude préparatoire exécutée par Chantereau. Mais l'appréciation de cette œuvre changea complètement lorsque Antoine Schnapper publia en 1959 deux pendants peints par Joseph Parrocel, *La Chasse aux sangliers* [**fig. 53.1**] et *Le Retour de la chasse* [**fig. 53.2**]. La feuille du Louvre est en effet indéniablement un fidèle reflet de ce dernier. Schnapper ignorait l'existence du dessin et Bjurström ne connaissait pas celle des tableaux de Parrocel au moment de la rédaction de son étude portant sur les dessins de Chantereau. À la fin des années 1970, lorsque les dessins et les pendants furent enfin ensemble rapprochés, le dessin du Louvre fut à tort attribué à Parrocel. Les spécialistes revinrent par la suite, à juste titre, à l'attribution d'origine, qui faisait de Chantereau l'auteur du dessin.

L'activité de Chantereau semble surtout se situer entre 1740 et 1760. Or Parrocel peignit son tableau au cours de la dernière décennie du XVIIe siècle ou, tout du moins, avant 1704, date de sa mort. On peut donc se demander pourquoi et comment Chantereau fut amené à copier une œuvre peinte plusieurs décennies plus tôt. D'après des documents relatifs à un duel qui opposa en 1741 Chantereau à un restaurateur de tableaux, l'artiste était très ami avec Charles Parrocel, fils de Joseph, qui lui servit de témoin. C'est donc probablement par l'intermédiaire de Charles que Chantereau fut amené à s'intéresser à l'œuvre du père et eut accès à l'un de ses tableaux[1].

Mais comment expliquer que Chantereau ait eu envie de copier *Le Retour de la chasse* . Pourtant peint quelques dizaines d'années plus tôt, ce tableau est proche, par son esprit, de l'art rococo du milieu du siècle. Si l'on estime que l'évocation d'une douce oisiveté est l'un des principaux traits de la fête galante, cette composition peut en effet être rangée dans cette catégorie. Malgré la présence d'attributs de la chasse au premier plan, le tableau est bien moins consacré à la représentation de cette activité sportive qu'à celle d'un moment de détente au sein de la haute société. Les chasseurs, magnifiquement vêtus, font à la fois preuve de grâce et de souplesse. Le couple conversant au premier plan, les femmes assises sous une ombrelle, et surtout l'homme habillé à la mode de l'époque à l'arrière-plan pourraient tous facilement prendre place dans une composition de Watteau, quelle qu'elle soit[2]. Comme nous l'avons déjà noté à propos de *La Foire de Bezons* de Parrocel, les tableaux de genre de cet artiste ont une certaine grâce et un charme discret.

Le Retour de la chasse [**fig. 53.2**] de Parrocel anticipe de manière presque troublante sur bien des aspects du style rococo, qui étaient toujours présents lorsque Chantereau exécuta sa copie. Par ailleurs, le caractère nettement archaïsant du tableau de Parrocel quelques décennies plus tard, plaisait encore. En effet, l'artiste s'est volontairement référé à la peinture du début du XVIIe siècle, tant pour la composition que pour le thème. Les chasseurs, par exemple, tiennent à la main des faucons. La chasse au faucon était pourtant une activité qui avait eu beaucoup de succès un siècle plus tôt mais était alors passée de mode. Avec leurs manches bouffantes, leurs cols en dentelle et leurs bérets à plume, les costumes choisis par le peintre sont eux aussi démodés. L'« habit espagnol », pour reprendre l'expression qui désignait alors ce type de costume, avait connu une grande vogue dans les années 1600. L'imitation par Parrocel de l'art du début du XVIIe siècle a dû susciter non seulement le vif intérêt de Chantereau, mais aussi celui de Watteau et d'autres artistes du XVIIIe siècle. On pourrait facilement imaginer un tableau de Parrocel copié par François Lemoyne, lui qui était aussi attiré par ce type d'archaïsmes comme en témoigne son *Pique-nique après la chasse* [**fig. 53.3**]. En résumé, les tableaux de Parrocel et la copie de l'un d'entre eux par Chantereau touchent à des questions qui vont jouer un rôle déterminant dans l'évolution de la fête galante.

Trois crayons
28,4 × 2 7 cm

Historique
Paris, collection Charles Paul Jean-Baptiste de Bourgevin Vialart de Saint-Morys ; saisie des émigrés, 1793.

Bibliographie
Guiffrey et Marcel, 1921, t. III, n° 2200 ; Rey, 1931, p. 171 ; Bjurström, 1971, p. 81 ; New York 1979, p. 9, 11 ; Alençon, 1981, sous le n° 38 ; Arquié-Bruley, Labbé et Bicart-Sée, 1987, t. II, p. 486.

Exposition
Paris, 1954, n° 5.

Paris, musée du Louvre, département des Arts graphiques
Inv. 25 191

[**fig. 53.1**] Joseph Parrocel, *La Chasse aux sangliers*, vers 1700, Londres, National Gallery of Art

[**fig. 53.2**] Joseph Parrocel, *Le Retour de la chasse*, vers 1700, Londres, National Gallery of Art

[**fig. 53.3**] François Lemoyne, *Pique-nique après la chasse*, 1723, Munich, Alte Pinakothek

7. *Accords*

Jean Antoine Watteau

54 *La Vraie Gaieté* – vers 1716-1718

Les scènes de danse abondent dans la peinture de genre néerlandaise du XVIIᵉ siècle. Elles se subdivisent en deux groupes. Les unes, consacrées aux bals des palais, sont constituées d'orchestres professionnels, de danseurs élégants et d'une foule de spectateurs que, de Caulery, au début du siècle, à Hieronymus Janssen, à la fin du siècle, les peintres se sont plu à représenter. Les autres, aux antipodes, montrent des paysans dansant à l'extérieur d'une taverne ou d'une auberge. Les classes sociales ne sont pas les mêmes dans l'un et l'autre de ces types d'œuvres, mais il en va de même des pas de danse et des musiciens. *La Vraie Gaieté* relève nettement de la seconde catégorie.

Ce panneau fut gravé en 1770, date à laquelle il appartenait à Hardy de Famars. La gravure porte le titre usuel sous lequel il est encore connue, et l'œuvre originale fut attribuée à Watteau. Le fait que ce propriétaire habitait le lieu de naissance de l'artiste et que le tableau fut par la suite vendu comme une œuvre de Watteau à plusieurs ventes publiques parisiennes allait ultérieurement paraître une raison suffisante de le considérer comme une œuvre de ce peintre. Son authenticité ne fut pas remise en question pendant tout le XIXᵉ siècle. Des doutes jaillirent un peu plus tard. On fit alors valoir que la gravure ne faisait pas partie du *Recueil Jullienne*, le *Liber veritas* pour toute étude consacrée à Watteau, et avait été exécutée plusieurs décennies plus tard, à une époque où les œuvres de Watteau étaient très recherchées et où les erreurs d'attribution étaient fréquentes. Le sujet du tableau est apparemment si flamand, et sa composition si proche de celle caractéristique d'Adriaen van Ostade et de son entourage, qu'on ne trouve quasiment aucun équivalent dans l'œuvre de Watteau. S'il est possible de comparer ce panneau à *La Cuisinière*, un tableau peint par Watteau à la manière de Willem Kalf et actuellement conservé à Strasbourg, cela ne constitue pas nécessairement une preuve de son authenticité puisque de nombreux spécialistes formulaient il y a encore peu de temps autant de doutes vis-à-vis de cette œuvre singulière. Josz considéra *La Vraie Gaieté* comme une copie, et Phillips plus précisément comme la copie d'un tableau de Teniers due à Pater. Hérold et Vuaflart se contentèrent de remettre en question son attribution à Watteau, tandis que Posner la rejeta totalement.

On reconnaît en fait dans ce tableau la technique de Watteau. Les visages féminins, la richesse de la palette, le traitement des drapés, la facture des feuillages, tout concorde avec la manière de Watteau et rien ne permet de douter de l'authenticité de l'œuvre. Dans les premières études qui furent consacrées à ce tableau, il était daté des années de jeunesse du peintre, ce qui permettait d'expliquer, disait-on, que la première localisation documentée fût Valenciennes. Watteau était censé avoir peint ce tableau avant son départ pour Paris en 1702. Son caractère flamand reflétait, soi-disant, les traditions artistiques du Hainaut et la formation initiale de l'artiste. À vrai dire, presque tous les spécialistes partisans de l'attribution de *La Vraie Gaieté* à Watteau en faisaient l'un des tout premiers tableaux connus de sa main.

Puis la critique changea sur certains points. Lorsque le tableau fut exposé à Londres en 1968, il fut précisé que son « colorisme développé pourrait bien indiquer une date d'exécution légèrement postérieure » à celle généralement admise (1702). M. Roland Michel avança l'idée (comme Zimmerman environ soixante-dix ans plus tôt) que *La Vraie Gaieté* pourrait avoir été peinte vers 1709-1710, lors d'un bref séjour de l'artiste à Valenciennes. Les figures sont cependant ici plus

Huile sur bois
22,9 x 17,2 cm

Historique
Valenciennes, collection Charles François Joseph Le Hardy, seigneur de Famars ; Paris, vente Le Hardy, 19 novembre 1772, lot 44 ; Paris, vente de la collection Bezanval, 10 août 1795, lot 64 ; Paris, 9 février 1824, lot 110 ; collection Charles Bredel ; collection de Miss Bredel ; Londres, Christie's, vente Bredel, 1ᵉʳ mai 1875, lot 106 ; Londres, Agnew's ; collection H.W.F. Bolckow, membre du Parlement ; Londres, Christie's, vente de la collection Bolckow, 2 mai 1891, lot 111 ; collection de Sir Charles Tennant ; collection de lady Anne Tennant ; Londres, Christie's, vente A. Tennant, 29 novembre 1974, lot 22.

Bibliographie
Waagen, 1854, t. II, p. 291 ; Goncourt, 1875, n° 184 ; Josz, 1903, p. 115-116 ; Phillips ,1904, p. 235-238 ; Foster, 1905, t. I, p. 101, 103 ; Staley, 1907, p. 6 ; Zimmerman, 1912, n° 3 ; Dacier, Vuaflart et Hérold, 1921-1929, t. I, p. 34, t. II, p. 124-125, t. III et IV, n° 295 ; Réau, 1928, t. I, p. 45, n° 168 ; Barker, 1939, p. 29 ; Adhémar, 1950, p. 201-202, n° 2 ; Mathey, 1959, p. 23, 66 ; Macchia et Montagni, 1968, no 3 ; Ferré, 1972, t. III, n° B96 ; Anonyme, 1975, p. 398-399 ; Banks, 1977, p. 127-129 ; Posner, 1984, p. 18 ; Roland Michel, 1984, p. 34, 211, 270 ; Rosenberg, 1986, p. 286 ; R.-P., 1996, t. II, p. 539 ; Ramade, 1998, n° 57 ; Temperini, 2002, p. 140.

Expositions
Londres, British Institution, 1848, n° 150 ; Londres, Whitechapel Art Gallery, 1907 ; Londres, 1968, n° 722 ; Moscou-Saint-Pétersbourg, 1978 ; Lille, 1985, n° 119.

Valenciennes, musée des Beaux-Arts
Inv. 75-1

[fig. 54.1] Jean Antoine Watteau, *Étude de deux violionistes*, vers 1716, Oxford, Ashmolean Museum

[fig. 54.2] François Basan, d'après Maerten Berckmans, *L'Antidote des embarras du ménage*, vers 1750, localisation inconnue

[fig. 54.3] Étienne Brillon, d'après Watteau, *La Contredanse*, 1731, Paris, Bibliothèque nationale de France, département des Estampes

massives que celles d'œuvres de jeunesse comme *Les Comédiens sur le champ de foire* (Berlin [**fig. 27.2**]), généralement datés de ces mêmes années. Le travail de la couleur implique, selon moi, une date d'exécution bien postérieure à 1709. Posner était déjà parvenu à cette conclusion, mais il en déduisit que cette nouvelle datation excluait son attribution à Watteau.

Une des preuves principales de la date d'exécution tardive de *La Vraie Gaieté* nous est fournie par une feuille d'études conservée à l'Ashmolean Museum [**fig. 54.1**], dont on s'accorde généralement à dire qu'il s'agit d'une œuvre de maturité[1]. Rosenberg, Prat et Grasselli l'ont datée de 1717 environ. Comme je l'ai fait remarquer il y a quelques années, le violoniste assis au centre du dessin est le même que celui qui est au premier plan dans *La Vraie Gaieté*. Le tableau doit donc avoir été peint après ce dessin, soit au plus tôt en 1717. Cette date peut sembler étonnamment tardive à ceux qui supposaient que tous les tableaux de Watteau exécutés à la manière flamande devaient être *a priori* des œuvres de jeunesse et refléter l'héritage artistique du lieu de naissance de l'artiste. Cette manière de raisonner ne peut pas être retenue. Les amateurs parisiens, on le sait, appréciaient vivement l'art nordique, avant mais aussi après sa mort. Le nombre important de tableaux néerlandais répertoriés dans les catalogues de vente et les inventaires parisiens montrent la persistance de cet engouement. En témoigne aussi la popularité de certaines gravures avant 1700, puis plus tard de celles de graveurs de métier comme celle exécutée par François Basan d'après un tableau de Maerten Berckmans représentant des paysans en train de danser [**fig. 54.2**]. Il semble naturel que Watteau se soit intéressé à cet art, indépendamment de son lieu de naissance.

Les deux violonistes dessinés sur la feuille de l'Ashmolean Museum furent aussi utilisés par Watteau dans *La Contredanse*, un tableau connu grâce au *Recueil Jullienne* [**fig. 54.3**][2]. L'élégance et la légère artificialité de cette fête galante contrastent avec la vigueur et la rusticité de *La Vraie Gaieté*. Dans *La Contredanse*, les danseurs évoluent avec grâce dans un cadre agréable, et une certaine langueur s'exprime au travers des musiciens. Que ces deux tableaux aient été peints à des dates proches l'une de l'autre est un fait remarquable, qui dénote toute la complexité de l'œuvre de Watteau.

Jean Antoine Watteau

55 *L'Enchanteur* – vers 1712-1714

Ce tableau et son pendant, *L'Aventurière* [**cat. 1**], sont deux œuvres importantes, car elles figurent au nombre des premières fêtes galantes peintes par Watteau. La composition est pour l'essentiel la même dans les deux cas, l'une étant l'image inversée de l'autre : une figure debout au centre de la composition regarde deux figures assises et une troisième moins visible, également debout. Dans les deux tableaux, le feuillage du parc remplit la moitié inoccupée par les figures. Dans *L'Aventurière*, c'est une femme qui s'arrête pour écouter un guitariste assis. Dans *L'Enchanteur*, les rôles sont inversés : un guitariste debout donne une sérénade à deux femmes assises. Ces changements ne répondent pas aux besoins d'une narration, mais offrent plutôt la diversité indispensable à la complémentarité de deux tableaux.

Le titre de ce tableau, donné par la gravure du *Recueil Jullienne*, semble approprié. Nous n'avons en effet aucun mal à imaginer que ce guitariste fort élégant, à l'air sentimental, puisse enchanter et séduire ses compagnes. Les deux femmes assises ont la même raideur gauche que la plupart des figures dans l'œuvre de jeunesse de Watteau. La femme à la robe blanche, par exemple, se tient de profil, la tête tournée presque à quatre-vingt-dix degrés de manière à nous faire face. Peut-être cette pose résulte-t-elle de la combinaison de deux études différentes. Quelle qu'en soit la cause, l'effet manque de grâce. La position donnée à la main droite de cette même femme – elle pend mollement le long de ses genoux – est tout aussi malheureuse. Le contraste

Huile sur cuivre
18,8 x 25,8 cm

Historique
Philibert Orry ; saisi sous la Révolution ; entré au musée en 1835.

Bibliographie
Washington-Paris-Berlin, 1984-1985, n° P17 (avec bibl. antérieure) ; Vidal, 1992, p. 41-43 ; Eidelberg, 1995, p. 129, n° 65, p. 137 ; R.-P., 1996, t. I, n° 146, t. II, n°s 415, 456, 484, 609, t. III, n° R159, G50 ; Temperini, 2002, p. 40, 141.

Expositions
Washington-Paris-Berlin, 1984-1985, n° P17 (avec exp. antérieures) ; Okayama-Kitakyushu, 1989, n° 42 ; Aix-en-Provence, 1991, n° 121 ; T'ai-pei, 2001-2002, n° P84.

Troyes, musée des Beaux-Arts
Inv. 835.15

entre le guitariste et les deux femmes est saisissant. Rosenberg et Prat ont proposé pour la figure de belle facture, celle du guitariste, une date beaucoup plus tardive, aux alentours de 1716[1]. Si cette hypothèse se vérifiait, cela ne permettrait pas, selon moi, d'affirmer que *L'Enchanteur* et *L'Aventurière* sont des œuvres tardives, contrairement à ce que ces auteurs en ont conclu, mais simplement que cette figure fut retravaillée ultérieurement. Pour se convaincre du fait que *L'Enchanteur* n'est pas une œuvre tardive, il suffit de comparer les figures de droite avec celles qui leur font écho dans *La Leçon d'amour* [fig. 55.1], une reprise ultérieure de la même composition. Dans cette œuvre, les femmes, qui possèdent charme et légèreté, témoignent de la rapide maturation artistique de Watteau.

Dans *L'Enchanteur*, qui sont les protagonistes ? Comme dans *L'Aventurière*, on ne sait si on doit les interpréter comme des figures costumées flânant dans un vrai jardin ou des acteurs de la commedia dell'arte évoluant sur une scène. Le guitariste ressemble, avec son costume rayé, à un mezzetin ; l'homme à la cape rayée et au large béret semble aussi être un acteur[2]. Quant aux femmes, il est impossible de les identifier car les costumes des actrices étaient moins codifiés. Le contexte de cette scène est tout aussi indéfinissable. Comme nous le remarquons à propos du *Concert* de Picart [cat. 62], les concerts en plein air, donnés dans un jardin ou un autre, faisaient vraiment partie de la vie parisienne, mais il en allait de même du chant dans les représentations théâtrales, la plupart des dialogues étant mis en musique sur des airs connus. À la croisée de ces deux mondes, quotidien et théâtral, les fêtes galantes de Watteau trouvèrent leur véritable place.

S'agit-il d'un jardin français contemporain ou d'un décor fictif ? Bien que Watteau ait passé beaucoup de temps à croquer le jardin du Luxembourg, auquel allait sa préférence parce qu'il était moins entretenu que la plupart des jardins français, les jardins de ses tableaux donnent rarement l'impression de correspondre à des sites réels[3]. L'abside à niches à l'arrière-plan a été interprétée comme une représentation du théâtre d'eau de la villa Aldobrandini à Frascati, mais l'architecture n'est pas assez spécifique pour que l'on puisse se prononcer[4]. Watteau semble par ailleurs avoir eu l'intention de donner à son décor l'apparence d'un paysage d'Italie, la patrie de la commedia dell'arte. Deux pins parasols dominent la moitié gauche de *L'Enchanteur*. Cette espèce méditerranéenne était introuvable dans les jardins de Paris et des environs, et sa présence ici évoque un éloignement, voire un site romantique. Comme je l'ai déjà signalé, Watteau a introduit des sites romains identifiables dans un certain nombre de ses premières fêtes galantes. Citons, par exemple, l'église Sant'Andrea de la via Flaminia à l'arrière-plan de sa *Mariée de village*. Comme dans cette *Mariée* et dans *L'Assemblée près d'une statue de Neptune*, les pins parasols indiquent ici le caractère méridional du décor.

[fig. 55.1] Jean Antoine Watteau, *La Leçon d'amour*, vers 1716-1717, Stockholm, Nationalmuseum

Jean Antoine Watteau

56 *L'Accord parfait* – vers 1717-1718

L'Accord parfait, pour reprendre le titre donné à ce tableau lorsqu'il fut gravé pour le *Recueil Jullienne*, est une fête galante intime. Elle se compose d'un trio de musiciens : un flûtiste plein d'ardeur, une femme déchiffrant une partition, et un guitariste allongé à terre. À l'arrière-plan, un couple, s'apprêtant à aller se promener au loin, tourne le dos à ce trio. On songe ici aux airs lyriques de Mozart, alors que la musique de l'époque de Watteau était baroque et forte, aussi puissante que l'énergie que le flûtiste semble déployer. Dans l'ensemble cependant, ce concert peint par Watteau laisse une impression de merveilleuse quiétude, qui rappelle vivement les tableaux de Musscher, Jacob van Loo et Vermeer. Contrairement au flûtiste, qui s'adonne avec passion à son art, les deux autres membres du trio ne semblent pas émettre de sons. La figure féminine regarde attentivement la partition, mais elle ne bat pas la mesure et rien ne permet de penser qu'elle puisse être en train de chanter ; elle a les lèvres closes[1]. De même, le guitariste allongé à terre ne joue pas ; il se sert plutôt de son instrument comme d'un support.

Ce tableau a fait l'objet de lectures assez différentes les unes des autres. Bien qu'il ait été établi que Nicolas Hénin fut le premier propriétaire de l'œuvre, Dacier et Hérold ont identifié dans

Huile sur bois de châtaignier
35,5 x 28 cm

Historique
Paris, collection Nicolas Hénin ; vers 1730, Paris, collection Jean de Jullienne ; 1730, Paris, collection Chauvelin ; Paris, vente Chauvelin, 2 juin 1762, lot 27 ; Paris, vente de la collection Le Rebourg, 27 avril 1778, lot 31 ; Paris, 10 décembre 1778, lot 109 ; Paris, 12 mars 1782, lot 117 ; Londres, collection de Sir Thomas Baring ; Londres, vente T. Baring, juin 1848, lot 84 ; Londres, White ; Londres, collection Andrew James ; Londres, collection Sarah Anne James ; Londres, vente S. A. James, 20 juin 1891, lot 33 ; collection Samson Wertheimer ; Christie's, vente Wertheimer, 19 mars 1892, lot 708 ; Londres, Agnew's ; Londres, collection lord Iveagh ; transmis par héritage aux descendants de la famille Iveagh ; acquis par le musée en 1998.

Bibliographie
Goncourt, 1875, n° 97 ; Dacier, Vuaflart et Hérold, 1921-1929, t. I, p. 98, t. III et IV, n° 23 ; Réau, 1928, n° 118 ; Adhémar, 1950, n° 120, Levey, 1959, p. 57 ; Macchia et Montagni, 1968, n° 196 ; Nicolson, 1969, p. 165-166, 171 ; Ferré, 1972, t. III, p. 964-965, n° B29 ; Pons et Forray-Carlier, 1990, p. 109-110 ; Marandel, 2001, p. 284-287 ; Temperini, 2002, p. 147 ; Los Angeles County Museum of Art, 2003, p. 108.

Exposition
1891, Londres, Royal Academy of Arts.

Los Angeles, Los Angeles County Museum of Art, don de la fondation Ahmanson
Inv. AC 1999.18.1

[fig. 56.1] Jean Antoine Watteau, *Deux études d'un flûtiste et étude d'une tête de garçon*, vers 1717, Los Angeles, J. Paul Getty Museum

[fig. 56.2] Radiographie aux rayons X de *L'Accord parfait*, Los Angeles County Museum of Art

[fig. 56.3] Benoît Audran, d'après Watteau, *La Surprise*, Paris, 1731, Bibliothèque nationale de France, département des Estampes

l'homme debout un portrait du docteur Meade, un mécène de Watteau qui habitait Londres. Mirimonde, quant à lui, relevant l'âge avancé du flûtiste et la position incorrecte de ses doigts a prêté au tableau une dimension allégorique. Ces constatations, ajoutées à la manière audacieuse dont la figure féminine, beaucoup plus jeune, tient la partition pour le flûtiste, ont amené cet historien à conclure que les protagonistes de cette scène ne sont pas du tout en accord, en dépit du titre donné au tableau. Selon lui, le jeune guitariste attend que son rival plus âgé essuie un échec pour tenter à son tour sa chance auprès de la jeune femme. La lecture que Mirimonde a faite de *L'Accord parfait*, si brillante soit-elle, n'a pas grand-chose à voir avec la façon dont Watteau concevait ses tableaux. Contrairement à Mirimonde, l'allégorie ne le fascinait pas.

Les traits donnés au flûtiste ont une explication plus simple : ils s'inspirent de ceux d'un musicien que l'artiste vit et entendit. On retrouve cette figure dans une feuille d'études aux trois crayons [**fig. 56.1**] : les lèvres serrées et les sourcils froncés, le flûtiste joue avec une intensité comparable[2]. Pensant que l'étude de gauche représente un homme plus âgé, au nez plus aquilin, Rosenberg et Prat se sont demandé si les deux études de cette feuille sont celles du même homme. C'est apparemment le cas en dépit des différences relevées. À vrai dire, le flûtiste du tableau semble même plus vieux, et les contours de son nez plus accentués. Peut-être découvrira-t-on un jour son identité.

Des radiographies aux rayons X prises dans les années 1960 ont fait apparaître sous la peinture deux états antérieurs. Celui du dessus est une moitié d'arabesque comportant un écu armorial ; l'autre moitié fut découverte sous *La Sérénade italienne*, conservée au Nationalmuseum de Stockholm. Le panneau complet était peut-être destiné à servir de décor à la porte d'un carrosse. Il fut probablement exécuté par Audran et son atelier, peut-être même lorsque le jeune Watteau y était encore employé. Les radiographies aux rayons X [**fig. 56.2**] ont montré que Watteau avait par la suite repeint les deux moitiés, créant deux fêtes galantes séparées mais conçues comme des pendants. Cet étape intermédiaire n'apparaît pas de manière parfaitement claire sous *L'Accord parfait*. On peut néanmoins se rendre compte que le guitariste allongé à terre était déjà en place, que la femme n'était pas aussi penchée vers son partenaire et que la partition était plus solidement installée sur ses genoux. Son partenaire semble avoir été assez différent. Mais ce qui surprend peut-être le plus est la présence derrière ces deux figures d'un énigmatique Pierrot debout. La composition qui en résulte est analogue à celle des premiers tableaux et des études de composition de Watteau. Il ne fait en outre aucun doute qu'elle devait former un ensemble harmonieux avec la fête galante découverte sous *La Sérénade italienne*[3]. Plusieurs années plus tard, Watteau retravailla la composition de manière à obtenir le tableau conservé à Los Angeles : il adoucit les poses et élimina les références les plus flagrantes à la commedia dell'arte.

À l'origine, lorsque Nicolas Hénin, ami de Watteau, possédait *L'Accord parfait*, le tableau était apparemment associé à *La Surprise* [**fig. 56.3**]. Les deux œuvres furent en effet décrites comme « représentant des Espagnols & Espagnolettes ». S'agissait-il de véritables pendants ? Les deux compositions ne semblent pas tellement complémentaires, et leurs dimensions sont légèrement différentes. On retrouve toutefois une même intensité dans le jeu des musiciens. À l'époque où *L'Accord parfait* faisait partie de la collection Chauvelin, il était associé à *La Lorgneuse*, une œuvre, connue seulement par la gravure, qui lui était encore moins complémentaire sur le plan de la composition.

Jean Antoine Watteau, d'après Domenico Campagnola

57 *Couple de bergers assis sous des arbres* – vers 1715-1716

[fig. 57.1] Jean Antoine Watteau, *Amusements champêtres*, vers 1717-1718, collection privée

[fig. 57.2] Reconstitution de l'aspect original du *Paysage avec berger* de Watteau

Sanguine
19,2 x 25,8 cm

Historique
Besançon, collection Jean Gigoux ; légué au musée en 1894.

Bibliographie
R.-P., 1996, t. II, n° 430 (avec bibl. antérieure) ; Börsch-Supan, 2000, p. 108-109.

Expositions
exp. antérieures à 1996 dans R.-P., 1996, t. II, n° 430.

Besançon, musée des Beaux-Arts et d'Archéologie
Inv. D.815

Cercle de Domenico Campagnola

58 *Couple de bergers assis sous des arbres* – vers 1515-1520

Quand on songe aux pastorales vénitiennes, on a immédiatement présents à l'esprit les paysages richement colorés de Giorgione, de Titien et de leur cercle, leurs bergers arcadiens, leur composante musicale, leurs Alpes lointaines et leurs couchers de soleil rougeoyants. La plupart de ces éléments, qu'ils soient considérés du point de vue de leur contenu ou de l'atmosphère qu'ils créent, caractérisent aussi les dessins de Domenico Campagnola. Dans le dessin du Louvre présenté ici, deux bergers sont assis au pied d'un massif d'arbres tout à fait excentré ; cette asymétrie dans la composition est typique de ce genre de paysage vénitien. Les deux bergers se reposent sans se préoccuper des moutons qui paissent derrière eux, sur les coteaux vallonnés. L'homme joue de la flûte tandis que la femme, perdue dans ses rêveries, s'appuie sur une lyre. Des bâtiments pittoresques massés les uns contre les autres apparaissent au loin, devant de hautes montagnes qui constituent un paysage très différent du plat pays qui entoure la cité lacustre. L'association de la musique à un calme par ailleurs poétique s'inscrit au cœur de ce type de pastorale vénitienne.

Ironie du sort, ce sont les dessins à la plume et les gravures sur bois de Domenico Campagnola – soit donc des œuvres graphiques non colorées – qui ont le plus contribué par leur popularité à répandre cet idéal de paysage vénitien, et ont eu un grand impact sur les générations suivantes. Ces œuvres furent imitées par Annibal Carrache et son cercle au début du XVIIe siècle, ainsi que par Marco et Sebastiano Ricci une centaine d'années plus tard. Rubens, Van Dyck et Rembrandt ont eux aussi admiré et copié les dessins de Campagnola. Mais ces derniers n'ont guère suscité l'inspiration des peintres italiens et nordiques des générations ultérieures. On trouve certes dans les tableaux de Wouters [cat. 60] des imitations de paysages vénitiens, mais cet artiste fait véritablement exception.

C'est peut-être à l'aube du XVIIIe siècle que les dessins de Campagnola eurent l'influence la plus considérable. Watteau fut en effet fasciné par l'importante collection de dessins de cet artiste que possédait son mécène Pierre Crozat, un grand nombre étant à l'époque attribué à Titien. Ce fut à vrai dire pour Watteau une révélation, qui allait être à l'origine d'un tournant dans sa pratique artistique. Le comte de Caylus écrivit à ce propos : « Mais ce qui piqua le plus son goût, ce fut cette belle et nombreuse collection de dessins [chez Crozat] des plus grands maîtres qui faisait partie de ces trésors [...]. Les belles fabriques, les beaux sites, et le feuillé plein de goût et d'esprit des arbres du Titien et du Campagnol, qu'il voyait, pour ainsi dire, à découvert, le charmèrent[1]. »

Bergers assis de Campagnola est l'un des nombreux dessins vénitiens de la collection Crozat que Watteau copia [cat. 57]. Comme en témoigne la feuille de Besançon et comme on peut le constater chaque fois que l'on dispose de l'original vénitien et de la copie exécutée par Watteau, celui-ci copiait fidèlement le modèle qu'il s'était choisi. C'était à vrai dire le but de ce type d'exercice. Dans ce cas cependant, il a omis quelques petits détails, telles les figures perceptibles au loin sur la route. Certaines différences étaient inévitables en raison de la technique utilisée par Watteau (sanguine), qui n'était pas la même que celle choisie par Campagnola (encre), mais aussi du changement de style intervenu dans le dessin entre le XVIe et le XVIIIe siècle. Ainsi, là où Campagnola avait fait preuve de précision et de maîtrise, Watteau a usé de plus de liberté. Il a notamment remplacé par de petits arcs nerveux les hachures croisées, angulaires et denses, mises en place par Campagnola dans le coin inférieur droit. De même, le ciel, les nuages et le feuillage des arbres sont rendus de manière plus rythmée et plus expressive chez Watteau. Dans l'ensemble, la copie de Watteau laisse une impression de plus grande chaleur, renforcée par la couleur de la sanguine.

Watteau exécuta d'abord ces copies pour étudier la technique d'un maître ancien qu'il admirait, mais aussi pour perfectionner sa technique. Par la suite, il tira parti de ce travail. S'il parcourait en effet ses carnets à la recherche d'études de figures d'après nature qui pouvaient être transposées dans ses tableaux, il passait aussi en revue ces copies de manière à en extraire des motifs intéressants, susceptibles d'être insérés dans les arrière-plans de ses fêtes galantes. On retrouve, par exemple, à l'arrière-plan de ses *Amusements champêtres* [fig. 57.1] des tours et des bâtiments provenant de sa copie des *Bergers assis* de Campagnola. Il existe aussi un lien direct entre une copie de Watteau d'après Campagnola à l'Institute of Art de Chicago et le paysage peint par Watteau dans *La Leçon d'amour* [fig. 55.1]. D'autres fêtes galantes de Watteau présentent aussi des arrière-plans dignes de Campagnola, ce qui semble indiquer que Watteau recourait à cette pratique beaucoup plus souvent que nous ne sommes actuellement en mesure de le démontrer.

Qu'attendait Watteau de tels emprunts à Campagnola ? Son intention était-elle d'établir un lien entre son art et la peinture vénitienne traditionnelle du XVIe siècle ou de donner une note italienne au décor de ses fêtes galantes ? Ses contemporains parisiens détectaient sans aucun

Plume et encre et aquarelle bleue sur papier
13,3 × 21,1 cm

Historique
Probablement Paris, collection Pierre Crozat ; peut-être Paris, collection Dezallier d'Argenville ; Paris, collection Charles Paul Jean-Baptiste de Bourgevin Vialart de Saint-Morys ; saisie des émigrés, 1793.

Bibliographie
Washington-Paris-Berlin, 1984-1985, p. 220-221 sous le n° D139, p. 373-374 sous le n° P52 ; Washington, 1988-1989, p. 161 ; Arquié-Bruley, Labbé et Bicart-Sée, 1987, p. 111 ; R.-P., 1996, t. II, p. 716 sous le n° 430 ; Börsch-Supan, 2000, p. 109-110.

Paris, musée du Louvre, département des Arts graphiques
Inv. RF 27.136

doute le caractère étranger de ces paysages montagneux et de ces curieux bâtiments. Quelle qu'ait été finalement l'intention de Watteau, ces emprunts ajoutèrent à l'exotisme et à la poésie de ses fêtes galantes.

Watteau ne tenta que rarement de peindre toute une composition à la manière des artistes vénitiens. Citons-en cependant une, à l'Ermitage, qui comporte malheureusement de nombreux repeints mais aussi des figures ultérieurement ajoutées. On peut se faire ici une idée de son aspect d'origine [fig. 57.2]. On constate qu'elle était très proche, avec son berger assis sous un arbre et le vaste paysage qui s'étendait derrière, des scènes arcadiennes que Watteau avait découvertes dans les dessins de Campagnola de la collection Crozat.

Anonyme flamand, d'après David Vinckboons

59 *Fête seigneuriale* – 1612

Le tableau de Tourcoing est monogrammé « VA », « WA » ou « WAG » et daté de 1612, mais cela ne permet pas de résoudre la question de l'identité de son auteur. Dans ce cas précis cependant, celle-ci importe peu puisque toute la composition s'inspire d'une œuvre créée par un autre artiste, David Vinckboons.

Le dessin de Vinckboons fut tout d'abord repris par Nicolas de Bruyn dans une gravure qui inspira, à son tour, de nombreuses répliques peintes, conservées notamment dans les musées d'Anvers et d'Orléans[1]. À l'exception de différences mineures, décelables en particulier dans le paysage situé à l'arrière-plan, les copies sont extrêmement fidèles à l'original, ce qui est remarquable car la composition comporte de très nombreuses figures. S'étendant à perte de vue, les jardins d'un palais imaginaire offrent à l'aristocratie un vaste espace où danser, faire de la musique, flâner ou canoter. Vinckboons excellait dans cette sorte de tour de force. Ce mode de représentation reprend la formule mise au point dans les cycles de calendriers du siècle précédent pour représenter le printemps, mais aussi d'authentiques fêtes de cour.

Huile sur cuivre
49,7 x 66,5 cm

Historique
Paris, galerie J. Allard ; acquis par le musée en 1897.

Bibliographie
Driessche, 1931, p. 56 ; Goossens, 1954, p. 11-12 ; Mirimonde, 1976, p. 15.

Exposition
Tourcoing, 2000.

Tourcoing, musée des Beaux-Arts
Inv. 78

[fig. 59.1] David Vinckboons, *Groupe de musiciens en plein air*, 1610, Vienne, Gemäldegalerie der Akademie der bildenden Künste

La musique est ici présente sous différentes formes : au premier plan, au centre, trois luthistes jouent de concert. Un violoncelliste et plusieurs autres luthistes se tiennent derrière le couple qui danse ; à l'extrême gauche figure encore un autre luthiste, qui joue pour un couple de danseurs. La répartition des danseurs sur le plan intermédiaire permet de conclure à la présence d'autres orchestres. Le tableau est finalement un hommage rendu à la musique et à la danse.

D'autres tableaux et dessins de Vinckboons traitent du même thème, mais ils ont un caractère plus intime. Le plus célèbre est peut-être le panneau conservé à Vienne [**fig. 59.1**]. Bien que les participants soient beaucoup moins nombreux, la gamme des instruments de musique représentée est tout aussi étendue : du clavecin à la guitare en passant par le luth et la flûte. Aux musiciens s'ajoutent des danseurs, des buveurs de vin et, bien sûr, des couples qui se courtisent. Il arrive de temps en temps, comme dans un dessin de l'artiste conservé au British Museum, qu'il soit fait allusion à l'histoire du fils prodigue, mais les compositions sont le plus souvent entièrement consacrées à la fête et à ses plaisirs. Au début du XVIIᵉ siècle, d'autres peintres néerlandais, tels Willem Buytewech, Esaias van de Velde ou Dirck Hals, se spécialisèrent dans ce type de scènes qui finirent par former un genre à part entière, considéré comme spécifiquement nordique.

Vers 1700, les tableaux de Vinckboons, Buytewech, Dirck Hals ou de tout autre artiste de cette génération devaient paraître démodés aux yeux des Français. Non seulement leur style prébaroque devait leur sembler naïf, mais les costumes eux-mêmes dataient. Peut-être est-ce précisément cela qui charma Watteau et ses contemporains. Il ne fait en tout cas aucun doute que ce dernier s'intéressa à l'art du début du XVIIᵉ siècle puisqu'il copia deux des figures composant la *Fête donnée à l'occasion de la trêve de 1609* [**fig. 59.2**], un tableau d'Adriaen van de Venne qui faisait alors partie des collections du roi de France. Il ne se contenta pas du reste de les copier, il inclut l'une d'elles, un luthiste (cette fois imberbe et dépourvu d'épée), dans sa fête galante intitulée *L'Amour paisible* [**fig. 59.3**][2]. Ce tableau est une œuvre de la maturité, témoignage que Watteau ne s'intéressa pas uniquement aux anciens tableaux flamands comme celui de Van de Venne au cours de la mise au point de son thème mais continua à s'en inspirer même ultérieurement. Comme nous l'avons noté précédemment, Antoine Dieu [**cat. 37-40**] et Watteau [**cat. 32**] prirent aussi modèle sur des œuvres démodées pour les *Saisons Jullienne*, tout comme François Lemoyne pour des œuvres comme *Pique-nique après la chasse* [**fig. 53.3**].

[**fig. 59.2**] Adriaen Pietersz van de Venne, *Allégorie de la trêve de 1609* (détail), 1616, Paris, musée du Louvre

[**fig. 59.3**] Bernard Baron, d'après Watteau, *L'Amour paisible*, 1731, Paris, Bibliothèque nationale de France, département des Estampes

Frans Wouters

60 *Le Concert champêtre* – 1654

Une place particulière revient à Wouters parmi les disciples de Rubens car, s'il lui est arrivé d'imiter le style théâtral du maître anversois, il adopta le plus souvent la manière plus douce de l'art vénitien. Rubens et ses disciples admiraient certes la peinture vénitienne, mais leur principale source d'inspiration était le célèbre triumvirat formé par Titien, Véronèse et Tintoret. Wouters se singularisa en imitant la *poesia* bucolique de Giorgione.

Au premier plan, légèrement à droite par rapport au centre de la composition, l'artiste a représenté une scène de concert composée de quatre figures : deux jeunes hommes entièrement habillés et deux femmes en grande partie nues. Les femmes sont les instrumentistes : l'une accorde son luth tandis que la seconde tient son violoncelle. L'homme assis à terre tient, lui, une partition, tandis que l'autre semble n'être que spectateur. Bien que les scènes de concert soient courantes dans l'art vénitien, l'association d'hommes habillés et de femmes nues est rare. C'est pourtant un contraste qui nous semble curieusement familier. Nous sommes bien évidemment sensibles à l'analogie existant avec le célèbre *Concert champêtre* dont l'attribution – à l'époque à Giorgione – a été très controversée [**fig. 60.1**][1]. Contrairement cependant à ce tableau d'un effet monumental, la toile de Wouters a une dimension qui fait davantage songer aux nombreux paysages à thèmes pastoraux et musicaux attribués à Giorgione et à son école. C'est le ciel qui donne à la scène l'atmosphère recherchée tandis que la nuit semble s'apprêter à tomber.

Plusieurs autres tableaux de Wouters dénotent de la part de l'artiste une approche giorgionesque de la peinture. Citons, par exemple, celui conservé à Dijon, composé d'un berger entièrement vêtu et d'une bergère nue jouant de la flûte [**fig. 60.2**][2]. On retrouve une atmosphère similaire dans une autre pastorale à composante musicale ayant été récemment ajouté au corpus des œuvres de Wouters [**fig. 60.3**]. Pour ce tableau, que Mathey avait tenté de manière non convaincante d'attribuer à Watteau, Conisbee proposa un autre nom intéressant, celui de Nicolas Vleughels, un pasticheur de l'art vénitien très ami avec Watteau[3]. Toutes ces propositions montrent que les tableaux de Wouters, si vénitiens qu'ils soient par leur atmosphère et la forme qu'ils revêtent, se situent stylistiquement quelque part entre Rubens et Watteau.

Ces tableaux faisaient-ils partie de collections parisiennes à l'époque de Watteau ? Et, si tel était le cas, étaient-ils considérés comme des imitations datant du XVIIᵉ siècle ou passaient-ils pour d'authentiques œuvres vénitiennes[4] ? Jean-Baptiste Forest, par exemple, un célèbre paysagiste dont Watteau imita les œuvres, possédait un paysage de Giorgione. Peut-être s'agissait-il véritablement d'une œuvre vénitienne du XVIᵉ siècle[5]. M. de La Chataigneraye, argentier de la Chambre du Roy & des Enfants de France, possédait deux tableaux censés avoir été peints par Campagnola ainsi que plusieurs prétendument de Titien (y compris une *Vénus et l'Organiste*), dont on vantait la beauté des paysages[6]. Le nombre même d'œuvres de ce genre que comptait la collection de M. de la Chataigneraye incite à se montrer prudent. Mais même si elles n'étaient pas véritablement de Campagnola ou de Titien, et même si ce n'étaient que des copies exécutées à l'extérieur de Venise, elles permettaient peut-être malgré tout de se faire une idée suffisante de ce que devait être un paysage vénitien.

Huile sur toile
93,7 x 145,4 cm

Historique
Acheté par la municipalité ; entré au musée entre 1821 et 1835.

Bibliographie
Magnin, 1920, p. 83-84 ; Mirimonde, 1966, p. 280-281 ; Paris, 1977-1978, p. 290 ; Kemmer, 1995, p. 226.

Expositions
Amiens, 1983, n° 67 ; Dole-Gray-Besançon, 1998, p. 200.

Dole, musée des Beaux-Arts
Inv. 241

[fig. 60.1] Titien, *Le Concert*, vers 1510, Paris, musée du Louvre

[fig. 60.2] Frans Wouters, *Concert champêtre*, vers 1650-1659, Dijon, musée des Beaux-Arts

[fig. 60.3] Frans Wouters, *Concert champêtre*, vers 1650-1659, localisation inconnue

Michiel van Musscher

61 *Concert sur la terrasse* – 1676

Cette élégante scène de concert située sur une terrasse porte à leur apogée les splendeurs de l'âge d'or hollandais. Les participants à cette scène de genre sont ici imaginaires ; l'artiste utilisa cependant une formule comparable pour ses authentiques portraits de famille [**fig. 61.1**][1]. Bien qu'étant de simples bourgeois, les citoyens hollandais jouissaient de ce qui fut appelé une « surabondance de biens ». Leur opulence est ici suggérée par leur pratique de la musique, en dilettante, et soulignée par la richesse du décor. Pourtant ce confort matériel, rendu encore plus crédible par le *fijn-schilderij* de l'artiste, pourrait bien être fictif. Il a récemment été démontré, par exemple, que les sols pavés de marbre qu'affectionnaient tant les artistes hollandais, n'avaient que rarement existé[2]. Mais si même si cette splendeur n'est qu'illusion, elle fut certainement très appréciée en son temps.

De même, le concert donné sur une terrasse de jardin relève davantage d'une tradition picturale qu'il ne reflète la vie quotidienne. Au milieu du XVIe siècle, dans les nombreux tableaux du Maître des Demi-figures féminines par exemple, les concerts étaient généralement des scènes d'intérieur, bien qu'ils aient été souvent placés devant une fenêtre ouverte donnant sur un paysage. Au début du XVIIe siècle, les musiciens étaient parfois placés en plein air, comme en témoignent les tableaux de David Vinckboons [**fig. 59.1**] et de Willem Buytewech. La plupart des concerts étaient cependant des scènes d'intérieur, probablement comme dans la réalité. Cette formule du concert donné à l'intérieur fut reprise par Dirck Hals et les artistes de sa génération, par les caravagistes d'Utrecht et leur entourage, ainsi que par la plupart des peintres de la seconde moitié du siècle tels que Pieter de Hooch (auquel ce tableau fut autrefois attribué) et Vermeer.

Le nouveau type de concert auquel correspond celui représenté ici par Van Musscher, un concert en plein air réunissant un petit nombre de participants et marqué par une atmosphère particulière, fut apparemment inventé par Jacob van Loo et Gerbrand van den Eeckhout vers le milieu du XVIIe siècle[3]. Dans un tableau de Van Loo actuellement à Madrid [**fig. 61.2**] par exemple, la scène se déroule sur une terrasse qui, richement aménagée et pourvue d'arcades (contrairement à la véritable architecture domestique hollandaise), surplombe un jardin. La présence du jardin, visible à travers l'ouverture des arcades, laissait présager l'apparition d'une nouvelle tendance, qui n'allait cesser de s'accentuer, à savoir la représentation de scènes d'extérieur. Dans les tableaux de Van Musscher, comme dans celui-ci, la terrasse donne souvent directement sur le jardin, reliant les musiciens plus intimement à la nature. Peut-être doit-on voir ici une sorte de prélude à la formule utilisée par Watteau un demi-siècle plus tard dans ses célèbres *Charmes de la vie* [**fig. 61.3**].

Une autre composante du *Concert* de Van Musscher anticipe sur l'œuvre de Watteau : l'artiste a en effet représenté de dos la femme qui se tient debout au centre de la composition ; il nous cache ainsi l'expression de son visage mais pique notre curiosité. Cela crée une magnifique impression de quiétude alors que le tableau traite pourtant de la production de sons. On trouve souvent des figures tournées vers l'intérieur de la scène dans les tableaux hollandais de la seconde moitié du XVIIe siècle, dans ceux de Pieter de Hooch par exemple[4]. L'exemple le plus célèbre est peut-être celui de cette jeune femme que Goethe admira tant mais n'interpréta pas correctement dans le tableau de Ter Borch, intitulé à tort *L'Admonestation paternelle* [**fig. 9.2**]. Cette tendance à l'intériorisation sensible dans l'art néerlandais de cette époque donna le ton, et Watteau allait brillamment en tirer parti dans ses fêtes galantes où des figures nous tournant le dos participent à l'atmosphère et au mystère de la scène.

Huile sur toile
72,5 x 68,5 cm

Historique
1927, Berlin, C. Benedict & Co. ; Amsterdam, H. Wieth ; 1940, Amsterdam, Goudstikker/Miedl ; 1943, Bergen (Nh) A.J.A. Kaminski ; La Haye, E. Gööpel ; H. Posse ; Rijswijk, Institut Collectie Nederland ; en prêt au musée d'Arnhem, 1953-1976

Bibliographie
Arnhem, 1956, p. 28 ; Arnhem, 1965, p. 100.

Rijswick, Institut Collectie Nederland
Inv. NK 1516

[fig. 61.1] Michiel van Musscher, *La Symphonie*, ou *Portrait d'une famille hollandaise*, vers 1671, Detroit Institute of Arts

[fig. 61.2] Jacob van Loo, *Fête musicale sur une terrasse*, vers 1650, Madrid, musée Thyssen-Bornemisza Collection

[fig. 61.3] Jean Antoine Watteau, *Les Charmes de la vie*, vers 1718-1719, Londres, The Wallace Collection

Bernard Picart

62 *Le Concert champêtre* – vers 1707

Les grandes dimensions de cette gravure concordent avec l'importance historique de la composition imaginée par Picart. Au cours des dernières décennies du XVIIe siècle, les gravures à la mode alimentaient un commerce parisien florissant, offrant aux amateurs des scènes de genre d'une grande élégance mais de petit format. Celles-ci représentaient une femme se promenant en compagnie de sa servante, un gentilhomme et une dame flânant ensemble, une femme à sa toilette, etc. Ces gravures étaient rarement dotées de compositions vraiment importantes. Au début du siècle suivant, cependant, ces scènes de genre furent souvent incorporées à des paysages et des groupes de figures plus complexes. Si quelques compositions de Picart ne sont constituées que de scènes de genre modestes, dans lesquelles des personnages se restaurent ou jouent au trictrac, *Le Concert champêtre* figure parmi ses compositions à multiples figures les plus ambitieuses[1].

Dans le parc d'un château, des aristocrates conversent, se courtisent ou font de la musique. Dans leur habillement, y compris les coiffures des femmes, ils arborent les toutes dernières nouveautés. Bien que onze figures soient ici réunies, elles forment trois groupes distincts. Celui du milieu comprend une femme jouant sur un double clavecin (deux claviers, deux rangs de cordes) et un homme qui l'accompagne à la flûte traversière (type Hotteterre)[2]. Au premier plan, à droite, se tiennent un joueur de viole de gambe et un violoniste, tandis qu'à leur droite, à une distance suprenante, un homme et une femme chantent en s'aidant d'une partition. Picart a rendu avec précision la spécificité de chacun des instruments, à laquelle il devait être du reste particulièrement sensible puisqu'il avait préparé en 1707 des planches d'illustration pour le livre de Hotteterre sur la flûte. L'importante distance qui sépare les différents participants semble, quant à elle, ne pas convenir à un concert intime. Cette scène n'est certainement pas la transcription littérale d'un concert ayant réellement existé[3].

Les légendes qui étaient préparées pour ce genre de gravures faisaient souvent une large place aux clichés et n'avaient pas grand-chose à voir avec les scènes représentées. En l'occurrence, les vers ont été composés par François Gacon (1667-1725) et semblent appropriés :

À l'ombre des bosquets dans un beau jour d'été,
Cette agreable compagnie
Goute le doux plaisir que donne l'harmonie
Lorsque tout est bien concerté
Mais parmi les attraits d'une belle musique
Ou de Baptiste ou de Lambert
L'Amour tient sa partie et très souvent se pique
De faire que deux cœurs soupirent de concert.

Les deux musiciens auxquels il est fait allusion sont Jean-Baptiste II Anet, dit Batiste (vers 1661-1755), un célèbre violoniste et compositeur, et Michel Lambert (1613-1696), un chanteur très connu. Ce dernier était tenu dans une si haute estime que, comme Fontenai l'écrivit, « on le suivoit jusqu'à sa maison de campagne de Puteau-sur-Seine, à deux lieues de Paris, où il formoit des concerts charmants dans ses apartements, ses jardins et les bosquets[4] ». En d'autres termes, la gravure de Picart donne une idée de l'univers de la musique à Paris au début du XVIIIe siècle. L'idée que le violoniste puisse être Batiste, le flûtiste Hotteterre, et la femme au clavecin Élisabeth Claude Jacquet de la Guerres (1669-1729), a même été émise. Les traits jeunes et idéalisés des musiciens semblent cependant indiquer que nous ne sommes pas en présence de portraits, mais plutôt, comme nous l'avons déjà laissé entendre, d'un habile compromis entre artifice et réalité.

La gravure de Picart est généralement considérée comme une illustration d'un courant français qui joua un rôle important dans l'évolution de la fête galante, mais il faut aussi tenir compte de l'influence que les modèles néerlandais peuvent avoir eue sur Picart, comme sur les autres artistes de sa génération. L'atmosphère décontractée de sa gravure n'est pas sans rappeler en effet l'art néerlandais de la fin du XVIIe siècle. Elle fait songer, par exemple, à un tableau attribué à Bernardus van Schijndel qui représente de manière assez similaire un concert en plein air [fig. 62.1][5]. Le tableau de Schijndel constitue, par son décor mais aussi l'ambiance générale créée – intimiste et placée sous le signe de l'amour – le type même de modèle qui pourrait avoir influencé Picart. La gravure fut publiée à la fin de la première décennie du XVIIIe siècle, à l'époque où Watteau commençait à se faire un nom. Picart a rassemblé les principaux ingrédients de la fête galante – la haute société, la musique et l'amour – sur lesquels Watteau allait s'appuyer au cours de son évolution artistique. Si cette représentation se limitait encore en France en majeure partie au domaine de la gravure, elle n'allait pas tarder à être transposée dans celui de la peinture et à être profondément transformée par l'ajout de la couleur[6].

Gravure au burin
30,3 x 51,2 cm

Historique
Collection André Meyer ; acquis pour le musée en 1986.

Bibliographie
Adhémar, 1939, p. 67, 70, 74 ; Lesure, 1960, p. 102 ; Mirimonde, 1961, p. 260 ; Mirimonde, 1977, t. II, p. 85 ; Pilipczuk, 1980, p. 121-148 ; Washington-Paris-Berlin, 1984-1985, p. 497-498 ; Moureau et Grasselli, 1987, p. 114, 238, 498.

Expositions
Paris, 1988, n° 51 ; Louveciennes, 1990, n° 62.

Paris, musée instrumental du Conservatoire national supérieur de musique
Inv. E. 986 1.32

[fig. 62.1] Bernardus van Schijndel, *Concert dans un jardin*, vers 1675-1709, localisation inconnue

Pierre Antoine Quillard

63 *La Danse villageoise* – vers 1720-1725

Dans un article publié à l'occasion de l'acquisition par le musée du Louvre de cette toile et de son pendant [**cat. 41**], alors considérés comme des œuvres de Watteau, on peut lire l'observation suivante : « elles font suite aux petits tableaux d'influence flamande des débuts de Watteau, aux scènes de camp et aux premiers essais dans le genre qu'il adoptera définitivement, la *Guinguette* et les *Scènes villageoise*s[1] ». Bien qu'il ait été depuis lors établi que les deux tableaux sont de Quillard, aucune observation ne pourrait être plus pertinente. Si la présence de danseurs dans *La Danse villageoise* et l'atmosphère plutôt festive de cette œuvre permettent de la classer dans la catégorie des fêtes galantes, la composition s'inspire à vrai dire dans son ensemble d'une longue tradition de l'art flamand, celle des réjouissances paysannes.

Le tableau de Quillard comporte une série de figures que le monde de la fête galante nous a rendues familières. Citons : le couple de danseurs évoluant au centre de la composition, les musiciens à peine visibles dans la moitié droite de la composition, l'homme habillé en Pierrot dans la moitié gauche, et la femme et l'homme représentés au premier plan à gauche, la première repoussant les avances de toute évidence trop audacieuses de son compagnon.

Dans cette toile, Quillard a cependant peint des figures auxquelles nous sommes moins habitués. Ainsi découvrons-nous dans le coin inférieur droit des spectateurs si âgés qu'ils ne peuvent guère que rester assis et regarder. À côté d'eux, une jeune femme allaite son enfant. On ne rencontre généralement pas ces types de figures dans les œuvres de Watteau ou de ses disciples. Ils sont en revanche bien présents dans les fêtes de village flamandes, où des personnes de tous âges et de toutes sortes se trouvent représentées. Un tableau de David Teniers le Jeune [**fig. 63.1**], qui se trouvait du reste à Paris au xviiie siècle, illustre bien ce type de scène festive[2]. Là se trouvent en effet rassemblés non seulement des couples de danseurs, mais aussi tout un éventail de figures habituelles, y compris de vieux villageois, une mère et son enfant, des couples se courtisant et un homme ivre. Ce tableau offre un véritable panorama des différents types et comportements humains. La scène peinte par Teniers, comme la plupart des scènes flamandes de ce genre, se déroule à l'extérieur d'une taverne, ce qui donne un sens au bâtiment représenté à gauche dans la composition de Quillard, un bâtiment qui a aujourd'hui sombré dans l'obscurité.

Quillard a été l'élève de Watteau et a aligné son œuvre sur celui de son maître, notamment au cours de ses jeunes années. On ne connaît cependant pas de fête de village de ce type peinte par Watteau. Autrement dit, l'adoption par Quillard d'une formule flamande n'est pas nécessairement imputable à une quelconque influence de Watteau. L'artiste s'est plus vraisemblablement tourné vers le riche répertoire de la peinture de genre néerlandaise. Sa connaissance de la peinture de fête de village se déroulant à l'extérieur d'une taverne ressort encore plus clairement dans un autre tableau de sa main [**fig. 63.2**]. Bien que celui-ci puisse avoir été exécuté quelques années après celui du Louvre, il s'inspire encore plus littéralement des modèles néerlandais, avec la présence non seulement de la mère en train d'allaiter, mais aussi de l'aubergiste, à gauche, de l'homme ivre, au premier plan, du joueur de cornemuse et du jeune tambour, au centre, et du spectateur aux bras croisés, à droite. En fait, la persistance de l'attachement de Quillard aux formules flamandes a contribué à l'évolution ultérieure de sa carrière.

Huile sur toile
37 x 45 cm

Historique
Vers 1843, collection George Rennie ;
collection du Révérend F.D. Morice ; Londres,
Christie Manson & Woods, 3 décembre 1926,
n° 142 ; Londres, Frank Sabin ; Paris, Yves Pedrix ;
acquis par le musée en 1927.

Bibliographie
Jamot, 1927, p. 323-330 ; Réau, 1927, p. 193-198 ;
Morand-Vérel, 1927, p. 228 ; Réau, 1928, p. 38,
n° 91 ; Gillet, 1929, p. 29 ; Guiffrey, 1929, p. 72-73 ;
Hevesy, 1929, p. 541-542 ; Miller, 1930, p. 135-136,
150 ; Alvin-Beaumont, 1932, p. 97-103 ; Thieme
et Becker, t. XXV, 1933, p. 523 ; Mathey, 1938,
p. 162-163 ; Adhémar, 1950, p. 136, 236, n° 258 ;
Paris, Louvre, 1972, t. I, p. 311 ; Ferré, 1972, t. III,
p. 961, n° B26 ; Rosenberg, Reynaud et Compin
1974, n° 699 ; Compin et Roquebert, 1986, t. IV,
p. 157 ; Lallement, 1998, p. 206, n° 110.

Expositions
Paris, 1933, n° 106 ; Paris, 1960, n° 707 ; Nancy,
1960, n° 35 ; Toledo et autres villes, 1964-1965,
n° 19 ; Paris 1973-1974, n° 88 ; Paris, 1977, n° 210 ;
Chatellerault, 1988, n° 13b.

Paris, musée du Louvre
Inv. RF 2625
Photographie en cours de restauration

[fig. 63.1] David Teniers le Jeune, *Danse de paysans*, vers 1660-1670, New York, The Metropolitan Museum of Art

[fig. 63.2] Pierre Antoine Quillard, *Fête villageoise*, vers 1720-1725, localisation inconnue

Pierre Antoine Quillard

64 *Fête campagnarde* – vers 1725

Depuis que cette *Fête campagnarde* a été découverte au milieu des années 1930, elle a été considérée à l'unanimité comme une œuvre de Quillard. L'onctuosité des formes et la luminosité du coloris permettent de la rapprocher des œuvres de maturité de l'artiste, c'est-à-dire celles exécutées à partir des années 1720 telles que *Les Quatre Saisons* conservées au musée Thyssen-Bornemisza, à Madrid, ou la *Pastorale* du musée Pouchkine, à Moscou. La différence stylistique entre ces tableaux et les œuvres de jeunesse de Quillard, tels les deux tableaux du Louvre [cat. 41 et 63] et une fête galante [fig. 64.1] anciennement sur le marché parisien, est frappante. À vrai dire, les différences entre les œuvres de jeunesse et les œuvres de maturité de Quillard sont si prononcées que quelques spécialistes ont rejeté l'idée qu'elles puissent toutes être de la même main. La cohérence de l'ensemble de son œuvre ne fait pourtant fondamentalement aucun doute. *L'Hiver* du Prado portait autrefois la signature de l'artiste ; et la *Pastorale* de Moscou fut vendue en 1777 comme une œuvre autographe. De même en 1779, la fête galante reproduite ici [fig. 64.1], qui date des débuts de Quillard, fut présentée lors d'une vente comme « un concert formé par une compagnie d'hommes et de femmes » peint par Quillard. Dans *Fête campagnarde*, la pose du principal danseur masculin, qui, la tête rejetée en arrière, découvre le dessous de son menton, se retrouve dans toutes les œuvres de jeunesse et de la maturité de l'artiste ; c'est pour ainsi dire la signature de Quillard. Il faut peut-être aussi signaler que la danseuse évoluant au centre de la composition de Salzbourg est quasiment identique à celle représentée à l'extrême droite, au premier plan, dans *Le Mai* du Louvre ; peut-être ont-elles été toutes deux exécutées d'après un même dessin.

L'évolution de l'art de Quillard n'a finalement rien de si extraordinaire puisqu'elle suit celle de son maître, Watteau. Les différences constatées ici ne sont certainement pas plus importantes que celles décelables entre les œuvres de jeunesse et les œuvres de la maturité de ce dernier, entre *Les Comédiens sur le champ de foire* [fig. 27.2] et *Le Pèlerinage à l'île de Cythère* [fig. 13.2] par

Huile sur toile
47 × 56 cm

Historique
1934-1936, Londres, Wildenstein & Co. Ltd ;
vers 1936, Londres, collection de Sir Edward Baron ;
vers 1957, New York, F. Kleinberger & Co. ;
1957-1959, San Francisco, collection Prentis Cobb Hale ; 1979, New York, Wildenstein & Co. ; 1979, New York, Newhouse Galleries ; 1979, Vienne, Sanct Lucas Galerie ; acquis par le musée en 1979.

Bibliographie
Eidelberg, 1996, t. XXV, p. 820 ; Blechinger, 1980, p. 90, pl. 64 ; Salzburg Residenzgalerie, 1987, s.p. ; Habersatter, 2002, p. 165.

Expositions
Londres, 1936, n° 23 ; Vienne, 1979-1980, n° 23.

Salzbourg, Residenzgalerie,
Salzburger Landesmuseum
Inv. 6089

[fig. 64.1] Pierre Antoine Quillard, *Fête galante*, vers 1720-1725, localisation inconnue

exemple. Les figures de Watteau, tout comme celles de Quillard, furent tout d'abord fines et dotées de petites têtes avant de prendre des formes plus épanouies et plus monumentales. Tant chez Watteau que chez Quillard, le coloris des tableaux de la maturité dénote l'influence de la palette vénitienne et de la palette rubéniste. Cette évolution fut après tout celle des disciples de Watteau et de l'art français dans son ensemble.

Si les œuvres de Quillard ressemblent beaucoup à celles de Watteau, elles s'inspirent aussi fortement de modèles néerlandais. La grâce des quatre danseurs et la langueur des couples se restaurant (le tableau fut un certain temps intitulé indifféremment *Le Moulinet* ou *Le Repas champêtre*) attirent tant le regard que l'on pourrait ne pas se rendre compte à quel point la composition et le thème général de l'œuvre reposent sur des traditions établies par Teniers et d'autres peintres nordiques. La *Fête de village* de Teniers conservée au musée de l'Ermitage [**fig. 64.2**], par exemple, correspond à la formule de base de cette tradition. Cet exemple est particulièrement intéressant car il s'agit de l'un des nombreux tableaux du maître flamand que la comtesse de Verrue possédait au début du XVIIIe siècle. Dans l'œuvre de Teniers, des paysans d'humeur joviale dansent d'un pas lourd au centre du premier plan, tandis que d'autres mangent à une table placée de côté. Des mères s'occupant de leurs enfants et diverses tavernes situées derrière complètent le tableau. On retrouve tous ces ingrédients dans la fête galante de Quillard. Les figures du peintre français sont cependant beaucoup plus voluptueuses que celles de Teniers, tant dans leur manière de danser que de boire, de manger, ou même d'être assises. La dette de Quillard envers Teniers est néanmoins indéniable. Même de petits détails tels que la partie de boules qui se déroule à l'arrière-plan rappelle les scènes de taverne de Teniers. Mais le rideau d'arbres placé en diagonale à l'extrême droite de la composition et les couples se promenant ou se reposant sous leur feuillage nous ramènent au XVIIIe siècle et à la vision utopique de Watteau.

[**fig. 64.2**] David Teniers le Jeune, *Fête de village*, 1646, Saint-Pétersbourg, musée d'État de l'Ermitage

Jean-Baptiste Pater

65 *Le Concert champêtre* – vers 1720-1736

Dans cette scène consacrée à la musique, environ huit adultes et plusieurs enfants sont rassemblés à l'occasion d'un concert. L'un des hommes joue de la guitare tandis que sa partenaire tient une partition et chante. Mais la plupart des personnes présentes sont occupées à flirter. Certaines d'entre elles sont vêtues, ici encore, de costumes qui, rappelant les premières décennies du XVIIe siècle, ne sont vraiment pas contemporains. Le guitariste porte une fraise blanche et des manchettes en dentelle assorties, et la chanteuse un col haut en dentelle, comme si tous deux vivaient en 1600. Un autre homme, situé derrière eux, porte un col plat en dentelle et arbore une épée comme les seigneurs autour de 1640. Toutes ces figures sont habillées à l'espagnole.

Bien que le titre généralement donné au tableau qualifie ce concert de champêtre, on ne sait pas exactement dans quel cadre il se déroule. La scène se situe plutôt sur une terrasse qu'en pleine nature. La partie visible de la construction située à droite est si modeste qu'on ne peut déterminer avec certitude si elle appartient à une fontaine élaborée ou à un bâtiment. Elle permet cependant de conclure que le sol plan est celui d'une terrasse, ce qui explique que l'homme représenté au centre de la composition soit assis sur une chaise. Les figures de gauche semblent cependant être assises sur un tertre invisible, et le massif constitué de souches et d'arbres gigantesques semble indiquer un cadre plus naturel que ceux qui jouxtaient environnaient les demeures et les palais du XVIIIe siècle.

Les tableaux de Pater appellent inévitablement une comparaison avec ceux de Watteau, car si Pater ne resta pas longtemps auprès de son maître, l'influence de celui-ci n'en fut pas moins profonde. Le schéma général sur lequel repose cette toile fait songer à quelques œuvres de Watteau – comme *Les Charmes de la vie* par exemple (Wallace Collection [**fig. 61.3**]) – dans lesquelles un groupe réuni sur une terrasse s'adonne à la musique. Suivant en cela l'exemple de Watteau, Pater a représenté à l'arrière-plan un ensemble élaboré de bâtiments et de montagnes qui s'inspire de l'œuvre de Campagnola et évoque, avec le pin parasol bien en vue, les paysages de l'Italie. Si ces comparaisons permettent d'établir la filiation artistique de Pater,

Huile sur toile
76,5 x 100 cm

Historique
Cologne, collection A. Schaffhausen ; Paris, hôtel Drouot, vente de la collection A. Schaffhausen, 20 avril 1868, lot 1[1], vendu au marquis de Maison ; Paris, vente de Maison, 10 juin 1869, lot 1, acheté par Léon Hamoir ; légué au musée par Mme Hamoir en 1888.

Bibliographie
Michiels, 1874, t. X, p. 483-489 ; Valenciennes, 1888, n° 524 ; Valenciennes, 1898, n° 248 ; Pillon, 1909, n° 105 ; Demmler, Feulner et Burg, 1918, p. 64, n° 270 ; Ingersoll-Smouse, 1928, p. 106, n° 20 ; Valenciennes, 1923, n° 105 ; Valenciennes, 1931, n° 311 ; Ramade, 1998, n° 60.

Expositions
Paris, 1925, n° 246 ; Mons, 1930, n° 49 ; Paris 1931, n° 50 ; Copenhague, 1935, n° 160 ; Dunkerque-Valenciennes-Lille, 1980, p. 178 ; Tokyo, 1986-1987, n° 11 ; Cologne-Zurich-Vienne, 1996-1997, n° 110 ; T'ai-pei, 2001-2002, n° P87.

Valenciennes, musée des Beaux-Arts
Inv. P.46.1.271

[fig. 65.1] Jean Antoine Watteau, *La Récréation italienne*, vers 1716-1718, Berlin, palais de Charlottenburg

il faut tout de même préciser qu'il subsiste un écart important entre ces deux artistes de générations différentes.

Watteau n'a pas transmis à son élève le don de rendre poétiques et fascinantes les figures. Les personnages de Pater sont souriants, pétillants de vitalité, actifs et constamment en torsion, mais jamais d'une psychologie attachante. Chez Watteau, le contenu narratif de l'œuvre (si tant est qu'on puisse le qualifier ainsi) tourne essentiellement autour du concert ; dans l'œuvre de Pater, l'action est plus diversifiée et diffuse, mais moins plaisante. Dans *Les Charmes de la vie* par exemple, l'architecture en pierre rustiquée est en outre palpable et donne l'impression d'être en présence d'un vrai portique, un effet par ailleurs renforcé par le magnifique pavement en marbre. Dans quelques tableaux de Watteau proches de celui-ci, comme *La Récréation italienne* [**fig. 65.1**]) par exemple, la bordure de la terrasse et la planéité du sol servent à indiquer la délimitation entre le cadre bâti par l'homme et la campagne environnante. En ce sens, Watteau s'avère être un réaliste, une étiquette généralement pas attachée à son nom. Pourtant, l'observation de la vie constitua l'un des aspects fondamentaux de son art. Pater, lui, travaillait plutôt de mémoire et à partir de formules de sorte que la réalité qu'il créait n'était pas nécessairement crédible.

En dépit de ces procédés, celui-ci connut un véritable succès. Le tableau de Valenciennes fait partie de toute une série d'œuvres qui se ressemblent beaucoup, les autres étant cependant toutes plus petites. Les variantes les plus proches de cette toile sont celles conservées à Buckingham Palace, à Londres [**fig. 65.2**], au musée Thyssen-Bornemisza, à Madrid, et au Rijksmuseum, à Amsterdam[2]. Les figures du tableau de Valenciennes sont plus proches de celles composant l'œuvre de Londres, tandis que les éléments du paysage ressemblent plus à ceux de la composition d'Amsterdam. Dans aucun des cas, la formation musicale n'est la même : dans la version de Londres, un flûtiste remplace le guitariste assis à gauche ; dans celle d'Amsterdam, la formation se limite à une guitariste et une femme tenant une partition. Il est clair que le concert et les musiciens n'étaient qu'accessoires.

[**fig. 65.2**] Jean-Baptiste Pater, *Concert champêtre*, vers 1720-1736, Londres, Buckingham Palace

Nicolas Lancret

66 *Fête musicale dans un paysage* – vers 1720-1743

Au début du XIXᵉ siècle, ce tableau était considéré comme une œuvre de Watteau. Cette erreur d'attribution remontait peut-être au siècle précédent, au cours duquel de nombreuses copies et imitations dues à des disciples de Watteau furent en effet vendues comme des œuvres du maître à des collectionneurs anglais sans méfiance. À la fin du XIXᵉ siècle, lorsque l'œuvre de Watteau commença à être étudié plus spécifiquement et avec plus de discernement, Hannover se rendit compte que le tableau était en réalité de Lancret. Il présente en effet toutes les caractéristiques de son style. La femme au nez presque camus et son compagnon ouvrant de grands yeux rappellent tout à fait la manière de ce peintre.

Les scènes de concerts intimes de ce genre entrent pour une large part dans l'œuvre de Lancret. Ici, la principale figure masculine accompagne à la guitare le chant de sa partenaire. Il la regarde attentivement, mais elle n'a d'yeux, quant à elle, que pour le spectateur. Le troisième membre du trio, un flûtiste enveloppé d'une cape, est pour ainsi dire caché par les deux protagonistes. Dans les autres tableaux de Lancret, on trouve associés, par exemple, un flûtiste et une chanteuse, un joueur de théorbe et une chanteuse, un joueur de théorbe et un joueur de cornemuse, etc. Ces combinaisons, qui sont infinies, indiquent simplement le désir de l'artiste de varier ses créations et de satisfaire son éventuelle clientèle.

Les costumes portés par ce trio sont peut-être plus intéressants que les instrument de musique des deux figures masculines. Le guitariste a une tenue à la mode ; le col de sa chemise, largement ouvert, dénote une extrême désinvolture. Le flûtiste arbore, quant à lui, une fraise blanche empesée du XVIIᵉ siècle et une cape à rayures bleu clair qui fait songer à Mezzetin. La femme, enfin, porte un curieux vêtement qui, bordé de fourrure, a des manches en pointe extrêmement longues. On trouve des manteaux similaires, bordés de fourrure, dans l'œuvre de Watteau ; ils ont une coupe dite « pollonnoise » [**fig. 66.1**]. Lorsqu'un vêtement de ce type apparaît cependant dans une composition de Lancret connue sous le titre *La Belle Grecque* [**fig. 66.2**], la figure est censée être une Grecque de l'Empire ottoman[1]. La grande variété des costumes exotiques dans ce type de fête galante indique la part d'imaginaire qui entrait dans leur composition. Au XVIIIᵉ siècle, le public devait percevoir cette part d'imaginaire, ce qui lui permettait de dissocier de la vie quotidienne les scènes représentées.

Le cadre est aussi intéressant. À première vue, le taillis à l'ombre duquel le trio s'est installé nous rappelle ceux d'innombrables tableaux de Watteau. Même le choix de la petite colline qui surplombe un paysage s'étendant à perte de vue n'est pas sans précédent comme ceux de *La Leçon d'amour* de Watteau [**fig. 55.1**]. Mais, alors que Watteau n'a que vaguement suggéré la transition entre le premier plan et l'arrière-plan de son tableau, Lancret a très clairement indiqué le bord de la colline, de manière à ce que le spectateur se rende compte qu'on est ici au sommet et que le terrain descend en pente raide de l'autre côté. L'effet est presque vertigineux et anticipe sur les immenses profondeurs qui apparaîtront après le milieu du siècle dans les tableaux de Fragonard et de Hubert Robert.

Huile sur bois
21,6 x 28,5 cm

Historique
Collection Daniel Mesman ; légué au musée en 1834.

Bibliographie
Hannover, 1889, p. 104 ; Earp, 1902, p. 212 ; Foster, 1905-1907, t. I, p. 105 ; Goodison et Sutton, 1960, p. 180-181, n° 329.

Cambridge, Fitzwilliam Museum
Inv. n° 329

[**fig. 66.1**] Michel Aubert, d'après Watteau, *La Polonaise*, vers 1732-1734, Paris, Bibliothèque nationale de France, département des Estampes

[**fig. 66.2**] Nicolas Lancret, *La Belle Grecque*, vers 1720-1743, localisation inconnue

Nicolas Lancret

67 *Danse dans le parc* – vers 1720-1743

Une clairière est un cadre qui se prête idéalement au repos et aux plaisirs auxquels douze aristocrates peuvent avoir envie de goûter par un bel après-midi d'été. Ici, le regard est tout d'abord attiré par l'homme et la femme situés au centre de la composition. Ce couple, dont les poses sont inversées, effectue un pas de deux. La femme, le pied gauche en avant, relève délicatement sa jupe, tandis que son partenaire, incliné en sens inverse, a les bras en position de danse seconde. Lancret était particulièrement attaché à cet équilibre fragile reposant sur l'opposition de contraires ; il l'utilisa dans d'innombrables variantes, comme dans *La Danse des bergers* et *La Danse entre deux fontaines* [**fig. 67.1**], par exemple[1]. Le décor est ici ambigu, comme dans les fêtes galantes de Watteau. Si bucolique que cette scène puisse paraître, elle appartient sans doute plus au monde du théâtre. Le curieux costume que porte l'homme permet en tout cas de le penser. De même, les mouvements exécutés par les danseurs sont certes ceux d'une danse de cour, mais ils correspondent aussi aux chorégraphies courantes au théâtre. Le musicien représenté à l'extrême droite de la scène est curieusement un homme robuste jouant de la vielle. Il ressemble beaucoup à celui qui occupe une place similaire dans *L'Accordée de village* de Watteau, conservé à Londres, au Sir John Soane's Museum [**fig. 28.1**].

Dans le groupe représenté par Lancret, les femmes prédominent comme c'est souvent le cas dans ce type de fête galante. Si l'homme au pied de la statue affiche un comportement plutôt agressif envers sa partenaire, les deux autres hommes assis se montrent beaucoup plus discrets et galants. La présence d'un enfant garantit le respect des règles de la bienséance : à vrai dire, des enfants apparaissent souvent dans ces scènes, peut-être pour en indiquer la relative innocence.

Si l'atmosphère n'est pas ici chargée d'érotisme, il ne fait aucun doute qu'il y a de l'amour dans l'air. Préside à ces festivités une statue bien en vue, un jeune Bacchus qui lève sa coupe de vin en l'honneur, semble-t-il, de l'assemblée réunie à ses pieds. Une statue très semblable figure dans *La Danse dans un pavillon* [**fig. 67.2**], l'un des nombreux chefs-d'œuvre de Lancret conservés en Allemagne[2]. Ce type de statue avait une fonction emblématique. Étant donné cependant le penchant de Lancret pour le réalisme, on est en droit de se demander si celle de ce tableau ne s'inspire pas d'une statue française de l'époque[3]. Dans une autre fête galante, Lancret a placé ses figures devant un groupe de tritons emprunté au *Bain d'Apollon* de Girardon des jardins de Versailles[4]. Dans une autre encore, il a introduit le terme d'une hamadryade dansante qui ornait à l'époque les jardins du Palais-Royal à Paris[5]. D'autres tableaux de Lancret sur ce thème comportent des statues qui semblent s'inspirer d'ornements de jardin ayant existé[6]. Enfin et surtout, l'artiste inséra fréquemment à l'arrière-plan de ses tableaux des dessins de fontaine dus à Oppenordt, comme la merveilleuse création baroque disposée à droite dans le tableau de Dresde [**fig. 67.1**][7].

Huile sur toile
111,7 x 144,7 cm

Historique
Collection du baron Anselme de Rothschild ;
jusqu'en 1898, Waddesdon Manor, Aylesbury
(Buckinghamshire), collection du baron Ferdinand de
Rothschild ; à partir de 1898, Vienne et Angleterre,
collection du baron Albert de Rothschild ; Vienne,
collection du baron Eugène de Rothschild ; château
de Pregny (Suisse), collection du baron Maurice
de Rothschild ; New York, Rosenberg et Stiebel ;
acquis par le musée en 1954.

Bibliographie
Grigaut, 1956, p. 53 ; Anonyme, 1960, p. 87 ;
Watson, 1967, p. 458 ; Toledo, 1976, p. 91.

Exposition
Londres 1968, n° 387.

Toledo (Ohio), The Toledo Museum of Art
Inv. 54.17

[**fig. 67.1**] Nicolas Lancret, *La Danse entre deux fontaines* (détail),
vers 1725, Dresde, Gemäldegalerie Staatsammlungen

[**fig. 67.2**] Nicolas Lancret, *La Danse dans un pavillon*,
vers 1720-1743, Potsdam, palais de Sans Souci

Jean-Baptiste Lebel

68 *La Danse* – vers 1730-1749

69 *La Musique* – vers 1730-1749

Huile sur toile
36 x 46 cm

Historique
Vers 1826, Russborough (Irlande), collection du
comte de Milltown ; donné au musée en 1902.

Bibliographie
Neale, 1818-1829, t. III, s.p. ; Russborough, 1863,
p. 7 ; Wynne, 1974, p. 108-110.

Dublin, National Gallery of Ireland,
donation Milltown
Inv. n° 721 et n° 722

Ces pendants mettent en rapport les thèmes de la musique et de la danse d'une manière tradi-tionnelle. Chaque composition comporte huit figures, *La Danse* comptant un nombre égal d'hommes et de femmes, et *La Musique* cinq hommes et trois femmes. Ces figures donnent certes l'impression d'être des aristocrates profitant des plaisirs que leur offre le monde privilégié auquel ils appartiennent. Lebel a cependant inclus dans ces deux tableaux des personnages de la commedia dell'arte, comme Watteau dans un grand nombre de ses fêtes galantes. Dans *La Musique*, le violo-niste de droite est en réalité Mezzetin ; et le chanteur représenté à l'extrême gauche, Crispin[1]. On retrouve les mêmes acteurs au centre et dans la moitié droite de *La Danse*. L'intrusion de ces figures de théâtre amène le spectateur à se demander si la scène représentée appartient au monde de la réalité ou à celui du théâtre, une subtile ambiguïté souvent présente dans ces fêtes.

Si les deux toiles n'avaient pas été signées « J. Lebel », nous aurions peut-être eu du mal à identifier leur auteur. Jean Lebel n'est en aucun cas un nom familier parmi les disciples de Watteau, et ces œuvres auraient très bien pu, en dépit de leur style très spécifique, aller rejoindre les nombreuses autres fêtes galantes d'auteurs inconnus.

Bien que nous connaissions dans ce cas le nom de l'artiste, son identité demeure probléma-tique. Nous pensons que son véritable nom était Jean-Baptiste Lebel et qu'il fut actif, comme ses toiles semblent l'indiquer, dans les années 1730 et 1740. Jusqu'à présent, on pensait que ces pendants dataient de la seconde moitié du XVIIIe siècle, mais rien ici ne permet de conclure à l'in-fluence de Boucher, d'Ollivier, de Norblin de Saint-Gourdain ou de n'importe quel autre peintre de la fin du XVIIIe siècle. Bien au contraire ! L'air frivole et les proportions de ces personnages souriants font davantage songer à l'époque de Pater et de Lancret. Ces deux toiles de Lebel présentent en effet de grandes ressemblances notamment avec certains tableaux de Pater. Citons entre autres *Le Concert amoureux* et *La Danse*, deux pendants de ce dernier, dont une version se trouve à la Wallace Collection, à Londres [**fig. 68.1 et 68.2**], et une autre au château de Sans-Souci[2]. Le schéma de composition et le style général de ces œuvres, mais aussi l'association des deux mêmes thèmes – la musique et la danse – constituent autant de similitudes. Les deux toiles de Dublin nous rappellent une fois de plus que, si Watteau a peut-être été à l'origine de la fête galante, ce sont ceux qu'on a nommés ses « satellites » qui ont grandement influencé le cours de son évolution.

[fig. 68.1] Jean-Baptiste Pater, *Musique*, ou *Le Concert amoureux*, vers 1720-1736, Londres, The Wallace Collection

[fig. 68.2] Jean-Baptiste Pater, *La Danse*, Londres, vers 1720-1736, The Wallace Collection

François Octavien

70 *La Répétition dans le parc* – vers 1725-1740

Ce tableau et son pendant, *Pierrot désappointé*, également au musée de Nancy, sont généralement considérés comme des pierres de touche de l'œuvre d'Octavien, parce qu'ils sont tous deux signés et parce qu'on dispose à leur sujet d'un long historique. Le musée les conserve depuis la Révolution française. Étant donné que la vie de l'artiste est peu documentée, ses peintures constituent la principale source de renseignement sur sa carrière. C'est après une brève carrière de chanteur qu'Octavien se tourna vers la peinture et adopta manifestement le style de Watteau et de ses disciples. Lorsque ce tableau et son pendant furent saisis en 1793, ils furent à juste titre décrits comme « peints par Octavien dans le goût de Watteau ». Quel qu'ait été le maître d'Octavien, ce tableau semble indiquer que les sources d'inspiration de l'artiste sont à chercher moins du côté de Watteau que de ses disciples.

La scène comporte cinq protagonistes « [...] représentant des Espagnols dans des jardins », pour reprendre la formule utilisée en 1794 dans une description de ces deux pendants. Dans *La Répétition dans le parc*, les deux hommes peints au premier plan et la femme assise chantent de concert, tandis qu'une autre femme les regarde. On voit, à l'arrière-plan, un arlequin qui s'approche du trio ; le corps contorsionné, il a adopté la pose qui traduit son attitude moqueuse. En dépit du titre usuel donné à cette œuvre, il n'y a apparemment aucune raison de penser que nous sommes en présence d'une répétition et non d'une simple scène de concert dans un parc. Le schéma de composition est dans son ensemble proche de celle, par exemple, de *Voulez-vous triompher des belles ?* de Watteau (Londres, Wallace Collection). Ce tableau comprend en effet une petite formation musicale et un arlequin qui menace une femme, le tout prenant place dans un parc, au pied d'un hermès. Mais ce serait faire preuve de légèreté que de s'en tenir là car Lancret et Pater ont eux aussi adopté des compositions similaires.

À vrai dire, *Le Concert* de Lancret conservé au musée de l'Ermitage [**fig. 70.1**] constitue un bon élément de comparaison. Dans *La Répétition dans le parc*, l'influence de Lancret est sensible dans certain maniérisme que présentent les traits des visages. Les grands yeux et le nez retroussé du chanteur de droite, par exemple, ou le visage de la femme qui regarde le trio sont très proches des traits que l'on trouve chez Lancret, mais cependant pas au point de pouvoir confondre les œuvres des deux artistes.

On ne peut non plus prétendre qu'Octavien soit un artiste de la même envergure que Lancret. Son œuvre souffre d'une douceur écrasante. Les figures sont exagérément allongées et artificielles ; leur gestuelle, en outre, n'est pas convaincante. La femme fait l'effet d'une poupée fragile, et les hommes sont trop mous. On ne retrouve ici ni la poésie de Watteau ni le pouvoir d'observation de Lancret. Octavien, tout comme Lebel, met malheureusement fin à la lignée des artistes qui descendaient directement de Watteau. Il allait falloir attendre des artistes de l'envergure de Fragonard, pour que la fête galante connaisse un regain de vie et soit de nouveau exécutée avec brio.

Huile sur toile
40 x 32 cm

Historique
Nancy, collection du comte Chamisso ; après 1790, collection de la comtesse Chamisso ; 1792, saisie des émigrés en 1793, transféré au musée.

Bibliographie
Larcher, 1909, p. 188, n° 515 ; Messelet, t. II, p. 338, n° 8 ; Rey, 1931, p. 123-127 ; Eidelberg, 1996, p. 347.

Expositions
Genève, 1949, n° 106 ; Liège, 1964, n° 28 ; Paris, 1929, n° 54 ; Nancy, 2001, n° 65.

Nancy, musée des Beaux-Arts
Inv. 253

[**fig. 70.1**] Nicolas Lancret, *Le Concert*, vers 1720-1740, Saint-Pétersbourg, musée de l'Ermitage

8. *La collation*

Jean Moyreau, d'après Jean Antoine Watteau

71 *La Collation* – vers 1729-1731

Sans la gravure commandée à Jean Moyreau par Jean de Jullienne, on ne saurait quasiment rien de *La Collation* de Watteau. À en croire la lettre de la gravure, le tableau mesurait 1 pied 9 pouces sur 1 pied 5 pouces (56,7 x 45 cm). Il s'agissait donc d'un tableau de dimension moyenne par rapport aux autres œuvres de Watteau, comparable à *La Déclaration attendue* [cat. 3]. Le nom des propriétaires est souvent indiqué sur les gravures exécutées pour le compte de Jullienne, mais ici, en l'occurrence, il fait défaut. Il a en outre été en outre impossible de retracer l'histoire du tableau au cours du XVIIIe siècle, sans parler des siècles suivants.

Les problèmes que pose *La Collation* se trouvent amplifiés par le fait que Philippe Mercier exécuta d'après une composition assez proche une gravure portant aussi la mention « Watteau pinxit » [fig. 71.1]. Elle correspond à la partie centrale de la composition gravée par Moyreau mais, si les figures sont dans l'ensemble similaires, on constate néanmoins des différences significatives : la femme la plus proche du spectateur a, par exemple, une position de tête qui n'est pas la même ; l'habillement des deux femmes diffère par de menus détails ; les proportions de l'homme assis à terre et sa coupe de cheveux sont différentes. On notera en outre que les types de figures représentés dans la gravure de Moyreau sont ceux que l'on rencontre généralement dans les premières œuvres de Watteau tandis que les figures de Mercier semblent être le reflet de types plus tardifs. Au niveau des paysages, les différences sont encore plus marquées. La lourdeur des arbres et le plan d'eau représenté au premier plan dans la gravure de Moyreau concordent avec la manière de Watteau à ses débuts tandis que l'absence de plan d'eau dans la gravure de Mercier et le rideau d'arbres plus fin entraînant le regard à l'arrière-plan sont conformes à la manière du Watteau des années suivantes.

La gravure de Mercier fut exécutée d'après un tableau qui fait aujourd'hui partie de la collection Oskar Reinhart, à Winterthur [fig. 71.2], mais l'attribution de cette œuvre à Watteau a été très controversée. Pierre Jean Mariette, qui connaissait les deux gravures dues à Mercier et Moyreau, accepta l'idée qu'il puisse s'agir d'œuvres exécutées d'après des compositions de Watteau, puisqu'il n'émit aucun avis contraire. Des chercheurs du XXe siècle ont cependant découvert qu'un certain nombre d'autres gravures de Mercier, soi-disant exécutées d'après des tableaux de Watteau, l'avaient été en réalité d'après des pastiches peints par Mercier. Installé à Londres, ce dernier vendait sans doute ces faux à des clients britanniques sans méfiance. On s'est en conséquence demandé si le tableau de Winterthur n'était pas lui aussi un faux de la main de Mercier. Les productions de ce dernier sont cependant d'une qualité bien inférieure. Certains petits détails, tel le halo de ciel ajouté autour de la tête de l'homme assis à droite, permettent aussi de penser qu'on est en présence d'une œuvre de Watteau. Le tableau de Winterthur donne ainsi une bonne idée de l'apparence que devait avoir celui gravé par Moyreau[1].

La Collation est peut-être la seule fête galante de Watteau dans laquelle des figures se restaurent. Dans *Les Plaisirs du bal* [fig. 10, p. 65], un grand buffet a certes été dressé mais il a une fonction purement ornementale. Il arrive que des valets servent du vin, mais Watteau ne s'est que rarement intéressé à ce genre d'activités terre à terre[2]. Pourquoi s'est-il engagé dans cette voie ? Pique-niquer était un passe-temps populaire, auquel s'adonnait volontiers la société qu'il

Eau-forte et burin
41,1 x 31,6 cm

Bibliographie
Hédouin, 1845, p. 106, n° 116 ; Goncourt, 1875, p. 111-112, n° 118 ; Réau, 1928, t. I, p. 42, n° 136 ; Dacier, Vuaflart et Hérold, 1921-1929, t. III et IV, n° 66 ; Adhémar, 1950, p. 215, n° 122 ; Macchia et Montagni, 1968, p. 103, n° 101.

Paris, Bibliothèque nationale de France, département des Estampes

[fig. 71.1] Philippe Mercier, d'après Watteau, *La Collation*, vers 1725, Londres, British Museum, Department of Prints and Drawings

[fig. 71.2] Jean Antoine Watteau (?), *La Collation*, vers 1715-1725, Winterthur, Dr. Oskar Reinhart Sammlung

[fig. 71.3] Antoine Quillard, *La Collation*, vers 1715, Chatsworth, Duke of Devonshire collection

peignait. Ce thème était en outre très présent dans l'art néerlandais, où il prenait la forme d'une halte de chasse ou d'une activité printanière. Parfois, comme dans les œuvres de Vrancx de plus petites dimensions [fig. 72.3], le schéma de construction était même assez proche de celui de Watteau.

La composition de ce dernier n'indique pas vraiment le contexte de cette collation. Rien ne permet de savoir comment les deux couples sont arrivés en ce lieu, ni comment la nourriture y a été apportée. Il n'y a même aucune allusion au menu. Un homme verse du vin à l'une des femmes, ce qui n'est pas sans rappeler la petite vignette de Picart, mais la nourriture est réduite à un strict minimum : un peu de viande sur une assiette. La description de Watteau paraît extrêmement vague par rapport aux tableaux antérieurs sur le même sujet. Le dessin de Quillard aujourd'hui à Chatsworth [fig. 71.3], s'inspire en grande partie de *La Collation* de Watteau, mais contraste avec cette dernière, par sa composition plus élaborée : il comporte non seulement un nombre de figures plus important, mais aussi quelques-uns des accessoires nécessaires à un véritable pique-nique, comme le rafraîchissoir situé à droite. Des variantes ultérieures dues à Lancret [cat. 75] s'avèrent être encore plus explicites, bien qu'elles ne soutiennent guère la comparaison, à leur tour, avec les tableaux de Carle van Loo, qui se plaisait à représenter les plaisirs de bouche.

Sébastien Vrancx

72 *Fête dans un jardin royal* – vers 1610-1630

Différents types de peintures de paysage s'épanouirent à la fin du XVIe et au début du XVIIe siècle. Si certains artistes affichaient une prédilection pour les paysages naturels, d'autres, tel le Flamand Sébastien Vrancx, se spécialisèrent dans la représentation de paysages artificiels constitués, comme ici, de constructions palatiales et de jardins formels[1]. Dans ce tableau, l'architecture résulte très nettement d'une interprétation nordique du style Renaissance, avec son mélange éclectique d'ordres classiques et semi-classiques, sa verticalité excessive, l'abondance et la finesse de son ornementation. Cette architecture s'inspire, avec ses vues plongeantes, des créations de Hans Vredeman de Vries (1526-1609) et de ses nombreux disciples[2]. À vrai dire, il est même possible que Vrancx ait travaillé avec Paul Vredeman de Vries, le fils de Hans[3].

Le cadre dans lequel se déroule la scène représentée par Vrancx a généralement été considérée, par le passé, comme celui du palais ducal de Mantoue[4], sans aucun doute en raison de l'attribu-

Huile sur toile
146 x 190,5 cm

Historique
Rouen, collection Stillières ; légué au musée en 1890.

Bibliographie
Rouen, 1890, p. 53, n° 480 ; Minet, 1911, p. 96, n° 726 ; Nicolle, 1920, p. 8 ; Burchard, 1933, p. 318 ; Popovitch, 1967, p. 136 ; Popovitch, 1978, p. 161 ; Paris 1977-1978, p. 290 ; Jeune, 1987, p. 128-130, n° 24 ; Bergot, Pessiot et Grandjean, 1992, p. 104-105.

Expositions
Hamm-Mayence, 2000-2001, n° 172.

Rouen, musée des Beaux-Arts
Inv. 890.1.1

[fig. 72.1] Hans Bol, *Mai*, 1580, Paris, Bibliothèque nationale de France, département des Estampes

tion de ce tableau précédemment à François Pourbus le Jeune (1569-1622), qui exerça son art à la cour des Gonzague. Pourtant, rien ici ne rappelle Mantoue, ni aucun autre lieu d'Italie. Nous avons plutôt affaire à une architecture imaginaire, associée à une tradition picturale exclusivement nordique.

La représentation par Vrancx d'aristocrates en train de pique-niquer renvoie à une autre tradition picturale nordique qui se rattache aux cycles des quatre saisons. Dans l'enluminure illustrant le mois d'avril des *Très Riches Heures du duc de Berry*, des courtisans se promènent dans la nature ou se détendent, assis à terre. Dans des cycles plus tardifs, dans une scène du début du XVIᵉ siècle illustrant le mois de mai par exemple, des courtisans prennent une collation près d'une ruelle[5]. De même, dans une gravure de Hans Bol de la seconde moitié du XVIᵉ siècle illustrant le même mois [**fig. 72.1**], des aristocrates pique-niquent pour marquer l'arrivée du printemps. Un tableau conservé à Vienne et dû à un peintre contemporain de Vrancx [**fig. 72.2**], Lucas van Valkenborch, offre une vue panoramique d'un paysage qui, par son envergure, est comparable à celui du tableau de Rouen. Des couples y cueillent des fleurs, tandis que d'autres figures, bien en vue au premier plan, se restaurent. Au loin se dresse le palais royal de Bruxelles. Le tableau de Van Valkenborch fait en réalité partie d'un cycle consacré aux quatre saisons[6]. Le tableau de Vrancx est en revanche une œuvre isolée. Dans quelques autres tableaux représentant des courtisans en train de partager un repas en plein air [**fig. 72.3**], l'artiste a donné à la scène un caractère plus intime[7]. À vrai dire, les œuvres de ce type anticipent le traitement de ce sujet au XVIIIᵉ siècle.

Les nombreuses statues présentes dans *Fête dans un jardin royal* témoignent non seulement du regain d'intérêt pour l'Antiquité païenne sous la Renaissance, mais orientent aussi la lecture du contenu iconographique. Les deux sculptures placées à l'extrémité du jardin la plus proche du spectateur représentent Cérès, la déesse du blé, et Bacchus, le dieu du vin. Ensemble, elles illustrent la maxime de Térence, selon laquelle l'amour devient frileux en l'absence de ces deux délices : « Sine Cerere et Baccho friget Venus. » En d'autres termes, le fait de manger et de boire, ce qui constitue l'essence même d'un pique-nique, fait avancer la cause de l'amour.

[**fig. 72.2**] Lucas van Valkenborch, *Printemps*, 1587, Vienne, Kunsthistorisches Museum

[**fig. 72.3**] Sébastien Vrancx, *Un pique-nique*, vers 1610-1630, localisation inconnue

Dirk Maas

73 *Repas de chasse* – vers 1680-1717

Cette représentation idyllique d'un repas de chasse, due à Dirk Maas, illustre un aspect important de la peinture hollandaise de la fin du XVIIᵉ siècle, à savoir sa prédilection pour les scènes de détente paisibles, au coloris chaud et inondées de lumière. Le baroque sombre et théâtral des caravagistes d'Utrecht et de Rembrandt semble bien loin, ou même appartenir à un autre pays. Dans le tableau de Maas règne en effet cette douce atmosphère caractéristique tant des intérieurs peints par Vermeer ou de Hooch que des paysages de Cuyp et de Berghem.

Maas a choisi de représenter la halte effectuée au cours d'une partie de chasse pour permettre aux participants de se reposer et de se restaurer. Une nappe est étalée au sol, et un homme verse du vin à la femme assise à côté de lui ; l'autre homme assis à terre regarde attentivement le cavalier resté en selle, mais tout est à l'arrêt, y compris le cheval de droite qu'un homme tient par la bride. La quiétude et le caractère idyllique de cette scène surprennent d'autant plus que la représentation de scènes de bataille ou de chasse animées constituait le point fort de Maas. Mais, comme nous l'avons déjà noté à propos de certains tableaux de Joseph Parrocel, les haltes de chasse étaient souvent peintes en complément de scènes plus agitées.

La toile de Maas anticipe sur la vision plus douce du rococo et de l'époque de Watteau. Cette œuvre pourrait à vrai dire être comparée au *Rendez-vous de chasse* de Watteau de la Wallace Collection [**fig. 73.1**], une belle fête galante datant des dernières années de l'artiste : l'atmosphère de cette œuvre est en effet très proche de celle du tableau de Maas et les chevaux ont la même beauté.

Un autre tableau de Maas, dont le format et la composition sont comparables à celles de la toile de Francfort, est aussi consacré à une halte de chasse évoquant tout autant, voire plus, une fête galante [**fig. 73.2**]. Dans cette œuvre de 1688, le repas est dressé dans le parc d'une propriété ornée de statues et de fontaines. Les collines vallonnées, l'intimité de la scène, et tout particulièrement le geste attachant du gentilhomme situé à gauche de la composition sont autant de composantes qu'il nous serait facile d'imaginer dans l'un des tableaux peints par Watteau trois décennies plus tard.

Les tableaux de Watteau ont souvent été rapprochés de ceux de Philips Wouwerman, et ce, à juste titre. Mais, comme les toiles de Maas en témoignent de manière éloquente, leur parenté avec l'œuvre d'autres artistes nordiques est aussi frappante. Rien ne prouve que Watteau connaissait l'œuvre de Maas. On pense néanmoins que ce peintre, comme de nombreux autres artistes néerlandais du XVIIᵉ siècle, travailla à Paris au cours d'un bref séjour effectué en 1684. Il est donc tout à fait possible que Watteau ait eu accès à ses tableaux. En fait, la présence dans diverses collections parisiennes de plusieurs versions de la *Halte de chasse* a été établie, même si c'est seulement à partir de la fin du XVIIIᵉ siècle[1]. Maas n'était de toute façon que l'un des représentants d'une tendance générale de l'art hollandais, correspondant à un tournant qui pourrait bien avoir joué un rôle capital dans la formation du style rococo en France.

Huile sur toile
58,7 x 69,5 cm

Historique
Londres, Christie's, 19 avril 1996, lot 110,
acheté par l'actuel propriétaire.

Francfort-sur-le-Main, collection A. Weitbrecht

[fig. 73.1] Jean Antoine Watteau, *Le Rendez-vous de chasse*, vers 1718, Londres, The Wallace Collection

[fig. 73.2] Dirk Maas, *Pique-nique de chasse dans un jardin*, 1688, localisation inconnue

Jean-Baptiste Pater

74 *La Collation* – vers 1720-1736

Le fait d'avoir été formé par Watteau s'avéra pour Pater à la fois extrêmement bénéfique et préjudiciable. S'il n'avait pas appris la peinture auprès de son concitoyen, il ne serait probablement pas parvenu à grand-chose, mais c'est précisément parce qu'il fut formé aux côtés de Watteau que son œuvre n'a cessé, à son désavantage, d'être comparé à celui du maître. Pater fit preuve d'assez peu d'originalité dans son travail de sorte qu'on a souvent l'impression d'avoir affaire à des copies directes ou indirectes des compositions de son maître. Pourtant, cette impression est souvent trompeuse.

À première vue, *La Collation* de Pater semble proche du tableau de Watteau sur le même thème [**voir cat. 71**]. Les hommes et les femmes réunis autour de la nappe du pique-nique ont tous dans l'ensemble le même air que les figures de Watteau, aucune de leurs poses ne constitue cependant un emprunt direct à l'œuvre du maître. Le tableau de Pater se différencie en cela du dessin de Quillard [**fig. 71.3**], directement lié à la composition de Watteau : le dessin proprement dit et les poses des figures centrales sont pour l'essentiel les mêmes. Pater a choisi une voie différente, transformant le thème en une fête galante à part entière. Étant donné que la structure de la composition repose sur des lignes essentiellement diagonales – les lignes de fuite créées tant par les arbres que par la disposition des figures –, il semble peut-être plus immédiat de rapprocher cette toile de tableaux de Watteau comme *Les Plaisirs d'amour* [**fig. 12.1**].

Comme le dessin de Quillard, la toile de Pater comporte un grand nombre d'éléments nécessaires à un véritable pique-nique. Notons, par exemple, le panier du pique-nique, les tourtes et les assiettes placés sur la nappe ou à côté. Un jeune serviteur prend du vin dans le rafraîchissoir, tandis qu'un serviteur noir, habillé en Maure, remplit le verre que lui tend une femme. Ce motif iconographique était déjà présent dans *Le Goût* de Picart [**cat. 50**] et dans *Le Rendez-vous de chasse* de Watteau [**fig. 73.1**]. On trouve cependant une représentation encore plus précise dans un tableau de l'entourage de François Boucher [**fig. 74.1**][1] qui comprend tout l'équipement nécessaire à l'organisation d'un pique-nique entre courtisans. La vie n'était ni aussi facile ni aussi ponctuée d'événements impromptus que le tableau de Pater voudrait nous le faire croire. Les serviteurs qui versaient le vin n'étaient pas instantanément disponibles. Le divertissement et son univers demandaient une minutieuse préparation et une soigneuse mise en scène, que dédaigna la fête galante française dans son souci d'échapper au monde réel.

Pater reprit plusieurs fois le thème du pique-nique[2]. Contrairement à Lancret, qui était plus attiré par le repas de chasse, Pater aimait dans le pique-nique ce qu'il avait de plus général, demeurant en cela plus proche de Watteau que Lancret.

Huile sur toile
74,9 x 92,7 cm

Historique
1928, Paris, collection Santiago E. Soulas ;
New York, Wildenstein & Co.

Bibliographie
Ingersoll-Smouse, 1928, p. 52, n° 200 bis.

Expositions
Jacksonville, 1961, p. 26, 29 ; Stockholm, 1964, n° 9 ; New York, 1967 ; Johannesburg-Le Cap, 1974 ; New York 1975, 46 ; Caracas, 1977, n° 28 ; Oklahoma City, 1977, n° 5 ; Londres, 1983, p. 61.

Collection particulière

[fig. 74.1] Entourage de François Boucher, *Un pique-nique*, vers 1740-1750, collection particulière

Nicolas Lancret

75 *Le Repas au retour de la chasse* – vers 1720-1743

Lancret peignit de nombreux repas de chasse[1]. Parmi ses premiers essais figure celui qu'il présenta au Salon de 1725 ; un autre fit partie de la collection d'un important commanditaire, le comte de Béringhen ; et un troisième, aujourd'hui à Washington, à la National Gallery of Art, appartint à Frédéric II de Prusse. En dépit du nombre de tableaux de ce genre dont il est l'auteur, il serait abusif de prétendre que celui-ci « a pratiquement inventé ce thème du goûter de chasse en réponse à la passion notoire de Louis XV pour la chasse[2] ». Comme nous l'avons vu, il existe de nombreux précédents dans l'art néerlandais mais aussi dans la peinture française contemporaine, de Parrocel à Lemoyne.

Dans le tableau du Louvre, quatre femmes et deux hommes prennent, après la chasse, une légère collation. On distingue sur la nappe du pain et une tourte à la viande ; et sur la table représentée à gauche, une pyramide de pêches élaborée avec art. Un serviteur apporte du vin. Si ces éléments de nature morte ont un coloris d'une richesse qui rappelle Chardin – tout comme la délicatesse de la touche qui les caractérise –, la grandeur des figures, leurs gestes animés et leurs attitudes exubérantes font en revanche songer à Jean François de Troy. Le nom de Watteau est curieusement l'un des derniers à être envisagé, et pourtant l'influence de cet artiste transparaît à n'en pas douter au travers des figures, plus précisément au travers de leurs élégantes proportions et de leurs poses gracieuses. Ce pique-nique est une fête galante qui s'inscrit dans la lignée de la tradition établie par le maître de Valenciennes.

Lancret fit néanmoins preuve d'une assez grande indépendance vis-à-vis de Watteau. Chaque détail trahit son penchant pour le réalisme. Signalons, entre autres, les tenues vestimentaires de ses figures, qui dénotent de sa part une connaissance avisée de la mode, sans oublier les fils d'or et d'argent qu'il a rendus avec brio (un détail absent des costumes de Watteau), ou encore le soin qu'il apporte à la représentation graphique de l'argenterie et de la pâte croustillante des tourtes à la viande. Évitant l'ineffable mystère et la nonchalance qui caractérisent respectivement des œuvres de Watteau et de Pater, l'art de Lancret tire sa force de la terre ferme, tel le mythique Antée.

Cette toile fut achetée par Edmond de Rothschild pour servir de complément à un autre tableau de Lancret, représentant des femmes au bain. Au XVIIIe siècle, ce tableau d'une dimension comparable avait appartenu au comte de Béringhen[3]. L'objectif était d'apparier les deux œuvres comme elles l'avaient été dans la collection Béringhen. Le rapprochement de sujets aussi différents qu'un pique-nique et un bain peut paraître curieux et pas nécessairement approprié. Mais ce rapprochement avait été voulu par Lancret[4]. Si les pendants mettaient en scène des univers très différents – l'un essentiellement masculin, et l'autre essentiellement féminin –, ils avaient tous deux trait à une activité plaisante.

Huile sur toile
91 x 124 cm

Historique
Vers 1920, Paris, Wildenstein & Co. ; 1924, Paris, collection d'Edmond de Rothschild ; acquis par le musée en 1990.

Bibliographie
Wildenstein, 1924, p. 98, 99, n° 445 ; Rothschild, 1984, p. 119 ; Rosenberg, 1990, p. 352 ; Holmes, 1991, p. 40-42.

Exposition
Paris, 1991, p. 110-113.

Paris, musée du Louvre
Inv. RF 1990.19

École française, XVIIIᵉ siècle

76 *Déjeuner de chasse du comte de Ségur devant le château de Romainville* – vers 1725-1750

Lorsque Arsène Houssaye, l'un des collectionneurs à avoir redécouvert la fête galante, fut en possession de ce tableau fascinant, il l'attribua à Nicolas Lancret. Cette attribution était douteuse ; et les raisons invoquées pour la justifier, naïves : « Ce beau tableau [...] a été attribué tour à tour à Carle Vanloo et à Lancret. Je l'attribue à Lancret à cause de la grâce élégante des figures, de la fermeté du faire et de l'harmonie caractéristique de la couleur. » Si certaines figures, notamment l'homme situé à l'extrême droite et la deuxième femme à partir de la gauche, permettent de penser que ce tableau présente effectivement des analogies avec l'œuvre de Lancret, l'attribution de Houssaye ne parvint jamais à s'imposer, et ce, pour des raisons évidentes. Lorsque cette toile retomba récemment dans le domaine public après avoir disparu pendant un siècle, elle fut judicieusement enregistrée comme une œuvre anonyme de l'« entourage de Nicolas Lancret ».

S'il demeure impossible de connaître l'identité de l'artiste, son talent et la suavité de sa touche ne font aucun doute. On constate des ressemblances avec l'œuvre de Lancret, mais aussi de Bonaventure De Bar. L'artiste appartenait certainement à cette génération apparentée à Watteau au troisième degré. Il avait une personnalité marquée et un œil pour les détails du cadre et du décor : des couteaux et fourchettes du premier plan au château situé sur la colline. Son art anticipe de manière significative sur les séries de fêtes peintes par Michel Ollivier dans les années 1760 pour le prince de Conti.

Arsène Houssaye livra de ce tableau une lecture tout aussi fantasque que son attribution. Il crut y voir la forêt située à l'extérieur de Meudon, et Louis XV en compagnie de deux de ses maîtresses, Mme de Mailly et l'une de ses sœurs, Mme de Vintimille. Cette fascination pour les contenus narratifs pseudo-historiques de nature galante était typique des romantiques qui avaient redécouvert le rococo. Souvent, ils associaient de hauts personnages de la cour à des tableaux sans aucun rapport avec ces derniers. Rien ne permet ici de justifier le scénario imaginé par Houssaye.

Le château qui surplombe le parc est doté d'une architecture très spécifique : au bâtiment principal ou corps de logis, qui présente une façade à fronton, ont été adjoints quatre pavillons d'angle au toit mansardé et très pentu. Les recherches entreprises par Christophe Morin ont permis d'identifier le château. Il s'agit de celui de Romainville [**fig. 76.1**], qui était situé à quelque huit kilomètres au nord-est de Paris[1]. La propriété avait été acquise en 1721 par Henri François, comte de Ségur (1681-1751), puis transmise à son fils Philippe Henri (1724-1789). La plupart des figures représentées dans ce tableau sont d'un type courant, mais quelques-unes, notamment l'homme aux cheveux longs et à la chemise ouverte peint au centre de la composition, semblent être des portraits. Ces pique-niqueurs pourraient-ils être des membres de la famille de Ségur ? Il est tentant de le penser, et cette donnée concorderait avec le réalisme du paysage. Mais, même si tel n'est pas le cas, les détails fournis sur les mœurs de l'époque indiquent l'une des nouvelles directions prises par la fête galante lorsqu'elle se libéra des modèles établis par Watteau. Plusieurs exemples encore plus marquants viennent à l'esprit, telles les scènes de genre déjà mentionnées, peintes par Ollivier dans les années 1760 pour les différentes demeures du prince de Conti.

Huile sur toile
152 x 185 cm

Historique
Paris, collection Arsène Houssaye ; Paris, hôtel Drouot, vente Houssaye, 22-23 mai 1896, lot 57 ; Paris, hôtel Drouot, 1ᵉʳ avril 1996, lot 36, acheté par le musée.

Bibliographie
Wildenstein, 1924, n° 453 ; Girouard, 2001, p. 164.

Exposition
Issy-les-Moulineaux, 2002

Paris, musée de la Chasse et de la Nature
Inv. 96.3.1

[**fig. 76.1**] *Vue du château et des jardins de Romainville*, fin XVIIIᵉ siècle, Paris, Bibliothèque nationale de France, département des Estampes

Jean Antoine Watteau

77 Étude de composition pour *Le Colin-maillard* – vers 1708-1710

Sanguine et traces de mine de plomb sur papier
17,6 x 22,5 cm

Historique
Peut-être Paris, collection Gabriel Huquier ; Paris,
collection Charles Paul Jean-Baptiste de Bourgevin
Vialart de Saint-Morys ; saisie des émigrés, 1793.

Bibliographie
R.-P., 1996, t. I, n° 10 (avec bibl. antérieure).

Paris, musée du Louvre,
département des Arts graphiques
Inv. 26756, recto

Étienne Brillon, d'après Jean Antoine Watteau

78 *Le Colin-maillard* – 1730

L'étude de composition de Watteau est un document fascinant parce qu'elle correspond à la partie centrale de son *Colin-maillard*, un tableau connu sinon uniquement au travers de la gravure commandée à Étienne Brillon par Jean de Jullienne[1]. Bien que ce dessin ne comporte aucune notation de paysage et que la figure assise à gauche dans la gravure de Brillon en soit absente, sa relative complétude nous fait nécessairement songer à l'habitude qu'avait Watteau, au début de sa carrière, d'étudier ses compositions sur papier avant de les transposer sur la toile, une pratique relativement répandue chez d'autres artistes mais que notre peintre n'allait pas tarder à abandonner.

Le dessin permet de se faire une idée du charme des figures et de la fluidité de leurs gestes, que Brillon n'a pas conservés dans sa gravure dans l'ensemble assez sèche. Bien que ce dessin ne soit qu'une esquisse, le sourire du jeune homme aux yeux bandés et le regard amusé de la jeune femme essayant de l'éviter sont très expressifs. Ils se sont faits plus discrets dans la gravure de Brillon. Dans le tableau de Watteau, l'atmosphère devait être plus légère et plus enjouée que ne le laisse supposer la gravure[2].

Le sujet de ce tableau est, lui aussi, fascinant car Watteau n'a que rarement mis en scène des jeux aussi actifs. Ses figures ont tendance à être plus passives et réservées. Étant donné que cette œuvre date de ses premières années à Paris, il semble possible qu'il ait cherché à imiter un modèle plus ancien, que celui-ci ait été néerlandais ou français. Il ne fait aucun doute que Paris comptait des tableaux de même sujet. La remarquable collection de peintures de genre nordiques réunie par la comtesse de Verrue comprenait, par exemple, une toile ovale de même sujet attribuée à Jacques Courtois[3]. Il est cependant peu probable que Watteau ait pu avoir accès aux grandes collections de la capitale à un moment où il n'en était encore qu'à ses débuts. L'œuvre lui ayant ici servi de modèle doit plus vraisemblablement avoir été une peinture nordique due à un peintre mineur ou à un copiste[4], à moins qu'il ne se soit agi d'une gravure comme, par exemple, celle d'Adam Pérelle [**fig. 78.1**] dans laquelle la disposition des joueurs et des éléments constitutifs du paysage est assez similaire, bien que la composition soit beaucoup plus étoffée que dans l'œuvre de Watteau.

Eau-forte et burin
34,3 x 42 cm

Bibliographie
Goncourt, 1875, n° 187 ; Dacier, Vuaflart et Hérold,
1921-1929, t. I, p. 264, t. III et IV, n° 212 ; Réau,
1928, n° 108 ; Adhémar, 1950, n° 31 ; Mathey,
1959, n° 10 ; Macchia et Montagni, 1968, n° 10 ;
Roland Michel, 1984, p. 176 ; P.-R., 1996, t. I,
sous n° 10.

Paris, Bibliothèque nationale de France,
département des Estampes

[**fig. 78.1**] Adam Pérelle, *Le Jeu de colin-maillard*, 1660-1695, Paris, Bibliothèque nationale de France, département des Estampes

[**fig. 78.2**] Nicolas Lancret, *Le Colin-maillard*, vers 1737, Potsdam, palais de Sans Souci

[**fig. 78.3**] Jean-Baptiste Pater, *Le Colin-maillard*, vers 1720-1736, Potsdam, palais de Sans Souci

11,108

77

Le tableau de Watteau fait figure de lien avec les fêtes galantes de la génération suivante, celle de Pater, Lancret et d'autres artistes qui, s'inscrivant dans la lignée du maître, reprirent le thème de colin-maillard avec peut-être plus d'enthousiasme. Ces disciples abandonnèrent en outre la simplicité rurale de la composition de Watteau, lui préférant une plus grande sophistication. Citons, par exemple, la merveilleuse fête galante peinte par Lancret pour Frédéric le Grand [fig. 78.2]. C'est l'œuvre la plus réussie que le colin-maillard inspira à Lancret, et le parc absolument grandiose fait fortement songer aux peintures de Jacques de Lajoue. Contrairement au tableau de Watteau, dont le contenu narratif est minimal, celui de Lancret comprend de nombreux scénarios annexes, y compris celui de la corde tendue pour faire trébucher le joueur aux yeux bandés. Pater peignit aussi une fête galante de même thème pour Frédéric le Grand [fig. 78.3]. Dans la version qu'il a livrée de ce sujet, la place de ce divertissement dans le jeu amoureux est montrée de manière plus explicite : un jeune homme donne un baiser à la femme aux yeux bandés, et un Cupidon pousse le couple en direction d'un groupe de femmes en adoration devant un hermès. L'amour peut être aveugle mais, stimulé par l'exubérance d'un jeu comme le colin-maillard, il finit par triompher.

Jean Antoine Watteau

79 *L'Escarpolette* – vers 1712

La toile d'Helsinki constituait autrefois le centre d'une arabesque beaucoup plus grande, ayant été gravée dans sa totalité vers 1727-1728 par Louis Crépy fils [fig. 79.1][1]. Étant donné la distance qui séparait cette toile des centres d'étude de l'œuvre de Watteau, elle n'a guère été étudiée bien que les spécialistes l'aient généralement considérée comme une œuvre autographe[2]. Ici, la touche ample est peut-être plus libre que dans la plupart des peintures de chevalet de Watteau mais l'approche est en revanche comparable à celle qui apparaît dans les arabesques *L'Enjôleur* et *Le Faune*, aujourd'hui au musée des Beaux-Arts de Valenciennes. Il n'est pas étonnant que seule la partie centrale de l'arabesque ait été conservée puisque tel fut aussi le sort réservé au *Dénicheur de moineaux* de Watteau, dont la National Gallery of Scotland ne possède que la partie centrale, qui a en outre été repeinte. Si les schémas décoratifs de Watteau ne tardèrent pas en effet à être démodés, les sujets de genre situés au centre de ces compositions conservèrent assez de charme et de valeur picturale pour que leur survie fût assurée.

Watteau évita le plus souvent pendant toute sa carrière de représenter des jeux structurés. Il fut en revanche attiré, de toute évidence, par le divertissement que constituait l'escarpolette. Il inclut du reste ce motif dans une autre arabesque destinée à l'hôtel Chauvelin, ainsi que dans deux de ses premières fêtes galantes : *Les Agréments de l'été* [fig. 79.2], une œuvre aujourd'hui perdue ; et *Le Plaisir pastoral*, conservé à Chantilly[3]. Il ne reprit ce motif par la suite qu'une seule fois, autant qu'on puisse en juger dans l'état actuel de nos connaissances, et ce, dans *Les Bergers*, un tableau qui, aujourd'hui à Charlottenburg, correspond à une version retravaillée de la composition de Chantilly.

Il ne fait aucun doute que l'escarpolette avait alors beaucoup de succès en France. On s'adonnait à ce divertissement tant en privé qu'en public. Dans la gravure montrant les distractions offertes à la *Foire de Bezons* par exemple, une femme se balance à l'extrême gauche de la composition. Le thème de l'escarpolette commença à apparaître assez fréquemment dans l'art français à la fin du XVIIIe et au début du XVIIIe siècle, et le commerce de la gravure populaire n'hésita pas à tirer parti de ce charmant motif. Henri Bonnart, par exemple, l'utilisa pour représenter l'*Air* dans un cycle consacré aux quatre éléments.

En 1704, Jacques van Schuppen exposa au Salon une *Jeune Fille sur une escarpolette*, une œuvre qu'on pensait depuis longtemps perdue mais qui est réapparue il y a quelques décennies [fig. 79.3][4]. Van Schuppen était avant tout un portraitiste mais, au début de sa carrière (avant de partir pour la Lorraine en 1706), il mêla souvent de manière intéressante le portrait, la scène de genre et la nature morte. Comme l'arrondi du bord supérieur l'indique, *Jeune Fille sur une escarpolette* était probablement destinée à la décoration d'une demeure précise, et peut-être faisait-elle partie d'un cycle décoratif plus vaste. On pourrait être tenté de chercher l'origine de ce sujet de genre dans le Nord, d'autant que Van Schuppen était d'origine flamande (son père, graveur, était né à Anvers, tout comme son oncle, Nicolas Largillière). Mais le lien d'amitié qui unissait ce peintre à Bernard Picart offre aussi une piste intéressante puisque les scènes de genre de ce dernier contribuèrent directement, comme nous l'avons vu, à l'avènement de la fête galante.

Peut-être faut-il cependant accorder encore plus d'importance à la place qu'occupe le motif de l'escarpolette dans de nombreuses arabesques de Claude Audran, l'un des maîtres auxquels

Huile sur toile
95 × 73 cm

Historique
Paris, collection Eugène Kramer ; Paris, galerie Georges Petit, vente Kramer, 28 avril 1913, n° 68 ; Paris, Arnold Seligmann ; Helsinki, collection du baron Hjalman Linder ; légué au musée en 1920.

Bibliographie
Dacier, Vuaflart et Hérold, t. III et IV, n° 67 ; Réau 1928, n° 264 ; Hoving, 1946, p. 235 ; Adhémar, 1950, p. 208, n° 59 ; Helsinki, 1957, p. 96 ; Gauthier, 1959, pl. VII ; Helsinki, 1959, p. 23 ; Helsinki, 1962, p. 96 ; Sager, 1968, p. 281 ; Macchia et Montagni, 1968, n° 36 ; Roland Michel, 1984, p. 281 ; Moureau et Grasselli, 1987, pl. 25.

Expositions
Bordeaux, 1958, n° 42 ; Londres, 1968, n° 732.

Helsinki, Sinebrychoff Art Museum
Inv. A1413

78

Watteau doit sa formation. Si Audran se souciait essentiellement de l'effet d'ensemble du décor, il glissait souvent dans ses riches cadres ornementaux de ravissantes vignettes, à vrai dire de grandes fêtes galantes comme en témoigne le fragment d'un dessin réalisé pour le décor d'un plafond, dans lequel plusieurs hommes poussent, sous une tonnelle, une femme assise sur une escarpolette [**fig. 79.4**][5]. Le même thème servit de motif central à une arabesque peinte juste après le tournant du siècle par Joseph Christophe pour la ménagerie de Versailles, probablement en collaboration avec Audran, qui contribua aussi au décor de cette ménagerie[6].

Ces quelques exemples montrent que l'idée de Watteau d'introduire le motif de l'escarpolette dans l'arabesque dont la partie centrale est aujourd'hui à Helsinki avait connu de grands précédents. Malgré ceux-ci, Watteau prépara son tableau en procédant, comme toujours, à des études sur modèle vivant. À Stockholm se trouve un dessin qui, exécuté par l'artiste à ses débuts et inversé par rapport à cette arabesque, est sans aucun doute l'étude dont il s'est servi[7].

Le thème de la femme qui se balance demeure empreint d'une certaine sagesse dans l'œuvre de Watteau, si ludique que puisse être cette activité : la femme se tient systématiquement droite, par souci de décence, et les hommes qui l'entourent semblent tout aussi réservés. Les œuvres de Watteau laissent une impression de bienséance, ce qui ne sera pas toujours le cas des tableaux de ses disciples[8].

[**fig. 79.1**] Louis Crepy fils, d'après Watteau, *L'Escarpolette*, 1727, Paris, Bibliothèque nationale de France, département des Estampes

[**fig. 79.2**] François Joullain, d'après Watteau, *Les Agréments de l'été*, vers 1732, Paris, Bibliothèque nationale de France, département des Estampes

[**fig. 79.3**] Jacques van Schuppen, *Jeune Fille assise sur une escarpolette*, 1704, localisation inconnue

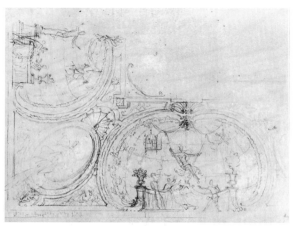

[**fig. 79.4**] Claude III Audran, *Projet de plafond* (détail), vers 1700-1720, Stockholm, Nationalmuseum

79

Hieronymus Janssens

80 *Le Jeu de la main chaude* – 1656

Cette scène, qui représente des aristocrates prenant du bon temps, illustre parfaitement l'art élégant de Hieronymus Janssens. Cet artiste a peint de si nombreux tableaux ayant pour principal thème la danse qu'il fut surnommé « le Danseur ». Bien que cette activité soit absente de la toile de Bruxelles, l'onctuosité des attitudes, la douceur des expressions et la richesse de l'habillement sont typiques de la « petite manière » adoptée par Janssens et, à vrai dire, caractéristique d'une grande partie de la peinture de genre néerlandaise peu avant le tournant du XVIIIe siècle.

Le tableau de Janssens ressemble étrangement au *Jardin d'amour* de Rubens [**fig. 17.1**]. Les deux compositions sont en effet assez semblables. Dans les deux cas, la scène se déroule sur une terrasse, et, à droite, l'architecture conduit le regard du spectateur jusqu'au jardin situé à l'arrière-plan ; les couples assemblés sur la terrasse se tiennent en majorité à droite ; des figures assises, faisant de la musique, ont été placées en retrait, au centre de la toile ; deux autres figures complètent la composition à gauche. Une immense différence sépare cependant l'œuvre de ces deux maîtres anversois.

Le monde de Rubens est théâtral et chargé d'un pouvoir auquel les nuées de putti venus accomplir leur tâche – inciter à l'amour –, confèrent une dimension quasi mythique. Le concert semble avoir plongé quelques-unes des auditrices dans une extase pareille à celle que provoque chez une sainte la révélation divine. *Le Jardin d'amour* est théoriquement une scène de genre, mais elle transcende les limites de la vie quotidienne. *Le Jeu de la main chaude* rend compte en revanche de manière plus directe des divertissements de la haute société. Pour passer le temps, les aristocrates écoutent de la musique, conversent et jouent aussi en groupes à divers jeux. Les figures passionnées de Rubens ont cédé la place, chez Janssens, à des aristocrates au mieux amusés, si ce n'est frivoles.

Au premier plan, quelques figures jouent à un jeu alors populaire, celui de la main chaude. Dans ce jeu, un joueur, dont les yeux sont généralement bandés, se penche en avant ou s'agenouille en dissimulant son visage dans les genoux d'un « confesseur », et place une de ses mains derrière son dos, la paume dirigée vers l'extérieur. Les autres participants viennent lui taper dans la main à tour de rôle, et il doit deviner qui sont ses assaillants. Le jeu de la main chaude fut fréquemment représenté dans l'art néerlandais du XVIIe siècle, et souvent, comme en témoigne par exemple un tableau d'Adriaen van de Venne [**fig. 80.1**], sous la forme d'un jeu endiablé auquel des paysans jouent sur une place de village. Mais il arrive aussi, comme dans un tableau de Cornelis de Man [**fig. 80.2**], que les joueurs soient des citoyens aisés, et le jeu plus tempéré. Comparée à toutes ces œuvres, la version que Janssens livre de ce jeu est, comme il fallait s'y attendre, beaucoup plus élégante. Pourtant même ici, dans ce décor plus sophistiqué, ce jeu à base de contacts physiques aiguise le désir amoureux. Cet aspect semble aussi évident dans un certain nombre d'autres tableaux de même thème de Janssens ; il est même totalement explicite dans la variante du Louvre, dans laquelle une statue de Vénus et Cupidon surplombe à droite l'ensemble du groupe [**fig. 80.3**].

Il faut enfin s'attarder au cadre retenu par Janssens pour ce tableau. Le choix d'une terrasse avec un jardin en contrebas n'est pas sans précédent, comme en témoigne bien évidemment *Le Jardin d'amour* de Rubens, mais ce type de cadre devint de plus en plus présent dans la peinture flamande et hollandaise à la fin du XVIIe siècle. Renonçant à l'espace clos et au clair-obscur des intérieurs, les peintres se mirent en effet à représenter les jeux, les concerts et les rassemblements familiaux dehors, à l'extérieur, en pleine lumière, anticipant par ce choix sur les préférences que le XVIIIe siècle allait afficher.

Huile sur toile
54,5 x 83 cm

Historique
Bruxelles, MM. J. et A. Le Roy ;
acquis par le musée en 1902.

Bibliographie
Bruxelles, 1927, n° 678 ; Bruxelles ,1957, p. 56, n° 678.

Expositions
Bruxelles, 1961, n° 53 ; Tokyo, 1988, n°35 ;
Hoelsbeek, 1998, n° 226.

Bruxelles, musées royaux des Beaux-Arts
Inv. 3620

[fig. 80.1] Adriaen van der Venne, *Un jeu de main chaude*, vers 1620-1660, collection particulière

[fig. 80.2] Cornelis de Man, *La Main chaude*, vers 1650-1680, La Haye, Mauritshuis Museum

[fig. 80.3] Hieronymus Janssens, *Le Jeu de la main chaude*, vers 1650-1693, Paris, musée du Louvre

Bernard Picart

81 *Le Jeu du pied de bœuf* – vers 1709

Eau-forte et burin
20 x 30,6 cm

Bibliographie
Allemagne, 1900, p. 205 ; Dacier, Vuaflart et Hérold,
1921-1929, t. I, p. 159 ; Pilipczuk, 1990, p. 123.

New York, The Metropolitan Museum of Art,
Département des estampes et des dessins,
don de Georgiana W. Sargent en mémoire
de John Osborne Sargent, 1924
Inv. 24.63 1116 (15)

Cette scène amusante, composée de quatre figures jouant au pied de bœuf, fait partie des dernières gravures que Bernard Picart exécuta à Paris avant son départ pour les Pays-Bas. Cette gravure, tout comme son pendant [**fig. 81.1**] – représentant quatre figures jouant à un jeu de cartes appelé « l'ombre », – et le *Concert champêtre* du même artiste [**cat. 62**], illustre le moment où la tendance croissante à doter les scènes de genre de compositions plus étoffées était parvenue à son paroxysme dans la gravure populaire française.

Picart a représenté ici un jeu de société à la mode, ressemblant à celui de la main chaude peint par Hieronymus Janssens [**cat. 80**]. Établissant un contact physique ludique entre hommes et femmes, il favorise les rapprochements amoureux. Dans ce jeu, un joueur pose une main à plat sur les genoux d'un autre joueur. Tous les joueurs empilent alors successivement leurs mains sur celle du premier joueur, chacun énonçant un chiffre : « un », « deux », « trois », etc. Lorsqu'ils ont tous placé leurs mains, la main la plus en dessous repasse dessus et ainsi de suite jusqu'au chiffre « neuf ». À ce moment-là, le « gagnant » est celui qui saisit une main tout en énonçant la rime suivante, qui n'a aucun sens : « neuf. Je tiens mon pied de bœuf. » Avant de libérer la main qu'il vient d'emprisonner, le gagnant est en droit de demander trois choses au perdant, qui doit s'acquitter au moins de l'une d'elles. Les deux premières sont généralement irréalisables, et la troisième peut consister par exemple à donner un baiser ou à se livrer à tout autre jeu amoureux. D'où les vers associés à l'image :

Si Tireis Occupé d'une aymable présence

Au pied de bœuf se voit Surpris,

En faveur de l'amour prononcés la sentence :

Ordonnés-luy, charmante Iris,

Qu'il aille pour sa penitence

Baiser le tendre objet dont son cœur est épris.

Les visages souriants et les gestes empressés des figures gravées par Picart soulignent leur détermination dans ce jeu de séduction.

Le cadre pastoral de cette scène en constitue l'un des aspects intéressants. Dans la gravure française de la seconde moitié du XVIIᵉ siècle, il était devenu habituel de représenter les aristocrates sur des terrasses. Généralement, cette mise en scène prenait toutefois un caractère quelque peu abstrait, comme en témoigne la gravure de Nicolas de Larmessin où des figures jouent au pied de bœuf[1]. Ici, les figures échappent à tout espace clos. À vrai dire, l'une des innovations importantes de Picart a consisté à placer systématiquement ses scènes dans un paysage verdoyant, préparant ainsi la voie à la fête galante[2].

Le petit mur en ruine que Picart a placé derrière ses joueurs est un motif qui a aussi son importance. Les ruines intéressaient apparemment fort peu Watteau, bien qu'il lui soit arrivé de placer ses élégantes figures dans un paysage peuplé de ruines dû à Jean François Millet, dit Francisque II, ou à Henry Ferguson[3]. Lancret et Quillard représentèrent rarement des ruines[4]. Jacques de La Joue, Hubert Robert et Fragonard sont en revanche considérés comme les peintres ayant porté cette tendance à son plein épanouissement. L'œuvre de Picart présente un si grand nombre de liens avec l'art français des générations suivantes qu'on est en droit de se demander ce que cet artiste aurait créé s'il n'avait quitté la France très peu de temps après avoir exécuté cette gravure.

[**fig. 81.1**] Bernard Picart, *Deux couples jouant aux cartes dans la campagne*, 1709, New York, The Metropolitan Museum of Art

Picart le Romain rue S. Jacque au buste de Monseig. C.P.R.   Deseine par B. Picart 1

Jean-Baptiste Pater

82 *La Balançoire* – vers 1720-1736

Bien que profondément influencé par l'art de son maître, Pater fit néanmoins certains choix qui en disent long sur lui-même et sur son époque. Il se plaisait, par exemple, à représenter des divertissements légers, au nombre desquels figurait la balançoire. Contrairement à Watteau qui, s'il fit place à ce motif un certain nombre de fois dans ses compositions, le traita le plus souvent comme une sorte d'interlude placé sur les côtés, et rarement comme un thème central, Pater en fit souvent, comme ici, le principal sujet de ses fêtes galantes[1]. Ici, la femme qui se balance éprouve du plaisir non seulement à fendre l'air, mais aussi à se pencher en arrière pour pouvoir parler par-dessus son épaule à l'homme qui la pousse. À l'exception de l'homme qui tient la corde servant à tirer la balançoire, tous les autres adultes sont très actifs. Un homme baise avec ferveur la main d'une femme, qui n'a d'yeux cependant que pour la scène centrale. À droite, une figure masculine sort la tête des buissons pour observer un homme saisissant fébrilement par la taille une femme qui semble ne pas protester trop violemment. Dans le même coin, une femme assise à terre et vue de dos, s'est fortement penchée de côté pour pouvoir voir soit le couple situé à la droite de la femme qui se balance, soit l'homme allongé dans l'herbe juste à côté. Les axes de communication sont pour le moins peu clairs, voire indéchiffrables. La gestuelle, généralement excessive, et la complexité des regards véhiculent cependant l'impression d'être en présence d'une activité joyeuse.

Il suffit de comparer le tableau de Pater aux *Agréments de l'été* de Watteau [**fig. 79.2**] pour se rendre compte de son exubérance. Ce sont peut-être les deux femmes assises sur les balançoires qui présentent les différences les plus marquantes. Comme nous l'avons vu, Watteau a représenté la sienne en train de converser avec ses compagnons. Bien qu'assise sur l'escarpolette, elle n'est pas en mouvement. Même dans l'arabesque où un homme pousse l'escarpolette, Watteau a saisi l'instant précédant la mise en mouvement de cette dernière. Peut-être ce choix résulte-t-il des poses que Watteau faisait prendre à ses modèles féminins : elles étaient assises sur des chaises. Ou peut-être que la représentation d'un mouvement rapide ne l'intéressait tout simplement pas. Quoi qu'il en soit, les femmes de Watteau demeurent immobiles. Pater, quant à lui, a doté d'une légère inclinaison latérale la femme qui se balance. Elle lève la jambe gauche, tend son pied en avant, et le déplacement d'air fait bouffer sa jupe, le tout contribuant à accentuer l'impression de fluidité dans le mouvement. C'est à travers ce genre de détails importants que Pater s'écarte de l'exemple de son maître et ouvre la voie à une approche rococo de ce thème, se caractérisant par plus de liberté.

Huile sur toile
45,5 x 56 cm

Historique
Collection Frederick de Neil Williams ; Londres, vente du 13 novembre 1827 ; Londres, collection de la marquise de Lavalette ; collection de Lady Emily Digby ; Londres, Sotheby's, vente de la collection collection A.E.H. Digby, 20 juin 1951, lot 29 ; collection de Mrs John Thursby ; comte Michel de Pret Roose ; Londres, Christie's, 26 novembre 1976, lot 19.

Bibliographie
Dilke, 1898, p. 334, n. 1 ; Dilke, 1899, p. 101, n. 2 ; Staley 1902, p. 148 ; Wildenstein, 1924, p. 86, sous le n° 232.

Expositions
Londres, 1898, n° 78 ; Londres, 1968, n° 544.

Cambridge, Fitzwilliam Museum
Inv. PD.22-1977

Nicolas Lancret

83 *L'Escarpolette* – vers 1728

Le 9 mars 1729, Tessin effectua un dernier versement à Lancret en règlement de ce tableau et de son pendant, *Le Jeu de colin-maillard* [**fig. 83.1**] ; chaque tableau coûtait 300 livres auxquelles s'ajoutaient 100 livres pour le cadre. L'exceptionnelle qualité de la plupart des toiles et des dessins achetés par Tessin permet de comprendre le pouvoir de séduction de l'art français au XVIIIᵉ siècle. Le fait que Tessin s'adressait souvent directement aux artistes lui a-t-il permis de choisir le meilleur de leur production, ou ces œuvres parties immédiatement en Suède sont-elles restées relativement intactes ?

La configuration de *l'Escarpolette* de Lancret s'inspire dans l'ensemble des *Agréments de l'été* de Watteau [**fig. 79.2**]. Mais s'il est une toile dont ce tableau est proche, c'est bien plus celle de Pater que celle de Watteau. L'erreur commise au cours de la seconde moitié du XIXᵉ siècle, l'attribution à Lancret du tableau de Pater aujourd'hui à Cambridge [**cat. 82**], semble en effet pardonnable. Lancret et Pater ont choisi, contrairement à leur maître, de rendre plus sensible le plaisir éprouvé par la femme qui se balance : elle tend les pieds pour se propulser elle-même en avant. Lancret est peut-être allé en l'occurrence un peu plus loin que Pater dans le dynamisme insufflé à la scène. L'homme qui tire la corde se penche de façon plus énergique, et la femme du premier plan est non seulement inclinée (comme la figure de Pater), mais elle semble aussi se pencher en arrière pour propulser l'escarpolette vers l'avant. La composition de Lancret est plus resserrée : la disposition des figures en diagonale renvoie le regard du spectateur en direction de la femme assise sur l'escarpolette, et permet de visualiser le parcours de son envolée. Même le geste de la femme qui relève légèrement sa robe chatoyante contribue à faire naître cette impression de grâce dans le mouvement.

Ce thème atteindra des sommets, bien sûr, dans *Les Hasards heureux de l'escarpolette* de Fragonard [**fig. 83.2**], un tableau dans lequel la femme qui se balance s'envole frénétiquement dans les airs tandis que l'homme allongé au sol a une attitude qui trahit son extase et ses intentions. Il ne faut pas oublier que le contenu narratif libidineux de cette œuvre est imputable à son commanditaire, le baron de Saint-Julien, qui s'était d'abord adressé au peintre d'histoire François Gabriel Doyen et avait spécifiquement commandé une fête galante au contenu érotique prononcé. Comme Doyen le rapporta à un tiers, le commanditaire lui avait dit : « Je désirerais [...] que vous peignissiez Madame (en me montrant sa maîtresse) sur une escarpolette qu'un évêque mettrait en branle. Vous me placerez de façon, moi, que je sois à portée de voir les jambes de cette belle enfant [...]¹. » Le baron de Saint-Julien avait probablement vu des images de ce type dus à des artistes comme Lancret ou Pater, dont les connotations érotiques, à peine voilées, lui avaient inspiré l'idée d'aller un peu plus loin dans cette direction. Les disciples de Watteau n'avaient pas osé se jeter à l'eau, mais il était devenu possible depuis le milieu du siècle de considérer le sujet sous ce nouvel angle.

Huile sur toile
37 × 47 cm

Historique
1729, Paris, acheté à l'artiste par le comte Carl Gustav Tessin ; 1749, acheté par Frédéric Iᵉʳ, roi de Suède, pour la reine Louise Ulrika ; 1760, château de Drottningholm ; 1865, transféré au Nationalmuseum.

Bibliographie
Wildenstein, 1924, nº 233 (avec bibl. antérieure) ; Granberg, 1929-1931, t. II, p. 155, 157, 159 ; Moselius, 1939, p. 95 ; Hoppe, 1953, p. 32 ; Conisbee, 1981, p. 154, 156 ; Didon, 1988, p. 59, 62 ; Stockholm, 1990, p. 192 ; Bjurström, 1992, p. 41 ; Grate, 1988-1994, t. II, p. 174, nº 163.

Expositions
Östersund, 1920, nº 15 ; Stockholm, 1945, nº 59 ; Stockholm, 1979-1980, nº 493 ; Stockholm-Paris, 1993-1994, nº 748.

Stockholm, Nationalmuseum
Inv. NM 8432

[**fig. 83. 1**] Nicolas Lancret, *Le Jeu de colin-maillard*, vers 1728, Stockholm, Nationalmuseum

[**fig. 83.2**] Jean Honoré Fragonard, *Les Hasards heureux de l'escarpolette*, 1767, Londres, The Wallace Collection

Jean-Baptiste Oudry

84 *Le Jeu de la main chaude* – 1728

Deux ans après avoir été nommé peintre officiel de la manufacture de Beauvais, Oudry créa des cartons pour un ensemble de tapisseries qui allait s'intituler *Les Amusements champêtres*. Dans cette série se trouvaient réunis tous les jeux que nous avons évoqués, y compris celui de la main chaude, de colin-maillard et du pied de bœuf. Il est significatif que la série conçue par Oudry ait été destinée à remplacer celle des *Jeux d'enfants*, une série excessivement populaire qui avait été imaginée au siècle précédent par Damoiselet. Alors que le sujet de cette dernière était conforme aux normes du XVIIᵉ siècle, Oudry donna en effet à son projet la forme de fêtes galantes constituées de jeux pour adultes, conformément à la nouvelle norme établie par le rococo.

Certains ont prétendu qu'« Oudry adopta le genre de Watteau », mais il serait probablement plus juste de considérer son œuvre à la lumière des innovations déjà apportées par Pater et Lancret. Comme nous l'avons vu, l'idée de représenter des jeux actifs ne séduisait pas particulièrement Watteau. De tous ceux inclus dans *Les Amusements champêtres*, il n'en avait peint qu'un seul, celui de colin-maillard. Les disciples de Watteau peignirent en revanche fréquemment, et avec beaucoup de verve, tous les sujets réunis par Oudry. De même, les décors de cour et le romantisme manifeste des scènes d'Oudry rappellent moins Watteau que le mode de représentation établi par Pater et Lancret.

Le dessin d'Oudry *Le Jeu de la main chaude*, qui est daté et signé, se compose de cinq adultes réunis dans un cadre pittoresque qu'il est impossible de définir précisément : est-ce une grotte, comme semblent l'indiquer les rochers et la chute d'eau représentés à droite, ou un parc comme tendraient à le faire croire le mur et l'urne de jardin dessinés à gauche ? Le lieu se situe sur la côte, et on aperçoit au loin un certain nombre de bateaux en mer. Dans un autre carton, aujourd'hui au Snite Museum of Art (Notre Dame, Indiana), Oudry avait doté la scène d'un cadre boisé beaucoup plus simple. Peut-être est-ce en raison de son manque de complexité qu'il ne fut pas retenu[1]. Ici, le chien et les moutons dessinés au premier plan (mettant en lumière le talent avant tout d'animalier d'Oudry) et la houlette que tient l'une des femmes sont censés donner l'impression d'être devant de naïfs bergers et bergères, bien que leurs costumes tendent à prouver le contraire.

Les mêmes manières de cour et une opulence encore plus grande caractérisent le carton d'Oudry pour la tapisserie *Le Colin-maillard* [**fig. 84.1**]. Cette composition est très différente de celle, plus simple, de Watteau [**cat. 77**], et bien qu'elle offre des points de comparaison avec la toile de Lancret, elle anticipe davantage, par sa conception, sur l'époque de Carle van Loo et de François Boucher, illustrant ainsi l'évolution du rococo.

Pierre noire et craie blanche sur papier bleu
28,6 x 44 cm

Historique
1749, Stockholm, collection du comte Carl Gustaf Tessin ; vers 1790, Stockholm, Bibliothèque royale ; transféré au Nationalmuseum en 1863.

Bibliographie
Opperman, 1977, t. II, p. 718, nᵒ D553 (avec bibl. antérieure) ; Bjurström, 1982, nᵒ 1084 ; New York, 1983, sous le nᵒ 19 ; New York-Ottawa, 1999-2000, p. 230, sous le nᵒ 70.

Expositions
Stockholm, 1922, nᵒ 25 ; Paris, 1935, nᵒ 71 ; Copenhague, 1935, nᵒ 466 ; Londres, 1952, nᵒ 115 ; Stockholm, 1958, nᵒ 237.

Stockholm, Nationalmuseum
Inv. 2890/1863

[fig. 84.1] Manufacture de Beauvais, d'après Jean-Baptiste Oudry, *Le Colin-maillard*, dessiné en 1728, exécuté entre 1730 et 1760, localisation inconnue

Notes

Les numéros de catalogue non mentionnés ne comportent pas de notes.

1. La fête galante selon Watteau

cat. 1
Jean Antoine Watteau
L'Aventurière

1. Watteau a dessiné d'après nature une femme tenant une canne (voir R.-P., t. I, nº 225, Bruxelles, musées royaux des Beaux-Arts, inv. 9500). Le peintre a introduit cette même figure dans *L'Accordée de village*, mais il a masqué sa canne en plaçant devant une autre figure.

cat. 2
Jean Antoine Watteau
L'Aventurière (contre-épreuve)

1. Dans Washington-Paris-Berlin, 1984-1985, p. 286, Rosenberg avait effectué un rapprochement entre l'étude d'une main tenant une canne et la main de la protagoniste de *L'Aventurière*, mais cette thèse fut par la suite réfutée ; voir R.-P., 1996, t. II, nº 416.
2. On trouvera une analyse détaillée de cette œuvre et des autres contre-épreuves à l'huile de Watteau dans Eidelberg, 1977, p. 173-204.

cat. 3
Jean Antoine Watteau
La Déclaration attendue (Le Concert champêtre)

1. Selon Zimmerman, ce tableau pouvait être l'œuvre d'un artiste anonyme, proche de Watteau, qui aurait copié le flûtiste du *Concert champêtre* gravé par Audran (fig. 3.2) ; voir Zimmerman, 1912, p. 182, note de la fig. 54.
2. Comme le montrent les radiographies, la femme assise avait à l'origine les yeux baissés et dirigés vers la droite du tableau, ressemblant beaucoup en cela à celle de *L'Amoureux timide* (fig. 3.3).
3. Washington-Paris-Berlin, 1984-1985, p. 351-353, nº 45. Voir aussi R.-P., 1996, *passim*, et Valenciennes, 2001, nº 3 ; Temperini, 2002, p. 142, nº 45.
4. Goncourt, 1875, p. 183.

cat. 4-6
Jean Antoine Watteau
Feuille d'études avec un homme assis […]
Feuille d'études avec un flûtiste […]
Feuille d'études avec plusieurs têtes […]

1. Caylus, 1748, dans Rosenberg, 1984, p. 78-79.
2. En ce qui concerne les autres études de cette même feuille, l'homme allongé sur le ventre fut utilisé pour *L'Île enchantée* (cat. 7) ; la main tenant une draperie n'a été associé à aucun tableau. La présence de la vigne enfin, dessinée à la pierre noire plutôt qu'à la sanguine – réservée aux figures –, surprend, car les études de végétaux sont rares dans l'œuvre de Watteau. Rosenberg et Prat ont affirmé, peut-être trop catégoriquement, qu'elle était « certainement postérieure » (Grasselli avait émis l'idée que seuls les rehauts de blanc pouvaient avoir été ajoutés ultérieurement). On trouve trace de cette plante dans la gravure exécutée par Boucher d'après le dessin de l'homme assis (voir *Figures de différents caractères*, pl. 282). Rosenberg et Prat soutiennent que les feuilles de vigne furent ajoutées au dessin de manière à le faire correspondre à la gravure, mais cette interprétation n'est pas convaincante. Les feuilles gravées n'ayant pas de contours nets et ayant une valeur générique, tout dessinateur les aurait copiées à l'identique. Or, les feuilles dessinées sont celles d'une espèce botanique définie et elles ont été représentées avec beaucoup de sensibilité, ce qui me fait dire qu'elles sont de la main de Watteau.
3. Voir R.-P., 1996, t. III, nº 577. Il est devenu habituel d'associer au tableau d'Angers le portrait en pied d'un flûtiste

conservé au British Museum (*ibid.*, t. II, nº 532). Dans ce dessin, le modèle est cependant vêtu d'un costume du XVIe siècle. Il fut utilisé par Watteau pour une autre composition, à savoir *Le Concert champêtre*, d'où, probablement, la confusion actuelle.
4. Le flûtiste est représenté derrière un parapet. Watteau envisageait-il de peindre en buste des musiciens et des chanteurs placés derrière un mur ? Les artistes italiens et nordiques avaient rencontré un vif succès avec cette formule au XVIe siècle. Watteau ne l'essaya qu'une seule fois, dans une composition de jeunesse intitulée *Du bel âge*.
5. R.-P., 1996, t. II, nº 481.

cat. 7
Jean Antoine Watteau
L'Île enchantée

1. Il est intéressant de noter que les dimensions d'*Assemblée dans un parc* (32,5 x 46,5 cm) sont très proches de celles indiquées sur la gravure de *L'Île enchantée* dans le *Recueil Jullienne* (34,5 x 46 cm). La toile de *L'Île enchantée* est en réalité légèrement plus grande, mais il est peu vraisemblable qu'elle ait été agrandie. Voir l'explication donnée par P. Rosenberg, Washington-Paris-Berlin, 1984-1985, p. 393-394.
2. Rosenberg dans Washington-Paris-Berlin, 1984, p. 394.
3. Le lien établi entre un dessin de paysage conservé à la Pierpont Morgan Library, à New York, et l'arrière-plan de ce tableau ne résiste pas à un examen plus approfondi ; voir R.-P., 1996, t. I, nº 18 verso.
4. Michiels, 1865-1876, t. IX, p. 399.
5. Rosenberg dans Washington-Paris-Berlin, 1984-1985, p. 394.

cat. 8
Jean Antoine Watteau
Trois études d'homme avec cape

1. Voir R.-P., 1996, t. II, nº 380. Rosenberg avait auparavant laissé entendre que le drapé était semblable à celui qui pouvait être observé sur la femme qui se tient debout dans *L'Île enchantée*. Si l'effet d'ensemble des deux figures représentées debout est en effet très semblable à l'apparence générale de la femme peinte dans le tableau (c'est pourquoi je pense que les deux dessins pourraient avoir été exécutés d'après un même modèle, peut-être même au cours de la même séance de pose), le drapé peint ne correspond qu'à celui du dessin de Stockholm.
2. R.-P., 1996, t. II, nº 536.
3. Parmi les dessins mentionnés par le passé figure une brillante étude de femme assise, exécutée aux trois crayons et faisant partie d'une collection du New Jersey. Rosenberg et Prat (1996, t. II, nº 543) ont à juste titre remis en question le lien établi entre ce dessin et le tableau. Ces auteurs (*ibid.*, nº 600) doutent aussi du bien-fondé du rapprochement effectué de longue date entre la femme qui tient la mantille qu'elle a sur la tête dans une étude conservée à Chantilly et une femme assez semblable proche du centre dans *L'Île enchantée*.

cat. 9
Jean Antoine Watteau
Les Deux Cousines

1. Brookner, 1967, p. 36 ; *idem*, 1955, p. 40.
2. Mirimonde, 1961, p. 268-269.
3. Hagstrum, 1980, p. 299.

cat. 10
Jean Antoine Watteau
Feuille d'études avec une femme assise, deux femmes debout et une main

1. Parmi les dessins qui, encore récemment, ont été fréquemment cités parce qu'associés trop rapidement aux *Deux Cousines* figurent l'étude d'une tête de femme appartenant à une collection particulière (R.-P., 1996, t. II, nº 519) ; une feuille d'études avec une femme assise et une femme debout faisant partie d'une collection particulière française (*ibid.*, t. II, nº 380) ; et une étude de femme assise actuellement au Fogg Art Museum (*ibid.*, t. I, nº 328).

2. Le royaume de Vénus

cat. 12
Jean Antoine Watteau
Étude pour une fête galante

1. Caylus, 1748, dans Rosenberg, 1984, p. 60.
2. Il est intéressant de constater que le couple représenté à l'extrême droite de la feuille figure aussi dans un autre dessin de Watteau ; voir R.-P., 1996, t. II, nº 470.
3. Au sujet des copies du cycle de Titien conservées à Paris, voir Hochmann, p. 57. Voir aussi R. P., 1996, t. II, p. 612, nº 372. Pour les copies exécutées par Rubens et l'école d'Anvers, voir K. Lohse-Belkin, dans Cavalli-Björkman 1987, p. 143-152.
4. Le motif du vin versé à l'enfant avide est un emprunt au *Silène* de Rubens, un tableau qui, aujourd'hui au musée de l'Ermitage, à Saint-Pétersbourg, appartenait à l'époque à Crozat.
5. On peut imaginer que le tableau de Berlin fut exécuté en premier et que Watteau, non mécontent de son invention, reprit le motif dans le dessin de Chicago et le tableau de Dresde.

cat. 14
Anonyme flamand, vers 1560
Le Jardin d'amour de Philippe le Bon

1. Voir Jugie, 1999 ; Châtelet, 1999.
2. Voir Favis, 1974.

cat. 15
Louis de Caulery
Hommage à Vénus

1. Philostrate, *Les Images ou tableaux de platte-peinture*, II, 1 ; voir Chudzikowski, 1967, p. 30 et suiv.
2. Au nombre de ces nombreuses variantes figurent celles de la vente Christie's du 29 mai 1986 à Amsterdam (lot 33) et de la vente du 15 décembre 1985 au palais des Congrès de Versailles. Il en existe aussi un grand nombre de format vertical. Citons celle du Statens Museum for Kunst, à Copenhague (voir Koester, 2000, p. 81-82, nº KMS 1978) ; celle de Bergerac (collection particulière ; voir Genaille, 1966, p. 111) ; celle ayant anciennement fait partie de la collection André Weil ; et celles vendues par Sotheby's à Londres le 20 novembre 1980 (lot 70), par Phillips à Londres le 16 avril 1991 (lot 159), et à l'hôtel Drouot, à Paris, le 22 juin 1987 (lot 4).
3. L'Alan Jacobs Gallery, à Londres, possédait en 1985 un autre ensemble de trois œuvres. Voir aussi, entre autres, les deux tableaux représentant respectivement Vénus et Bacchus, vendus par Christie's à Amsterdam le 3 décembre 1985, lots 31 et 32 ; ceux de même sujet en la possession de Jean-Claude Anaf, à Paris, en 2001 ; un tableau de Cérès vendu à Paris le 11 décembre 1995, lot 9 ; voir en outre Stein, 1999, p. 369, fig. 2, et p. 372. Stein, ne connaissant pas la version présentée ici, a cru, à tort, que la peinture située dans la salle d'hiver du château de Rosenborg était une variante de celle conservée au musée de Copenhague.
4. Voir Bonafons et Couché, 1786-1808, t. III, Netscher nº V. Une copie attribuée au fils de Caspar, Theodorus, fut vendue à Paris le 24 avril 1806 (lot 44). Une autre copie fut vendue par Christie's à Londres le 20 octobre 1987 (lot 71).

cat. 16
Il Padovanino
Les Andriens

1. On trouvera dans Walker, 1956, p. 105-121, l'étude actuellement la plus complète de ces copies.
2. Boschini, 1600, p. 173 : « *Che corso a roma, innamorà per fama, A far ste copie, quel gran Padoan.* »
3. Le séjour suivant, documenté, au cours duquel l'artiste reçut un versement, date de 1625. Il fut donc beaucoup trop tardif pour les raisons déjà mentionnées.
4. Pour en savoir plus sur les copies présentes à Paris, voir l'essai de M. Hochmann, p. 57. Je dois toutefois admettre que je suis moins sûr que mon collègue de l'influence des tableaux de Titien sur Watteau. Le départ pour l'Espagne en 1638 des *Andriens* et

de *L'Offrande à Vénus* rendit le cycle moins accessible et en diminua donc l'importance pour les générations suivantes. Il est significatif que Charles de La Fosse n'ait copié que *Bacchus et Ariane*, le seul tableau du cycle resté en Italie.

cat. 17-18
Pierre Paul Rubens, 1577-1640
Le Jardin d'amour

1. À l'époque où le tableau faisait partie de la collection de la comtesse de Verrue, il était connu sous le titre « La Conversation » ; voir Rambaud, 1964-1971, t. II, p. 889-890. On peut lire dans le catalogue de la vente Mariette, au cours de laquelle les gravures de Jegher furent vendues (Paris, 15 novembre 1775 - 30 janvier 1776, lot 994), que ceux-ci étaient « connus par les Estampes […] sous le nom de *La Conversation galante* ou *Jardin d'amour* ».
2. Glanz-Süberskrüb, 1975, p. 104-105.
3. *Ibid.*, p. 97, 105-106.
4. Dezallier d'Argenville, 1745, dans Rosenberg, 1984, p. 49.
5. Caylus, 1748, dans Rosenberg, 1984, p. 74.
6. On trouvera une analyse détaillée des différentes étapes dans Logan, 1987, p. 77-79.

cat. 19
Bernard Picart
L'Île de Cythère

1. Voir Laran, 1910.
2. Un même changement est perceptible dans l'œuvre de Picart : les fontanges présentes dans le premier état furent retirées dans le second ; voir Adhémar, 1977, p. 165-166.

cat. 20
Pierre Antoine Quillard
Le Pèlerinage à Cythère

1. Voir Badin, 1909, p. 19, 20, 23, 26, 28, 57. Trois de ces tapisseries furent vendues à Paris à la galerie Georges Petit du 2 au 4 décembre 1909, collection A. Polovtsoff, lots 234 à 236. Mme de Pompadour posséda l'un des tableaux ayant servi de modèles ; voir le catalogue de la vente de ses tableaux qui a eu lieu le 28 avril 1766 à Paris, lot 40.
2. Dans l'ouvrage de Wildenstein de 1924 sont citées, outre la variante de Potsdam (p. 91, n° 296), sept autres œuvres de même thème ayant toutes été attribuées à Lancret au XIXᵉ siècle, mais il faut se montrer prudent en raison du manque de fiabilité des critères retenus à l'époque. Il vaut peut-être mieux s'intéresser à deux pendants de forme circulaire, que Wildenstein n'a pas mentionnés mais que le marchand d'art Lebrun vendit comme des œuvres de Lancret le 2 avril 1792 à Paris (lot 59) : l'un était censé représenter « le départ pour Cythère » ; et l'autre, le retour ».
3. À propos de ces cinq exemples, voir Eidelberg, 1979, p. 130-131, 136-137.

cat. 21
Jean-Baptiste Pater
Fête champêtre

1. Voir Cuzin, 1987, p. 209-215.

3. Foires de village

cat. 22
Anonyme flamand, d'après David Vinckboons
Kermesse flamande

1. Catalogue de la vente Pontchartrain, Paris, 1747, p. 78.
2. Voir Goossens, 1954, p. 64-66. Pour le dessin, voir Goossens, p. 64, fig. 30. D'autres copies se trouvent dans divers musées : à Brunswick (copie datée de 1608), Anvers (copie datée de 1610), Hambourg, Lisbonne, Augsbourg, Parme et Cologne. La copie anciennement conservée à la galerie Harrach,

à Vienne, a été vendue chez Sotheby's à Londres le 12 décembre 1990, lot 27. Une variante datée de 1611 a été vendue à Londres par Sotheby's le 9 décembre 1981 (lot 86), tandis qu'une autre, datée de 1622, a été vendue à Londres par Christie's le 8 juillet 1977 (lot 14). La Knoedler Gallery, à New York, et la Leger Gallery, à Londres, se sont aussi trouvées en possession d'autres copies. La composition de Vinckboons fut ultérieurement gravée par Boetius A. Bolswert (Hollstein, 1949-2003, t. III, n°ˢ 320 et 321), puis de nouveau en 1634 par Claes Jansz Visscher. La Terry-Engel Gallery, à Londres, possédait un tableau dans lequel la disposition des figures était légèrement différente (voir *Twenty-five Important Dutch and Flemish Old Master Paintings*, mars 1970, n° 23). Celui-ci fut considéré par Goossens comme étant l'œuvre originale de Vinckboons. Si ce tableau ressemble dans ses grandes lignes à celui examiné ici, ses figures, prises individuellement, diffèrent de celles de la gravure et des œuvres dérivées.
3. Gersaint, 1744, dans Rosenberg, 1984, p. 29-30.
4. R.-P., 1996, t. I, n° 19.

cat. 23
Joseph Parrocel
La Foire de Bezons

1. Dezallier d'Argenville, 1762, t. IV, p. 234. *La Foire de Bezons* est censée avoir fait partie d'une commande émanant de Louis XIV et portant en outre sur un cycle de quatre peintures représentant les quatre parties du monde.
2. Tours, 1891, p. 48. En réaffirmant l'existence d'un lien avec la région du Rhône, les auteurs se sentirent probablement en droit de réfuter la dernière attribution en date, effectuée au profit de Bonaventure De Bar, et de justifier une attribution à un peintre provençal, voire à « l'un des Parrocel » pour reprendre leur formulation. Pierre (1670-1739) et Étienne « le Romain » (1696-1775) étaient certes nés à Avignon, mais ce n'était le cas ni de Joseph, ni de Charles.

cat. 24
Claude Gillot
Foire de village

1. Voir Tonkovich, 2000, p. 275-279, n° 29.
2. Le dessin exécuté au verso, sur une moitié de la feuille du Fogg Art Museum, représente une scène de harem : une sultane et un sultan assis sont entourés de courtisans, de danseurs et d'enfants. Selon Mosby, ce dessin représente aussi une scène des *Trois Cousines*. L'intention de l'artiste semble cependant avoir été de nature plus ethnographique.
3. Francfort-sur-le-Main, 1986, p. 84, n° 64.

cat. 25
François Octavien
Foire de Bezons

1. Le cavalier aidant sa compagne à mettre pied à terre au centre de la composition peut faire songer au motif occupant une place proéminente dans *Le Rendez-vous de chasse* de Watteau (Wallace Collection) ou encore au couple similaire représenté dans la *Foire de la impruneta* de Callot, mais ce motif apparaît fréquemment dans ce type de scène comme en témoignent par exemple les tableaux de Paul Ferg.
2. Le tableau de Carle van Loo *Halte de chasse* (musée du Louvre) présente un découpage chromatique similaire.

cat. 26
Bonaventure De Bar
Foire de campagne

1. Montaiglon, 1883, t. V, p. 47.
2. Il existe un dessin (musée du Louvre, inv. 023688) qui pourrait être lié à cette toile de Bonaventure De Bar. Il s'agit d'une étude de composition qui, exécutée à la pierre noire, porte comme inscription « DeBar F. 1730 », ce qui pose problème puisque l'artiste est mort en 1729. Le type de composition adopté dans cette étude est également flamand.

cat. 27
Jean-Baptiste Pater
La Foire de Bezons

1. Sterling voit, quant à lui, un lien avec les œuvres de Callot et de Gillot.
2. Voir Ingersoll-Smouse, 1928, p. 3-6.
3. Forster, 1905, pl. X.

4. Noces

cat. 28
Jean Antoine Watteau
Le Contrat de mariage

1. Des éléments de cette composition, notamment cet ensemble de bâtiments, ne sont pas sans rappeler ceux d'un dessin attribué à Campagnola et copié par Watteau ; voir R.-P., 1996, t. I, p. 402-403, n° 252.
2. Voltaire, 1820-1826 (première édition : 1724), t. II, p. 181.

cat. 29
Pieter Bruegel le Jeune et son atelier
La Danse de noces

1. Voir Ertz, 2000, t. II, p. 664-696, 722-736. Bruegel l'Ancien s'appuyait sur une tradition du manuscrit, voir Hansen, 1984, p. 86-89.
2. La comtesse de Verrue, par exemple, possédait plusieurs « Noces » attribuées à Teniers ; voir la vente de ses biens, Paris, 1742, lots 36, 81, 150. Les deux pendants *Danse* et *Noce villageoise* de Teniers figurent de même dans le catalogue de la vente Jean de Jullienne qui se déroula du 30 mars au 22 mai 1767 (lots 143-144). Le second est aujourd'hui au musée de l'Ermitage ; voir Anvers, 1991, p. 198-199, n° 66. Voir aussi les œuvres sélectionnées par Rambaud dans les inventaires parisiens des années 1700 à 1750 : Rambaud, 1964-1971, t. II, p. 775, 782, 846, 889-892, 894, 904, 910, 948 ; ces tableaux furent tour à tour intitulés *Noce*, *Noce de village* et *Noce flamande*.

cat. 30-31
Nicolas Lancret
Le Cortège de fiançailles
Le Repas des noces

1. Christine Besson dans Valenciennes, 2001, p. 22.
2. Voir Ertz, 2000, t. II, p. 631-640, 699-703.
3. Voir, par exemple, un tableau de Jan Miense Molenaer, conservé au musée d'Art et d'Histoire de Genève. Dans le catalogue de la vente Sotheby's du 2 juillet 1990, à Londres, figure par ailleurs un ensemble de tapisseries relatant l'histoire de Gombaut et Macée, tissé une première fois à Bruges, puis de nouveau à Paris, et comportant une scène représentant le cortège des mariés (lot 118). L'un des tableaux ayant fait partie de la collection de la comtesse de Verrue fut décrit comme représentant des « figures allant à l'église pour faire un mariage ». Voir Rambaud, 1964-1971, t. II, p. 892.
4. Pour ce dessin, voir R.-P., 1996, t. I, p. 38-39, n° 21. Ces auteurs ont donné au dessin un titre qui reflète bien leur incertitude à propos de son véritable sujet : « Cinq personnages de comédie se dirigeant vers la gauche. » Ils n'ont pas réussi à déterminer s'il s'agissait d'un cortège de mariage ou d'une illustration du thème des *époux mal assortis*, auquel cas le jeune homme serait occupé à séduire l'épouse du vieil homme qui les précède. À la lumière de la tradition flamande dont s'inspire le dessin, mais aussi des tableaux apparentés de Lancret et Pater, il s'agit du premier sujet.
5. Ingersoll-Smouse, 1928, n° 391.
6. Wildenstein, 1924, n° 516.

5. Les saisons

cat. 32
Brillon, d'après Jean Antoine Watteau
Le Printemps

1. *Mercure de France*, mars 1732, p. 549 ; juin 1732, p. 1189.

cat. 33-34
Aegidius Sadeler, d'après Paul Bril
Allégories de mars-avril et de mai-juin

1. Voir Tolnay, 1935, t. I, p. 38, 69-70, 83-85.
2. Pour ce manuscrit, voir Leidinger, 1936.
3. Paris, École nationale supérieure des beaux-arts, inv. M. 3763 (Recueil 37, p. 1).
4. Vente de la collection La Roque, Paris, avril 1745, lot 750 : « Les douze mois de l'année par le même Sadeler dans six grands Paysages [...]. » Selon une note manuscrite figurant au verso de la page 258 de la copie publiée dans le catalogue conservé à la bibliothèque d'Art et d'Archéologie, « les coquilles et estampes de choix appartenaient à Mʳ. Gersaint ». Deux exemplaires de ces *Saisons* apparurent en salle des ventes quelques années plus tard ; voir la vente des collections Chubéré, de Vin et Hecquet, Paris, 28 février 1752, lots 419, 425.
5. Vente de la collection Jean de Jullienne, Paris, 30 mars-22 mai 1767, lots 486, 1166.
6. Les tableaux néerlandais exécutés d'après les gravures des Sadeler ont beaucoup circulé, bien que généralement de piètre qualité, comme en témoignent par exemple les ventes suivantes : Londres, Sotheby's, 11 février 1938, lots 88-90 ; Londres, Sotheby's, 17 novembre 1982, lot 79 ; Londres, Sotheby's, 12 décembre 1984, lots 44-46.

cat. 35-36
Claude Gillot
Le Printemps ; L'Été

1. Vente de la collection Quentin de Lorangère, Paris, 22 mars 1744, lot 104. Quatre des huit gouaches exécutées par l'artiste représentaient les saisons ; deux étaient des variantes de *La Collation* ; et au moins une, mais plus probablement deux d'entre elles étaient consacrées au sujet devant prendre place au-dessus de *La Collation*. Quelques-unes de ces gouaches furent gravées par Charles Nicolas Cochin (1688-1754) ; voir Populus, 1930, p. 173-175, cat. 275-277. Voir aussi Roux, t. IV, p. 656-657, nᵒˢ 314-316.
2. L'idée d'associer des concepts abstraits à des pays européens n'était pas de Gillot, c'était une tradition. Johannes Sadeler, par exemple, avait composé une série de quatre gravures associant quatre pays (l'Allemagne, l'Italie, la France et l'Espagne) à des divinités de l'Antiquité ; voir Hollstein, t. XXI, p. 164, nᵒˢ 497-498, et p. 249, nᵒˢ 176-177.
3. Pour la série d'Audran, voir Fenaille, 1903-1923, t. III, p. 73-80.

cat. 37-40
Antoine Dieu
Les Quatre Saisons

1. Voir l'étude fondamentale des dessins de Dieu par Rosenberg 1979.

cat. 41
Antoine Quillard
La Plantation du mai

1. Voir Dijon-Paris, 1989, p. 28.
2. Pour le tableau de Rubens, voir Olaf Koesters, *Flemish Painting 1600-1800, Statens Museum for Kunst*, Copenhague, 2000, p. 354 et suiv. *La Danse autour du mai* fait partie d'une série de six tableaux de genre peinte par l'artiste. Il est intéressant de noter qu'un autre tableau de cette série (KMSsp324) est une scène hivernale dont l'iconographie s'inspire aussi de celle du cycle des Quatre Saisons.
3. Illustration dans *Revue de l'art ancien et moderne*, t. LVII, 1930, p. 135.

cat. 42
Nicolas Lancret
La Danse des bergers

1. Voir Wildenstein, 1924, nᵒˢ 527-531, 537, et Eidelberg 2001, p. 300-301.

6. Promenades

cat. 43
Jean Antoine Watteau
La Boudeuse

1. Voir Dacier, Vuaflart et Hérold, 1921-1929, t. III et IV, nᵒ 307.
2. Eidelberg, *Burlington Magazine*, 1969, p. 276-278.

cat. 44
Jean Antoine Watteau
L'Assemblée dans un parc

1. La Roque, 1721, dans Rosenberg, 1984, p. 6-7.
2. Goncourt, 1875, p. 165.
3. Josz, 1903, p. 313-315.
4. E. et J. de Goncourt, 1873, t. I, p. 14.
5. Gillet, 1929, p. 34, 36.
6. Adhémar, 1950, p. 49.
7. Bryson, 1981, p. 86-87.
8. Posner, 1984, p. 176.

cat. 45
Louis de Caulery
Fête dans un palais à Venise

1. Voir Hansen, 1984, p. 74, 86-88, 201-202, 210.
2. Voir Koesters, 2000, p. 282-283.
3. Une variante de cette composition, ayant appartenu à P. Lamy (Paris, exposition de 1933, nᵒ 5, *La Danse*, attribuée à Adriaen van de Venne), montre encore plus clairement que les vues de Venise sont ici indépendantes du reste du décor. Celles-ci ne figurent pas en effet dans cette variante, qui diffère par ailleurs de la composition présentée ici par de menus détails : la loggia, par exemple, se situe à droite ; et quelques groupes de figures ne sont pas les mêmes.

cat. 46
Anonyme français
Réunion dans un parc

1. Voir Schnapper, 1967, p. 105-115, nᵒ III I.
2. Nantes, 1876, p. 175, nᵒ 757. Avant la Première Guerre mondiale, le tableau fut en revanche considéré comme une œuvre anonyme représentant simplement une scène « dans un parc ; voir Nicolle et Dacier, 1913, p. 288, nᵒ 782. Dans un catalogue ultérieur (Benoist, 1953, nᵒ 782), on peut lire ce commentaire ambigu : « Curieux tableau quant au décor du parc [...]. »
3. Je remercie Michel Hochmann d'avoir attiré mon attention sur cette villa. La façade de la villa Médicis donnant sur les jardins comporte des avant-corps ornés de niches voûtées ainsi que des reliefs sculptés ayant été encastrés dans ses murs ; ces derniers ne ressemblent cependant pas à ceux peints ici. Les jardins présentent, quant à eux, des arcades et des fontaines à deux niveaux mais, là encore, les ressemblances ne sont d'ordre général. Voir Chastel, 1989, t. I, en particulier p. 155, 161, 212, 240-246.
4. Au nombre des quelques tableaux alors attribués à Gillot figuraient *Baraque de l'Empire*, une œuvre considérée aujourd'hui de la main de Pierre d'Angellis. L'attribution du tableau de Nantes à Gillot fut mentionnée par Valabrègue (1899, p. 396).
5. Au sujet de ce curieux tableau, voir Paris, 1955, nᵒ 6 (œuvre présentée comme une *Scène de comédie* de l'école française) ; et le catalogue de la vente à l'hôtel Drouot du 29 avril 1982, à Paris (lot 40), dans lequel le tableau est cette fois attribué à François Octavien et intitulé *Le Galant Entrepreneur*.

cat. 48-51
Bernard Picart
L'Odorat
Le Toucher
Le Goût
L'Ouïe

1. Blunt n'était cependant pas loin de la vérité, puisqu'il avait envisagé l'existence d'un lien entre l'une des aquarelles du château de Windsor et une gravure faisant partie d'un autre cycle exécuté par Picart.
2. Dans Adhémar, 1939, la scène du chant (p. 73, fig. 17) est intitulée *L'Ouïe*. La dimension allégorique est aussi indiquée dans Adhémar, 1947, mais pas dans Adhémar, 1977, p. 166, fig. 1-4.
3. On trouvera dans Adhémar, 1977, p. 166, fig. 3, le second état de la gravure *Le Sentir*, dans lequel le fontage a été supprimé.

cat. 52
Jean-Baptiste Pater
Les Délassements de la campagne – vers 1720-1736

1. On peut lire dans le catalogue que ce tableau et son pendant furent peints pour Louis XV, mais il n'y a pas plus de raisons de le croire que de prêter foi aux affirmations des romantiques selon lesquels les figures féminines seraient des « dames de la Cour » et le jeune homme « qui prend la taille d'une jeune femme [...] le portrait du jeune roi Louis XV ». Michiels (1874, t. IX, p. 437) revint sur ce prétendu lien avec Louis XV : « Les deux œuvres capitales de Pater [...] furent exécutées, dit-on, pour Louis XV, sans que l'on sache ni à quelle époque ni en quelles circonstances. Les rapports de l'artiste avec le prince ont dû former cependant un épisode important de sa vie. »
2. Voir Leribault, 2002, p. 340-341, nᵒ P231.

cat. 53
Jérôme Chantereau, d'après Joseph Parrocel
Repos après la chasse

1. Il est clair que les deux cadres d'une beauté extraordinaire dont sont dotés les pendants conservés à la National Gallery sont des cadres d'origine ayant été spécifiquement fabriqués pour ces deux œuvres puisqu'ils contiennent des motifs relatifs à la chasse. Ceci permet de penser que ces pendants furent exécutés sur commande et conservés par le commanditaire d'origine. Peut-être Joseph Parrocel avait-il gardé des répliques ou des esquisses.
2. Comme Michael Kitson (1985, p. 76) l'a fait remarquer à propos des tableaux de Parrocel : « [...] we find an extraordinary prefiguration of Watteau's *fêtes galantes*, of his aristocratic lovers reclining in secluded parklands, suffused in the warm light of perpetual summer. »

7. Accords

cat. 54
Jean Antoine Watteau
La Vraie Gaieté

1. R.-P., 1996, t. II, nᵒ 539. Comme Parkey et Mathey en 1957 (t. II, nᵒ 857), Rosenberg et Prat décrivent la figure située à l'extrême droite dans la feuille de l'Ashmolean Museum comme un « buste d'homme retenant de ses deux mains le bras d'un personnage », mais je me demande s'il ne s'agit pas plutôt d'un homme tenant une cornemuse ou un autre objet.
2. Un tableau anciennement dans la Sterling Post Collection (New York) fut considéré comme l'original, mais un examen attentif semble indiquer qu'il s'agit d'une excellente copie. Il est récemment apparu à la vente Sotheby's du 21 mai 1998 à New York, lot 125.

cat. 55
Jean Antoine Watteau
L'Enchanteur

1. R.-P., 1996, t. 1, n° 77.
2. Voir, par exemple, le personnage de *La Sérénade italienne*
de Watteau.
3. Voir Caylus, 1748, dans Rosenberg, 1984, p. 61-62.
Ce n'est que récemment qu'a été découvert un dessin
de Watteau pouvant être directement lié aux études du jardin
du Luxembourg ; voir R.-P., 1996, t. I, n° 340. La présence
de la maison de Crozat à Montmorency à l'arrière-plan
de *La Perspective* de Watteau est une exception à cette règle.
4. Bruxelles 1975, p. 40, n° 1.

cat. 56
Jean Antoine Watteau
L'Accord parfait

1. Dans *Le Mezzetin* (New York, The Metropolitan Museum
of Art), Watteau a représenté l'acteur bouche ouverte
et a montré ses dents de manière à indiquer clairement
qu'il chante. L'artiste a fait de même dans un dessin du Louvre
qui représente une chanteuse participant apparemment
à un concert (R.-P., 1996, t. II, n° 668). De manière générale,
Watteau a cependant rarement représenté ses figures en train
de chanter activement.
2. R.-P., 1996, t. II, n° 576.
3. Voir les deux dessins de jeunesse de Watteau répertoriés
sous les numéros 89 et 92 dans R.-P., t. I (collection
particulière britannique et Stockholm, Nationalmuseum).
Marandel (2001, p. 287) a peut-être encore plus semé
le trouble dans les esprits en établissant une comparaison
avec *Le Rêve de l'artiste* de Watteau (une œuvre de jeunesse
que l'historien d'art et d'autres spécialistes ont daté à tort
de 1719 environ), mais aussi avec *La Troupe italienne
en vacances* de Mercier.

cat. 57-58
Cercle de Domenico Campagnola
Couple de bergers assis sous des arbres

1. Caylus, 1748, cité dans Rosenberg, 1984, p. 74-75.

cat. 59
Anonyme flamand, d'après David Vinckboons
Fête seigneuriale

1. On trouvera le dessin de Vinckboons, inversé par rapport
à la gravure, dans Washington-New York, 1986-1987, p. 301-
303, n° 119. Signalons en outre une œuvre (avec des costumes
de la fin du XVIIe siècle) passée en vente à Londres, chez
Sotheby's, le 19 novembre 1975, lot 120 ; et une autre repérée
en 1980 dans la collection Schmink, à Francfort.
2. On trouvera le dessin dans R.-P., 1996, t. 1, n° 353.
Il a récemment fait partie de la vente de la collection Anton
C.R. Dreesman, chez Christie's, le 11 avril 2002 à Londres,
lot 603. Voir aussi les remarques de Rosenberg et Prat
dans R.-P., 1996, t. I, n° 106.

cat. 60
Frans Wouters
Le Concert champêtre

1. Un dessin qui s'en rapproche, attribué à Giorgione et/ou
Titien, est actuellement conservé au British Museum
(inv. 1895-9-15-817). Dans *Les Trois Âges de l'homme* de Titien
(collection du duc de Sutherland), les rôles sont inversés :
la femme est entièrement habillée de vêtements à la mode
tandis que l'homme est quasiment nu.
2. Il faut aussi mentionner une *Vénus et Adonis*, vendue
à Londres, chez Christie's, le 9 juillet 1993, lot 156
(attribuée à Wouters) ; et un paysage arcadien, peuplé
d'un chasseur et de nymphes, vendu à Londres, chez Sotheby's,
le 8 avril 1987, lot 49 (signé *F. W.*).
3. Vente Sotheby's du 20 avril 1977 à Londres, lot 18
(tableau vendu comme une œuvre de Wouters).
Voir aussi Mathey, 1959, p. 29, 75, n° 46 ; et Conisbee,
1976, p. 868, fig. 103.
4. D'autres peintres du XVIIe siècle ont imité sans aucune
ambiguïté la *poesia* de Giorgione. Citons, par exemple,

le tableau qui, représentant une dame et un soldat en armure
assis dans un paysage, était perçu il y a encore peu de temps
comme une œuvre du cercle de Giorgione et de Titien.
Ce tableau fut vendu chez Sotheby's le 7 décembre 1988
à Londres (lot 74). Son sujet fait songer à l'*Idylle* attribuée
à Giorgione, qui fut vendue chez Christie's le 10 avril 1981
à Londres (lot 52), ou encore à sa célèbre *Tempête*.
5. Rambaud, 1964-1971, t. II, p. 816.
6. Vente de mai 1733 à Paris, lots non numérotés.

cat. 61
Michiel Van Musscher
Concert sur la terrasse

1. Detroit Institute of Arts, n° 64.263. Au nombre
de ces portraits de famille assortis de jardins à la végétation
luxuriante figurent l'*Autoportrait avec femme et enfants*,
conservé au Museum voor Schone Kunsten, à Anvers,
et le tableau vendu à New York par Christie's le 14 janvier 1993
(lot 91).
2. Voir Fock, 1998.
3. Voir Philadelphie, 1984, p. 238-239.
4. Même Teniers eut recours à une solution similaire
dans les portraits de lui-même et de sa famille ; voir Anvers,
1991, p. 126-129, n°s 38-39.

cat. 62
Bernard Picart
Le Concert champêtre

1. Une étude de composition complète, à l'encre et à la plume
avec un lavis gris vert, portant la mention « Inventé et désigné
par B. Picart. 1707 » est conservée à l'Albertina, à Vienne
(École française, t. XVIII, n° II.956). Une étude d'un couple
de chanteurs exécutée à la sanguine (Ashmolean Museum,
Oxford, réf. n° 544) est signée et datée de 1708, ce qui suppose
qu'elle ait été exécutée après l'étude de l'Albertina. Se pose
alors la question de sa fonction.
2. On trouvera une étude des instruments de musique
dans Pilipczuk, 1980, notamment p. 127-130.
3. Selon Pilipczuk, 1980, p. 126, nous serions en présence
de trois concerts distincts, mais cela semble peu vraisemblable.
4. Fontenai, 1776, t. II, p. 6.
5. Vente Sotheby's du 11 novembre 1992 à Amsterdam, lot 62
(attr. à Richard Brackenburgh). Une signature non identifiable
figure dans le coin inférieur droit. Je remercie le
Rijksbureau voor kunsthistorische Documentatie de l'aide
qu'il m'a apportée.
6. Une huile sur toile, aux dimensions presque trois fois
supérieures à celles de la gravure (0,88 x 144 cm),
a été attribuée à Picart, mais il ne s'agit probablement
que d'une copie exécutée d'après la gravure. Voir le catalogue
de la galerie Jean Lupu, Paris, 1990, p. 46-47, n° 21 ; et la vente
Nagel Auktionen du 22 mars 2001, à Stuttgart, lot 812.

cat. 63
Pierre Antoine Quillard
La Danse villageoise

1. « Le trésor de l'art français, comment il est enrichi
par les deux Watteau récemment acquis par le Louvre »,
Le Matin, 9 avril 1927.
2. Il appartenait probablement à la collection de la comtesse
de Verrue ; voir Anvers, 1991, p. 258.

cat. 65
Jean-Baptiste Pater
Le Concert champêtre

1. Contrairement à ce qu'indique le catalogue de la vente, il n'y
a aucune raison de penser que ce tableau et son pendant furent
peints pour Louis XV.
2. Pour le tableau conservé à Amsterdam, voir Jansen 1994,
p. 3-12. Il existe au moins deux copies de la composition de
Valenciennes, aucune n'étant cependant de qualité (catalogue
Sedelmeyer, 1894, n° 77 ; vente du 11 novembre 1976, palais
des Congrès de Versailles, lot 25).

cat. 66
Nicolas Lancret
Fête musicale dans un paysage

1. Un dessin de cette figure est conservé à la National Gallery
of Art de Washington ; on trouvera une reproduction
dans Holmes, 1991, pl. 32. Pour en savoir plus sur l'aspect
que revêt ce type de vêtement dans d'autres fêtes galantes
de Lancret, voir aussi Holmes, 1991, p. 64. En ce qui concerne
les nombreuses variantes de *La Belle Grecque* de Lancret,
voir Wildenstein, 1924, p. 116-117. Pour *La Pollonnoise debout*
et *La Pollonnoise assise* de Watteau, voir Macchia et Montagni,
1968, n°s 166-167.

cat. 67
Nicolas Lancret
Danse dans le parc

1. On retrouve ces mêmes figures dans une variante
de *La Danse des bergers* (Wildenstein, 1924, n° 141, fig. 45),
et des figures représentées dans des poses comparables dans
le tableau intitulé *L'Automne* (Wildenstein, 1924, n° 9, fig. 6).
Lancret a en outre souvent eu recours à des poses inclinées
pour des figures s'adonnant à d'autres activités que la danse
comme en témoignent *Le Jeu de colin-maillard* (Wildenstein,
1924, n° 229, fig. 53), *L'Occasion fortunée* (Wildenstein, 1924,
n° 275, fig. 70) et *L'Escarpolette* conservée à Stockholm
(cat. 82).
2. Wildenstein, 1924, p. 79-80, n° 132.
3. On trouvera des exemples similaires de statue de Bacchus
dans Souchal, 1977-1993, t. III, p. 163, n° 31, p. 252, n°s 31-32 ;
t. IV, p. 123, n° 4 bis.
4. Wildenstein, 1924, p. 80, n° 136.
5. Pour le tableau, voir Wildenstein, 1924, n° 102, fig. 31 ;
pour le terme, voir Souchal 1977-1993, t. II, p. 393, n° 10.
6. Le satyre et le léopard dont se compose le groupe sculpté
situé à l'arrière-plan du *Déjeuner de jambon* (Chantilly,
musée de Condé) ressemblent beaucoup à des figures
du *Bassin de Bacchus* de Gaspard et Balthazar Marsy,
aujourd'hui démantelé ; voir respectivement Wildenstein,
1924, n° 73, fig. 28 ; et Souchal, 1977-1993, t. III,
p. 53-55, n° 38.
7. Voir Eidelberg, 1968.

cat. 68-69
Jean-Baptiste Lebel
La Danse
La Musique

1. Le costume de cet homme – constitué d'une veste, d'une
fraise, d'une cape et d'une calotte – est identique à celui que
portent la figure peinte à droite dans *La Sérénade italienne*
(Stockholm, Nationalmuseum) et l'acteur chevauchant l'âne
dans *Gilles* (musée du Louvre) ; nul n'est cependant parvenu
à identifier avec certitude ce personnage stéréotypé ;
voir New York-Paris-Berlin, 1984, p. 347, 517-518. Étant
donné que les actrices avaient des costumes moins codifiés,
on ne peut les identifier avec certitude.
2. Voir Ingersoll-Smouse, 1928, *Pater*, n°s 25, 26, 228, 229.

8. LA COLLATION

cat. 71
Jean Moyreau, d'après Jean Antoine Watteau
La Collation

1. Une variante de format horizontal et de piètre qualité ayant
fait partie d'un certain nombre de grandes collections (Saint,
Beurnonville, Tabourier, Kann) fut mise en vente à Paris,
à la galerie Charpentier, les 10 et 11 juin 1958 (lot 121).
2. Dans *Le Repas de campagne* (Macchia et Montagni 1968,
n° 6), un tableau de Watteau très proche des modèles flamands,
on voit certes des paysans en train de manger, mais il est clair
qu'il ne s'agit pas d'une fête galante.

cat. 72
Sébastien Vrancx
Fête dans un jardin royal

1. Au début du XXᵉ siècle, ce tableau fut attribué
à Frans Pourbus le Jeune, mais Burchard proposa en 1933
(p. 318) de le rattacher à l'œuvre de Vrancx.
2. Voir Lemgo-Anvers, 2002 ; et Hollstein 1949-2003,
t. XLVII-XLVIII.
3. Voir Lemgo-Anvers, 2002, p. 367-369, nᵒ 211.
4. Cette interprétation, qu'on trouve encore dans Popovich,
1967 (p. 136), remonte au moins à Lebel (1890, p. 53).
5. Vienne, Österreichische Nationalbibliothek, cod. 2706,
fol. 7 verso. Reproduction dans Hansen, 1984, fig. 48.
6. Voir Gand, 1960, nᵒ 152, fig. 38.
7. L'un de ces tableaux (fig. 8-3) fit une apparition en vente
publique le 29 octobre 1928 à Bruxelles, où il fut présenté
comme une œuvre de David Vinckboons (lot 111).
Le catalogue de la vente Sotheby Parke Bernet s'étant déroulée
à New York le 3 novembre 1983 comporte une composition
très proche de celle-ci qui pourrait être de Vrancx,
mais qui est en l'occurrence présentée comme une œuvre
de Louis de Caulery (lot 81).

cat. 73
Dirk Maas
Repas de chasse

1. Citons par exemple *Un Délassement de chasse*, daté de 1687
et passé en vente publique le 2 mai 1792 à Paris (vente
de la collection Chartreaux, lot 246) ; et deux pendants vendus
le 19 novembre 1804 à Paris (vente de la collection Louis
Chrétien Lorch, lots 85 et 86) : « un Rendez-vous de Chasse
dans une Forêt et près d'une belle Fontaine décorée de statues
et Jets d'eau » et « une Collation au retour d'une partie
de chasse ».

cat. 74
Jean-Baptiste Pater
La Collation

1. L'attribution à Boucher semble discutable (voir Brunel,
1986, p. 202-203, fig. 169). Comme Alastair Laing l'a fait
remarquer, quelques figures proviennent directement
de dessins de Boucher, mais la facture des figures peintes
ne concorde pas avec celle caractéristique des œuvres réputées
de Boucher.
2. Voir Ingersoll-Smouse, 1928, p. 52, nᵒˢ 199-203.

cat. 75
Nicolas Lancret
Le Repas au retour de la chasse

1. Wildenstein, 1924, p. 99-100, nᵒˢ 442-452.
2. Tavener Holmes, 1991, p. 41.
3. Dans Paris, 1991, p. 110-112, Sahut fit remarquer que
les tableaux de Rothschild n'étaient pas de véritables pendants,
contrairement à ce qu'avait supposé Tavener Holmes (1990).
4. Tavener Holmes (1991, p. 40) a prétendu qu'un bon ami
de Lancret, François Lemoyne, avait aussi choisi d'associer
ces deux thèmes, mais les références qu'elle a indiquées
(Bordeaux, 1984, nᵒˢ 38, 48-49) ne viennent pas corroborer
cette idée. Lancret lui-même procéda cependant
à un rapprochement comparable dans une série de quatre
dessus-de-porte aujourd'hui au Fine Arts Museum
of San Francisco : une scène représentant des femmes au bain
est en effet associée à un petit déjeuner avant la chasse,
un repos après la chasse et une scène de concert.

cat. 76
École française, XVIIIᵉ siècle
*Déjeuner de chasse du comte de Ségur devant le château
de Romainville*

1. Pour en savoir plus sur l'histoire de ce château et
de ses propriétaires, voir Husson, 1905, plus particulièrement,
p. 118-137.

9. JEUX

cat. 77-78
Jean Antoine Watteau
Étude de composition pour *Le Colin-maillard*

Étienne Brillon, d'après Jean Antoine Watteau
Le Colin-maillard

1. On se demande si ce tableau n'a pas quitté le territoire
français pour l'Angleterre peu de temps après l'exécution
de la gravure. Voir le texte de présentation du tableau vendu
en 1731 chez Cock, à Londres (lot 37) : « Expédié d'Espagne
[...] Colin-maillard [...] Watteau » (texte cité dans Houlditch,
t. I, p. 37). La provenance indiquée peut être trompeuse ;
la majorité des tableaux étaient hollandais, flamands ou
italiens, et quelques-uns français. Bien sûr, la version vendue
chez Cock pourrait n'avoir été qu'une copie du tableau
de Watteau exécutée d'après la gravure de Brillon. Il existe
aujourd'hui un certain nombre de copies de ce genre
comme l'a montré, par exemple, la vente qui s'est déroulée
le 17 mars 1977 chez T. R. G. Lawrence & Son à Crewkerne,
dans le Somerset (lot 87).
2. Au dos du dessin se situent des études de figures
individuelles, qui se présentent sous la forme de contre-
épreuves et sont alignées les unes à côté des autres sur toute
la feuille. Les traits assez grossiers de ces figures et leur mise
en page montrent que Watteau imitait d'assez près
à cette époque la manière de Gillot, ce qui plaide en faveur
d'une date se situant au tout début de sa carrière.
3. Vente des biens de la comtesse de Verrue à Paris
en mars 1737, deuxième session, lot 54 : « Courtois [...]
Un tableau ovale représentant le Colin-Maillard. » Tableau
vendu 104 livres selon la version manuscrite du catalogue,
conservée à la bibliothèque d'Art et d'Archéologie Jacques
Doucet, à Paris.
4. Tel, par exemple, le tableau de même sujet attribué
à Jan Miense Molenaer ; voir la vente de la collection
Peter en 1756, à Londres, dont on trouvera la notice
dans Houlditch, vers 1760, t. I, p. 73.

cat. 79
Jean Antoine Watteau
L'Escarpolette

1. Dacier, Vuaflart et Hérold, t. III et IV, nᵒ 67.
2. Au cours de la seconde moitié du siècle dernier, peu
de spécialistes ont accepté de considérer le tableau d'Helsinki
comme une œuvre de Watteau ou ont même simplement émis
un avis favorable. Au nombre de ces quelques exceptions
figurent Gauthier (1959, pl. VII), Macchia et Montagni (1968,
nᵒ 36), Roland Michel (1984, p. 281). Adhémar (1950, p. 208,
sous le nᵒ 59) a présenté l'œuvre comme une « variante »,
mais l'a illustrée (pl. 28) comme s'il s'agissait d'une œuvre
de Watteau. Selon Posner (1982, p. 76), l'original est perdu.
C'est aussi l'avis de Christoph Martin Vogther (Ottawa-
Washington-Berlin, 2003-2004, p. 134). La plupart des
spécialistes n'ont cependant pas prêté attention ce tableau ;
voir R.-P., 1996, t. I, sous le nᵒ 131 ; et Temperini, 2002.
3. Ce motif apparaît aussi dans *La Voltigeuse*, une gravure
de Gabriel Huquier s'accompagnant de la mention « Watteau
inv. », mais, comme je l'ai déjà démontré, cette composition
est constituée de motifs disparates qui, pastichés par Huquier,
ne sont pas tous nécessairement de Watteau ; voir Eidelberg,
1996, p. 163-164.
4. Voir Marcel, 1906, p. 267-268 ; et Schreiden 1982, p. 73-74,
nᵒ 10.
5. Stockholm, Nationalmuseum, inv. CC III : 171 ;
et inv. CC V : 291.
6. Pour l'arabesque peinte par Christophe, voir Marcel, 1906,
p. 267. À propos du travail effectué à la ménagerie de Versailles
par Audran au tournant du siècle, voir Paris, 1950, p. 59-61.
La collaboration entre Christophe et Audran a pu être établie
grâce au catalogue de la vente Michel Audran du 11 juillet 1771
à Paris, lot 306 : « Deux Arabesques, peintes par *Claude Audran*
du Luxembourg ; les figures par *Joseph Christophe* [...]. »
7. Pour la feuille de Stockholm, voir R.-P., 1996, t. I, nᵒ 131.

On notera que la jeune figure masculine dessinée dans le coin
gauche de cette feuille a été utilisée par Watteau dans
Les Agréments de l'été (fig. 79.2), qui comporte aussi
une femme sur une escarpolette. L'étude de cette dernière
se trouvait-elle à proximité des deux autres dans le carnet
d'esquisses de Watteau ?
8. Posner (1982) a soutenu exactement le contraire, insistant
sur la dimension sexuelle du balancement – le désir
qu'il suscite trouvant son assouvissement dans l'acte d'amour –,
et ce, même dans les tableaux de Watteau. Lorsqu'il présente
les masques de satyre, les têtes de chèvre et les cornemuses
de *L'Escarpolette* comme autant de symboles de lasciveté,
il ne tient pas compte cependant de la place traditionnellement
accordée aux motifs bachiques dans le vocabulaire
de l'arabesque. De même, l'idée que les deux cordes
qui pendent de l'escarpolette puissent signifier dans
Les Plaisirs de l'été que la femme a besoin de deux hommes
pour se balancer et assouvir son désir d'amour est, à mon avis,
très éloignée des intentions de Watteau.

cat. 81
Bernard Picart
Le Jeu du pied de bœuf

1. Le quatrain accompagnant la gravure de Larmessin
ressemble un peu à celui qu'on peut lire sous la gravure
de Picart : « Ces Belles joüant au, pied de bœuf, / Craignent
Beaucoup d'Estre pris/ Main en Amour, et à se jeu, / il faut
Esvitter, les Surprise. »
2. Dans une gravure de même thème faisant partie des *Quatre
Âges de la vie* de Jacques Stella, la scène se déroule aussi dans
la nature ; les figures représentées sont en revanche des paysans.
3. Il s'agit des tableaux respectivement à Grenoble et Lille.
Voir Eidelberg, 1978, p. 12-19 ; et *idem*, 2001, p. 15-40.
4. Voir *Le Berger complaisant* de Lancret aujourd'hui
à Compiègne (Wildenstein, 1924, nᵒ 478) et la gravure
exécutée d'après *L'Heureux Loisir*, un tableau attribué
à Watteau mais peut-être de Quillard (Macchia et Montagni,
1968, nᵒ 51)

cat. 82
Jean-Baptiste Pater
La Balançoire

1. On trouvera d'autres tableaux de l'artiste de même thème
dans Ingersoll-Smouse, 1928, p. 58-59, nᵒˢ 276-290.

cat. 83
Nicolas Lancret
L'Escarpolette

1. E. et J. de Goncourt, 1873-1874, t. II, p. 329-330, note 2.

cat. 84
Jean-Baptiste Oudry
La Main chaude

1. Voir New York-Ottawa, 1999-2000, nᵒ 70. L'Ashmolean
Museum, à Oxford, détient une contre-épreuve du dessin
de Stockholm (inv. Parker 537), dans laquelle cependant
certains éléments, tels les bateaux, ont été plus détaillés,
ce qui permet de penser que la composition fut retravaillée
par l'artiste lui-même.

Annexes

Biographies

par Martin Eidelberg

Bril, Paul

Breda (?), vers 1553/1554 - Rome, 7 octobre 1626

Le paysagiste Paul Bril fut célébré de son vivant mais il eut aussi une grande influence sur les générations suivantes. Après avoir étudié auprès de Damien Oortelmans (Wortelmans) à Anvers, il partit pour l'Italie vers 1574-1576 (en passant par Lyon où il séjourna quelque temps) afin de rejoindre son frère aîné Mathijs, établi à Rome comme peintre de fresques spécialisé dans les paysages. Paul suivit rapidement son exemple. Parmi ses nombreuses commandes figurent des peintures murales pour la Scala Santa au Vatican, pour la Sala Clementina au palais du Vatican et pour l'église Santa Cecilia in Trastevere. Il exécuta aussi de petits paysages sur cuivre ou sur bois, très recherchés par les mécènes italiens.

L'évolution stylistique de Paul Bril est sensible et a été signalée par des auteurs contemporains comme Giovanni Baglione et Domenico Mancini aussi bien que par les spécialistes modernes. Sa première manière se rapproche plus nettement de la peinture des écoles du Nord, avec des éléments dérivés de Joachim Patinir et de Pieter Bruegel l'Ancien. Les premiers plans surélevés, les horizons très éloignés, les contrastes marqués entre les ombres et les lumières contribuent à créer une impression plongeante de recul. Il adopta ensuite une manière plus classicisante, proche de celle d'Annibal Carrache et d'Adam Elsheimer. Ses paysages tardifs montrent des terrains moins escarpés, des transitions spatiales moins abruptes, souvent associés à des thèmes pastoraux et mythologiques. Même s'ils représentent souvent des sites italiens précis, la manière de rendre le paysage demeure fondamentalement nordique.

Bien qu'il fût étranger, Bril circula librement dans la communauté artistique romaine. Il collabora fréquemment avec des peintres italiens qui lui fournirent les figures nécessaires à ses paysages. Il était un membre actif de l'Académie de Saint-Luc et fut élu *principio* en 1620. Il avait de nombreux mécènes en Italie mais était également apprécié dans le Nord où les dessins de paysages qu'il expédiait furent gravés par Aegidius et Raphael Sadeler, Lucas Vorsterman et d'autres. Par ses compositions picturales et ses gravures, Bril influença les générations suivantes, y compris ses élèves Willem II van Nieulandt et Agostino Tassi, mais aussi Claude Lorrain, Cornelis Poelenburgh et Bartholomäus Breenbergh.

< cat. 33 et 34

Bruegel, Pieter le Jeune

Bruxelles, vers 1564/1565 - Anvers, vers 1637/1638

On connaît mal les premières années et la formation de Pieter le Jeune bien qu'il fût le fils aîné de l'un des artistes majeurs des Flandres. Il n'avait que quatre ou cinq ans lorsque mourut son père, Pieter Bruegel l'Ancien, en 1569. Pour certains, il aurait appris l'aquarelle auprès de sa grand-mère, Mayken Verhulst, qui forma son frère cadet Jan. Quel qu'ait été son apprentissage, c'est l'œuvre de son père qui joua le rôle déterminant dans sa carrière et dans sa vision picturale.

La carrière de Pieter le Jeune débuta officiellement en 1584-1585 quand il devint, à vingt ans, membre de la guilde des peintres d'Anvers. En 1588, il épousa Elisabeth Godelet, avec laquelle il eut sept enfants. Il en forma plusieurs à la peinture. Il dirigeait en outre un grand atelier avec de nombreux assistants. Son œuvre est tout entier d'inspiration bruegélienne. Ses allégories des saisons, ses scènes de genre parodiant la vie quotidienne des paysans, ses traductions visuelles de la sagesse des proverbes, ses scènes de la vie du Christ, sont toutes fondées sur des inventions peintes ou dessinées par son père. Pieter le Jeune et son atelier furent très productifs. Le nombre de compositions utilisées était assez limité mais chacune était réutilisée de nombreuses fois. Il existe ainsi douze versions du *Dénombrement de Bethléem* qui seraient de la main de l'artiste, certaines comportant des variations mineures, et de nombreuses autres peintes par son atelier ou son entourage. Il existe aussi près de vingt-cinq exemplaires de *L'Avocat des paysans* qui seraient de sa main et trente autres de bonne qualité. Ces chiffres ne sont rien comparés aux soixante versions de *L'Adoration des Mages*. De toute évidence, la demande était très grande pour les œuvres de Pieter le Jeune (et son fils Pieter III prolongea encore cette même tradition). En perpétuant l'imagerie de son père, il joua un rôle décisif et contribua à stimuler les peintres des générations suivantes.

Pieter Bruegel le Jeune n'était pas un génie créatif, comme le montre le fait qu'il dépendait entièrement des compositions de son père. Quand on compare son œuvre à celle de Bruegel, c'est généralement à son désavantage, notamment parce que ses tableaux n'ont pas la même profondeur. Mais on peut aussi considérer qu'avec leurs formes adoucies, moins tortueuses, et leur plus grande jovialité, ses œuvres représentent une transition importante vers la peinture de genre du début du XVIIe siècle.

< cat. 29

Campagnola, Domenico

Venise (?), vers 1500 - Padoue, 10 décembre 1564

Domenico Campagnola naquit probablement à Venise mais il était le fils d'un cordonnier allemand nommé Johannes. Il fut adopté par Giulio Campagnola, le célèbre graveur et peintre padouan qui s'était déjà établi à Venise en 1507. Domenico fit son apprentissage auprès de son père adoptif, qui mourut vers 1517. C'est à partir de cette date que Domenico apparaît comme un artiste indépendant. Il réalisa une gravure sur bois d'après une composition de son père, mais dans un style très différent : alors que son père avait dessiné un paysage délicat, à la manière de Giorgione, Domenico exécuta sa gravure dans un style graphique plus vigoureux.

Il réalisa ensuite une série de gravures sur bois et d'estampes qui rappellent, par leur tonalité générale et leurs motifs, les paysages de Titien. Beaucoup les considèrent comme l'apogée de sa carrière. Il est aussi l'auteur de nombreux dessins de paysages à la plume, très recherchés par les collectionneurs de l'époque. Malgré leur style graphique nerveux et très reconnaissable, ils furent souvent attribués à Titien au cours des siècles suivants. Domenico grava aussi des scènes religieuses avec des personnages, qui reflètent souvent les inventions de Titien.

En 1523, Campagnola s'était installé à Padoue, la ville de son père adoptif. Il semble y avoir délaissé la gravure pour se consacrer uniquement à la peinture. Il travaillait aussi bien la fresque que la peinture à l'huile et réalisa de nombreuses peintures murales et des retables pour les églises de Padoue et des villes environnantes. Bien qu'exécutées avec beaucoup de professionnalisme, ces œuvres n'ont rien de remarquable. On peut y déceler des réminiscences d'artistes vénitiens comme Giovanni Antonio Pordenone et, dans les dernières œuvres, des traces du maniérisme.

< cat. 57 et 58

Caulery, Louis de

Probablement Caulery, vers 1582 - Anvers, vers 1621

On possède peu de renseignements sur les origines de l'artiste. Il est sans doute né à Caulery, la ville dont il finit par prendre le nom et qui est située à 18 kilomètres au sud-est de Cambrai (alors la ville flamande de Kamerijk). Il conserva vraisemblablement des liens avec cette région puisque, après sa mort, sa veuve était propriétaire d'une maison à Cambrai. En 1594, il fut recruté sous le nom de « Loys Solleri » comme apprenti du paysagiste anversois Joos de Momper. Quand il devint maître de la guilde de Saint-Luc à Anvers dans la liste de 1602-1603, il s'inscrivit sous le nom de « Lowis Callori ».

Caulery fut un peintre prolifique de scènes de genre et de tableaux mythologiques. Son style élégant est orienté vers le maniérisme tardif. On a, très justement, comparé ses compositions à personnages multiples à l'œuvre de Frans Francken et d'autres petits maîtres maniéristes. Des personnages à petite échelle sont représentés sur d'immenses places et les scènes d'intérieur ont, elles aussi, une très grande profondeur de champ. Comme souvent dans les œuvres produites dans le Nord à la fin du XVIe siècle, les peintures de Caulery comprennent volontiers des édifices classiques imaginaires, à la manière de Hans Vredeman de Vries. Curieusement, les arrière-plans de nombreux tableaux montrent des vues de Venise, Florence et Rome : certains chercheurs ont soutenu que Caulery avait pu emprunter ces motifs à des gravures mais leur précision et la variété des vues peuvent tout aussi bien suggérer qu'il avait accompli le pèlerinage traditionnel en Italie. Il semble toutefois être resté insensible aux charmes de l'art italien. Son mélange de scènes de genre et de peinture de paysage est entièrement nordique et même quand il introduisait des thèmes mythologiques et religieux, c'était à la manière d'un peintre de genre non héroïque.

Il n'existe pas de signes de l'évolution stylistique de son œuvre. Quelques tableaux sont datés mais ils appartiennent principalement à la fin de sa carrière, comme l'*Allégorie des sens* de 1618, au château de Nelahozeves en Pologne, ou une autre version du même sujet, datée de 1620 et en dépôt au musée des Beaux-Arts de Cambrai. Vu le nombre élevé d'œuvres qui nous sont parvenues et la répétition de certaines compositions, il semble que Caulery ait dirigé un grand atelier très actif.

< cat. 15 et 45

Chantereau, Jérôme François
Paris, vers 1700/1710 - Paris, 7 décembre 1757

Bien qu'il soit souvent étiqueté comme l'un des principaux « satellites » de Watteau, ce charmant dessinateur et peintre a peu en commun avec le maître. Ses tableaux sont sans doute plus proches de l'art de Pater par leur dimension pittoresque, mais c'est surtout l'art des Pays-Bas qui influença durablement son œuvre. Les nombreuses scènes de la vie paysanne, dans des cuisines et sur les marchés, la présence insistante d'animaux de la ferme et d'objets typiques des natures mortes, ainsi que l'imitation de Rembrandt, témoignent toutes de la distance qui le sépare de l'œuvre de Watteau. Il est d'ailleurs significatif que Chantereau ait réalisé une eau-forte du *Pèlerinage à Cythère* mais se soit abstenu de peindre des fêtes galantes et des scènes avec des comédiens italiens, alors qu'elles sont les plus caractéristiques de l'art de Watteau et de ses successeurs.

On ne connaît presque rien de la vie de l'artiste. S'il est le G. F. Chantereau qui a exécuté une série de six eaux-fortes ovales portant la date 1719, il a dû naître vers 1700 ou même avant, et non vers 1710 ou 1720 comme on le suppose généralement. Le volume de sa production est attesté par le nombre de ses œuvres mentionnées dans les catalogues de vente du XVIIIe siècle et par celles qui existent encore. Toutefois, aucune de ses œuvres n'est datée. Vers 1739-1740, le comte Tessin acquit neuf dessins et deux tableaux de l'artiste, tous conservés aujourd'hui au Nationalmuseum de Stockholm. Les gravures publiées par Jacques Philippe Le Bas en 1741, d'après deux de ses tableaux militaires les plus ambitieux, constituent un autre repère dans sa carrière. L'étude que fit Chantereau pour l'une de ces compositions se trouve au Louvre. Ces œuvres montrent l'artiste en pleine maturité. Les figures sont d'une élégance longiligne et souvent souriantes ; ses peintures et de ses dessins se caractérisent par un éclairage vacillant et des lignes brisées.

La dernière partie de la vie de Chantereau est mieux documentée. En 1741, il tua un collègue au cours d'un duel, une action qui ne coïncide guère avec la nature paisible de son art. Lors de cet événement, il se trouvait en compagnie de plusieurs artistes néerlandais et du peintre de batailles Charles Parrocel,

qui lui sont tous liés artistiquement. Sa victime, Joseph François Godefroy, était un peintre, marchand d'art et restaurateur, et cela est également révélateur : Chantereau était lui-même un marchand qui possédait de très nombreux tableaux, y compris des œuvres attribuées à Titien, Corrège, Poussin, Rubens et Teniers, comme le révèle l'inventaire posthume de ses biens. À l'image de nombreux petits maîtres qui travaillaient aussi dans le commerce d'art, Chantereau était un membre de l'académie de Saint-Luc, où il fut enregistré le 26 octobre 1750 et où il occupa le poste d'adjoint à professeur. Aux Salons organisés par cette académie en 1751, 1752 et 1753, il exposa des scènes militaires et des scènes pastorales avec des animaux, ce qui confirme la diversité de l'œuvre connue.

< cat. 53

De Bar, Bonaventure
Paris, 1700 - Paris, 1er septembre 1739

De Bar est surtout passé à la postérité comme peintre de fêtes galantes et de scènes militaires peintes à la manière de Watteau et de ses successeurs, mais il commença sa carrière de façon traditionnelle, en étudiant auprès de Noël Hallé. Un mois après la mort de Watteau, le 30 août 1721, il obtint le second prix de l'Académie avec un autre jeune étudiant, le premier prix allant à Natoire. Même s'il ne reste aucune trace de ses activités au cours des années suivantes, il est évident que De Bar adopta le mode galant à mesure qu'il se répandait et devenait plus populaire.

Il est peu probable que De Bar ait jamais été en contact direct avec Watteau mais il a pu avoir mainte occasion de découvrir ses tableaux et ses dessins dans sa jeunesse. Les tableaux qui nous sont parvenus révèlent une parenté artistique bien plus grande avec les œuvres de Lancret et surtout de Pater. Par leur atmosphère générale, le traitement des drapés et les traits des visages, ses fêtes galantes conservées au Simon Norton Museum de Pasadena et au Walters Art Museum de Baltimore ressemblent aux œuvres de Pater.

En 1728, De Bar était domicilié chez Jean François Leriget, marquis de la Faye, ce qui suggère qu'il était une étoile montante du milieu artistique parisien. De plus, la comtesse de Verrue, une amie proche du marquis, collectionnait activement les œuvres du peintre, dont elle possédait quatre tableaux. Autre élément intéressant, l'une des versions de *La Mariée de village* de Watteau, qui appartenait au comte d'Arenberg dans la seconde moitié du XVIIIe siècle : bien qu'elle soit attribuée à Watteau, cette œuvre ainsi que d'autres variantes à partir de la même composition (comme le tableau du musée de Picardie à Amiens) semblent être en réalité de la main de Bonaventure De Bar. Ces œuvres sont révélatrices de sa productivité et des commandes qu'il recevait.

Le 25 septembre 1728, sept ans après sa première participation au Prix de Rome, De Bar fut admis à l'Académie en tant que « peintre dans le talent particulier

de la figure comme Téniers et Wauvermans. » Cette désignation implique qu'il ne peignait pas seulement des scènes de genre mais aussi des scènes équestres à la manière de Wouvermans, comme en témoigne son morceau de réception, la *Foire de campagne*, aujourd'hui au Louvre. De Bar n'assista après cela qu'à une séance de l'Académie, le 31 septembre 1729. Était-il tombé malade ? Il mourut moins d'un an après, alors qu'il n'avait que 39 ans. Sa mort précoce explique en partie l'absence de documentation sur sa courte carrière et le nombre assez restreint d'œuvres connues (on lui a attribué à tort un nombre excessif de copies de Watteau, Pater et d'autres artistes, qui circulaient sur le marché).

< cat. 26

Dieu, Antoine
Paris, 1662 - Paris, 12 avril 1727

Antoine Dieu est issu d'une famille d'artistes. Son père Édouard était graveur, tout comme son frère Jean. Antoine, lui, devint peintre. Il acquit l'essentiel de sa formation artistique en étudiant plusieurs années auprès de Charles Le Brun. Comme ce dernier, il peignait de grandes compositions, à l'équilibre classique, sur des sujets héroïques et historiques. Bien qu'il ait reçu des commandes majeures de Louis XIV, sa carrière ne fut pas orthodoxe. Il obtint le prix de Rome en 1686 mais ne semble pas avoir fait le voyage en Italie et, pour des raisons peu claires, il attendit trente-six ans avant d'essayer d'entrer à l'Académie.

En 1698, Antoine Dieu épousa Marie Le Febvre, la fille de Toussaint Le Febvre (et la veuve du peintre Jean de la Porte). Claude III Audran était l'un des témoins. À cette époque, Dieu ouvrit un commerce d'art à l'enseigne Au Grand Monarque, sur le Petit-Pont. La carte qu'il fit graver cette année-là annonce la nature de son commerce de gros et de détail : en plus des tableaux, il vendait des crucifix, de la porcelaine et d'autres objets d'art. D'après Mariette, son activité de marchand lui rapportait autant que celle de peintre. Antoine Dieu continua à peindre. Sans être encore membre de l'Académie, il participa à plusieurs commandes royales de grande ampleur, entre 1700 et 1715 : il fit partie de l'équipe qui décora la ménagerie de Versailles et il conçut les dessins pour les vitraux de la chapelle de Versailles et pour une série de tapisseries sur les dernières années de la vie de Louis XIV. Bien qu'il ne fût pas encore devenu maître, Antoine Dieu employa apparemment Watteau comme assistant sur ce dernier projet.

En 1718, il céda sa boutique à Edme François Gersaint, au moment où celui-ci épousait Marie Louise Sirois, tous deux membres importants du cercle de Watteau. Il transféra son affaire rue de Cocq, où il résidait. Sa carrière de peintre se poursuivit. En 1722, à l'âge avancé de soixante ans et sans avoir au préalable été agréé, il fut élu membre à part entière de l'Académie. Il présenta comme morceau de réception *La Bataille d'Hannibal au lac Trasimène*, conservée au Louvre. Seul quelques-uns de ses tableaux ont survécu mais les très nombreux dessins préparatoires pour des compositions d'ensemble qui nous sont parvenus montrent qu'il poursuivit fidèlement la tradition académique apprise de Le Brun. Il échoua cependant au concours de 1727 pour la peinture d'histoire et mourut deux mois avant l'annonce des résultats.

< cat. 37-40

Gillot, Claude
Langres, 28 avril 1673 - Paris, 4 mai 1722

Étant donné qu'il allait devenir célèbre pour ses gravures de motifs ornementaux, il est significatif que Gillot ait probablement reçu ses premiers enseignements de son père, un brodeur et peintre ornemaniste. Sa formation officielle fut toutefois plus traditionnelle : vers 1690, il fut mis en apprentissage à Paris auprès de Jean-Baptiste Corneille. En 1710, Gillot fut agréé à l'Académie royale et, après cinq années, il soumit son morceau de réception, un *Christ attaché à la croix* sans originalité (Noailles, église paroissiale). Bien qu'il ait exécuté une série de gravures sur la vie du Christ, Gillot traitait rarement des sujets aussi solennels. De la même manière, malgré sa bonne connaissance de la mythologie classique, ses représentations de la vie des satyres et des dieux païens sont plus humoristiques que sérieuses.
La fascination pour le théâtre et pour le monde des spectacles joua un rôle bien plus important dans son œuvre, comme en témoignent ses nombreux dessins et gravures de comédiens sur scène. Gillot grava aussi des représentations à l'Opéra et des costumes du ballet. Il illustra les *Fables nouvelles* de Houdart de la Motte. Il peignit aussi quelques toiles sur le théâtre mais le style de ses peintures est plat comparé à la vivacité de la ligne et du mouvement dans ses dessins et ses gravures. Sa carrière fut peut-être encore plus diversifiée : les archives mentionnent un certain Gillot qui écrivait des pièces et dirigeait un théâtre de marionnettes ; il pourrait s'agir de Claude Gillot lui-même.
On a accordé trop peu d'attention aux dessins d'ornements de Gillot alors qu'ils occupent une grande place dans son œuvre. Ses nombreuses gravures réalisées pour des portières, des clavecins, des crosses de fusil, etc., présentent des parallèles intéressants avec l'œuvre de Claude III Audran. Ses arabesques sont aériennes et ses motifs tirés de la mythologie classique et de la commedia dell'arte sont aussi pleins de légèreté. La profusion de ces œuvres est à la mesure de l'influence qu'elles ont eue.
On ne sait que peu de choses sur l'atelier de Gillot mais il est certain qu'il avait des apprentis. Il fut le maître de François Joullain et, brièvement, de Nicolas Lancret, mais on se souvient aussi que Watteau fut son élève et son assistant. Les deux hommes étaient très proches et les premiers dessins et tableaux de Watteau montrent à quel point il fut influencé par l'art de Gillot.

< cat. 24, 35 et 36

Janssens, Hieronymus
Anvers, baptisé le 1er octobre 1624 - Anvers, 1693

Entre 1636 et 1637, le très jeune Hieronymus Janssens fut l'apprenti de Christoffel van der Lamen, un peintre de genre mineur spécialisé dans la peinture d'aristocrates s'amusant à danser, à jouer au trictrac et au croquet – sujets qui allaient déterminer l'œuvre de Janssens. En 1643-1644, Janssens était devenu maître de la guilde d'Anvers.
Au cours de sa longue carrière, le style et les sujets de son œuvre varièrent peu. Ses compositions contiennent toujours une foule de personnages soit sur une terrasse soit dans une salle de bal. Bien qu'ils soient parfois composés symétriquement, ses tableaux montrent le plus souvent un grand groupe sur la droite, contrebalancé par un petit attroupement sur la gauche. La partie droite contient en général aussi des édifices grandioses, avec des éléments tirés de Rubens ou des traités d'architecture. Même le sujet ne varie guère. Janssens représenta tant de scènes de bals somptueux qu'on le surnomma « Le Danseur ». Les bals font parfois place à des banquets ou à des jeux comme la main chaude et le trictrac, et Janssens transforma à l'occasion ces scènes de divertissement en paraboles du fils prodigue. L'étalage des richesses, l'élégance du mouvement, le rendu des étoffes chatoyantes et du marbre sont au cœur de son art. Malgré ces limites, les peintures de Janssens étaient très recherchées, comme le montrent tous les tableaux exécutés de sa main et pleins de raffinement que nous connaissons.

< cat. 80

Lancret, Nicolas
Paris, 22 janvier 1690 - Paris, 14 septembre 1743

Nicolas Lancret est l'un des peintres les plus importants et les plus créatifs parmi les « satellites » de Watteau, qui n'est que de six ans son aîné. Il fut très influencé par le style figuratif de Watteau et les sujets qu'il choisissait mais il apporta des variations à ce langage pictural en y introduisant des éléments narratifs et un sens du quotidien qui confèrent à son art toute son originalité.
Fils d'un cocher, Lancret commença son apprentissage autour de 1707 auprès de Pierre Dulin, un peintre mineur qui venait juste d'entrer à l'Académie. En 1708, Lancret assistait aux cours de l'Académie mais il échoua au concours de 1711. Il entra dans l'atelier de Claude Gillot, où il passa quelques années, comme Watteau avant lui. On pense que, entre autres travaux, Lancret assista son maître pour *Les Deux Carrosses*, conservé au Louvre. Lancret a peut-être aussi passé quelque temps dans l'atelier de Watteau, mais la question reste un sujet de controverse pour les spécialistes. On a détecté sa main dans la réalisation du portrait d'Antoine de La Roque par Watteau. Lancret fut agréé en 1718, après avoir soumis deux tableaux à la manière de Watteau, et il fut reçu en 1719 grâce au tableau conservé à la Wallace Collection (ou une réplique de ce tableau), et qui est entièrement dans la manière des fêtes galantes de Watteau.
Au cours des années 1720 et 1730, Lancret continua de peindre dans ce genre avec beaucoup de succès ; il tenta toutefois de le développer dans de nouvelles directions. La robustesse des figures, le sens de l'humour et de l'action sont assez éloignés de l'univers éthéré de Watteau. Les scènes du *Moulinet devant la charmille* et de *La Danse dans un pavillon*, conservés à Potsdam, se déroulent clairement dans des jardins et des hôtels français contemporains. Les dernières œuvres de Lancret, comme *La Tasse de chocolat* et *Les Heures du jour* (Londres, National Gallery) sont des versions françaises rococo de scènes de genre hollandaises du XVIIe siècle. Compte tenu de son goût pour l'observation des détails, il n'est guère surprenant que Lancret se soit aussi vu confier l'exécution de portraits, comme ceux de plusieurs chasseurs et de la danseuse la Camargo.
Lancret connut un succès international, recevant de nombreuses commandes de la noblesse ainsi que plusieurs commandes royales d'envergure. En 1735, il fut nommé conseiller à l'Académie. Il avait aussi la réputation d'être un amateur d'art et possédait une collection de tableaux italiens et hollandais que sa veuve conserva jusqu'à sa mort.

< cat. 30, 31, 42, 66, 67, 75 et 83

Lebel, Jean-Baptiste
Vers 1700 ? - Paris, vers 1749

On a parfois confondu la carrière et l'œuvre de Jean-Baptiste Lebel avec celles d'autres artistes du même nom qui étaient en activité au milieu et à la fin du siècle. D'après les documents existants, Jean-Baptiste Lebel n'a exercé son activité que dans la première moitié du siècle.
On ne connaît sa date ni son lieu de naissance. Il a pu naître à Montrot en 1705, le lieu et la date généralement associés à Antoine Lebel. Il épousa Anne Louise Simpol, qui était peut-être apparentée (sa fille ?) au graveur Claude Simpol. À la fin de sa vie, le couple habitait rue Monceau, dans la paroisse Saint-Gervais. Bien qu'on n'ait aucune autre information précise sur la carrière de Lebel, on peut lui attribuer sans trop de difficulté un certain nombre de dessins et de tableaux. Vers 1739-1740, le comte Tessin qui séjournait à Paris lui acheta deux tableaux, l'un d'une fille s'épouillant, l'autre d'une fille réajustant sa jarretière. Le premier, conservé au Nationalmuseum de Stockholm, porte la signature *J. Lebel*. L'institut Tessin à Paris possède des dessins ayant servi à la préparation de ces tableaux. Deux fêtes galantes de la National Gallery de Dublin ont un style identique aux tableaux de Stockholm et sont également signées *J. Lebel*. (La paire de Dublin, ou peut-être deux autres « petits tableaux » furent vendus à Londres en 1738 sous le nom « Lebell ».) Un document de 1749 mentionne la veuve du peintre Jean-Baptiste Lebel, ce qui donne un *terminus ante quem* pour sa vie.

< cat. 68 et 69

Maas (Maes), Dirck
Haarlem, 12 septembre 1659 - Haarlem, 25 décembre 1717

Dirck Maas fut l'élève de Nicolaes Berchem et de Hendrick Mommers ; il fut aussi influencé par l'œuvre de son ami Jan van Huchtenburg. Il était spécialisé dans la peinture de figures et de chevaux, qu'il représentait le plus souvent dans de vastes paysages. Il peignait des scènes de bataille tumultueuses et des foires aux chevaux mais excellait aussi à rendre de paisibles parties de chasse.

Sa carrière connut une trajectoire intéressante. Après son entrée dans la guilde de Saint-Luc à Haarlem en 1678, Maas accompagna le stathouder Guillaume III, prince d'Orange-Nassau, en Angleterre, sans doute en raison de ses talents de peintre de batailles. Il semble avoir traversé la Manche de nombreuses fois. Il rejoignit Guillaume III au cours de sa campagne en Irlande. Il peignit à cette époque la *Bataille de la Boyne*, dont il existe plusieurs versions. Maas séjourna brièvement à Paris en 1684. Il était de retour aux Pays-Bas après 1693, toujours au service de Guillaume III, comme le montrent le portrait qu'il fit cette année-là de son mécène à la chasse au sanglier (tableau qui fait maintenant partie de la collection royale à Het Loo) et la décoration qu'il réalisa pour le pavillon de chasse de Guillaume III à Soesdijk. Le peintre résida ensuite à La Haye, où il entra dans la guilde de Saint-Luc en 1697. Il retourna toutefois peu après à Haarlem, où il termina sa carrière.

Ses tableaux de batailles et ses scènes de chasse décidèrent de l'orientation de sa carrière mais ses représentations plus paisibles de parties de chasse pendant le repos et d'aristocrates en promenade dans des parcs anticipent de manière intéressante l'art plus doux et plein d'élégance du XVIIIe siècle.

< **cat. 73**

Musscher, Michiel van

Rotterdam, 27 janvier 1645 -
Amsterdam, 20 juin 1705

Van Musscher fit son apprentissage à Amsterdam, où il étudia auprès de plusieurs maîtres : d'abord auprès du peintre d'histoire Martinus Saagmolen et du portraitiste Abraham van den Tempel, puis brièvement auprès de deux peintres plus renommés, Gabriel Metsu et Adriaen van Ostade. En dépit d'un bref retour à Rotterdam, sa ville natale, en 1666, il préféra s'installer à Amsterdam où il exerça son art pendant quarante ans et où il reçut la citoyenneté en 1688.

À partir de la fin des années 1660, Van Musscher se spécialisa presque exclusivement dans les scènes de genre et les portraits. Ses thèmes et ses compositions reflètent la peinture hollandaise du milieu du siècle. Il évita soigneusement de peindre les scènes paillardes de la vie paysanne que prisait son maître Van Ostade. Les scènes de genre de Van Musscher représentent en général deux personnages dans une pièce : une femme et sa servante, un homme et une femme jouant de la musique, la visite du docteur, un érudit dans son bureau, une femme lisant une lettre. Par leur atmosphère paisible et leurs accessoires somptueux, ces tableaux reflètent la manière raffinée de Metsu, de Nicolas Maes et de Frans van Mieris. De même, les portraits de Maas, qui représentent souvent les membres d'une famille en groupe, évoquent la richesse et l'élégance de la vie en Hollande. Bien que le cadre soit généralement un intérieur, les figures se trouvent parfois sur une terrasse qui donne sur un jardin, créant ainsi une impression d'ouverture qui anticipe le dix-huitième siècle hollandais et ce qu'on a appelé l'« Âge silencieux ».

< **cat. 61**

Octavien, François

Rome, vers 1682 - Versailles, 4 novembre 1740

On sait par les registres de l'Académie royale qu'Octavien est né à Rome. Même si l'on se souvient de lui comme un successeur de Watteau, il était en fait de deux ans l'aîné de son modèle. Octavien se mit à la peinture assez tard. Il commença sa vie professionnelle comme chanteur dans la troupe Alard qu'il quitta, en compagnie de son frère, en février 1710.

Entre 1710 et 1724, Octavien changea de carrière et devint peintre mais on ne sait ni où ni avec qui il étudia. Les archives mentionnent un autre peintre nommé François Octavien, né vers 1652, cité comme maître peintre dans les registres de 1722 de l'académie de Saint-Luc à Paris et qui mourut à Tours la même année. Il s'agit peut-être de l'Octavien qui n'a pas été identifié par ailleurs et qui était en activité à Nancy en 1700 et à Chantilly vers la même période. Il se peut qu'il ait été le père et le maître de notre artiste.

Il ne fait en tout cas pas de doute que le François Octavien qui nous occupe était à Paris en 1723, puisqu'il fut agréé à l'Académie royale cette année-là en présentant le tableau *L'Entrée du Roi dans la ville de Reims* (disparu). Il avait alors déjà 42 ans. Il fut reçu l'année suivante avec *La Foire de Bezons*, maintenant au Louvre. Il réalisa la même année une petite série d'estampes, les *Figures françaises*, qui furent terminées par Quirijn Fonbonne, un graveur néerlandais installé à Paris. Il épousa à une date inconnue Jeanne Giraux. Les almanachs royaux signalaient qu'Octavien habitait rue du Petit-Pont jusqu'à ce qu'il parte à Versailles. Parmi les personnes présentes à son enterrement se trouvait Étienne Quillard. S'agit-il du père du peintre Pierre Antoine Quillard, et doit-on accorder de l'importance à ce détail ?

On peut attribuer à Octavien un assez grand nombre de tableaux, d'autant qu'il en a signé beaucoup. Certaines de ses œuvres citent des compositions de Watteau, tandis que d'autres comme une femme à sa toilette (connue par une gravure de Marguerite Thévenard) sont plus proches, par l'esprit, de l'œuvre de Pater et de Lancret. D'autres en revanche, cependant signées, ne peuvent masquer leurs faiblesses et conduisent à se demander s'il n'avait pas un atelier ou s'il ne produisait pas ses tableaux de manière très commerciale.

< **cat. 25 et 70**

Oudry, Jean-Baptiste

Paris, 17 mars 1686 - Beauvais, 30 avril 1755

Oudry, fils d'un petit maître et marchand important de l'académie de Saint-Luc, travailla dans des genres assez mineurs mais acquit néanmoins une grande renommée en tant que peintre animalier et directeur des manufactures des Gobelins et de Beauvais. Vers 1705, il était en apprentissage auprès du célèbre portraitiste Nicolas de Largillière. En 1708, il devint maître et réalisa des portraits pendant les dix années suivantes, s'essayant aussi aux natures mortes et aux paysages. Il fut agréé à l'Académie royale en 1717 ; deux ans plus tard, il fut reçu avec une *Allégorie de l'Abondance*, conservée à Versailles,

qui lui permit de montrer son habileté à peindre les figures et les natures mortes.

Oudry vit son talent reconnu par le public à l'Exposition annuelle de la Jeunesse, au début des années 1720, principalement comme peintre de natures mortes et de scènes de chasse. À ses débuts, il peignit aussi des scènes de la commedia dell'arte et des arabesques avec figures, mais il excellait surtout dans la peinture animalière. Il reçut le soutien de deux mécènes, Louis Fagon, l'intendant des Finances, et le marquis de Beringhen, grâce auxquels il se vit confier d'importantes commandes royales : le portrait des chiens préférés du roi et des scènes de chasse. Une exposition consacrée aux tableaux d'Oudry se tint même à Versailles. Ces faveurs lui valurent d'être nommé peintre de la manufacture de tapisseries de Beauvais. Il poursuivit son activité de peintre animalier estimé tout en concevant les cartons pour des cycles de tapisseries telles que les *Comédies de Molière*, les *Métamorphoses d'Ovide* et les *Fables de La Fontaine*. Pour la manufacture des Gobelins, il conçut les *Chasses royales de Louis XV*, un cycle qui lui permit de conjuguer son talent de peintre animalier et de paysagiste. Plusieurs promotions prestigieuses attestent de sa réussite à ces fonctions : en 1734 il fut nommé directeur de la manufacture de Beauvais (il put ainsi engager François Boucher pour réaliser de nouveaux dessins) et en 1748 inspecteur des Gobelins. Toutefois, avec la réapparition des Salons annuels en 1737, il redoubla d'effort dans son travail de peintre et connut un grand succès.

< **cat. 84**

Parrocel, Joseph

Brignoles, 3 octobre 1646 - Paris, 1er mars 1704

Joseph Parrocel appartenait à une grande dynastie de peintres. Il fut formé par son père Barthélemy puis par son frère Louis. Vers 1667, Joseph partit pour l'Italie où il demeura neuf ans. Il devint l'élève du peintre bourguignon Jacques Courtois, spécialisé dans les sujets militaires et connu en Italie sous le nom de « Giacomo Cortese ». Parrocel fut aussi influencé par l'atmosphère des tableaux de Salvator Rosa.

En 1675, Joseph Parrocel rentra en France. Il fut reçu à l'Académie royale l'année suivante, puis agréé comme « peintre de batailles ». Il poursuivit sa carrière dans cette voie, représentant des escarmouches qui célébraient non de grands personnages ni des triomphes historiques mais des scènes de batailles types ou le thème alors en vogue du combat des Chrétiens contre les Turcs. Il peignit aussi quelques scènes de chasse. Cette spécialité était toutefois dominée par un peintre, Adam Frans van der Meulen, qui bénéficiait de la protection de Charles Le Brun. Parrocel ne reçut de commande royale qu'après la mort de Colbert en 1683 et la disgrâce de Le Brun. Puis, sous la protection de Louvois, il se mit à recevoir des commandes royales comme les onze *Batailles et combats* pour la salle du Grand Couvert à Versailles, dont huit sont encore en place, tandis que les autres sont conservées dans les musées de Tours et de Lyon.

Parrocel n'est pas passé à la postérité pour ses tableaux religieux mais il peignit le *Mai de Notre-Dame* en 1694 et quelques autres tableaux isolés.

En 1697, il offrit à l'Académie ses gravures des *Mystères de la vie de Jésus-Christ* et des *Miracles de la vie de Jésus-Christ*.

Ses œuvres les plus surprenantes sont les scènes de genre qu'il peignit à la fin de sa carrière, comme *La Foire de Bezons* de Tours (dont le titre est incorrect). Au tournant du siècle, son œuvre devint plus picturale : il se tourna davantage vers la peinture de scènes de chasse et d'autres scènes de genre, avec une liberté d'expression nouvelle.

L'art de Parrocel survécut par certains aspects tout au long du XVIIIᵉ siècle, à travers l'œuvre de ses élèves : son fils Charles et son neveu Ignace Jacques, qui se spécialisèrent dans les sujets militaires, son neveu Pierre, qui devint peintre d'histoire, et le paysagiste Charles François de Silvestre.

< **cat. 23 et 53**

Pater, Jean-Baptiste

Valenciennes, 29 décembre 1695 -
Paris, 25 juillet 1736

Même si Pater a le privilège d'être le seul « satellite » de Watteau qui ait, selon ses contemporains, étudié auprès du maître, la comparaison entre leurs deux œuvres tourne inévitablement à son désavantage. Il demeura dans l'ensemble un imitateur inférieur. Ses figures sont souvent courtaudes et rondelettes, manquant à la fois de la grâce, de la poésie et de l'expressivité qui firent de Watteau un très grand peintre.

Jean-Baptiste Pater grandit à Valenciennes et fut envoyé en apprentissage par son père sculpteur auprès du peintre local Jean-Baptiste Guidé. Watteau, qui avait quitté Valenciennes en 1702, y retourna vers 1709-1710 et se vit confier le jeune Pater à son départ pour Paris. D'après toutes les sources, Pater ne serait resté que très peu de temps avec son nouveau maître, peut-être à cause du caractère difficile de ce dernier. Pater retourna à Valenciennes et tenta d'y mener une carrière d'artiste mais il reçut une interdiction officielle de la corporation de Saint-Luc à laquelle il n'appartenait pas. Il peignait à l'époque des sujets militaires et des fêtes de village à la manière de Watteau. Après plusieurs querelles avec la Corporation, l'artiste, encore jeune, repartit pour Paris vers 1718. En 1721, Watteau, mourant et plein de remords, fit venir Pater à Nogent où il lui aurait appris tout ce qu'il avait à savoir sur la peinture.

Pater a peut-être terminé certaines des toiles inachevées de Watteau, mais il se peut aussi qu'il s'agisse d'une ruse des marchands du XVIIIᵉ siècle pour vendre des tableaux de Pater en les faisant passer pour des œuvres, bien plus prisées, de son maître. Il est certain que Pater a copié certaines compositions de Watteau (sa version de *L'Enseigne de Gersaint* est celle qui fut gravée sous le nom de Watteau par Jullienne) et il exécuta de nombreuses copies et variantes d'après *Les Plaisirs du bal*. Même ses compositions originales de fêtes galantes et ses dessins d'après nature trahissent l'influence souvent étouffante de Watteau. Il explora d'autres voies, telles les turqueries et les scènes de femmes au bain mais, là encore, il souffre de la comparaison ne serait-ce qu'avec un peintre comme Lancret, dont il n'a ni l'inventivité ni l'originalité.

Pater fut agréé à l'Académie royale en 1725 et reçu en 1728 avec le titre de « Peintre dans le talent particulier des fêtes galantes », bien que son morceau de réception ait été un tableau militaire (conservé au Louvre). Il eut de nombreux mécènes, de Jean de Jullienne et la comtesse de Verrue à Frédéric le Grand. Pater était un peintre prolifique, mû en partie par la peur de la pauvreté et qui produisait de très nombreuses versions et variantes d'après la même composition. L'une des caractéristiques intéressantes de son œuvre est qu'il laissait parfois ses toiles à moitié achevées, sans doute pour des tarifs inférieurs et pour répondre au goût croissant des connaisseurs de l'époque pour la spontanéité en peinture et en dessin.

< **cat. 21, 27, 52, 65, 74 et 82**

Picart, Bernard

Paris, 11 juin 1673 - Amsterdam, 8 mai 1733

Bernard Picart était l'un des principaux graveurs professionnels du début du dix-huitième siècle. Il fut formé par son père Étienne ainsi que par Benoît Iᵉʳ Audran et Sébastien Le Clerc, tous maîtres reconnus dans cette spécialité. Il entra dans la carrière de graveur en 1688, à l'âge de quinze ans. En 1696, il quitta la France pour Anvers, où il réalisa des gravures et reçut un prix de dessin à l'Académie. Il se rendit ensuite aux Pays-Bas, où il illustra plusieurs livres, avant de rentrer à Paris à la fin de 1698.

Picart travailla beaucoup dans les premières années du XVIIIᵉ siècle. Il grava, entre autres, le cycle peint par Rubens pour Marie de Médicis, le *Cachet de Michel-Ange* et les illustrations pour la traduction de *L'Iliade* par Mme Dacier. Au cours de cette décennie, il explora aussi des sujets de genre inventifs comme les *Costumes français et étrangers*, *Le Concert* et *Le Pèlerinage à Cythère*. Comme l'a souligné Mariette, la technique de Picart à cette époque est souvent très libre, plus que dans les œuvres commerciales réalisées par la suite aux Pays-Bas. En 1702, il épousa Claudine Prost, la fille d'un libraire, dont il eut plusieurs enfants.

En 1708, après la mort de sa femme et de tous ses enfants, Picart décida de quitter la France. Il avait l'intention de s'embarquer pour la Suède mais les autorités françaises refusèrent de lui accorder un passeport. Il partit vers le Nord au début de 1710 et finit par se fixer à Amsterdam. En 1711, il épousa Anna Vincent, se convertit au protestantisme et s'installa dans une maison sur le Singelgracht. Amsterdam étant la capitale européenne du livre, Picart ne cessa de travailler. Parmi ses projets les plus importants figurent les *Cérémonies et coutumes religieuses de tous les peuples du monde* en neuf volumes et les *Superstitions anciennes et modernes* en deux volumes. Les illustrations de ces ouvrages étaient préparées par des artistes à Paris ou copiées à partir d'ouvrages existants, de sorte que l'activité de Picart se limitait surtout à la reproduction. La quantité d'illustrations, de vignettes, etc., qu'il produisit durant cette période, d'après ses propres dessins ou ceux des autres, est extraordinaire.

En 1734, un an après sa mort, sa seconde femme publia ses *Impostures innocentes*, qui contiennent

une série de gravures d'après les maîtres anciens, et son *Discours sur les préjugez de certains curieux touchant la gravure*, ainsi qu'une chronologie abrégée de ses œuvres.

< **cat. 19, 48 à 51, 62 et 81**

Quillard, Pierre Antoine

Paris, vers 1704 -
Lisbonne, 25 novembre 1733

Quillard était le fils de l'ébéniste Étienne Quillard et de Marie Grellet. On ne possède aucun document sur ses années de jeunesse mais il était de toute évidence tellement précoce que l'abbé de Fleury, tuteur du jeune Louis XV, lui accorda une pension annuelle quand il avait onze ans. On a attribué, à juste titre, au jeune Quillard un ensemble important de dessins, conservés à Chatsworth et ailleurs, qui se sont avérés être des copies des premiers dessins et tableaux de Watteau. Ils révèlent une si bonne connaissance de l'œuvre de ce dernier, à cette période, qu'ils invitent à conclure que Quillard fut (comme Pater) l'un des assistants de l'atelier de Watteau vers 1712-1715. Certaines figures à l'arrière-plan de deux fêtes galantes de Watteau conservées au Prado semblent avoir été exécutées par Quillard, à l'époque où il travaillait avec son maître. La plupart des premières œuvres de Quillard, comme les deux fêtes galantes du Louvre et des tableaux de l'Ermitage à Saint-Pétersbourg, reposent sur ce qu'il avait appris au cours de ses années de formation. En même temps, le style est tout à fait personnel : les figures ont des mentons proéminents qui remontent, l'éclairage est dramatiquement contrasté, les arbres sont tortueux. D'autres œuvres, telles la fête galante de Salzbourg et *Les Quatre Saisons* du musée Thyssen-Bornemisza à Madrid, ont des formes plus amples et des couleurs plus intenses et plus chatoyantes, qui reflètent le style de maturité de Watteau, voire plus encore l'œuvre de Lancret.

On ne sait pas précisément comment Quillard parvint à mener une carrière indépendante à Paris à un si jeune âge. Il échoua deux fois au prix de Rome, en 1724 et 1725. L'année suivante, il fut engagé comme illustrateur par le médecin suisse Charles Frederick Merveilleux, en route pour le Portugal afin de préparer un livre sur l'histoire naturelle de ce pays. Au Portugal, Quillard gagna rapidement la reconnaissance qu'il n'avait pas obtenue dans son pays natal. En 1727, il devint peintre officiel de Jean V du Portugal, l'homme le plus riche d'Europe, et il travailla pour les personnages les plus importants de la cour. Tout en continuant à peindre des fêtes galantes et des scènes pastorales, Quillard répondit à des commandes plus solennelles, en exécutant des variations rococo sur des schémas baroques : il peignit de grands retables, comme ceux de l'église et du palais de Mafra, des portraits de cour officiels, et même des plafonds. On fit aussi appel à lui pour dessiner des vignettes et des lettrines élaborées pour les nombreux ouvrages commandés par l'Academia Portuguesa da Historia et qui participaient à l'effervescence artistique du règne de Jean V. La carrière florissante de Quillard fut soudain interrompue par la maladie alors qu'il était encore jeune, et la plus grande partie de son œuvre fut détruite dans le terrible tremblement de terre de Lisbonne en 1755.

< cat. 20, 41, 63 et 64

Rubens, Pierre Paul
Siegen (Westphalie), 28 juin 1577 -
Anvers, 30 mai 1640

Rubens fut sans aucun doute au XVIIe siècle l'artiste du nord de l'Europe qui eut le plus d'influence. Son art réunit les traditions du XVIe siècle flamand, l'héritage de la sculpture antique et l'art italien de la Renaissance et des débuts du baroque, tout en créant une synthèse unique et très personnelle.

Rubens naquit en Allemagne et y passa son enfance, son père étant le secrétaire d'Anne de Saxe, l'épouse de Guillaume d'Orange. Après la mort du père en 1587, sa veuve et ses enfants retournèrent à Anvers où Peter Paul se convertit au catholicisme, suivit l'école latine, et reçut une solide éducation classique qui allait jouer un rôle important dans sa carrière. Toute son œuvre est imprégnée de son érudition littéraire et artistique. Il servit brièvement comme page de la comtesse de Ligne. Tout au long de sa vie, Rubens évolua dans les cercles de la cour et de l'aristocratie et cela contribua à son comportement et à la qualité de ses mécènes. Il étudia la peinture auprès de Tobias Verhaecht, Adam van Noort et Otto van Veen, avant de devenir maître de la guilde de Saint-Luc à Anvers en 1598. Son départ pour l'Italie en 1600 et les années qu'il passa comme peintre officiel à la cour de Vincent Ier Gonzague, duc de Mantoue, jouèrent un rôle déterminant dans sa carrière. Au cours des neuf années qu'il passa dans le Sud, il étudia l'art de l'Antiquité et de la Renaissance, mais il découvrit aussi les innovations les plus récentes à travers les œuvres contradictoires de Tintoret, Annibal Carrache et Caravage.

Rentrant à Anvers à l'automne 1608 suite à la mort de sa mère, Rubens y constitua un atelier et bénéficia de la faveur des archiducs Albert et Isabelle qui gouvernaient les Pays-Bas méridionaux. Ses premières grandes commandes à Anvers, L'Élévation de la Croix et la Descente de Croix, firent de lui le plus grand artiste du tout nouveau et très dynamique style baroque au nord de l'Europe. Son art atteignit son apogée dans les années 1620, en alliant harmonieusement la force de Michel-Ange et la couleur de Titien. Ses compositions dramatiques, religieuses ou mythologiques, expriment l'énergie et la puissance du baroque. En plus des grands tableaux, on lui commanda des cycles monumentaux, notamment un plafond di sotto in su pour l'église jésuite d'Anvers, des tapisseries de l'Histoire de Constantin et du Triomphe de l'Eucharistie, ainsi que les célèbres peintures murales pour Marie de Médicis. Ces œuvres lui permirent d'exprimer pleinement son génie créatif et sa capacité à diriger un immense atelier très productif. À la fin de la décennie, il reçut d'autres commandes importantes : les plafonds de Charles Ier pour son palais de Whitehall et la

décoration de la Torre de la Parada pour le roi d'Espagne Philippe IV.

À la fin des années 1620, le style de Rubens s'adoucit. Les formes sculpturales et les couleurs locales intenses font place à une touche plus empâtée, plus fondue, et à une palette moins contrastée. Certains attribuent ce changement à la redécouverte par Rubens de l'art de Titien mais il était dû aussi à une évolution interne qui permit à Rubens de développer une ultima maniera, comme tous les plus grands artistes à la fin de leur vie. Son second mariage avec la jeune Hélène Fourment et l'acquisition de la propriété de campagne de Steen contribuèrent aussi à cette évolution.

La diversité de l'œuvre de Rubens, peintre de scènes mythologiques païennes et d'iconographie de la Contre-Réforme, portraitiste de l'aristocratie, peintre de la vie paysanne et de paysages pastoraux, révèle la dimension de sa vision, et permet d'expliquer aussi la diversité de ses étudiants et de ses successeurs. Toutes les générations, de son temps et au cours des siècles suivants, trouvèrent dans son œuvre une source d'inspiration durable.

< cat. 17 et 18

Varotari, Alessandro (« Il Padovanino »)
Padoue, 4 avril 1588 -
Venise, 20 juillet 1649

Fils du peintre et architecte Dario Varotari, le jeune Alessandro fut formé par Damiano Mazza, l'un des successeurs de Titien. Et c'est Titien qui, bien que mort dix ans avant la naissance de Varotari, fut le modèle qu'il suivit durant toute sa carrière. De plus, Varotari aurait été nourri par l'étude approfondie des fresques de Titien à la Scuola di Sant'Antonio, à Padoue, sa ville natale. Ses œuvres de jeunesse, exécutées dans cette ville, sont souvent des copies du grand maître vénitien.

En 1614, à l'âge de vingt-six ans, il quitta Padoue pour Venise et continua jusqu'à Rome où il copia les trois magnifiques Bacchanales de Titien, alors dans la collection du cardinal Pietro Aldobrandini, mais il étudia aussi l'œuvre de Michel-Ange et d'Annibal Carrache. On retrouve cette combinaison de sources variées dans la série de quatre tableaux qui se trouve aujourd'hui à l'Accademia Carrara de Bergame : trois sont des copies directes des Bacchanales de Titien, tandis que le quatrième, Le Triomphe de Thétis, est une composition originale avec des références à l'œuvre de Michel-Ange et de Carrache, et une palette inspirée par le chromatisme de Titien et de Palma le Jeune.

Varotari qui fut connu sous le nom de « Il Padovanino », retourna à Venise en 1620 et y acheva sa carrière. Un paiement reçu à Rome indique qu'il quitta parfois la Sérénissime mais il devint en fait un Vénitien. Son art célébrait celui de Titien et de la peinture vénitienne du XVIe siècle. Ses commandes publiques, les nombreux retables et plafonds qu'il peignit pour les églises de Venise, et ses toiles mythologiques évoquent tous la couleur et la touche très apparente de Titien. Varotari était lié à l'Accademia degli Incogniti et aux cercles intellectuels vénitiens qui influencèrent aussi son art.

< cat. 16

Vinckboons, David
(Mechelen, 1576 -
Amsterdam, avant le 12 janvier 1633)

David Vinckboons fut formé par son père, Philips, peintre d'aquarelles sur toile – une spécialité de Mechelen. Vers 1580, la famille partit s'installer à Anvers, sans doute à cause de l'agitation politique, puis à Middelbourg vers 1586 et enfin à Amsterdam vers 1591. David s'imposa comme un artiste indépendant autour de 1602, année de sa première œuvre datée et de son mariage avec Agneta van Loon. Vinckboons peignit quelques tableaux d'histoire avec de grandes figures, comme son Hercule, Nessus et Déjanire, conservé à Vienne. Il était toutefois spécialisé dans les paysages et les scènes de genre avec petites figures, ou d'ambitieuses compositions réunissant les deux. Ses paysages sont influencés par Gillis III van Coninxloo qui vécut à Amsterdam à partir de 1595. Ses scènes de genre, quant à elles, sont marquées par l'art de Pieter Bruegel l'Ancien et de ses successeurs. Certaines œuvres de Vinckboons comme la Kermesse flamande de 1610 (Bruxelles) et la Crucifixion de 1611 (Munich), rappellent les compositions de Pieter Bruegel l'Ancien avec leurs figures complexes et très actives ainsi que leur horizon élevé.

L'originalité de Vinckboons s'exprime dans ses représentations d'aristocrates habillés à la mode, qui se divertissent à la campagne, souvent devant un château aperçu dans le lointain. Ils mangent, boivent, jouent de la musique ou s'adonnent à des jeux galants. La scène est souvent intime et située près du spectateur, comme dans les versions de La Joyeuse Compagnie conservées à Vienne et Amsterdam. Ces œuvres influencèrent beaucoup Willem Buytewech et Dirk Hals, entre autres.

Les dessins constituent une part importante de l'œuvre de Vinckboons et ils sont plus nombreux que ses tableaux. Exécutés à la plume, parfois rehaussés au lavis, ils étaient surtout destinés à la gravure. Vinckboons fournissait les meilleurs graveurs de l'époque en sujets religieux et scènes de genre, soit par des planches uniques soit sous forme de grandes séries. Il faisait aussi des dessins pour illustrer des livres, pour des vitraux et pour les vignettes qu'on trouvait sur les cartes.

< cat. 22 et 59

Vrancx, Sébastien
Anvers, baptisé le 22 janvier 1573 -
Anvers, 19 mai 1647

Fils de Jan Vranckx et de Barbara Coutereau, Sébastien Vranckx aurait fait son apprentissage auprès d'Adam van Noort (l'un des maîtres de Rubens), selon Karel van Mander. Il travailla en Italie entre 1596 environ et 1601 et, à son retour à Anvers, fut admis dans la guilde de Saint-Luc. En 1610, il devint membre de la Fraternité de Saint-Pierre et Saint-Paul, une société romaniste élitiste, qui revendiquait aussi Rubens parmi ses membres. Vranckx appartenait également à la Chambre de rhétorique d'Anvers et vers 1613 il fut le doyen de la Chambre De Violieren pour laquelle il composa des textes littéraires. En 1611-1612, il fut élu doyen associé de la guilde de Saint-Luc et en devint en

1613 le premier doyen. En 1612, il épousa Maria Pamphi, fille d'un marchand d'art et belle-sœur du peintre Tobias Verhaecht. Tous ces éléments indiquent qu'il était un personnage central des cercles artistiques d'Anvers.

Les scènes de bataille à petite échelle furent l'une de ses inventions. Ses représentations d'affrontements militaires et de soldats en maraude dans des villages paysans connurent un vif succès malgré leurs sujets cruels. Ces tableaux représentent environ la moitié de son œuvre. Vranckx se spécialisa aussi dans les compositions avec de petites figures placées dans de vastes paysages et un système perspectif souvent construit autour de l'axe central. Le sujet de ces tableaux allait du cycle des saisons aux thèmes religieux et mythologiques. Le cadre architectural y est souvent complexe, inspiré par les gravures de Hans Vredeman de Vries, par les conceptions pseudo-classiques répandues dans le Nord ou encore par le souvenir de voyages en Italie. Parfois, les figures sont simplement représentées dans un paysage panoramique. Vranckx était toutefois d'abord connu comme peintre de figures et fut souvent appelé à participer à la réalisation des tableaux de Joos de Momper, Jan Ier Bruegel, Pieter Neefs et d'autres grands maîtres anversois.

< cat. 72

Watteau, Jean Antoine

Valenciennes, 10 octobre 1684 -
Nogent-sur-Marne, 18 juillet 1721

L'œuvre de Watteau comporte encore une grande part de mystère mais il est possible de retracer les grandes lignes de sa courte vie. Son père était couvreur de tuiles mais d'autres membres de la famille avaient un lien avec le monde de l'art. Le jeune Antoine fit son apprentissage auprès d'un peintre local inconnu mais, en 1702, à l'âge de dix-huit ans, peut-être insatisfait de ce qu'il pouvait apprendre ou accomplir à Valenciennes, il fit un voyage à Paris. Il fut employé par des peintres mineurs jusqu'à ce qu'il rencontre Claude Gillot, avec lequel il travailla pendant plusieurs années. Cette expérience fut décisive pour sa carrière puisque c'est grâce à cet artiste que Watteau s'intéressa à la commedia dell'arte et à d'autres sujets de genre. Il fut ensuite l'assistant du peintre ornemaniste Claude III Audran. Il est possible que Watteau ait peint à cette époque un grand nombre des arabesques que nous connaissons. Après n'avoir obtenu que la seconde place au prix de Rome de 1709, Watteau fut découragé et trouva l'argent nécessaire pour rentrer à Valenciennes en vendant un tableau à sujet militaire. Il ne semble pas être resté longtemps dans sa ville natale.
Watteau retourna à Paris avec le jeune Jean-Baptiste Pater comme apprenti mais il n'était en fait pas encore vraiment indépendant lui-même. En plus d'Audran qu'il retrouva, Watteau travailla pour Antoine Dieu, Philippe Meusnier et probablement d'autres peintres. En juillet 1712, il fut agréé à l'Académie royale avec Les Jaloux, un tableau représentant des personnages de commedia dell'arte dans un jardin. La frontalité des figures et la raideur de leurs postures sont typiques de la maladresse de ses œuvres de jeunesse.

En 1715, Watteau habitait quai Conti. La même année, le grand mécène Pierre Crozat et le peintre franco-flamand Nicolas Vleughels revinrent d'Italie. Les trois hommes étaient liés par une amitié étroite et, à la fin de 1717, les deux artistes vivaient sous le toit de Crozat avant d'habiter seuls à partir de 1718. Watteau découvrit l'extraordinaire collection de tableaux et de dessins de Crozat, et notamment des dessins de Titien, Campagnola, Rubens, Van Dyck et d'autres artistes du cercle de Rubens, qui allaient tous jouer un grand rôle dans sa maturation artistique. Son sens de la couleur se trouva enrichi, ses figures devinrent plus pleines et leurs mouvements plus fluides.
Malgré plusieurs réprimandes de l'Académie, Watteau ne soumit pas son morceau de réception, Le Pèlerinage à l'île de Cythère (aujourd'hui au Louvre) avant le 28 août 1717, date à laquelle il fut accepté comme « peintre », le titre normalement accordé aux peintres d'histoire. Les minutes de l'Académie rapportent que le titre initial du tableau fut changé, après l'inscription, en « feste galante ». C'est la première apparition connue de cette appellation pour le sujet préféré de Watteau.
À la fin de 1719, Watteau se trouvait à Londres où il resta sans doute moins d'un an. Il y consulta le docteur Richard Meade à propos de son état de santé affaibli par la tuberculose. Il était de retour à Paris vers août 1720 et demeura actif dans le cercle de Crozat. Il habitait alors sur le pont Notre-Dame avec le marchand Edme François Gersaint. Malgré la maladie, Watteau peignit la célèbre Enseigne pour la boutique de Gersaint. Au printemps, toujours plus faible, il partit s'installer dans une résidence de campagne à Nogent-sur-Marne, grâce à l'abbé Haranger, chanoine de Saint-Germain-l'Auxerrois. Plein de remords pour la manière dont il avait traité Pater, Watteau, qui n'avait pas encore renoncé à peindre, le fit venir auprès de lui comme assistant. Watteau mourut à Nogent en août, quelques mois après son trente-septième anniversaire.
Dans les années qui suivirent immédiatement sa mort, survinrent plusieurs événements qui sont fondamentaux pour nous aider à comprendre la vie et l'œuvre du peintre. L'abbé Josse Leclerc publia une notice biographique importante dans l'édition de 1725 du Dictionnaire de Moreri : elle servit de source à de nombreuses vies ultérieures de Watteau. Jean de Jullienne entreprit la publication en quatre volumes d'un corpus de gravures d'après les dessins et tableaux de Watteau. Le premier volume, réalisé à partir des dessins, parut en 1726 et les premières gravures d'après les tableaux en 1727 mais la publication complète prit presque dix ans. L'Œuvre gravé de Jullienne demeure essentiel pour déchiffrer les mystères qui entourent ce grand maître du rococo.

< cat. 1, 2, 3, 4, 5, 6, 7, 8, 9, 10, 11, 12, 13, 28, 32, 43, 44, 54, 55, 56, 57, 71, 77, 78 et 79

Wouters, Frans

Lierre, vers le 2 octobre 1612 - Anvers, 1659

Juste après son dix-septième anniversaire, en 1629, le jeune Frans Wouters fut placé comme apprenti par son père ébéniste auprès du paysagiste anversois Pierre van Avont. La mort de son père en 1634 lui fournit une excuse pour partir et rejoindre l'atelier

de Pierre Paul Rubens, malgré la plainte déposée officiellement par Van Avont. L'art de Rubens marqua définitivement le style pictural de Wouters et, pourtant, il ne passa que quelques mois auprès de son maître, en qualité non d'élève mais de « disciple », travaillant peut-être à la décoration de la Pompa introitus Ferdinandi. Cette même année, il devint membre de la guilde de Saint-Luc à Anvers et était un peintre indépendant à l'automne 1635.
La carrière de Wouters prit rapidement une envergure internationale. En 1636 il était à Vienne, au service de l'empereur Ferdinand II, puis il voyagea avec l'ambassadeur allemand à la cour de Charles Ier d'Angleterre. À la mort de Ferdinand en 1637, il fut nommé peintre du prince de Galles (le futur Charles II) pour qui il réalisa un plafond ainsi que plusieurs scènes mythologiques et des paysages. En 1641, il était rentré à Anvers, où il acquit une certaine réputation. Wouters travailla aussi comme expert et marchand d'art : il participa à l'évaluation des tableaux de Rubens dans le domaine de Steen et, en 1648, il servit d'agent dans la vente de la collection d'art du duc de Buckingham qui avait émigré. Peintre à succès, Wouters se maria en 1644 et fut élu doyen de la guilde d'Anvers pour la période 1649-1650. Il travaillait alors au service de l'archiduc Leopold Wilhelm, ce qui témoigne du prestige dont il jouissait en Flandre.
Comme tant d'autres artistes anversois, Wouters peignait dans l'ombre de Rubens. Il pouvait rivaliser avec le mode héroïque de Rubens, souvent imiter le style figuratif de son maître et même copier des compositions telles que le Prométhée de Lille, mais il travaillait également dans registre moins élevé : il réduisait les inventions de Rubens en peignant de petites figures élégantes dans de vastes paysages arcadiens, comme dans Diane et Actéon (Dresde) et Vénus et Adonis (Copenhague). L'intérêt de Wouters pour le paysage reflète sa formation initiale auprès de Van Avont, la stimulation directe apportée par le travail de Rubens dans ce domaine et leur goût partagé pour les paysages des peintres vénitiens. Le plus surprenant est la qualité giorgionesque de nombreux tableaux de Wouters, comme ceux de Dôle et de Besançon.
Wouters n'était qu'un habile disciple de Rubens, l'un parmi tant d'autres dans le sillage du grand maître d'Anvers. Sa carrière prometteuse prit fin abruptement lorsqu'il fut tué par un coup de feu accidentel en 1659.

< cat. 60

Bibliographie sélective

La bibliographie qui suit renvoie tout d'abord aux titres cités dans le texte. Les lecteurs sont invités à consulter la bibliographie complète donnée dans le catalogue d'exposition *Watteau, 1684-1721*, Washington-Paris-Berlin, 1984-1985, sous la direction de Margaret Morgan Grasselli et Pierre Rosenberg.

Ouvrages et articles

A

Anonyme, 1960
Anonyme, « French Art : 1600-1800 », *Museum News, Toledo Museum of Art*, t. III, 1960, p. 74-94.
Anonyme, 1960
Anonyme, « Les principales acquisitions des musées de province », *La Revue du Louvre et des Musées de France*, t. XXV, 1975, p. 398-399.

Adhémar, 1939
Adhémar, Hélène [de Vallée], « Sources de l'art de Watteau – Claude Simpol », *Prométhée*, t. III, avril 1939, p. 67-74.

Adhémar, 1947
Adhémar, Hélène, *L'Embarquement pour l'île de Cythère*, Paris, 1947.

Adhémar, 1950
Adhémar, Hélène, et Huyghe, René, *Watteau, sa vie – son œuvre*, Paris, 1950.

Adhémar, 1977
Adhémar, Hélène, « Watteau, les romans, et l'imagerie de son temps », *Gazette des beaux-arts*, 6ᵉ période, t. XC, 1977, p. 166-170.

Alexandre, 1925
Alexandre, Arsène, « De Poussin à Corot », *La Renaissance*, t. VIII, 1925.

Allemagne, 1900
Allemagne, Henry René d', *Musée rétrospectif de la clase 100. Jouets. À l'Exposition Universelle Internationale de 1900, à Paris*, Paris, 1900.

Alvin-Beaumont, 1932
Alvin-Beaumont, V., *Autour de Watteau*, Paris, 1932.

Angelini, 1911
Angelini, Luigi, « Il riordamento delle Gallerie dell'Accademia Carrara di Bergamo », *Emporium*, t. XXXIV, 1911, p. 341-359.

Argens, 1738
Argens, Jean-Baptiste de Boyer, marquis d', *Lettres juives, ou Correspondance philosophique, historique & critique…*, 7 vol., Paris, 1738.

Arquié-Bruley, Labbé, Bicart-Sée, 1987
Arquié-Bruley, Françoise, Labbé, Jacqueline, et Bicart-Sée, Lise, *La Collection Saint-Morys au Cabinet des Dessins du Musée du Louvre*, 2 vol., Paris, 1987.

B

Badin, 1909
Badin, Jules, *La Manufacture de Tapisseries de Beauvais, depuis ses origines jusqu'à nos jours*, Paris, 1909.

Banks, 1972
Banks, Oliver T., *Watteau and the North : Studies in the Dutch and Flemish Baroque Influence on French Rococo Painting*, New York-Londres, 1972.

Banville, 1891
Banville, Théodore Faullain de, *Occidentales-Rimes dorées-Rondels-La Perle*, Paris, 1891.

Barker, 1939
Barker, Gilbert W., *Antoine Watteau*, Londres, 1939

Bénard, 1810
Bénard, Pieri, *Cabinet de M. Paignon Dijonval*, Paris, 1810.

Bénézit, 1999
Bénézit, Emmanuel éd., *Dictionnaire critique et documentaire des peintres, sculpteurs, dessinateurs et graveurs de tous les temps et de tous les pays…*, 14 vol., Paris, 1999.

Benoist, 1953
Benoist, Luc, *Ville de Nantes, Musée des Beaux-Arts – Catalogue et Guide*, 1953.

Bergot, 1992
Bergot, Francois, Marie Pessiot, et Gilles Granjean éd., *Musée des Beaux-Arts de Rouen, Guide des collections, XVIᵉ-XVIIᵉ siècles*, Paris, 1992.

Bernt, 1970
Bernt, Walther, *The Netherlandish Painters of the Seventeenth Century*, Londres, 1970, 3 vol.

Berthelin, 1762
Berthelin, *Abrégé du dictionnaire universel français et latin, vulgairement appelé dictionnaire de Trévoux*, 3 vol., Paris, 1762.

Bertier de Sauvigny, 1986
Bertier de Sauvigny, Reine de, « Les scènes galantes dans la peinture des Pays-Bas et leur influence sur le XVIIIᵉ français », *Art et curiosité*, nᵒ CI, décembre 1986, p. 13-47.

Bjurström, 1971
Bjurström, Per, « François-Jérôme Chantereau dessinateur », *Revue de l'art*, nᵒ 14, 1971, p. 80-85.

Bjurström, 1982
Bjurström, Per, *Drawings in Swedish Public Collections, French Drawings, Eighteenth Century*, Stockholm, 1982.

Blanc, 1854
Blanc, Charles, *Les peintres des fêtes galantes. Watteau – Lancret – Pater – Boucher*, Paris, 1854.

Blunt, 1945
Blunt, Anthony, *The French Drawings in the Collection of His Majesty at Windsor Castle*, Oxford, 1945.

Boissy, 1813
Boissy, Louis de, *Le Français à Londres* (1727), dans *Repertoire générale du théatre français*, t. XIV, Paris, 1813.

Bordeaux, 1984
Bordeaux, Jean-Luc, *François Le Moyne and His Generation, 1688-1737*, Neuilly-sur-Seine, 1984.

Borel, 1922
Borel, Pétrus, *Œuvres complètes de Pétrus Borel, Le Lycanthrope*, Aristide Marie éd., 3 vol., Paris, 1922.

Bos, [1719], 1993
Bos, abbé du, *Réflexions critiques sur la poésie et sur la peinture*, 1719 ; Paris, 1993.

Boschini, 1660
Boschini, Marco, *La carta del navegar pittoresco*, Venise, 1660.

Boschini, 1674
Boschini, Marco, *Le ricche Minere della pittura veneziana*, Venise, 1674.

Bossoutrot, 2003
Bossoutrot, Anne, et Morin, Christophe, « Romainville, identification d'une vue du château au XVIIIᵉ siècle », *Bulletin monumental*, décembre 2003.

Brière, 1924
Brière, Gaston, *Musée national du Louvre, Catalogue des peintures exposées dans les galeries, I, École française*, Paris, 1924.

Brookner, 1955
Brookner, Anita, « French Painting at the Royal Academy », *The Connoisseur*, t. CXXXV, 1955, p. 40-44.

Brookner, 1967
Brookner, Anita, *Watteau*, Feltham, 1967.

Bruges, 1872
Bruges, Académie royale des Beaux Arts, *Catalogue des ouvrages de peinture, sculpture, architecture, gravures et dessins, exposé à l'Académie royale des Beaux-Arts, à Bruges*, Bruges, 1872.

Bruges, 1886
Bruges, musée de l'Académie, *Catalogue des tableaux et objets d'art exposés au Musée et dans la salle des délibérations de la Jointe de l'Académie royale des Beaux-Arts à Bruges*, Bruges, 1886.

Brunel, 1986
Brunel, Georges, *Boucher*, Paris, 1986.

Brunet, 1971
Brunet, Michel, « Le parc d'attraction des ducs de Bourgogne à Hesdin », *Gazette des beaux-arts*, 6ᵉ période, t. LXXVIII, 1971, p. 331-342.

Bruxelles, 1927
Bruxelles, musée royal des Beaux-Arts, *Catalogue de la peinture ancienne*, Bruxelles, 1927.

Bruxelles, 1957
Bruxelles, musées royaux des Beaux-Arts de Belgique, *Catalogue de la peinture ancienne*, Bruxelles, 1957.

Bruxelles, 1971
Bruxelles, Musées royaux des Beaux-Arts de Belgique, *Art ancien, oude kunst*, Bruxelles, 1971.

Bryson, 1981
Bryson, Norman, *Word and Image : French Painting of the Ancien Régime*, Cambridge et New York, 1981.

Buffenoir, 1907
Buffenoir, Hippolyte, « Dessins de maîtres du XVIIIᵉ siècle au musée de Stockholm », *Gazette des beaux-arts*, 3ᵉ période, t. XXXVII, 1907, p. 160-172.

Burchard, 1933
Burchard, Ludwig, « Pourbus, Frans d. J. », dans Ulrich Thieme et Felix Becker éd., *Allgemeines Lexikon der bildenden Künstler*, 37 vol., Leipzig, 1907-1950, t. XXVII (1933), p. 315-319.

C

Campardon, 1877
Campardon, Émile, *Les Spectacles de la foire, …depuis 1595 jusqu'à 1791*, Paris, 1877.

Cantarel-Besson, 1992

Cantarel-Besson, Yveline, *Musée du Louvre (Janvier 1797-Juin 1798) : procès-verbaux du Conseil d'administration du « Musée Central des Arts ». Notes et documents*, Paris, 1992.

Cariou, 1993

Cariou, André, *Le Musée des Beaux-Arts, Quimper*, Quimper, 1993.

Cavalli-Björkman, 1987

Cavalli-Björkman, Görel éd., *Bacchanals by Titian and Rubens*, Stockholm, 1987.

Caylus, 1748

Caylus, « La Vie d'Antoine Watteau, peintre de figures et de paysages, sujets galants et modernes », voir Rosenberg, 1984

Charageat, 1950

Charageat, Marguerite, « Le parc du Hesdin, une création monumentale du XIIIᵉ siècle » *Bulletin de la Société de l'histoire de l'art français*, 1950, p. 94-106.

Chastel, 1989

Chastel, André, *et al.*, *La Villa Médicis*, 3 vol., Rome, Académie de France à Rome et École française de Rome, 1989.

Chatelus, 1974

Chatelus, Jean, « Thèmes picturaux dans les appartements de marchands et artisans parisiens au XVIIIᵉ siècle », *Dix-Huitième Siècle*, nᵒ 6, 1974, p. 302-324.

Chennevières, 1896

Chennevières, Philippe, marquis de, « Une collection de dessins d'artistes français », *L'Artiste*, 1896, t. LXIV.

Chudzikowski, 1967

Chudzikowski, Andrzej, « Louis de Caulery et ses tableaux en Cologne », *Bulletin du Musée national de Varsovie*, t. VIII, 1967, p. 25-31.

Compin et Roquebert, 1986

Compin, Isabelle, et Roquebert, Anne, *Catalogue sommaire illustrée des peintures du Musée du Louvre et du Musée d'Orsay, École française*, t. III-V, Paris, 1986.

Conisbee, 1981

Conisbee, Philip, *Painting in Eighteenth-Century France*, Oxford, 1981.

Constans, 1980

Constans, Claire, *Musée national du château de Versailles, Catalogue des Peintures*, Paris, 1980.

Constans, 1995

Constans, Claire, *Musée national du château de Versailles. Les peintures II*, Paris, 1995.

Crow, 1985

Crow, Thomas, *Painters and Public Life in Eighteenth Century*, New Haven et Londres, 1985.

Crowe et Cavalcaselle, 1877

Crowe, Joseph A., et Cavalcaselle, G. Battista, *Tiziano : la sua vita e suoi tempi*, Florence, 1877.

D

Dacier, Vuaflart et Hérold, 1921-1929

Dacier, Émile, Vuaflart, Albert, et Hérold, Jacques, *Jean de Jullienne et les graveurs de Watteau au XVIIIᵉ siècle*, 4 vol., Paris, 1921-1929.

Dacier, 1937

Dacier, Émile, « Autour de Watteau - L'île de Cythère avant "L'Embarquement" », *Revue de l'art ancien et moderne*, 1937, t. LXXI, p. 247-250.

Danchet, 1751

Danchet, Antoine, *Théatre de M. Danchet*, Paris, 1751.

Dargenty, 1891

Dargenty, G. (pseudonyme de Arthur-Auguste Mallebay Du Cluseau d'Écherac), *Antoine Watteau*, Paris, 1891.

Dayot, v. 1900

Dayot, Armand, *La Peinture française au XVIIIᵉ siècle*, 4 vol., Paris, v. 1900.

Delen, 1930

Delen, Adrien Jean Joseph, *De Iconographie van Antwerpen*, Bruxelles, 1930.

Delen, 1959

Delen, Adrien Jean Joseph, *Musée royal des Beaux-Arts, Anvers, Catalogue descriptif*, Anvers, 1959.

Dell'Acqua, 1956

Dell'Acqua, Gian Alberto, *Titien*, Milan, 1956.

Demmler, 1918

Demmler, Theodore, Feulner, Adolf, et Burg, Hermann, *Kunstwerke aus dem besetzen Nordfrankreich ausgestellt im Museum zu Valenciennes*, Munich, 1918.

Descargues, 1961

Descargues, Pierre, *Le musée de l'Hermitage*, Paris, 1961.

Dezallier d'Argenville, 1762

Dezallier d'Argenville, Antoine Joseph, *Abrégé de la vie des plus fameux peintres*, 4 vol., Paris, 1762.

Dezallier d'Argenville, 1781

Dezallier d'Argenville, Antoine Joseph, *Description sommaire des ouvrages de peinture, sculpture et gravure exposés dans les salles de l'Académie royale*, 1781.

Diderot, 1995

Diderot D., *Pensées détachées sur la peinture, la sculpture, l'architecture et la poésie*, Paris, 1995.

Didon, 1988

Didon, R., *Rokokon och dess måleri i det svenska 1800-talets ögon*, Ph.D. diss. University of Stockholm.

Dilke, 1898

Dilke, lady Emilia Francis Strong, « L'art français au Guidhall de Londres en 1898 » *Gazette des beaux-arts*, 3ᵉ période, t. XX, 1898, p. 321-336.

Dilke, 1899

Dilke, Lady Emilia Francis Strong, *French Painters of the XVIIIth Century*, Londres, 1899.

Dinaux, 1867

Dinaux, Arthur, *Les Sociétés badines, bachiques, littéraires et chantantes, leur histoire et leurs travaux*, Paris, 1867, 2 vol.

Donzelli, 1967

Donzelli, Carlo, et Pilo, Giuseppe Maria, *I pittori del Seicento veneto*, Florence, 1967.

Driessche, 1931

Driessche, J.E. van den, *Ville de Tourcoing, Musée des Beaux-Arts, Catalogue général*, Tourcoing, 1931.

Dubois de Saint-Gelais, 1737

Dubois de Saint-Gelais, *Description des tableaux du Palais Royal avec la vie des peintres à la tête de leurs ouvrages*, 1727 ; 2ᵉ éd. rév., Paris, 1737.

Duncan, 1976

Duncan, Carol, *The Pursuit of Pleasure : the Rococo Revival in French Romantic Art*, New York, 1976.

Dupuy du Grez, 1699

Dupuy du Grez Bernard, *Traité sur la peinture*, Toulouse, 1699.

Dussieux, 1851-1852

Dussieux, Louis, « Académie de Peinture et de Sculpture. Liste chronologique des membres », *Archives de l'art français*, t. I, 1851-1852, p. 357-424.

Duveen, 1941

Duveen (les frères), *Duveen Pictures in Public Collections of America*, New York, 1941.

E

Earp, 1902

Earp, Frank Russell, *A Descriptive Catalogue of the Pictures in the Fitzwilliam Museum*, Cambridge, 1902.

Eidelberg, 1968

Eidelberg, Martin, « Watteau, Lancret, and the Fountains of Oppenort », *The Burlington Magazine*, t. CX, 1968, p. 445-456.

Eidelberg, 1969

Eidelberg, Martin, « Watteau's "La Boudeuse" » *The Burlington Magazine*, t. CXI, 1969, p. 275-278.

Eidelberg, 1977

Eidelberg, Martin, *Watteau's Drawings : Their Use and Significance*, New York, 1977.

Eidelberg, 1978

Eidelberg, Martin, « "Le Flutiste" de Grenoble remis en question », *La Revue du Louvre et des Musées de France*, t. XXVIII, 1978, p. 12-19.

Eidelberg, 1979

Eidelberg, Martin, « Autour du nom de Quillard », *Bulletin de la Société de l'histoire de l'art français*, 1979, p. 129-140.

Eidelberg, 1981

Eidelberg, Martin, « Quillard as Draughtsman », *Master Drawings*, t. XIX, 1981, p. 27-39.

Eidelberg, 1984

Eidelberg, Martin, « Gabriel Huquier – Friend or Foe of Watteau ? », *The Print Collector's Newsletter*, t. XV, 1984, p. 157-164.

Eidelberg, 1986

Eidelberg, Martin, « The *Jullienne Spring* by Antoine Watteau », *Apollo*, t. CXXIV, août 1986, p. 98-103.

Eidelberg et Rowlands, 1994

Eidelberg, Martin, et Rowlands, Eliot Woolridge, « The Dispersal of the last duke of Mantua's Paintings », *Gazette des beaux-arts*, 6ᵉ période, tome CXXIII, avril 1994, p. 234.

Eidelberg, 1995

Eidelberg, Martin, « Watteau's Italian Reveries », *Gazette des beaux-arts*, 6ᵉ période, t. CXXVI, 1995, p. 111-138

Eidelberg, 1996a

Eidelberg, Martin, « Octavien », dans Jane Turner éd., *The Dictionary of Art*, 34 vol., Londres et New York, 1996, t. XXIII, p. 346-347.

Eidelberg, 1996b

Eidelberg, Martin, « Quillard », dans Jane Turner éd., *The Dictionary of Art*, 34 vol., 1996, t. XXV, p. 820.

Eidelberg, 1996c

Eidelberg, Martin, « Huquier in the Guise of Watteau », *On Paper*, t. I, novembre-décembre 1996, p. 28-32.

Eidelberg, 1997

Eidelberg, Martin, « "Dieu invenit, Watteau pinxit". Un nouvel éclairage sur une ancienne rélation. » *La Revue de l'art*, t. CXV, 1997, p. 25-29.

Eidelberg, 2000

Eidelberg, M. « Jean-Jacques Spoede, Watteau's "special friend" », *Gazette des beaux-arts*, novembre 2000, p. 179-196.

Eidelberg, 2001
Eidelberg, Martin, « The Case of the Vanishing Watteau » *Gazette des beaux-arts,* 6e période, t. CXXXVIII, 2001, p. 15-40.

Eisenstadt, 1930
Eisenstadt, Mussia, *Watteaus Fêtes Galantes und ihre Ursprünge,* Berlin, 1930.

Eisler, 1977
Eisler, Colin, *Paintings from the Samuel H. Kress Collection : European Schools excluding Italian,* Oxford, 1977.

Ertz, 2000
Ertz, Klaus, *Pieter Brueghel der jüngere (1564-1637/38) : die Gemälde mit kritischem Oeuvrekatalog,* Lingen, 2000

F

Faroult, 1999
Faroult, Guillaume, « Autour de Watteau : Pierre-Louis Éveillard de Livois et les peintres de fêtes galantes », *Arts, recherches et créations. La revue des Pays de la Loire,* 1999.

Faroult, 1999
Faroult, Guillaume, « Pierre-Louis Éveillard de Livois, portrait d'un collectioneur angevin à la fin de l'Ancien Régime », *Bulletin de la Société de l'histoire de l'art français,* 1999, p. 135-170.

Félibien, [1685-1688]
Félibien, André, *Entretiens sur les vies et sur les ouvrages des plus excellents peintres anciens et modernes,* 2e éd., 2 vol. [Paris, 1685-1688].

Fenaille, 1903-1923
Fenaille, Maurice, *État général des tapisseries de la Manufacture des Gobelins depuis son origine jusqu'à nos jours,* 5 vol., Paris, 1903-1923.

Ferré *et al.*
Ferré, Jean, *et al., Watteau,* 5 vol., Madrid, 1972.

Florisoone, 1948
Florisoone, Michel, *Le Dix-Huitième Siècle,* Paris, 1948.

Fohr, 1982
Fohr, Robert, *Tours, musée des Beaux-Arts ; Richelieu, musée municipal ; Azay-le-Ferron, château : Tableaux français et italiens du XVIIe siècle,* Paris, 1982.

Fontaine, 1909
Fontaine, André, *Les Doctrines d'art en France,* Paris, 1909

Fontaine, 1910
Fontaine, André, *Les collections de l'Académie royale de peinture et de sculpture,* Paris, 1910.

Fontenai, 1776
Fontenai, Louis Abels Bonafons, abbé de, *Dictionnaire des artistes,* 2 vol., Paris, 1776.

Fontenai, 1786-1808
Fontenai, Louis Abels Bonafons, abbé de et Jacques Couché, *Galerie du Palais royal, gravée d'après les tableaux des differentes ecoles qui la composem,* 3 vol., Paris, 1786-1808.

Foster, 1905-1907
Foster, Joshua James éd., *French Art from Watteau to Prud'hon,* 3 vol., Londres, 1905-1907.

Francini, Gaureau et Thuret, 1703-1745
Francini, J. N. de, H. de Gaureault, sieur de Dumont, Guyenet, et L.A.E. de Thuret, *Recueil general des opera representez par l'Academie royale de musique, depuis son etablissement…,* 16 vol., Paris, 1703-1745.

Frizzoni, 1892
Frizzoni, Gustavo, « La raccolta del Senatore Giovanni Morelli in Bergamo », *Archivio Storico dell'Arte,* t. V, 1892 p. 217-232.

Frizzoni, 1897
Frizzoni, Gustavo, *L'arte in Bergamo e l'Accademia Carrara,* Bergame, 1897.

Fuhring, 1999
Fuhring, Peter, *Un génie du rococo : Juste-Aurèle Meissonnier, 1695-1750,* 2 vol., Turin et Londres, 1999.

Furetière, [1690], 1978
Furetière Antoine, *Le Dictionnaire universel, contenant généralement tous les mots français tant vieux que modernes et les termes de toutes les sciences et des arts,* 3 vol. (1690 ; repr., Paris, 1978).

G

Gabillot, 1907
Gabillot, C., *Les peintres des fêtes galantes : Antoine Watteau, Jean-Baptiste Pater, Nicolas Lancret,* Paris, 1907.

Gauguet et Hombron, 1973
Gauguet, Nicolas Laurent Adolphe, and H. Hombron, *Tableaux exposés dans les galeries du musée de la ville de Quimper dit musée de Silguy,* Brest, 1873.

Gautier, 1882
Gautier, Théophile, *Guide de l'amateur au Musée du Louvre* (1865), Paris, 1882.

Genaille, 1966
Genaille, Jeanne et Robert, « Deux tableaux de Louis de Caulery », *Gazette des beaux-arts,* 6e période, t. LXVII, 1966, p. 111-114.

Gersaint, 1744a
Gersaint E. F., *Abrégé de la vie d'Antoine Watteau,* 1744, voir Rosenberg, 1984

Gersaint, 1744b
Gersaint E. F., *Catalogue raisonné de feu M. Quentin de Lorangere,* 2 vol. Paris, 1744.

Gétreau, 1987
Gétreau, Florence, « Watteau et la musique : réalité et interprétations », dans François Moureau et Margaret Morgan Grasselli éd., *Antoine Watteau (1684-1721), le peintre, son temps et sa légende,* Paris et Genève, 1987, p. 235-246.

Gillet, 1921
Gillet, Louis, *Un grand maître du XVIIIe siècle. Watteau,* Paris, 1921.

Gillet, 1929
Gillet, Louis, *La peinture au musée du Louvre, école française, XVIIIe siècle,* Paris, 1929.

Girouard, 2001
Girouard, Mark, *La Vie dans les châteaux français,* Paris, 2001.

Glorieux, 2002a
Glorieux Guillaume, « Les débuts de Watteau à Paris : le pont Notre-Dame en 1702 », *Gazette des beaux-arts,* février 2002, p. 251-262.

Glorieux, 2002b
Glorieux Guillaume, *À l'enseigne de Gersaint. Edme-François Gersaint (1694-1750), marchand d'art sur le pont Notre-Dame,* Seyssel, 2002.

Goncourt, 1875
Goncourt, Edmond de, *Catalogue raisonné de l'œuvre peint, dessiné et gravé d'Antoine Watteau,* Paris, 1875.

Goncourt, 1873-1874
Goncourt, Edmond et Jules de, *L'Art du dix-huitième siècle,* 2 vol., Paris, 1873-1874.

Goncourt, 1967
Goncourt, Edmond et Jules de, *L'Art du dix-huitième siècle et autres textes sur l'art,* textes réunis et présentés par J.-P. Bouillon, Paris, 1967.

Goncourt, 1989
Goncourt, Edmond et Jules de, *Journal, mémoires de la vie littéraire,* 3 vol., [1887-1896], 1989.

Gonse, 1900-1904
Gonse, Louis, *Les Chefs-d'œuvre des musées de France,* 2 vol., Paris, 1900-1904.

Goodison et Sutton, 1960
Goodison, Jack Weatherburn, et Denys Sutton, *Catalogue of Paintings in the Fitzwilliam Museum, Cambridge, vol. I, French, German and Spanish,* Cambridge, 1960.

Goossens, 1954
Goossens, Korneel, *David Vinckboons,* Anvers, 1954.

Granberg, 1929-1931
Granberg, O., *Svenska konstsamlingarnas historia, Från Gustav Vasa till våra dagar,* 3 vol., Stockholm, 1929-1931.

Grandmaison, 1879
Grandmaison, Charles de, « Inventaire des tableaux et objets d'art des châteaux d'Amboise et de Chanteloup (29 Ventôse an II - 19 mars 1794) », *Nouvelles Archives de l'art français,* 1879.

Grandmaison, 1897
Grandmaison, Charles de, *Les Origines du musée de Tours,* Tours, 1897.

Grasselli, 1987
Grasselli, Margaret Morgan, *The Drawings of Antoine Watteau : Stylistic Development and Problems of Chronology,* Ph.D. diss., Harvard University, 1987.

Grate, 1988-1994
Grate, Pontus, *Nationalmuseum. French Paintings,* 2 vol., Stockholm, 1988-1994.

Grigaut, 1956
Grigaut, Paul L., « Baroque and Rococo France in Toledo », *Art Quarterly,* t. XIX, 1956, p. 50-54.

Guiffrey, 1874
Guiffrey, Jean, *Éloge de Lancret peintre du roi par ballot de Sovot accompagné de diverses notes sur Lancret, de pièces inédites et du catalogue de ses tableaux et de ses estampes,* Paris, 1874.

Guiffrey, 1876
Guiffrey, Jean, « La Maîtrise des peintres à Saint-Germain-des-Prèz », *Nouvelles archives de l'art français,* t. XXII, 1876, p. 93-123.

Guiffrey, 1929
Guiffrey, Jean, « Le peintre-graveur P.A. Quillard », *Gazette des beaux-arts,* 6e période, t. I, 1929, p. 61-74.

Guiffrey, Marcel *et al.*, 1907-1975
Guiffrey Jules, Marcel, Pierre, *et al., Inventaire général des dessins du musée du Louvre et du musée de Versailles, École française,* 13 vol., Paris, 1907-1975.

Guillaume, 1884
Guillaume, Georges, *Antoine Watteau, sa vie, son œuvre et les monuments élevés à sa mémoire : Fête du bicentenaire du Peintre des Fêtes galantes,* Lille, 1884.

H

Hagedorn, 1775
Hagedorn, Christian Ludwig von, *Réflexions sur la peinture,* 2 vol., Leipzig, 1775.

Hagstrum, 1980
Hagstrum, *Sex and Sensibility*, Chicago, 1980.

Hannover, 1888
Hannover, Emil, « *De galante festers maler* », *Antoine Watteau, hans liv, hans vaerk, hans tid*, Copenhague, 1888 (édition allemande, 1889).

Hansen, 1984
Hansen, Wilhelm, *Kalenderminiaturen der Stundenbücher : Mittelalterliches Leben in Jahreslauf*, Munich, 1984.

Hattori, 1997
Hattori, Cordelia, « À la recherche des dessins de Pierre Crozat », *Bulletin de la Société de l'histoire de l'art français*, 1997, p. 179-208.

Hattori, 1998
Hattori Cordelia, *Pierre Crozat (1665-1740), un financier collectionneur et mécène*, thèse de doctorat, université de Paris IV, 1998.

Hattori, 2001
Hattori, Cordelia, « De Charles de La Fosse à Antoine Watteau : les *Saisons Crozat* », *Revue du Louvre. La revue des Musées de France*, 2001, n° 2, p. 56-57.

Hédouin, 1845
Hédouin, Pierre, « Watteau », *L'Artiste*, 16 novembre 1845, p. 45-48 ; 23 novembre 1845, p. 59-61 ; 30 novembre 1845, p. 78-80.

Heil, 1929
Heil, Walter, « The Jules Bache Collection », *Art News*, t. XXVII, 27 avril 1929, p. 3-33.

Held, 1986
Held, Julius S., *Rubens - Selected Drawings*, Oxford, 1986.

Helsinki, 1957
Helsinki, Atheneum, *Ateneumin Taidekokoelmat*, Helsinki, 1957.

Helsinki, 1959
Helsinki, Atheneum, *Ateneumin Taidemuseo. Konstmuseet i Atheneum. The Art Gallery of Ateneum*, Helsinki, 1959.

Helsinki, 1962
Helsinki, Atheneum, *The Art Gallery of Ateneum, Catalogue*, Helsinki, 1962.

Herscher, 1992
Herscher, Georges, *Venise en fêtes*, Paris, 1992.

Hevesy, 1929
Hevesy, A. de, « Ein "Amico di Watteau" », *Pantheon*, t. IV, 1929, p. 539-542.

Hildebrandt, 1922
Hildebrandt, Edmund, *Antoine Watteau*, Berlin, 1922.

Hollstein, 1949-2003
Hollstein, F.W.H., *Dutch and Flemish Etchings, Engravings, and Woodcuts, ca. 1450-1700*, 60 vol., 1949-2003.

Hoppe, 1953
Hoppe, R., « Antoine Watteau och andra franska sjuttonhundradalsmästare i Nationalmuseum », *Årsbok för Svenska konstsamlingar*, t. I, 1953, p. 13-60.

Hosten et Strubbe, 1932
Hosten, E., et Strubbe, Eg. I., *Catalogue illustré du Musée Communal des Beaux-Arts à Bruges*, Bruges, 1932.

Hourticq, 1921
Hourticq, Louis, *De Poussin à Watteau, ou Des origines de l'école parisienne de peinture*, Paris, 1921.

Houssaye, 1848
Houssaye, Arsène, *Galerie de portraits du XVIIIᵉ siècle*, Paris, 1848.

Houssaye, 1860
Houssaye, Arsène, *Histoire de l'art français au dix-huitième siècle*, Paris, 1860.

Hoving, 1946
Hoving, Victor, *Viipurilainen kertoo*, Helsinki, 1946.

Huard, 1928-1930
Huard, Georges, « Bonaventure Debar » dans Dimier, *Les Peintres francais du XVIIIᵉ siècle*, 2 vol., Paris et Bruxelles, 1928-1930, t. I, p. 295-300.

Huisman, 1937
Huisman, Georges, et Burnand, Robert, *Chefs-d'œuvre de l'art français, Paris 1937*, 2 vol., Paris, 1937.

Hulst, 1752
Hulst, Henri van, *Tableau chronologique de tous les peintres, sculpteurs, graveurs et honoraires, qui ont été reçus à l'Académie royale de Peinture…*, Paris, Bibliothèque de l'École des beaux-arts, ms. 23, 1750.

Hulst, 1908
Hulst, Henri van, « Pour avoir une idée complette de l'Académie Royale de Peinture et de Sculpture », dans Maurice de Bengy-Puyvallée, *Catalogue des manuscrits de la Bibliothèque de l'École des Beaux-Arts*, Paris, 1908, Ms. 18.

Husson, 1905
Husson, Gabriel-Nicolas, *Histoire de Romainville ; des temps antiques à la fin du XIXᵉ siècle*, Paris, 1905.

I

Ingamells et Raines, 1976-1978
Ingamells, John, et Raines, Robert, « A Catalogue of the Paintings, Drawings and Etchings of Philip Mercier », *The Walpole Society*, 1976-1978, p. 1-70.

Ingersoll-Smouse, 1928
Ingersoll-Smouse, Florence, *Pater*, Paris, 1928.

J

Jamot, 1927
Jamot, Paul, « Deux nouvelles œuvres de jeunesse d'Antoine Watteau », *Revue de l'art ancien et moderne*, t. LI, 1927, p. 323-330.

Jansen, 1994
Jansen, G.M.C., « Het *Galant gezelschap in een landschap* door Jean Baptiste Pater (1695-1736) », *Bulletin van het Rijksmuseum*, t. XLII, 1994, p. 3-12.

Janson, 1977
Janson H.W., rédacteur, *Catalogues of the Paris Salon 1673 to 1881*, 60 vol. (New York & Londres, 1977).

Jeune, 1987
Jeune, Marie, *La Renaissance*, Collection « Séquence », n° 1, 1987.

Josz, 1903
Josz, Virgile, *Watteau. Mœurs du XVIIIᵉ siècle*, Paris, 1903.

K

Kemmer, 1995
Kemmer, Claus, « Betrachtung zum Werk von Frans Wouters, insbesonders zu seinem Gemälde "Jupiter und Callisto" », *Jaarboek van het Koninklijk Museum voor Schone Kunsten te Antwerpen*, 1995, p. 195-241.

Kocks, 1987
Kocks, Dirk, « Le *Monument Watteau* de Jean-Baptiste Carpeaux à Valenciennes », dans François Moureau et Margaret Morgan Grasselli éd., *Antoine Watteau (1684-1721), le peintre, son temps et sa légende*, Paris et Genève, 1987, p. 321-328.

Koester, 2000
Koester, Olaf, *Flemish Paintngs 1600-1800, Statens Museum for Kunst, Copenhagen*, Copenhague, 2000.

L

Lafon, 1874
Lafon, Émile, *Notice des tableaux du musée de la ville de Tours*, Tours, 1874.

[La Font de Saint-Yenne], 1752
[La Font de Saint-Yenne] *Réflexions sur quelques causes de l'état présent de la peinture en France 1747* ; nouvelle éd., Paris, 1752.

Lallement, 1998
Lallement, Nicolle, *Inventaire des tableaux à sujets musicaux du Musée du Louvre, La peinture française des XVIIᵉ et XVIIIᵉ siècles*, Paris, 1998.

Laran, 1910
Laran, Jean, « La coiffure des femmes à la fin du règne de Louis XIV », *Bulletin de la Société de l'histoire du costume*, t. II, mai-juin 1910, p. 37-46.

Larcher, 1909
Larcher, Jules, *Musée de Nancy, Tableaux, statues & objets d'art, catalogue descriptif et annoté*, Nancy, 1909.

Laurent et Montaiglon, 1891
Laurent, Félix, et Montaiglon, Anatole de, « Musée de Tours », *Province, monuments civils*, t. V, 1891, p. 305-408.

[Le Blanc], 1747
[Abbé Jean-Bernard Le Blanc] *Lettre sur l'exposition des ouvrages de peinture, de sculpture, etc., de l'année 1747 et en général sur l'utilité de ces sortes d'expositions, à Monsieur R.D.R.*, 1747.

Le Comte, 1699-1700
Le Comte, Florent, *Cabinet des singularitez d'architecture, peinture, sculpture et gravure, ou introduction à la connoissance des plus beaux arts figurés sous les tableaux, les statues, et les estampes*, 3 vol., Paris, 1699-1700.

Leribault, 2002
Leribault, Christophe, *Jean-François de Troy (1679-1752)*, Paris, 2002.

Lesage, 1732
Lesage, Alain René, *Aventures du chevalier de Beauchêne*, Paris, 1732.

Lesage, 1960
Lesage, Alain René, *Histoire de Gil Blas de Santillane (1732)*, dans *Romanciers du dix-huitième siècle*, Étiemble éd., t. I, Paris, 1960.

Levey, 1959
Levey, Michael, « French and Italian Pictures at Waddesdon », *Gazette des beaux-arts*, 6ᵉ période, t. LIV, 1959, p. 57-66.

Levey, 1993
Levey Michael, *Painting and Sculpture in France, 1700-1789*, New Haven et Londres, 1993.

Levey, 1961
Levey, Michael, « The Real Theme of Watteau's "Embarkation for Cythera" », *The Burlington Magazine*, t. CIII, 1961, p. 180-185.

Levey, 1964
Levey, Michael, « A Watteau Rediscovered : "Le Printems" for Crozat" », *The Burlington Magazine,* t. CVI, 1964, p. 52-59.

Levey, 1993
Levey, Michael, *Painting and Sculpture in France, 1700-1789,* New Haven et Londres, 1993.

Locquin, 1908
Locquin, Jean, « Le Paysage en France au début de XVIIIe siècle et l'œuvre de J.-B. Oudry (1686-1755) », *Gazette des beaux-arts,* 3e période, t. XL, 1908, p. 353-380.

Logan, 187
Logan, Anne Marie, compte rendu de Julius S. Held, *Rubens, Selected Drawings, Master Drawings,* t. XXV, 1987, p. 63-82.

Los Angeles, 2003
Los Angeles County Museum of Art, *Los Angeles County Museum of Art,* Londres et New York, 2003.

M

Macchia et Camesasca, 1968
Macchia, Giovanni, et Camesasca Montagni Ettore, *L'opera completa di Watteau,* Milan, 1968.

Magne, 1930
Magne, Émile, *Les Plaisirs et les fêtes. Les fêtes en Europe au XVIIe siècle,* Paris, Rombaldi, [1930]

Magnin, 1920
Magnin, Jeanne, *Le Musée de Dôle,* Dijon, 1920.

Magnin, 1928
Magnin, Jeanne, *Le Paysage français, des enlumineurs à Corot,* Paris, 1928.

Mantz, 1892
Mantz, Paul, *Antoine Watteau,* Paris, 1892

Marandel, 2001
Marandel, Jean-Patrice, « Quelques notes sur un tableau méconnu de Watteau », dans *Mélanges en hommage à Pierre Rosenberg,* Paris, 2001, p. 284-287.

Marcel, 1906
Marcel, Pierre, *La Peinture française au début du dix-huitième siècle, 1690-1721,* Paris, 1906.

Marcel, 1921
Marcel, Pierre, *La Peinture française. Le XVIIIe siècle,* Paris, 1921.

Marenzi, 1804
Marenzi, Carlo, *Relazione dell'esame dei quadri della Galleria Orsetti in Venezia fatta per il conto del nob. Sig. Conte Marenzi incaricato dell'acquisto…,* 1804, Bergame, Archivio Accademia Carrara, Cart, XX, fasc. 6.

Marenzi, 1824
Marenzi, Gerolamo, *Guida di Bergamo,* 1824, Biblioteca Civica, mss. A. Mai.

Marenzi, 1985
Marenzi, Gerolamo, *Guida di Bergamo, 1824,* ed. C. Solza, Bergame, 1985.

Mariette, 1741
Mariette Pierre-Jean, *Description sommair des desseins des grands maîtres d'Italie, des Pays-Bas et de France du cabinet de feu M. Crozat,* Paris, 1741.

Mariette, 1851-1860
Mariette Pierre Jean, *Abecedario et autres notes inédites de cet amateur sur les arts et les artistes,* publié par Ph. de Chennevières et A. de Montaiglon, *Archives de l'art français,* Paris, 6 vol., 1851-1860 (t. IV, 1853-1854).

Marlier, 1969
Marlier, Georges, *Pierre Brueghel le Jeune,* Bruxelles, 1969.

Marsy, 1746
Marsy, François Marie, *Dictionnaire abrégé de peinture et d'architecture,* Paris, 1746.

Mathey, 1938
Mathey, Jacques, « À propos d'un catalogue des dessins de Watteau », *Bulletin de la Société de l'histoire de l'art français,* 1938, p. 158-165.

Mathey, 1945-1946
Mathey, Jacques, « Quelques peintures de Gillot et Watteau », *Bulletin de la Société de l'histoire de l'art français,* 1945-1946, p. 46-50.

Mathey, 1959
Mathey, Jacques, *Antoine Watteau, peintures réapparues, inconnues, ou négligées par les historiens…,* Paris, 1959.

Mathey, 1960
Mathey, Jacques, « Drawings by Watteau and Gillot », *Burlington Magazine,* t. CII, 1960, p. 354-359.

Mauclair, 1920
Mauclair, Claude, *Antoine Watteau,* Paris, 1920.

Mauclair, 1942
Mauclair, Claude, *Le Secret de Watteau,* Paris, 1942.

Merlant, 1910
Merlant, Francis, « Documents biographiques inédits sur le peintre François Octavien », *Bulletin de la Société de l'histoire de l'art français,* 1910, p. 60-65.

Mérot, 1996
Mérot Alain, *Les Conférences de l'Académie royale de peinture et de sculpture au XVIIe siècle,* Paris, 1996, p. 43-45.

Messelet, 1928-1930
Messelet, Jean, « Octavien », dans Dimier, *Les Peintres français du XVIIIe siècle,* 2 vol., Paris et Bruxelles, 1928-1930, t. II, p. 335-340.

Michel, 1996
Michel, Olivier, « Parrocel », dans Jane Turner éd., *The Dictionary of Art,* 34 vol., Londres et New York, 1996, t. XXIV, p. 211.

Michiels, 1865-1876
Michiels, Alfred, *Histoire de la peinture flamande depuis ses débuts jusqu'en 1864,* 10 vol., Paris, A. Lacroix et Cie., 1865-1876.

Miller, 1930
Miller, Valentin, « Autour de Watteau. Un maître inconnu : P.-A. Quillard », *La Revue de l'art ancien et moderne,* t. LVII, 1930, p. 133-152.

Minet, 1911
Minet, Émile, *Catalogue des ouvrages de peinture, dessin, sculpture et d'architecture,* Rouen, 1911.

Mirimonde, 1961
Mirimonde, A.-P., « Les sujets musicaux chez Antoine Watteau », *Gazette des beaux-arts,* 6e période, t. LVIII, p. 249-288.

Mirimonde, 1966
Mirimonde, A.-P. de, « La musique dans les allégories de l'amour », *Gazette des beaux-arts,* 6e période, t. LXVIII, 1966, p. 265-290 ; t. LXIX, 1967, p. 319-346.

Mirimonde, 1976
Mirimonde, A.-P. de, « Un jardin d'amour d'après D. Vinckboons au musée d'Orléans », *La Revue du Louvre et des Musées de France,* t. XXVI, 1976, p. 15-23.

Mirimonde, 1977
Mirimonde, A.-P. de, *L'Iconographie musicale sous les rois Bourbons, La musique dans les arts plastiques, XVII-XVIIIe siècles,* 2 vol., Paris, 1977.

Montaiglon, 1877
Montaiglon, Anatole de, « Confrérie de la nation flamande à Saint-Hyppolite et à Saint-Germain-des-Prés de Paris (1626-1691) », *Nouvelles Archives de l'art français,* t. XXIII, 1877, p. 158-163.

Montaiglon, 1875-1892
Montaiglon, Anatole de, *Procès-verbaux de l'Académie royale de peinture et de sculpture, 1648-1793,* 10 vol., Paris, 1875-1892.

Montaiglon et Laurent, 1881
Montaiglon, Anatole de, et Laurent, Félix, *Notice sommaire des tableaux du Musée de la ville de Tours,* Tours, 1881.

Morand-Vérel, 1927
Morand-Vérel, M., « Deux Watteaus inconnus au musée du Louvre », *L'Amour de l'art,* juin 1927, p. 228.

Morant, 1953
Morant, Henry de, *Musée d'Angers, Guide des peintures,* Angers, 1953.

Morant, 1970
Morant, Henry de, « Peintures datées ou signées du musée des Beaux-Arts. XVIIIe siècle », *Bulletin des musées d'Angers,* no XXXVI, 1970, p. 1-23.

Mosby Dewey, 1974
Mosby, Dewey F., « Claude Gillot's *Embarkation for the Isle of Cythera* and its Relationship to Watteau », *Master Drawings,* t. XII, 1974, p. 49-56.

Moselius, 1939
Moselius, C.D., « Gustav III och konsten. Med en inledning om Tessin och Lovisa Ulrika », *Nationalmusei Årsbok,* t. IX, 1939, p. 82-154.

Moureau et Grasselli, 1987
Moureau F. et Grasselli M. Morgan éd., *Antoine Watteau (1684-1721), le peintre, son temps et sa légende,* Paris-Genève, actes du colloque, Paris-Genève, 1987.

Moureau, 1992
Moureau, F. *De Gherardi à Watteau : présence d'Arlequin sous Louis XIV,* Paris, 1992.

Moureau, 1998
Moureau, François, « Watteau homme de théâtre », *Lez Valenciennes,* numéro spécial : « De la représentation du Mystère de Valenciennes de 1547 à la post-modernité », Amos Fergombé éd., n° 24, 1998, p. 51-59.

Moureau, 1999
François Moureau, « Claude Gillot et l'univers du théâtre », *Claude Gillot (1673-1722). Comédies, sabbats et autres sujets bizarres,* Paris, Somogy Éditions d'Art ; Langres, musée de Langres, 1999, p. 77-93, ill.

Moureau, 2001
Moureau, F. « De Watteau à Chardin : Antoine de La Roque, journaliste et collectionneur », *Mélanges en hommage à Pierre Rosenberg,* sous la direction de A. Cavina, Paris, 2001.

N

Nagler, 1835-1852
Nagler, G.K. *Neues allgemeines Künstler-Lexikon,* 25 vol., 1835-1852 (reprint Vienne, 1924).

Nantes, 1859
Nantes, musée de la Ville de Nantes, *Catalogues des tableaux et statues du Musée de la Ville de Nantes*, Nantes, 1859.

Nantes, 1876
Nantes, musée de la Ville de Nantes, *Catalogues des tableaux et statues du Musée de la Ville de Nantes*, Nantes, 1876.

Nantes, 1903
Nantes, musée des Beaux-Arts, *Catalogue des peintures, sculptures, pastels, aquarelles, dessins et objets d'art*, Paris, 1903.

Natale, 1979
Natale, Mauro, *Musée d'art et d'histoire Genève. Peintures italiennes du XIVᵉ au XVIIᵉ siècle*, Genève, 1979.

Neale, 1818-1829
Neale, John Preston, *Views of the Seats of Noblemen and Gentlemen in England, Wales, Scotland, and Ireland*, 3 vol., Londres, 1818-1829

Nicolle, 1920
Nicolle, Marcel, *Le Musée de Rouen, Peintures*, Paris, 1920.

Nicolle, 1921
Nicolle, Marcel, « Watteau dans les musées d'Espagne », *Revue de l'art ancien et moderne*, t. XL, 1921, p. 147-150.

Nicolle et Dacier, 1913
Nicolle, Marcel, et Dacier, Émile, *Musée municipal des Beaux-Arts - Catalogue*, Nantes, 1913.

Nicolson, 1969
Nicolson, Benedict, « Current and Forthcoming Exhibitions, X-rays at Agnew's », *The Burlington Magazine*, t. CXI, 1969, p. 165-166, 171.

Nordenfalk, 1953
Nordenfalk C., *Antoine Watteau och andra franska sjuttonhundratalsmästare i Nationalmuseum*, Stockholm, 1953.

O

Opperman, 1977
Opperman, Hal N., *Jean-Baptiste Oudry*, 2 vol., New York, 1977.

Orlandi, 1788
Orlandi Pellegrino Antonio, *Abecedario pittorico*, 1704 ; nouvelle éd. 1788

Osborn, 1929
Osborn, Max, *Die Kunst des Rokoko*, Berlin, 1929.

P

Pahin-Champlain de La Blancherie, 1783
Pahin-Champlain de La Blancherie, Flammès Claude Catherine, *Essai d'un tableau historique des peintres de l'école francaise…* » Paris, 1783.

Pallucchini, 1962
Pallucchini, Rodolfo, « Contributi alla pittura veneziana del Seicento », *Arte Veneta*, XVI, 1962.

Pallucchini, 1993
Pallucchini, Rodlfo, *La pittura veneziana del Seicento*, Milan, 1993.

Paris, 1972
Paris, *Musée national du Louvre, Catalogue des peintures, I, École française*, cat. par J. Baticle, S. Béguin, M.T. de Forges *et al.*, Paris, 1972.

Paris, 1986
Paris, *Musée national du Louvre, Catalogue sommaire illustré*, 4 vol., 1986.

Parker et Mathey, 1957
Parker, Karl T., et Mathey, Jacques, *Antoine Watteau, catalogue complet de son œuvre dessiné*, 2 vol., Paris, 1957.

Pernety, 1757
Pernety, Dom Antoine Joseph, *Dictionnaire portatif de la peinture, sculpture et gravure….*, Paris, 1757.

Piles, 1699
Piles Roger de, *Abrégé de la vie des peintres avec des réflexions sur leurs ouvrages*, Paris, 1699.

Pilipczuk, 1980
Pilipczuk, Alexander, « The *Grand Concert dans un Jardin* by Bernard Picart and the Performing Musical Arts at the French Court around 1700 », *Tijdschrift van de Vereniging voor Nederlandse Muziekgeschiedenis*, t. XXX, 1980, p. 121-148.

Phillips, 1895
Phillips, Claude, *Antoine Watteau*, Londres, 1895.
Pigler, Andor, *Barokthemen ; eine Auswahl von Verzeichnissen zur Ikonograhie des 17. und 18. Jahrhunderts*, 2 vol., Budapest, 1974.

Pillion, 1888
Pillion, Jules, *Musée des Beaux-Arts de valenciennes. Catalogue des peintures, sculptures, pastels et dessins exposés dans le Palais des Beaux-Arts*, Valenciennes, 1888.

Pilon, 1912
Pilon, Edmond, *Watteau et son école*, Paris, 1912.

Planchenault, 1933
Planchenault, René, « La collection du marquis de Livois », *Gazette des beaux-arts*, 6ᵉ période, t. V, 1933, p. 220-237.

Poley, 1938
Poley, Heinz Joachim, *Claude Gillot, Leben und Werk, 1673-1722*, Würzburg, 1938.

Pomian, 1987
Pomian, K. « Marchands, connaisseurs, curieux à Paris au XVIIIᵉ siècle », dans *Collectionneurs, amateurs et curieux. Paris, Venise : XVIᵉ-XVIIIᵉ siècle*, Paris, 1987.

Pons et Forray-Carlier, 1990
Pons, Bruno, et Forray-Carlier, Anne éd., *Le Faubourg Saint-Germain, La Rue du Bac ; Études offertes à Colette Lamy-Lassalle*, Alençon, 1990.

Popovitch, 1967
Popovitch, Olga, *Catalogue des peintures du musée des Beaux-Arts de Rouen*, Paris, 1967.

Popovitch, 1978
Popovitch, Olga, *Catalogue des peintures du musée des Beaux-Arts de Rouen*, Rouen, 1978.

Populus, 1930
Populus, Bernard, *Claude Gillot (1673-1722), catalogue de l'œuvre gravé*, Paris, 1930.

Posner, 1982
Posner, Donald, « The Swinging Women of Watteau and Fragonard », *Art Bulletin*, t. LXIV, 1982, pp. 75-88.

Posner, 1984
Posner, Donald, *Antoine Watteau*, Londres et Ithaca, 1984.

R

Ramade, 1998
Ramade, Patrick, *Musée des Beaux-Arts de Valenciennes : guide des collections*, Paris, 1998.

Rambaud, 1964-1971
Rambaud, Mireille, *Documents du Minutier central concernant l'histoire de l'art (1700-1750)*, 2 vol., Paris, 1964-1971.

Réau, 1924
Réau, Louis, « Deux Watteaus inconnus au Louvre », *Gazette des beaux-arts*, 5ᵉ période, t. XV, 1927, p. 193-198.

Réau, 1928-1930
Réau, Louis, « Watteau » dans Louis Dimier éd., *Les Peintres français du XVIIIᵉ siècle*, 2 vol., Paris et Bruxelles, 1928-1930, t. I, p. 1-59.

Rey, 1913
Rey, Robert, « La date de mort du peintre François Octavien », *Bulletin de la Société de l'histoire de l'art français*, 1913, p. 197-199.

Rey, 1931
Rey, Robert, *Quelques satellites de Watteau*, Paris, 1931.

Ribeiro, 1985
Ribeiro, Aileen, *Dress in Eighteenth-Century Europe, 1715-1789*, New York, 1985.

Richefort, 1998
Richefort Isabelle, *Peintre à Paris au XVIIᵉ siècle*, Paris, 1998. [verifier si maintenir]

Ridolfi, 1914-1924
Ridolfi, Carlo, *Le meraviglie dell'arte : ovvero Le vite degli illustri pittori veneti e dello stato*, 2 vol., éd. Detler von Hadeln, Berlin, 1914-1924.

Roblot-Delondre, 1911
Roblot-Delondre, Louise, « Un "Jardin d'amour" de Philippe le Bon » *Revue archéologique*, t. XVII, 1911, p. 420-427.

Roland Michel, 1984
Roland Michel, Marianne, *Watteau, gloire et mystère d'un artiste du XVIIIᵉ siècle*, Paris, 1984.

Roland Michel, 1996
Roland Michel, Marianne, « Pater, Jean-Baptiste », dans Jane Turner éd., *The Dictionary of Art*, 34 vol., Londres et New York, 1996, t. XXIV, p. 255-257.

Rosenberg, 1892
Rosenberg, Adolph, *Watteau*, Bielefeld et Leipzig, 1892.

Rosenberg, Reynaud et Compin, 1974
Rosenberg, Pierre, Reynaud, Nicole, et Compin, Isabelle, *Musée du Louvre, Catalogue illustré des peintures. École française, XVIIᵉ et XVIIIᵉ siècles*, 2 vol., Paris, 1974.

Rosenberg, 1979
Rosenberg, Pierre, « Dieu as a Draughtsman », *Master Drawings*, t. XVII, 1979, p. 161-169.

Rosenberg et Camesasca, 1982
Rosenberg P. et Camesasca E., *Tout l'œuvre peint de Watteau*, Paris, 1982.

Rosenberg, 1984
Rosenberg, Pierre, *Vies anciennes de Watteau*, Paris, 1984.

Rosenberg, 1986
Rosenberg, Pierre, « Watteau : Le recueil de Valenciennes », *La Revue du Louvre et des musées de France*, t. XXXVI, 1986, p. 286-289.

Rosenberg, 1990
Rosenberg, Pierre, « Musée du Louvre, Département des Peintures », *La Revue du Louvre et des musées de France*, t. XL, 1990, p. 350-352.

Rosenberg, 1996
Rosenberg, Pierre, « Antoine Dieu et Watteau », dans *Correspondances, Festschrift für Margret*

Stuffmann zum 24. November 1996, Mayence, 1996, p. 105-113.

R.-P., 1996
Rosenberg, Pierre et Prat Louis-Antoine, *Antoine Watteau 1684-1721, Catalogue raisonné des dessins*, 3 vol., Milan, 1996.

Rossi, 1989
Rossi, Francesco, « Accademia Carrara, 1824 : la "Guida" di Gerolamo Marenzi », *Osservatorio delle Arti*, 1989, n° 2, p. 74-103.

Rossi, 1990
Rossi, Francesco, « Prestiti, Restauri », *Osservatorio delle Arti*, 1990, p. 104-106.

Rossi, 1998
Rossi, Francesco, *Accademia Carrara, Itinerario didattico*, Bergame, 1998.

Rothschild, 1984
Rothschild, Nadine, *La baronne rentre à cinq heures*, Paris, 1984.

Rotterdam, 1962
Rotterdam, Museum Boymans van Beuningen, *Catalogue Schilderijen tot 1800*, 1962.

Rotterdam, 1972
Rotterdam, Museum Boymans van Beuningen, *Old Paintings 1400-1900, Illustrations*, Rotterdam, 1972.

Rouen, 1890
Rouen, musée de Rouen, Musée de peinture, dessins, sculpture, architecture, *Catalogue*, 1890.

Roux, 1930-1977
Roux, Marcel éd., *Inventaire du fonds français, graveurs du dix-huitième siècle*, 14 vol., Paris, 1930-1977.

Ruggeri, 1993
Ruggeri, Ugo, *Il Padovanino*, Soncino, 1993.

Ruggeri, 1996
Ruggeri, Ugo, « Padovanino », dans Jane Turner éd., *The Dictionary of Art*, 34 vol., Londres et New York, 1996, t. XXIII, p. 749-751.

S

Sager, 1968
Sager, Walter de, « Retrospektive : Frankreich im 18. Jahrhundert », *Weltkunst*, t. XXXVIII, 1968, p. 281-282.

Sandeau, 1855
Sandeau, Jules, *Sacs et parchemins*, Paris, 1855.

Sandrart, 1925
Sandrart Joachim von, *Academie der Bau-, Bild und Mahlerey-Künste von 1675*, Munich, 1925.

Savini Branca, 1965
Savini Branca, Serena, *Il collezionismo veneziano nel Seicento*, Florence, 1965

Schilling et Blunt, 1971
Schilling, Edmund et Blunt Anthony, *The German Drawings in the Collection of Her Majesty the Queen at Windsor Castle and Supplements to the Catalogues of Italian and French Drawings, with a History of the Royal Collection of Drawings*, Londres et New York, 1971.

Schnapper, 1959
Schnapper, Antoine, « Quelques oeuvres de Joseph Parrocel », *La Revue des arts,* t. IX, 1959, p. 163-176.

Schnapper, 1967
Schnapper, Antoine, *Tableaux pour le Trianon de marbre, 1688-1714*, Paris, École pratique des hautes études, 1967.

Schnapper, 1970
Schnapper, Antoine, « Deux tableaux de Joseph Parrocel au musée de Rouen », *La Revue du louvre et des musées de France*, 1970, p. 78-82.

Schnapper, 1994
Schnapper Antoine, *Curieux du grand siècle : collections et collectionneurs dans la France du XVIIe siècle*, Paris, 1994.

Schreiden, 1982
Schreiden, Pierre, « Jacques Van Schuppen, 1670-1751, *Wiener Jahrbuch für Kunstgeschichte*, t. XXXV, 1982, p. 1-106.

Sentout, 1791
Sentout, Pierre, *Catalogue raisonné d'une très belle collection des tableaux des écoles d'Italie, de Flandres, de Hollande et de France ; pastels, miniatures, gouaches, dessins qui composaient le cabinet de feu M. de Livois à Angers par P. Sentout, peintre*, Angers, 1791.

Singleton, 1929
Singleton, Esther, *Old World Masters in New World Collections*, New York, 1929.

Staley, 1901
Staley, Edgcumbe, *Watteau, Master-Painter of the « Fêtes Galantes »*, Londres, 1901.

Staley, 1902
Staley, Edgcumbe, *Watteau and His School*, Londres, 1902.

Stechow et Comer, 1975-1976
Stechow Wolfgang et Comer Christopher, « The History of the Term Genre », *Allen Memorial Art Museum Bulletin*, n° 33, 1975-1976.

Stein, 1984
Stein, Meir, « Christian IV - A Renaissance Man », *Apollo*, t. CXX, décembre 1984, p. 368-379.

Stockholm, 1990
Stockholm, Nationalmuseum, *Illusterad katalog över äldre utländskt måleri. Illustrated Catalogue, European Paintings*, Stockholm, 1990.

Stuffmann, 1968
Stuffmann, Margret, « Les tableaux de la collection Pierre Crozat. Historique et destinée d'un ensemble célèbre, établis en partant d'un inventaire après décès inédit (1740) », *Gazette des beaux-arts*, VIe période, t. 172, juillet-septembre 1968.

Stuffmann, 1985
Stuffmann, Margret, « Neuerwerbungen des Frankfurter Museen. Graphische Sammlung », *Städel-Jahrbuch*, t. X, 1985, p. 289-298.

T

Tavener Holmes, 1991a
Tavener Holmes Mary, *Nicolas Lancret 1690-1743*, New York, 1991.

Tavener Holmes, 1991b
Tavener Holmes, Mary, « Deux chefs-d'œuvre de Nicolas Lancret (1690-1743) », *Revue du Louvre et des musées de France*, t. XLI, 1991, p. 40-42.

Tavener Holmes, 1996
Tavener Holmes, Mary, « Lancret, Nicolas », dans Jane Turner, ed., *The Dictionary of Art*, 34 vol., Londres et New York, 1996, t. XVIII, p. 692-693.

Temerini, 1999
Temperini, Renaud, « Gli ultimi fasti dell'ancien régime », dans Pierre Rosenberg éd., *La pittura francese*, 3 vol., Milan, 1999.

Temperini, 2002
Temperini, Renaud, *Watteau*, Paris, 2002.

Teyssèdre, 1965
Teyssèdre, Bernard, *Roger de Piles et les débats sur le coloris au siècle de Louis XIV*, Paris, 1965.

Thieme et Becker, 1907-1950
Thieme, Ulrich, et Becker Felix, éd. *Allgemeines Lexikon der bildenden Künstler*, 37 vol., Leipzig, 1907-1950.

Thuillier et Châtelet, 1984
Thuillier, Jacques, et Châtelet, Albert, *La Peinture française de Le Nain à Fragonard*, 1984.

Toledo, 1976
Toledo (Ohio), Museum of Art, *The Toledo Museum of Art, European Paintings*, Toledo, 1976.

Tomlinson, 1981
Tomlinson R., *La Fête galante : Watteau et Marivaux*, Genève-Paris, Droz, 1981.

Tours, 1825
Exposition des tableaux du Musée du département d'Indre-et-Loire, Tours, 1825.

Tours, 1838
Notice des tableaux du Musée du département d'Indre-et-Loire, Tours, 1838.

Tours, 1856
Notice des tableaux du Musée de la ville de Tours, Tours, 1856.

Tours, 1868
Notice des tableaux du Musée de la ville de Tours, Tours, 1868.

Tours, 1998
Musée des Beaux-Arts de Tours, Guide des collections, Paris, 1998.

Turner, 1996
Turner, Jane éd., *The Dictionary of Art*, 34 vol., Londres et New York, 1996.

V

Valabrègue, 1899
Valabrègue, Antony, « Claude Gillot », *Gazette des beaux-arts*, 3e période, t. XXI, 1899, p. 385-396 ; 3e période, t. XXII, 1899, p. 115-131.

Valabrègue, 1905
Valabrègue, Antony, « Bonaventure de Bar (1700-1729) », *La Chronique des arts et de la curiosité*, t. XXIII, 23 décembre 1905, p. 335-336 ; 30 décembre 1905, p. 343-345.

Valenciennes, 1888
Musée des Beaux-Arts de Valenciennes. Catalogue des peintures, sculptures, dessins et estampes exposés dans les salles de l'Hôtel de Ville, Valenciennes, 1888.

Valenciennes, 1898
Musée des Beaux-Arts de Valenciennes. Catalogue des peintures, sculptures et dessins exposés dans les salles de l'Hôtel de Ville, Valenciennes, 1898.

Valenciennes, 1923
Catalogue provisoire des tableaux et des sculptures, Valenciennes, 1923.

Valenciennes, 1931
Musée des Beaux-Arts de Valenciennes. Peintures-sculptures-dessins-tapisseries, Valenciennes, 1931.

Van Buren Hagopian, 1985
Van Buren Hagopian, Anne, « Un jardin d'amour de Philippe le Bon au parc de Hesdin. Le rôle de Van Eyck dans une commande ducale », *La Revue du Louvre et des musées de France,* t. XXXV, 1985 p. 185-192.

Varenne, 1782
Varenne, J. de, *Mémoires de chevalier de Ravanne,* Amsterdam, 1782.

Vergnet-Ruiz, 1928-1930
Vergnet-Ruiz, Jean, « Oudry » dans Louis Dimier éd., *Les Peintres français du XVIIIe siècle,* 2 vol., Paris et Bruxelles, 1928-1930, t. II, p. 135-194.

Vergnet-Ruiz et Laclotte, 1962
Vergnet-Ruiz, Jean, et Laclotte, Michel, *Petits et Grands Musées de France,* Paris, 1962.

Vertova, 1969
Vertova, Luisa, « Lettera da Londra », *Antichità viva,* t. VIII, n° 4,1969, p. 74-75.

Vidal, 1992
Vidal, Mary, *Watteau's Painted Conversations : Art, Literature, and Talk in Seventeenth and Eighteenth-Century France,* New Haven et Londres, 1992.

Villot, 1855
Villot, Frédéric, *Notice des tableaux exposés dans les galeries du musée impérial du Louvre,* 3 vol., Paris, 1855.

Vitry, 1911
Vitry, Paul, *Musée et collections de France. Le Musée de Tours. Peintures, dessins, sculptures, meubles, etc.,* Paris, 1911.

Vlieghe, 1994
Vlieghe, Hans, *Stedelijke Musea Brugge, Catalogus Schilderijen, 17de en 18de eeuw,* Bruges, 1994.

W

Walker, 1957
Walker, John, *Bellini and Titian at Ferrara,* Londres, 1957.

Watson, 1967
Watson, Francis J.B., « Eighteenth-Century Painting and Decorative Arts », *Apollo,* t. LXXXVI, 1967, p. 454-465.

Wildenstein, 1924
Wildenstein, Georges, *Lancret,* Paris, 1924.

Wildenstein, 1925-1926
Wildenstein, Georges, *Mélanges,* 2 vol., Paris, 1925-1926.

Wine, 1996
Wine, Humphrey, « Watteau, (Jean-) Antoine » in Jane Turner, ed., *The Dictionary of Art,* Londres et New York, 34 vol., 1996, t. XXXII, p. 913-920.

Wynne, 1974
Wynne, Michael, « The Milltowns as Patrons », *Apollo,* t. XCIX, 1974, p. 104-111.

Z

Zimmerman, 1912
Zimmerman, E. Heinrich, *Watteau,* Stuttgart et Leipzig, 1912 ; édition française anonyme, Paris, Classiques de l'art, 1912.

Catalogues d'expositions

A

Aix-en-Provence, 1991
La Passion selon Don Juan, cat. par Bruno Ely et Catherine Camlonives, musée Granet.

Alençon, 1981
Dessins du musée d'Alençon du XVIe au XIXe siècle, musée des Beaux-Arts et de la Dentelle.

Amiens, 1983
La Vie musicale en Picardie au temps des puys, musée de Picardie.

Amsterdam, 1936
Oude Kunst, Rijksmuseum.

Amsterdam, 1951
Het franse landschap van Poussin tot Cézanne, Rijksmuseum.

Anvers, 1956
Tekeningen van P.P. Rubens, Rubenshuis.

Anvers, 1991
David Teniers the Younger, cat. par Margret Klinge, Koninklijk Museum voor Schone Kunsten.

B

Baltimore, 1964-1965
18th century, Paintings from the Louvre, Baltimore Museum of Art.

Bergame, 1976
Per Tiziano. Quadri, xilografie e acqueforti dell'Accademia Carrara, Accademia Carrara.

Berne, 1959
Das 17. Jahrhundert in der französischen Malerei Kunstmuseum.

Biot, 1989
Images des loisirs, cat. par Jean Lacambre, Musée national Fernand Léger.

Bordeaux, 1958
Paris et les ateliers provinciaux au XVIIIe siècle, musée des Beaux-Arts.

Bruxelles, 1961
Les Loisirs et les jeux, musées royaux des Beaux-Arts.

Bruxelles, 1974-1975
De Watteau à David, peintures et dessins des musées de province français, palais des Beaux-Arts.

Bruxelles, 2003-2004
Une Renaissance singulière, La cour des Este à Ferrare, cat. par Jadranka Bentini et Grazia Agostini, palais des Beaux-Arts.

C

Cambridge, 2000-2001
French Eighteenth Century Drawings in the Fitzwilliam Museum, cat. par Jane Munro, University of Cambridge, The Fitzwilliam Museum.

Caracas, 1977
Cinco siglos de arte frances, cat. par M. Roy Fisher, Museo de bellas artes.

Chambéry, 1999
Musica, musées d'Art et d'Histoire.

Charleroi, 1967
Apothéose de la danse, palais des Beaux-Arts.

Chatellerault, 1988
La Peinture française du XVIIIe siècle dans les collections du musée du Louvre, cat. par Dominique Vila, musée municipal.

Chicago, 2000
Maineri to Miró, The Regenstein Collection Since 1975, Suzanne Folds McCullagh éd., The Art Institute of Chicago.

Cologne-Zurich-Vienne, 1996-1997
Das Capriccio as Kunstprinzip, Cologne, Wallraf-Richartz Museum ; Zurich, Kunsthaus ; Vienne, Kunsthistorisches Museum.

Copenhague, 1935
L'Art français au XVIIIe siècle, palais de Charlottenborg.

D

Dijon-Paris, 1989
Fêtes et révolutions, Délégation à l'action artistique de la Ville de Paris et la Ville de Dijon.

Dole-Gray-Besançon, 1998-1999
Peintures flamandes et hollandaises des XVIIe et XVIIIe siècles : collections publiques de Franche-Comté, Dole, musée des Beaux-Arts ; Gray, musée Baron Martin ; Besançon, musée des Beaux-Arts et d'Archéologie.

Dunkerque-Valenciennes-Lille, 1980
La Peinture française au XVIIe et XVIIIe siècles, Dunkerque, musée des Beaux-Arts ; Valenciennes, musée des Beaux-Arts ; Lille, palais des Beaux-Arts.

E

East Hampton, NY, 1958
Pleasures of Summer, Guild Hall.

F

Francfort, 1982
Jean-Antoine Watteau, Einschiffung nach Cythera, L'Ile de Cythère, Stadtische Galerie in Städelschen Kunstinstitut.

Francfort, 1986
Französiche Zeichnungen im Städelschen Kunstinstitut 1550 bis 1800, Stadtische Galerie in Städelschen Kunstinstitut.

G

Gand, 1960
Fleurs et jardins dans l'art flamand, musée des Beaux-Arts.

Gand, 1986
Kermis, het spegelpaleis van het Volk, musée des Beaux-Arts.

Genève, 1949
Trois Siècles de peinture française, XVIe-XVIIIe siècles, choix d'œuvres des musées de France, musée Rath.

Gunma et autres villes, 2002
Les Chefs-d'œuvre des musées d'Angers, Gunma, musée d'Art moderne ;

Chiba, musée municipal d'Art ; Wakayama, musée d'Art moderne ; Kure, musée municipal d'Art ; Takamatsu, musée municipal des Beaux-Arts.

H

Hamm-Mayence, 2000-2001
Gärten und Höfe der Rubenszeit im Spiegel der Malerfamilie Brueghel under Künstler um Pieter Paul Rubens, Ursula Härting éd., Hamm, Gustav-Lübcke-Museum and Mayence, Landesmuseum.

Hertogenbosch et Louvain, 2002-2003
Die vier jaargetijden in de Kunst van de Nederlanden 1500-1700, Y. Bruijnen éd., s'Hertogenbosch, Nordbrabants Museum et Louvain, Stedelijk Museums Van der Kelen-Mertens.

Hosten et Strubbe, 1932
Hosten, E., et Eg. I. Strubbe, *Catalogue illustré du Musée communal des Beaux-Arts à Bruges,* Bruges, 1932.

I

Issy-les-Moulineaux, 2002
Loisirs des princes au XVIIIe siècle, les Contis à Issy, musée de la Carte à jouer.

J

Jacksonville (Floride), 1961
Masterpieces of French Painting through Two and a Half Centuries, Cummer Gallery of Art.

Johannesburg-Cape Town, 1974
Three Centuries of French Painting, François I – Napoleon I, Johannesburg, Johannesburg Art Gallery, and Cape Town, South African National Gallery.

L

Le Mans, 2000-2001
La Grâce des lumières, Musée de Tessé.

Lemgo et Anvers, 2002
Tussen Stadspaleizen en Luchtkastelen, Hans Vriedeman de Vries en de Renaissance, Heiner Borggrefe, Thomas Fusenig, et Barbara Uppenkamp éd., Lemgo, Weserrenaissance Museum Schloss Brake, et Anvers, Koninklijk Museum voor Schone Kunst, .

Lille, 1968
Au temps du Roi-Soleil, les peintres de Louis XIV, palais des Beaux-Arts

Londres, 1898
Pictures of the French School, Guildhall.

Londres, 1899-1900
Exhibition of Flemish and British Pictures, New Gallery.

Londres, 1932
Exhibition of French Art, 1200-1900, Royal Academy of Arts.

Londres, 1933
Three French Reigns, Louis XIV, XV & XVI, 25 Park Lane.

Londres, 1936
Watteau and His Contemporaries, Wildenstein and Co.

Londres, 1936-1937
An Exhibition of Pictures, Drawings, Furniture and Other Objects of Art, Burlington Fine Arts Club.

Londres, 1949-1950
Landscape in French Art 1550-1900, Royal Academy of Arts.

Londres, 1950
A Loan Exhibition of Works by Peter Paul Rubens, Wildenstein and Co.

Londres, 1952
French Drawings from Fouquet to Gauguin, Royal Academy of Arts.

Londres, 1954-1955
European Masters of the Eighteenth Century, Royal Academy of Arts.

Liège, 1964
Chefs-d'œuvre du Musée de Nancy, 1964, musée des Beaux-Arts.

Londres, 1968
France in the Eighteenth Century, Royal Academy of Arts.

Londres, 1977
Rubens Drawings and Paintings, British Museum.

Londres, 1983
La douceur de vivre. Art, Style and Decoration in XVIIIth century France, Wildenstein and Co.

Louveciennes, 1990
Divertissements à Marly au temps de Louis XIV 1686-1715, musée-promenade de Marly-le-Roi-Louveciennes.

M

Mons, 1930
Les Maîtres du Hainaut du XVe au XIXe siècle, musée des Beaux-Arts.

Moscou-Saint-Pétersbourg, 1978
De Watteau à David, la peinture française du XVIIIe siècle des musées françaises, Moscou, musée Pouchkine, et Saint-Pétersbourg, musée de l'Ermitage (catalogue en russe).

N

Nancy, 1960
La Forêt dans la peinture ancienne, musée des Beaux-Arts.

Nancy, 2001
De l'an II au sacre de Napoléon : le premier musée de Nancy, cat. par Clara Gelly-Saldias, musée des Beaux-Arts.

Nantes, 1964
La Société française du XVIIIe et du XVIIIe siècle vue par les peintures et les graveurs, musée des Beaux-Arts.

New York, 1926
French Art, French Institute in the United States.

New York, 1940
Masterpieces of Art, World's Fair.

New York, 1942
Art Treasures of the XVIIIth Century, Parke-Bernet Galleries.

New York, 1943
Catalogue of Paintings in the Bache Collection, Metropolitan Museum of Art.

New York, 1964
100 European Drawings in the Metropolitan Museum of Art, cat. par Jacob Bean, Metropolitan Museum of Art.

New York, 1967
Art and the Decorator, Wildenstein and Co.

New York, 1975
Nature as Scene, French Landscape Painting from Poussin to Bonnard, Wildenstein and Co.

New York 1979
Eighteenth Century French Academic Art, Maurice Segoura Gallery.

New York, 1983
18th Century French Drawings, Colnaghi.
New York-Houston, 1991-1992

Nicolas Lancret 1690-1743
cat. par Mary Tavener Holmes, New York, The Frick Collection, et Houston, Kimbell Art Museum.

New York-Ottawa, 1999-2000
Watteau and His World, French Drawing from 1700 to 1750 Alan Wintermute éd., New York, Frick Collection, et Ottawa, National Gallery of Canada.

O

Okayama-Kitakyushu, 1989
Au temps de Louis XV : la peinture française de Poussin à Watteau, Okayama Prefectural Museum of Art, Kitakyushu Municipal Museum of Art.

Oklahoma City, 1977
Masters of the Landscape, 1650-1900, Oklahoma Museum of Art.

Östersund, 1920
Fransk 1700-talkunst ur Nationalmusei samlingar vid Kulturmässan i Östersund.

Ottawa-Washington-Berlin, 2003-2004
The Age of Watteau, Chardin, and Fragonard, Masterpieces of French Genre Painting, Colin B. Bailey éd., Ottawa, National Gallery of Canada ; Washington, D.C., National Gallery of Art ; Berlin, Staatliche Museen zu Berlin, Gemäldegalerie.

P

Paris, 1925
Le Paysage français de Poussin à Corot, Petit Palais.

Paris, 1929
Le Théatre à Paris, XVIIe-XVIIIe siècles, musée Carnavalet.

Paris, 1931
Chefs-d'œuvre des musées de province, musée de l'Orangerie.

Paris, 1933
Les Achats du Musée du Louvre et les dons de la Société des Amis du Louvre, 1922-1932, musée de l'Orangerie.

Paris, 1933A
Chefs-d'œuvre des musées de province, musée Carnavalet.

Paris, 1935
Le Dessin français dans les collections du XVIIIe siècle, Gazette des beaux-arts.

Paris, 1937
Chefs-d'œuvre de l'art français, palais national des Beaux-Arts.

Paris, 1950
Dessins du Nationalmuseum de Stockholm, Collections Tessin & Cronstedt, Bibliothèque nationale.

Paris, 1952
Chefs-d'œuvre de la collection D.G. van Beuningen, Petit Palais.

Paris, 1954
Choix de dessins français et de miniatures du XVIIIe siècle. VIIe exposition du Cabinet des Dessins, cat. par J. Bouchot-Saupique, musée du Louvre, cabinet des dessins.

Paris, 1954A
Plaisirs de la campagne, galerie Charpentier.

Paris, 1960
Exposition des 700 tableaux tirés des réserves, musée du Louvre.

Paris, 1963
Manon Lescaut, Bibliothèque nationale.

Paris, 1967
Le Cabinet d'un grand amateur, P.-J. Mariette, 1694-1774 : dessins du XVe siècle au XVIIIe siècle, musée du Louvre, cabinet des dessins.

Paris, 1969
Dessins français du XVIIIe siècle, L'Œil, galerie d'art.

Paris, 1973-1974
Copies, répliques, faux, musée du Louvre.

Paris, 1976
Dessins français de l'Art Instute de Chicago, H. Joachim et S.F. McCullagh éd., musée du Louvre.

Paris, 1977
Pèlerinage à Watteau, cat. par Jean Ferré, Hôtel de la Monnaie.

Paris, 1977-1978
Le Siècle de Rubens, Jacques Foucart et Jean Lacambre éd., Grand Palais.

Paris, 1987
Tableaux flamands et hollandais du Musée des Beaux-Arts de Quimper, Institut Néerlandais.

Paris, 1988
Instrumentalistes et luthiers parisiens XVII-XIXe siècles, Florence Gétreau éd., Délégation à l'action artistique de la Ville de Paris.

Paris, 1991
Nouvelles acquisitions du département des peintures, Jacques Foucart éd., musée du Louvre.

Paris, 2001
Collectionner, Passionnément. Les plus beaux dessins dans les collections hollandaises du XVIIIe siècle, cat. par Mària van Berge-Gerbaud, Marjolein Menalda, Michiel C. Plomp, Leslie Scwartz, Carel van Tuyll van Serooskerken, Institut neerlandais.

Paris, 2002
Sur la terre comme au ciel, Jardins d'Occident à la fin du Moyen Âge, Musée national du Moyen Âge - Thermes de Cluny.

Philadelphie-Berlin-Londres, 1984
Masters of Seventeenth-Century Dutch Genre Painting, Philadelphie, Museum of Art ; Berlin, Gemäldegalerie ; Londres, Royal Academy of Art.

Pittsburgh, 1954
Pictures of Everyday Life : Genre Painting in Europe 1500-1900, Carnegie Institute.

Q

Québec, 1965
Peintures françaises du XVIIIe siècle en provenance du Louvre, musée du Québec.

R

Rome, 1994-1995
Intorno a Poussin, Dipinti romani a confronto, Galleria Nazionale d'Arte Antica.

Rotterdam, 1938
Chefs-d'œuvre de quatre siècles, musée Boymans.

S

Stockholm, 1945
Utställning av Mästerverk ur Nationalmusei samlingar, Nationalmuseum.

Stockholm, 1964
La Douce France, Nationalmuseum.

Stockholm, 1979-1980
1700-tal. Tanke och form i rokokon. Nationalmuseum.

Stockholm-Paris, 1993-1994
Le Soleil et l'Étoile du Nord. La France et la Suède au XVIIIe siècle. Stockholm, Nationalmuseum et Paris, Grand Palais.

T

Taïpei, 2001-2002
De Poussin à Cézanne, 300 ans de peinture française, Musée national du Palais.

Termonde, 1970
Johannes Ockeghem, en zijn tijd, hôtel de ville.

Tokyo, 1966
Le Grand Siècle, Musée national d'art occidental.

Tokyo, 1987
Space in European Art, National Museum of Western Art.

Tokyo, 1988
The Seventeenth Century - The Golden Age of Flemish Painting, Fuji Art Museum.

Tokyo-Kobé, 1993
Exposition bicentenaire du musée du Louvre.

Toledo et autres villes, 1964-1965
Peintures françaises du XVIIIe siècle en provenance du Louvre/ 18th Century Paintings from the Louvre, Toledo, Toledo Museum of Art ; Kansas City, William Rockhill Nelson Gallery of Art ; Nashville, Tennessee Fine Arts Center, Cheekwood ; Atlanta, Atlanta Art Association ; Ottawa, Galerie nationale du Canada ; Montréal, musée des Beaux-Arts, Québec, musee du Québec.

Toledo-Chicago-Ottawa, 1975
The Age of Louis XV - French Painting, 1710-1774, Toledo Museum of Art, Chicago, Art Institute Ottawa, National Gallery of Canada.

Toronto et autres villes, 1972-1973
Dessins français du XVIIe et du XVIIIe siècles des collections américaines/French Master Drawings of the 17th and 18th Centuries in North American Collections, cat. par Pierre Rosenberg, Toronto, Art Gallery ; Ottawa, National Gallery of Canada ; San Francisco, California Palace of the Legion of Honor ; New York Cultural Center.

Tourcoing, 2000
La Musique dans les collections du musée des Beaux-Arts de Tourcoing, musée des Beaux-Arts.

Tours, 2000
Les Peintres du Roi 1648-1793, cat. par Philippe Le Leyzour, Alain Daguerre de Hureaux, Sophie Join-Lambert, Axal Hémery, Thierry Bajou, musée des Beaux-Arts.

Troyes-Nancy-Rouen, 1973
La Scène de genre et le portrait dans la peinture française du XVIIIe siècle. Tableaux du Louvre, Troyes, musée ; Nancy, musée des Beaux-Arts ; Rouen, musée des Beaux-Arts.

V

Valenciennes, 1937
Sixième centenaire de la naissance de Jehan Froissart, musée des Beaux-Arts.

Valenciennes, 2001
Florilège, de Watteau à Fragonard, Peintures du XVIIIe siècle du musée d'Angers, musée des Beaux-Arts.

Venise, 1990
Tiziano, Palazzo Ducale.

Vienne, 1966
Kunst und Geist Frankreichs im 18. Jahrhundert, cat. par Annie Caubet et Jean Lacambre, Oberes Belvedere.

Vienne, 1979-1980
Gemälde alte Meister, Galerie Sanct Lucas.

W

Washington-Paris-Berlin, 1984-1985
Watteau, 1684-1721, Margaret Morgan Grasselli et Pierre Rosenberg éd., Washington, National Gallery of Art ; Paris, Galeries nationales du Grand Palais ; Berlin, Schloss Charlottenburg.

Washington-Toledo-New York, 1960-1961
The Splendid Century of French Art, 1600-1715, Washington, National Gallery of Art ; Toledo Museum of Art ; New York, Metropolitan Museum of Art.

Washington, 1988-1989
Places of Delight, The Pastoral Landscape, cat. par Robert C. Cafritz, Lawrence Gowing et David Rosand, National Gallery of Art.

Y

Yamanashi-Takamatsu-Nagasaki-Tokyo-Himeji-Asakikawa, 1994-1995
Chefs-d'œuvres du musée des Beaux-Arts de Tours.

Index

Les folios en italique renvoient aux illustrations, les folios en gras aux biographies. Les œuvres des artistes sont regroupées sous le nom de leur auteur, les œuvres anonymes apparaissent dans l'ordre alphabétique.

Crédits photographiques

Publication du département de l'Édition sous la direction de Catherine Marquet

Coordination éditoriale
Geneviève Rudolf

Préparation et relecture des textes
Claire Marchandise

Traduction de l'anglais
Lydie Échassériaud (notices et essai de Martin Eidelberg)
Marie-Line Hillairet (essai de Barbara Anderman)
Hélène Tronc (biographies)

Iconographie
Virginie Frelin (musée des Beaux-Arts de Valenciennes)
Philippe Couton (agence photographique de la Réunion de musées nationaux)

Conception graphique et mise en pages
Jean-Yves Cousseau
assisté par Bénédicte Sauvage

Fabrication
Hugues Charreyron

La photogravure a été réalisée par Bussière, Paris

Cet ouvrage a été imprimé et façonné par les presses de l'imprimerie Snoeck-Ducaju & Zoon, Gand

Dépôt légal : mars 2004
ISBN : 2-7118-4677-6
EK 39 4677

Imprimé en Belgique